C++ lernen und verstehen

C++ lernen und verstehen

C&L

Wolfgang Soltendick

Die Deutsche Bibliothek – CIP-Einheitsaufnahme
Wolfgang Soltendick:
C++ lernen und verstehen
Böblingen, 2003
ISBN 3-936546-01-0

2005 04 03

6 5 4 3 2 1

Zavelsteiner Straße 20, 71034 Böblingen
E-Mail: info@cul.de
WWW: http://www.cul.de

Coverdesign: Hawa & Nöh, Kassel
Satz: C&L Computer und Literaturverlag, Böblingen
Druck: PUT i RB DROGOWIEC
Printed in Poland

Dieses Buch wurde auf chlorfrei gebleichtem Papier gedruckt

ISBN 3-936546-01-0

Inhalt

Vorwort

Viele moderne Betriebssysteme oder grafische Oberflächen wurden objektorientiert in C++ geschrieben. Was liegt also näher als sich selbst einmal ausführlich mit dieser Sprache zu beschäftigen?

Der Sprache C++ eilt der Ruf voraus, daß sie schwer zu erlernen wäre. Daß dem nicht so ist, wird in diesem Buch bewiesen. Denn man benötigt nicht unbedingt Vorkenntnisse, um diese Einführung in C++ zu verstehen. Erfahrungsgemäß ist das Verstehen einer Programmstruktur natürlich einfacher, wenn man schon einmal programmiert hat, aber es ist keine Pflicht. In diesem Buch wird Schritt für Schritt erläutert, wie ein Programm auszusehen hat und aus welchen Teilen es besteht. Dabei kommt in jedem Kapitel ein weiterer Aspekt hinzu, so daß die Kenntnisse fortlaufend erweitert werden.

Aus diesem Grund eignet sich das Buch auch für Umsteiger, die beispielsweise von der Sprache Pascal her kommen und schnell mal ein paar Zeilen C++-Code schreiben wollen oder müssen. Sie können hier die wichtigsten Sprachelemente nachschlagen, wie beispielsweise Schleifen zu programmieren oder Entscheidungen auszuführen sind. Das gilt um so mehr, als daß die Sprachen im Grunde genommen gar nicht so verschieden sind, wenn man vom objektorientierten Pascal ausgeht. Die Vorgehensweise, wie ein Programm aufzubauen ist, ist ebenfalls ähnlich, auch wenn C++ in gewisser Hinsicht mehr Freiheiten bietet.

Beherrscht man bereits die Sprache C, findet man im Buch die ideale Ergänzung zum bisherigen Wissen. Man erweitert sukzessive die Kenntnisse, wobei dem Leser eine Reihe von angesprochenen Punkten bekannt vorkommen dürfte. Aber das ist auch kein Wunder, denn die Sprache C++ ist aus C hervorgegangen und weiter entwickelt worden.

Begonnen wird das Buch mit Überlegungen zu den Compilern, die zum Nachvollziehen der Beispiele eingesetzt werden können. Aus der Fülle des Angebots wählte ich den Borland C++ Builder und den Microsoft Visual C++-Compiler. Doch das Buch ist nicht auf die Windows-Plattform beschränkt, sondern man kann zum Testen auch ein Linux-System einsetzen.

Anschließend werden die grundlegenden Konzepte vorgestellt, die hinter der objektorientierten Programmierung mit C++ stehen. In den folgenden Kapiteln werden dann Schritt für Schritt alle wichtigen Sprachelemente von C++ mit Hilfe von Beispielen ausgiebig erläutert. Zur Vertiefung befindet sich am Ende eines Kapitels eine Reihe von Aufgaben.

Begonnen wird mit dem grundlegenden Aufbau eines Programms, woran sich die Beschreibungen von Entscheidungs- und Schleifenkonstruktionen anschließen. Danach folgen die Erläuterung von Datenstrukturen und

Funktionen. Die letzten beiden werden im folgenden Kapitel zu Klassen zusammengefügt, mit denen der Bogen zur objektorientierten Sichtweise hin gespannt wird.

Doch damit ist die Beschreibung der Sprachelemente noch nicht abgeschlossen, denn im nächsten Kapitel werden Vektoren vorgestellt, die eine besonders einfache Zugriffsmöglichkeit für die Verwaltung von Daten bieten.

Eine besondere Eigenschaft von C++ besteht darin, daß die Funktionalität von eingebauten Operatoren durch speziellen Programmcode überschrieben werden kann, wodurch man eine hohe Flexibilität erreicht. Das gilt auch für das Konzept der Vererbung, in dem Klassen von anderen Klassen abgeleitet werden können. Welche Vorteile sich daraus ergeben, liest man in einem eigenen Kapitel.

Eine ganz spezielle Möglichkeit für die Programmierung ist der Einsatz von Zeigern. Die sich daraus ergebenden Vor- und Nachteile werden im anschließenden Kapitel diskutiert. Es folgt ein Kapitel, in dem spezielle Eigenschaften von C++ erläutert werden, wie beispielsweise virtuelle Funktionen und der Einsatz des this-Zeigers.

Damit die Daten, die im Programm verwalten werden, gesichert und gelesen werden können, werden die entsprechenden Funktionen vorgestellt. Es wäre ärgerlich, wenn man zwar Daten von der Tastatur einlesen, aber nicht dauerhaft sicher könnten.

Im vorletzten Kapitel bringe ich dem Leser die Befehlszeilenargumente näher. Mit ihnen werden beim Aufruf des Programms Informationen von der Kommandozeile übernommen. Außerdem wird dargestellt, wie größere Projekte zu organisieren sind.

Das letzte Kapitel behandelt eine weitere spezielle Eigenschaft von C++, die Exceptions. Mit ihnen lassen sich Fehler zur Laufzeit des Programms abfangen und beseitigen.

Abschließend gilt mein besonderer Dank Frau Rosa Riebl und Herrn Jörg Braun vom C&L-Verlag, die dieses Buch ermöglicht haben. Außerdem danke ich Herrn Wolfgang Paasch für sein Vertrauen und Frau Kerstin Papenburg für Ihre Geduld.

Wolfgang Soltendick

1 Einführung in die C++-Programmierung

Bevor wir uns mit der Sprache C++ beschäftigen, werden kurz die Programme vorgestellt, mit denen wir die erzeugten Quelltexte in ausführbare Programme umwandeln. Dabei werden auf der Windows-Seite sowohl der *Borland C++ Builder* als auch der *VC 6* vorgestellt. Auf der Linux-Seite kommt der bei den meisten Distributionen mitgelieferte Compiler *g++* zum Einsatz, der unter Verwendung einer Make-Datei gesteuert wird.

1.1 Compiler-Aufrufe

Bevor Sie mit den weiteren Kapitel so richtig in das Erlernen von C++ einsteigen, stelle ich vor, wie Sie aus den Beispielen lauffähige Programme machen. Dabei spielt es keine Rolle, welchen Compiler beziehungsweise welches Betriebssystem Sie verwenden, denn die in diesem Buch beschriebenen Grundlagen gelten global. Aus diesem Grund werden die Einsätze der Compiler so einfach wie möglich gestaltet. Das bedeutet, daß Sie mit den Standardbibliotheken auskommen und auch keine Programme für die grafischen Oberflächen erzeugen werden.

1.1.1 Borland C++ Builder

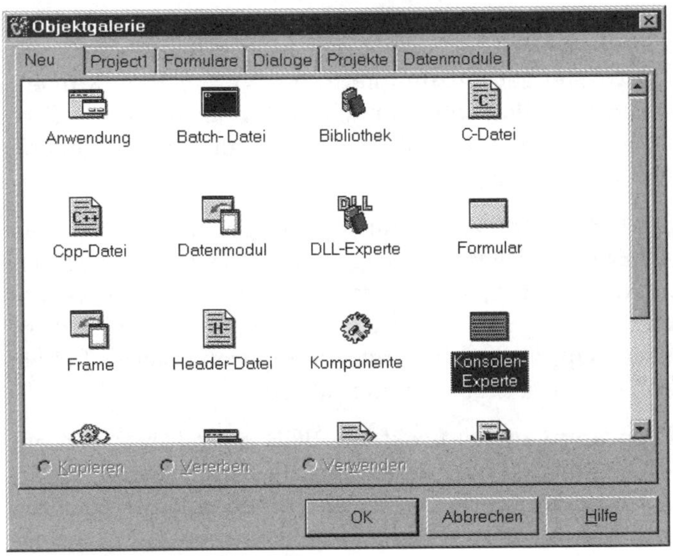

Bild 1.1: Die Auswahl des Projekts

Wollen Sie den Borland C++Builder zum Übersetzen verwenden, erzeugen Sie mit ihm eine Konsolenanwendung. Das bedeutet, daß die Anwendung nur in einem DOS-Fenster beziehungsweise an der Eingabeaufforderung gestartet werden kann. Dazu öffnet man über den Punkt *Datei/Neu...* das Fenster *Objektgalerie* und wählt darin den Punkt *Konsolen-Experte* aus.

Dadurch erscheint der das Fenster *Konsolen-Experte* auf dem Bildschirm, in dem als Quelltyp *C++* angegeben werden muß. Außerdem muß das Feld *Konsolen-Anwendung* markiert sein, alle anderen Optionen darüber kann man im Prinzip deaktivieren. Außerdem ist die Angabe einer Projektquelle nicht notwendig, da sie anschließend erst erzeugt wird.

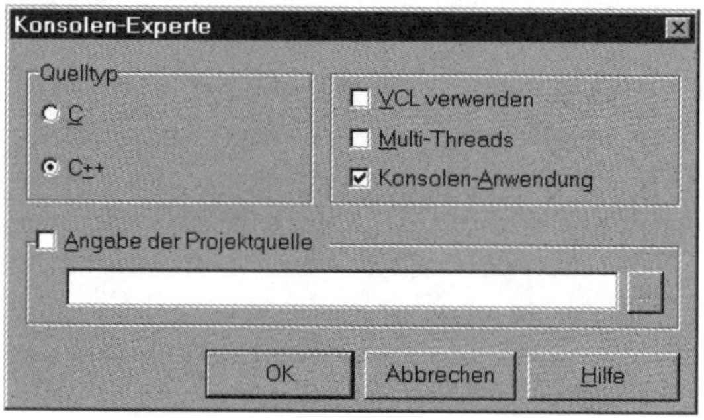

Bild 1.2: Die Optionen für die Konsolen-Anwendung

Beenden Sie die Einstellungen, gelangt man in ein Quelltextfenster, in dem nun die entsprechenden Zeilen eingetragen werden. Sind Sie damit fertig, sollten Sie die Datei beziehungsweise das Projekt speichern. Das geht über den Menüpunkt *Datei/Alles speichern*. Man wird zuerst nach dem Namen der Quelltextdatei gefragt und kann das Verzeichnis wählen, in das die Datei gespeichert werden soll. Danach muß man noch den Projektnamen angeben. Da die Dateinamenserweiterungen unterschiedlich sind, können die Namen auch gleich sein.

Zum Übersetzen des Programms wählt man beispielsweise den Menüpunkt *Projekt/PROJEKTNAME erzeugen* aus. Dabei bezeichnet *PROJEKTNAME* den Namen, dem dieses Projekt beim Speichern verliehen wurde. Alternativ kann man es auch gleich über den Punkt *Start/Start* starten. Das klappt natürlich nur dann, wenn keine Fehler auftreten, die ansonsten erst beseitigt werden müßten.

Soll das übersetzte Programm nicht direkt im BCB ausgeführt werden, startet man ein MS-DOS-Fenster oder eine Eingabeaufforderung. Dann wechselt man an der Kommandozeile in das entsprechende Verzeichnis und startet das übersetzte Programm. Diese Vorgehensweise hat den Vorteil, daß Meldungen des Programms solange sichtbar bleiben, bis Sie sie gelesen haben.

1.1.2 Microsoft Visual C++

Setzen Sie den Compiler von Microsoft zum Übersetzen der Quelltexte in diesem Buch ein, erzeugen Sie auch bei diesem eine Konsolenanwendung. Das geht über den Menüpunkt *Datei/Neu...*, wodurch ein Fenster mit den voreingestellten verfügbaren Projektoptionen erscheint.

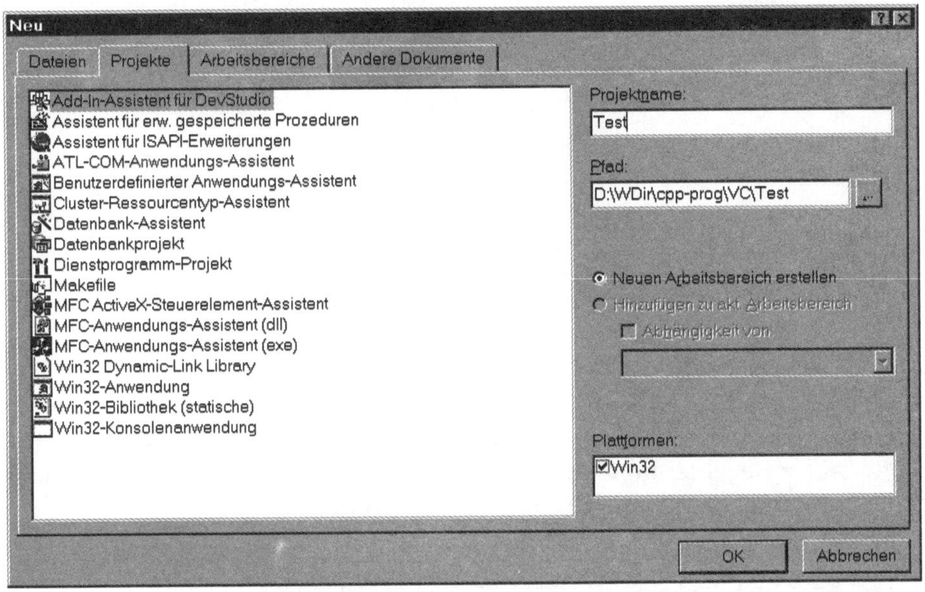

Bild 1.3: Die Wahl des Projekts

In diesem Fenster markieren Sie in der Liste der verfügbaren Projekte die Zeile *Win32-Konsolenanwendung*. Außerdem muß man im Feld *Projektname* dem Ganzen einen Namen verpassen, zusätzlich sollte das Verzeichnis angegeben werden, in das beispielsweise die Quelltext-Datei geschrieben werden soll. Weiterhin ist es ratsam, einen neuen Arbeitsbereich erzeugen zu lassen, so daß die entsprechende Option markiert bleiben sollte. Das gilt auch für die Einstellungen im Bereich *Plattformen*.

Auf der nächsten Seite kann man angeben, welche Art von Konsolenanwendung man erzeugen will. Am einfachsten ist es hier, wenn man die Option *Eine "Hallo, Welt!"-Amwendung* auswählt. Dadurch wird automatisch schon der Rumpf, also die Funktion *main*, der Anwendung erzeugt, so daß man sich etwas Tipparbeit erspart. Man muß nur noch die *printf*-Zeile löschen, aber das sollte nicht so schwer sein...

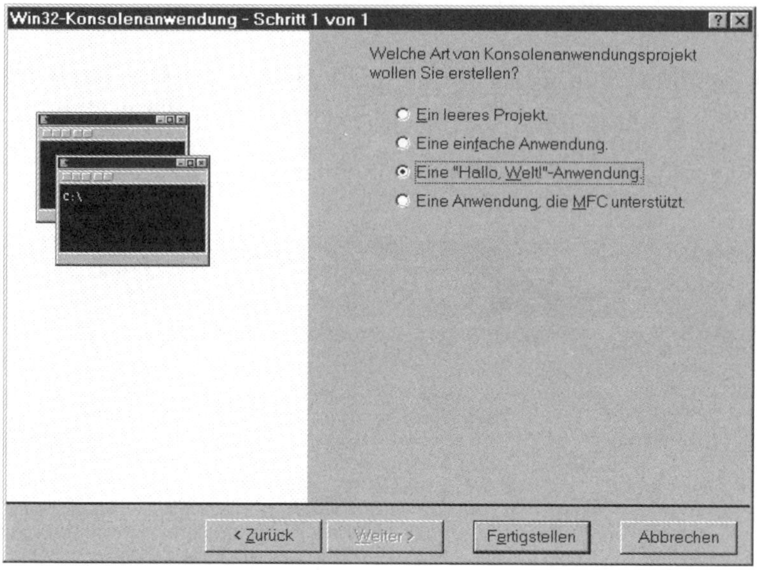

Bild 1.4: Die Art der Konsolenanwendung

Davor werden in einem weiteren Fenster die Optionen des Projekts angezeigt. In der Regel stimmen sie mit dem überein, was zuvor gewählt wurde, man kann sie also ohne Probleme übernehmen.

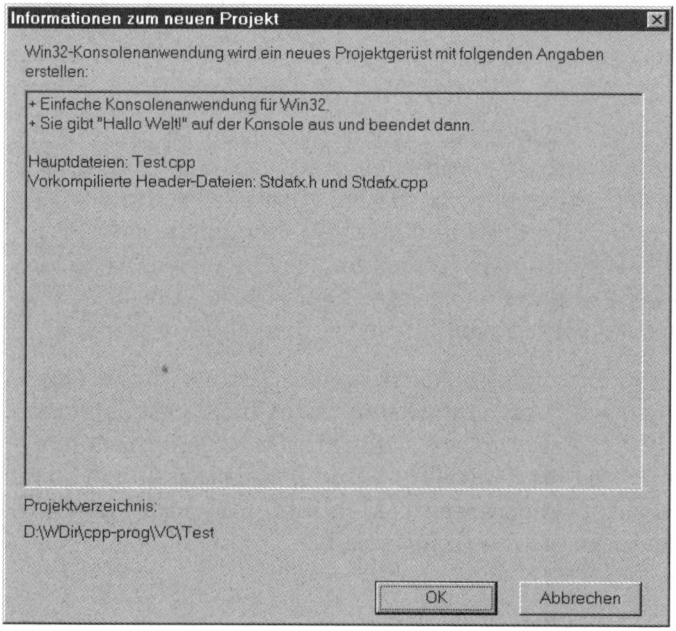

Bild 1.5: Die Projektoptionen

Leider wird eine solche Konsolenanwendung aber mit etwas Ballast übersetzt, aber zum Nachvollziehen der Beispiele ist das natürlich egal. Außerdem sieht man VC-typisch auf der linken Seite die Klassen der Anwendung, die aus der Funktion *main* bestehen. Letztendlich wird damit die eine Quelltext-Datei in das Klassenkonzept hineingepreßt, was auf den ersten Blick – vorsichtig ausgedrückt – etwas ungewöhnlich ist.

Wenn man die eigentliche Quelltextdatei der Anwendung sehen will, muß man statt der Seite *Klassen* die Seite *Dateien* auswählen. Dort befindet sie sich unter der Überschrift *Quellcodedateien*, wobei man zuvor den Baum entsprechend expandieren muß. Danach kann man in der Quelltextdatei die gewünschten Änderungen vornehmen. Man sollte aber nicht vergessen, sie vor einem Übersetzungsvorgang zu speichern, beispielsweise mit *Datei/Alle speichern*, damit im Zweifelsfall nichts verlorengeht.

Will man dann den Übersetzungsvorgang starten, wählt man dazu den Menüpunkt *Erstellen/PROJEKTNAME erstellen* aus. Damit wird das komplette Projekt übersetzt und gebunden. *PROJEKTNAME* spezifiziert den Namen der ausführbaren Datei. Gestartet wird es danach an der Kommandozeile in einer Eingabeaufforderung oder in einem MS-DOS-Fenster. Zu beachten ist dabei, daß der VC-Compiler ein Unterverzeichnis *Debug* generiert, in dem die ausführbare Datei zu finden ist. Man muß also gegebenenfalls erst dort hinein wechseln, bevor man die Anwendung starten kann.

Alternativ ist es auch möglich, die Anwendung gleich in einem Schritt zu übersetzen und zu starten. Dazu wählt man den Punkt *Erstellen/Debug starten/Ausführen* aus. Unter der Voraussetzung, daß keine Fehler enthalten sind, wird danach die Anwendung sofort gestartet. Da sie bei den einfachen Beispielen nur eine Zeile ausgibt und gleich wieder beendet wird, erscheint das zugehörige Fenster kurz auf dem Bildschirm und verschwindet gleich wieder. Daher ist es in diesen Fällen ratsam, lieber die als erstes beschriebene Methode anzuwenden. Bei ihr bleiben die Ausgaben solange sichtbar, wie man es wünscht, man kann also genau überprüfen, ob das Programm auch das getan hat, was man eigentlich bezweckte.

Abschließend noch eine Besonderheit: Wenn man mit den Standardeinstellungen weiter arbeiten will, darf man die Zeile

```
#include "stdafx.h"
```

nicht löschen. Ansonsten erhält man die Fehlermeldung, daß die vorkompilierten Header nicht gefunden werden können. Das gilt auch für die Datei *stdafx.cpp*, die möglichst nicht aus dem Projekt entfernt werden sollte. Da Sie aber sowieso nach der Erzeugung des Projekts nur in einer Datei etwas ändern, dürfte das kein Problem sein.

1.1.3 Linux

Im Gegensatz zu den integrierten Entwicklungsumgebungen unter Windows benötigt man bei einem Linux-System eine Shell und einen Editor, um die Erzeugung der Programme zu steuern. Diese werden entweder auf einer grafischen Oberfläche, wie beispielsweise KDE, gestartet oder man verwendet dazu zwei Terminals.

Damit man ein Programm überhaupt übersetzen kann, muß man die entsprechenden Pakete der Distribution installiert haben. Dazu gehören der Compiler *gcc* beziehungsweise *g++*, die binutils und die zugehörigen C- beziehungsweise C++-Bibliotheken. Außerdem müssen gegebenenfalls die Kernel-Header installiert sein. Zu beachten ist, daß von einigen Paketen zusätzlich die Entwicklerversionen mit installiert werden müssen. Man erkennt diese meist an der Kennzeichnung *devel* (wie development, Entwicklung). Da die Pakete von Distribution zu Distribution geringfügig anders zusammengepackt werden, kann ich Ihnen nur raten, den Compiler auszuwählen und dann alle Abhängigkeiten automatisch auflösen zu lassen. Dadurch wird (hoffentlich) sichergestellt, daß alle benötigten Pakete eingerichtet werden.

Zur eigentlichen Übersetzung wird der C++-Compiler *g++* mit diversen Optionen gestartet. Damit man nicht jedesmal alle Optionen mühsam von Hand eingeben muß, gibt es ein Programm namens *make*, mit dessen Hilfe die Steuerung des Übersetzungsvorgangs automatisch ausgeführt wird. Es liest standardmäßig eine Datei mit dem Namen *Makefile*, die sich im selben Verzeichnis befinden muß. In der Datei wird festgelegt, welche Dateien wie zu übersetzen und zu binden sind. Außerdem stellt man dort ein, welche Optionen zu verwenden sind. Eine typische Make-Datei, die zu diesem Zweck eingesetzt werden kann, könnte folgendes Aussehen haben:

```
COMP = g++

FLAGS = -D__KERNEL__ -I/usr/include -Wall -O2
LINKERFLAGS = -L/usr/local/lib

all: test.o
	$(COMP) $(FLAGS) -c test.cpp -o test.o
	$(COMP) $(FLAGS) test.o -o test $(LINKERFLAGS)
```

In ihr wird zuerst eine Variable mit dem Namen *COMP* definiert, die auf den Namen des Compilers gesetzt wird. Die sich anschließende Variable *FLAGS* beschreibt die Optionen, die dem Compiler für den Übersetzungsvorgang übergeben werden. Mit der Option *-D* wird eine Umgebungsvariable definiert, die während des Übersetzungsvorgangs zur Verfügung steht. Außerdem wird mit der Option *-I* der Pfad erweitert, der zur Suche nach Include-Dateien verwendet wird. Durch *-W* gefolgt von *all* werden alle Warnungen, die während der Übersetzung anfallen, auf dem Bildschirm ausgegeben. Abschließend soll das Programm noch optimiert werden, wozu die Option *-O2* dient.

Nach den Compileroptionen findet man eine weitere Variable (*LINKERFLAGS*), die angibt, welche Optionen zusätzlich noch zum Binden des Programms benötigt werden. In diesem Fall wird mit der Option *-L* spezifiziert, an welcher Stelle im Verzeichnisbaum sich die Bibliotheken befinden.

Als nächstes sieht man in der Datei eine Zeile, die mit dem Wort *all* beginnt. Sie bezeichnet in diesem Fall den Beginn der Anweisungen, also die Stelle, an der die tatsächlichen Befehle zum Übersetzen zu finden sind. Durch *all* wird im Prinzip ein Label definiert, das aber auch dann verwendet wird, wenn nach der Angabe von *make* nichts weiter folgt. Damit sind die Aufrufe *make* und *make all* gleichwertig. Hätte man hier übrigens einen anderen String angegeben wie beispielsweise *install*, müßte man explizit *make install* eingeben, um die daran anschließenden Zeilen auszuführen.

Die Befehle, die *make* auszuführen hat, stehen in den nachfolgenden Zeilen. Hier findet man auch die am Anfang definierten Variablen wieder, die jetzt mit einem »$«-Zeichen versehen worden sind und in Klammern stehen. Damit wird deren Inhalt verwendet, *$(COMP)* wird damit zum Namen des Compilers (*g++*). Anschließend werden die Übersetzungsoptionen angezeigt, gefolgt vom Namen der zu compilierenden (nach der Option *-c*) und dem Namen der übersetzten Datei (nach der Option *-o*).

Die folgende Zeile sieht fast ähnlich aus, nur wird jetzt aus der übersetzten Datei eine ausführbare gemacht. Dazu werden dann die Optionen benötigt, die zu Anfang als *LINKERFLAGS* definiert wurden. Zu beachten sind in diesem Zusammenhang auch die Optionen vor der übersetzten (keine Option!) und der ausführbaren Datei (*-o*).

Um die Datei noch universeller zu machen, könnte man den Namen der Dateien auch in Variablen pressen, womit die komplette Datei dann folgendermaßen aussehen könnte:

```
PROJEKTNAME = test
COMP = g++

FLAGS = -D__KERNEL__ -I/usr/include -Wall -O2
LINKERFLAGS = -L/usr/local/lib

all: test.o
	$(COMP) $(FLAGS) -c $(PROJEKTNAME).cpp -o $(PROJEKTNAME).o
	$(COMP) $(FLAGS) $(PROJEKTNAME).o -o $(PROJEKTNAME) $(LINKERFLAGS)
```

Wenn man dem ganzen Projekt jetzt einen anderen Namen geben will, muß man nur noch die Variable *PROJEKTNAME* ändern, alles andere funktioniert automatisch. Bei jedem Aufruf von *make* wird die C++-Datei neu übersetzt und die ausführbare Datei erzeugt. Doch *make* kann auf Wunsch noch mehr. Es findet eine automatische Kontrolle statt, ob eine Datei verändert wurde oder nicht. Wurde sie verändert, wird die Datei übersetzt, sonst muß nichts getan werden. Man muß dazu nur die *make*-Datei entsprechend anpassen. Wie, steht in der Manual-Seite zum *make*-Befehl.

Für unsere Zwecke reicht aber die zuvor beschriebene einfache Form aus. Eventuelle Meldungen sieht man in dem Fenster, in dem der *make*-Befehl ausgeführt wurde. Will man nun das erzeugte Programm starten, gibt man folgendes an der Kommandozeile ein:

```
./PROJEKTNAME
```

PROJEKTNAME muß dann nur durch den Namen ersetzt werden, den man in die make-Datei eingetragen hat. Man darf nicht den Anfang mit dem Punkt vergessen, denn sonst wird das Programm nicht gefunden beziehungsweise man startet unter Umständen ein völlig falsches. Dies liegt daran, daß bei einem Linux-System das aktuelle Verzeichnis standardmäßig nicht durchsucht wird.

1.2 Zusammenfassung

In diesem Kapitel wurde erklärt, was man bei den einzelnen Compilern einzustellen hat, damit man die im Buch angegebenen Beispiele nachvollziehen kann, denn abhängig vom verwendeten Compiler sind die Einstellungen sehr unterschiedlich.

Im nun folgenden Abschnitt folgt eine Einführung in die grundlegenden Konzepte der Sprache C++, wie beispielsweise die Klassen, die Vererbung oder der Polymorphismus.

2 Einführung

In diesem Buch soll es um die Einführung in eine objektorientierte Programmsprache mit dem Namen C++ gehen. Doch wozu benötigt man überhaupt eine objektorientierte Sprache, denn die ersten Windows-Systeme und auch der Linux-Kernel sind nicht damit programmiert? Was hat C++ für Vorteile und was bedeuten die in Zusammenhang immer benutzen Begriffe *Vererbung*, *Objekte* und *Klassen*? Die Antworten stehen in diesem Buch in den nachfolgenden Kapiteln.

2.1 Prozedurale Sprachen

Zu den prozeduralen Sprachen gehören beispielsweise C und Pascal. In diesen wird durch jedem Befehl dem Computer mitgeteilt, was er zu tun hat, wie beispielsweise eine Berechnung auszuführen oder das entsprechende Ergebnis auszugeben. Aus diesem Grund enthält bei kleinen Programmen jede Zeile eine Anweisung, die Zeilen werden nacheinander abgearbeitet. In größeren Programmen dagegen werden einzelne Programmteile in Funktionen ausgelagert, die dann an bestimmten Stellen aufgerufen werden. Damit soll das Programm lesbarer werden, was sicherlich auch der Fall ist, wenn die Funktionen sinnvoll gegliedert sind.

Wenn man mehrere Funktionen zusammenfaßt, faßt man sie in sogenannte *Module* zusammen. Sie lassen sich getrennt vom restlichen Programm übersetzen, so daß man mit ihnen Bibliotheken, bestehend aus Funktionen, realisieren kann. Bietet der Compiler die Möglichkeit, sie in das eigene Programm einzubinden, steht einem modularen Aufbau nichts mehr im Wege. Damit werden die Grundkonzepte der modularen Programmierung eingehalten. Allerdings stößt auch sie an ihre Grenzen, wenn die Programmme größer und komplexer werden.

Bei diesem Typ von Programmiersprachen liegt das Hauptaugenmerk auf den Anweisungen, die beschreiben, was alles zu erledigen ist. Die Daten spielen dabei eine eher untergeordnete Rolle, obwohl sie es sind, mit denen die einzelnen Funktionen etwas ausführen. Denn ohne Daten würden beispielsweise die Funktionen zur Verwaltung ins Leere laufen, das heißt, sie kommen nicht ohne aus. Die Daten werden mit den Funktionen eingelesen, ausgewertet und auch ausgegeben. Aber wie können die Daten beschaffen sein?

Häufig werden die Daten in globalen Variablen innerhalb des Programms festgelegt. Das Wort *global* bedeutet dabei, daß die Variablen außerhalb der Funktionen in einem Programm deklariert werden. Damit sind sie für alle Funktionen sichtbar, die auf sie dann zugreifen. Doch es sind in prozeduralen Sprachen auch lokale Variablen vorhanden, die in den jeweiligen Funktionen deklariert werden. Diese sind nur in der jeweiligen Funktion sichtbar, so daß andere auf sie nicht zugreifen können.

Der Hauptgrund, warum man schließlich zum Einsatz der objektorientierten Sprachen übergegangen ist, besteht letztendlich darin, daß sie die Wirklichkeit besser abbilden. Allerdings funktioniert das nur zufriedenstellend, wenn der Programmierer zu diesem Schritt in der Lage ist und den richtigen Ansatz gewählt hat.

2.2 Objektorientierte Sprachen

Wie zuvor angedeutet, soll der objektorientierte Ansatz die Wirklichkeit besser abbilden können. In diesem Konzept werden die Daten und die damit arbeitenden Funktionen zu einer Einheit zusammengefaßt. Diese wird als Objekt bezeichnet.

Die in einem Objekt enthaltenen Funktionen werden auch als *Komponentenfunktionen* oder *Methoden* bezeichnet. Sie sind in der Regel die einzigen Funktionen, mit deren Hilfe man auf die Daten zugreifen kann. Das bedeutet andererseits, daß die Daten so geschützt beziehungsweise verborgen sind, daß sie nicht unbeabsichtigt geändert werden können, dazu muß man eine entsprechende Funktion aufrufen. Die Daten sind also im Objekt eingekapselt.

In einem C++-Programm gibt es in der Regel mehrere unterschiedliche Objekte, die gegenseitig die Komponentenfunktionen der jeweils anderen Objekte aufrufen. Wie das erfolgt, hängt natürlich vom jeweiligen Anwendungszweck ab. In einigen anderen objektorientierten Sprachen werden diese Funktionen auch *Methoden* genannt und die Datenelemente als *Instanzvariablen* bezeichnet. Wird eine Komponentenfunktion aufgerufen, spricht man dann vom »Senden einer Nachricht«. Diese Begriffe werden aber bei C++ nicht verwendet.

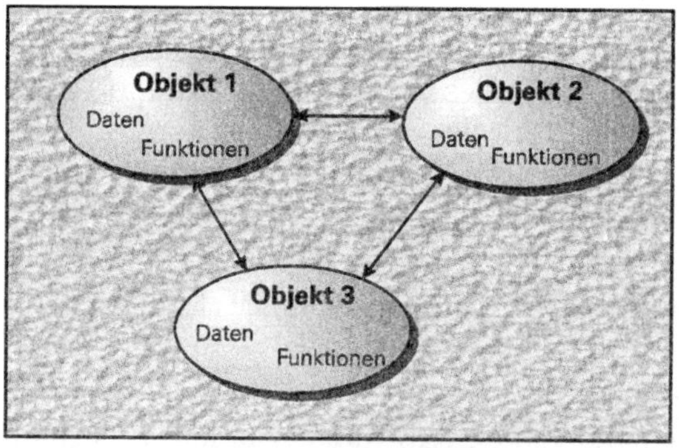

Bild 2.1: Die Kommunikation der Objekte in einem Programm

In einem objektorientierten Programm wird sich meist nicht vorrangig mit den Einzelheiten des Ablaufs beschäftigt, sondern es geht meist um die Gesamtorganisation. Dennoch sind die Befehle denen der prozeduralen Sprache C sehr ähnlich beziehungsweise identisch, was aber auch kein Wunder ist, denn C++ ist eigentlich eine Erweiterung zu C. Daher kann eine C++-Komponentenfunktion einer Funktion in C ähnlich sein. Die Unterscheidung läßt sich aber recht leicht im Gesamtzusammenhang treffen.

Letztendlich läßt sich feststellen, daß ein Programm in einer prozeduralen Sprache sehr viel einfacher und schneller zu schreiben ist als eines in einer objektorientierten Sprache. In ersterer beginnt man meist ohne große Vorbereitung mit dem Schreiben, entwickelt dann aber nicht unbedingt strukturierte Programme. In letzterer ist einiges an Vorarbeit notwendig, um die Objekte entsprechend zu entwerfen. Dafür sind die Programme aber stukturierter.

2.3 Hauptelemente objektorientierter Sprachen

In diesem Kapitel werden die Hauptelemente objektorientierter Sprachen erläutert.

2.3.1 Objekte

Wie der Name schon sagt, geht es bei objektorientierten Sprachen um Objekte. Der Programmierer muß die an ihn herangetragene Aufgabenstellung nicht in Funktionen unterteilen, sondern in Objekte. Daraus kann eine Vereinfachung des Programmentwurfs resultieren, denn mit Objekten lassen sich die realen Gegebenheiten viel besser abbilden.

Wie man dann tatsächlich die reale Welt auf seine Objekte abbildet, hängt im Prinzip von der menschlichen Vorstellungskraft ab. Dennoch gibt es einige klare Analogien, wie beispielsweise bei physischen Objekten oder bei Elementen grafischer Oberflächen:

Physische Objekte:

- Elektrische Bauteile in einer Leiterplattensimulation.
- Autos in einer Simulation des Verkehrsflusses.

Elemente grafischer Oberflächen:

- Menüs.
- Fenster.

Die Übereinstimmung resultiert aus der Kombination von Daten und Strukturen in einem Objekt. In prozeduralen Sprachen gibt es kein derartiges Konzept, woraus sich der Vorteil in der Realisierung bei objektorientierten Sprachen ergibt.

2.3.2 Klassen

Die in der objektorientierten Programmierung verwendeten Klassen stellen das Grundgerüst für die Objekte dar. Anders ausgedrückt können Objekte auch als Komponenten der Klassen bezeichnet werden. Eine Klasse dient als Vorlage für ein Objekt, oder bildlich gesprochen: Sie stellt den Bauplan des Objekts dar.

Zu beachten ist in diesem Zusammenhang, daß durch das bloße Festlegen einer Klasse noch kein Objekt erzeugt wird. Dieses muß man explizit im Programm nach dem Bauplan der Klasse generieren.

2.3.3 Vererbung

Ein wichtiges Merkmal in der objektorientierten Programmierung ist die Vererbung. Damit lassen sich Objekte voneinander ableiten. Wenn wir für die Betrachtung wieder ins reeale Leben zurückgehen, dann gehören beispielsweise PKWs, LKWs und Busse zur Klasse der Fahrzeuge. Alle besitzen vier Räder und einen Motor. Dennoch ist klar, daß sie eigentlich grundverschieden sind. Sie können somit alle in spezielle Unterklassen eingeteilt werden, die aber alle die Eigenschaften der Hauptklasse Fahrzeug (vier Räder, Motor) besitzen. Damit erbt eine Unterklasse die Eigenschaften der Hauptklasse, fügt aber noch neue, spezielle hinzu.

Auf diese Weise funktioniert auch in der objektorientierten Programmierung die Einteilung in Unterklassen. Die Klasse, die alle ihre Eigenschaften als erste vererbt, wird Basisklasse genannt. Die Klassen, die die Eigenschaften erben und noch eigene hinzufügen können, bezeichnet man als abgeleitete Klassen.

Denken Sie daran, daß ein Objekt immer alle Eigenschaften einer Klasse widerspiegelt, unabhängig davon, wie sie zustande gekommen sind (Vererbung und/oder eigene der Klasse). Die Basisklasse hingegen hat erstmal noch nichts mit dem Objekt zu tun, sie stellt nur grundlegenden Eigenschaften bereit.

2.3.4 Wiederverwendbarkeit

Eine generierte und getestete Klasse kann in beliebigen Programmen eingesetzt werden. Das entspricht den Funktionsbibliotheken in den prozeduralen Sprachen. In der objektorientierten Programmierung werden daher die Klassen in Klassenbibliotheken zusammengefaßt, die in anderen Programmen wiederverwendet werden können.

Durch die Veerbbarkeit können die Klassen einer solchen Bibliothek verwendet und entsprechend den eigenen Bedürfnissen angepaßt werden. Erst danach werden die Objekte erzeugt, die dann im Programm eingesetzt werden können.

2.3.5 Neue Datentypen

Wie auch bei den prozeduralen Sprachen gibt es in der objektorientierten Programmierung vorher festgelegte Datentypen wie beispielsweise Integer oder Long. Durch die Objekte bietet sich einem Programmierer die einfache Möglichkeit, neue Datentypen zu erstellen, mit denen wie gewohnt gerechnet werden kann.

Generiert man einen neuen Datentyp, kann man beispielsweise mit dem Pluszeichen die Werte dieser Typen addieren. Wie das funktioniert, werden wir im weiteren Verlauf des Buchs kennenlernen.

2.3.6 Polymorphismus

Sie haben beim vorherigen Beispiel gesehen, daß der Plus-Operator auch auf neue Datentypen angewendet werden kann. Doch woher weiß der Operator, was zu tun ist? Die Antwort darauf ist relativ einfach, denn anhand der Datentypen wird entschieden, wie der Operator wirken soll. Dieses Verhalten wird *Polymorphismus* genannt. Das bedeutet, daß man in einem Programm den gewohnten Operator verwenden kann, nur intern arbeitet er jedesmal unterschiedlich.

2.3.7 Überlagerung

Damit das vorherige Beispiel funktionieren kann, muß es natürlich einen Weg geben, das Standardverhalten des Operators zu überschreiben. In diesem Zusammenhang wird von *Überlagerung* gesprochen. Dem Operator muß mitgeteilt werden können, wie er sich zu verhalten hat, wenn er auf Objekte bestimmten Typs trifft. Daher hängen die beiden Begriffe Polymorphismus und Überlagerung eng miteinander zusammen.

2.4 Zusammenfassung

In diesem Kapitel haben Sie einen ersten Eindruck von den Eigenschaften der objektorientierten Programmierung erhalten. Es wurden Objekte und Klassen vorgestellt und es wurden die Begriffe Polymorphismus und Überlagerung erläutert.

Im nächsten Kapitel geht es um die Gundlagen der Sprache C++, wie beispielsweise den Aufbau eines Programms oder um die Ein- und Ausgabe. Außerdem lernen Sie arithmetische Operatoren kennen und Sie erfahren, wie in C++ Befehlssequenzen abgekürzt werden.

3 Grundlagen der Sprache C++

Damit man in einer bestimmten Sprache ein Programm schreiben kann, reicht es in der Regel nicht aus, nur die einzelnen Befehle zu kennen, sondern man benötigt noch einige Grundlagen, damit ein Programm überhaupt zustande kommen kann. Dazu gehören beispielsweise der Grundaufbau eines Programms, die zu verwendenden Variablen (-typen) und die Ein-/Ausgabe.

Dieser Stoff ist recht trocken, aber notwendig, um ein Programm verstehen und schreiben zu können. Sind Sie bereits mit der Sprache C vertraut, kommen Ihnen die meisten Dinge vermutlich bekannt vor, denn sie funktionieren dort genauso (bis auf die Ein- und Ausgabe). Dann können Sie die nachfolgenden Seiten überspringen.

3.1 Der Programmaufbau

Um den Aufbau eines Programms zu verstehen, untersuchen wir ein Beispiel näher.

```
#include <iostream.h>
void main() {
  cout << "Hallo Welt!";
}
```

Aus diesem läßt sich schon eine Menge über die Konstruktion von C++-Programmen entnehmen. Daher analysieren wir es.

3.1.1 Präprozessorbefehle

Das Programm beginnt mit einer Zeile, die mit einem Doppelkreuz anfängt. Das ist aber keine Anweisung des Programms, sondern ein Präprozessorbefehl. Sie stellt einen Befehl an einen Teil des Übersetzers, den sogenannten Präprozessor, dar. Diese Anweisungen werden abgearbeitet, bevor mit der eigentlichen Übersetzung des Programms begonnen wird.

Der Befehl #include

Über den Befehl *#include* wird der Präprozessor angewiesen, eine bestimmte Datei in den Quelltext einzufügen. Damit wird der Befehl durch den Inhalt der angegebenen Datei ersetzt. Dieses entspricht im Prinzip dem Ausschneiden und Einfügen eines Textabschnitts an einer anderen Stelle in einem Dokument.

Die eingefügten Dateien

Im obigen Beispiel wird der Präprozessor durch den Befehl angewiesen, die Datei *iostream.h* in den Quelltext einzufügen. Aber warum gerade diese? Die Datei *iostream.h* ist ein Beispiel einer Include-Datei (auch als Definitionsdatei bezeichnet). Sie enthält Vereinbarungen, die von Teilen des Programms benötigt werden. Würden Sie sie in unserem Beispiel weglassen, würde der Übersetzer das verwendete Objekt *cout* nicht kennen und dies dann auch monieren.

Will man sehen, welche Definitionen sich in der Datei verbergen, lädt man sie in einen Editor beziehungsweise ein Editorfenster des Compilers. Den Inhalt werden Sie zu diesem Zeitpunkt sicherlich kaum verstehen können, doch Sie sehen, daß es sich um eine Quelltextdatei im ASCII-Format handelt.

3.1.2 Leerzeilen und Zwischenräume

Wie im Beispiel zu sehen ist, befindet sich zwischen der *#include*-Anweisung für den Präprozessor und dem weiteren Programm eine Leerzeile. Sie wird bei der Übersetzung vollständig ignoriert, sie dient dazu, die Lesbarkeit zu verbessern.

Gleiches gilt auch für den Raum zwischen dem Anfang der Zeile und dem Befehl *cout*. Diese Bereiche werden vom Parser vollständig ignoriert, wie beispielsweise auch Tabulatorzeichen oder Zeilenumbrüche.

3.1.3 Funktionen

Der nächste Bestandteil des kleinen Beispielprogramms sind Funktionen, die einen der grundlegenden Bausteine eines C++-Programms darstellen (zumindest in dieser Hinsicht gibt es eine Entsprechung mit den prozeduralen Sprachen). In diesem Fall handelt es sich um die Funktion *main()*.

Funktionen können sowohl Teil einer Klasse sein, wobei man dann von einer Komponentenfunktion spricht, oder sie können eigenständig existieren, wie in diesem Fall die Funktion *main()*. Kennzeichnendes Merkmal von Funktionen sind die auf den Namen folgenden runden Klammern »()«. Ohne sie käme der Parser vielleicht auf die Idee, daß *main* eine Variable oder ein anderes Element des Programms ist, mit den Klammern ist aber klar, daß es sich um eine Funktion mit dem Namen *main* handelt.

In den folgenden Kapiteln werden die Klammern übrigens nicht immer leer bleiben, denn zwischen Ihnen können Argumente an die Funktion übergeben werden. Außerdem zeigt das Wort *void* vor dem Funktionsnamen an, daß diese spezielle Funktion keinen Wert zurückliefert.

Diejenigen Befehle, die eine Funktion ausmachen, befinden sich innerhalb der geschweiften Klammern. Diesen Bestandteil kann man auch als Körper der Funktion bezeichnen, entsprechend dem Bereich zwischen einer *begin*- und *end*-Anweisung in Pascal. Durch die geschweiften Klammern wird ein Block von Anweisungen umschlossen, wobei in unserem kleinen Beispiel darin nur eine Anweisung zu finden ist.

Beim Start eines (textbasierten) C++-Programms wird immer zuerst die Funktion *main()* ausgeführt (mit einigen Ausnahmen: beispielsweise wird bei einer Windows-Anwendung die Funktion *WinMain()* gestartet). Das bedeutet, daß die erste Anweisung dieser Funktion aufgerufen wird. Insgesamt kann ein Programm natürlich aus mehreren Anweisungen und Klassen bestehen, aber immer erhält zuerst die Funktion *main()* die Kontrolle. Gibt es in einem Programm keine Funktion mit diesem Namen, wird bei der Übersetzung ein Fehler angezeigt, da jetzt nicht klar ist, an welcher Stelle das Programm beginnen soll. Die Funktion *main()* stellt also einen genau definierten Startpunkt für ein Programm dar.

3.1.4 Anweisungen

Innerhalb des Blocks, der durch die geschweiften Klammern gekennzeichnet wird, befinden sich die Anweisungen des Programms. Mit ihnen wird festgelegt, was das Programm genau machen soll. In unserem Beispiel gibt es nur eine Zeile:

```
cout << "Hallo Welt!";
```

Damit wird dem Rechner gesagt, daß er die in Anführungszeichen gesetzten Worte auf dem Bildschirm ausgeben soll. Zu beachten ist in diesem Fall, daß diese Art der Ausgabe meist nur bei textbasierten Anwendungen funktioniert, bei grafisch orientierten Programmen werden andere Funktionen verwendet.

Wie man hier schon sehen kann, sind die C++-Anweisungen denen anderer Sprachen ähnlich. Das gilt besonders für diejenigen, die den C-Befehlen entsprechen. Tatsächlich ist C++ natürlich ein weiterentwickeltes und ergänztes C, so daß einen dieser Umstand nicht verwundern sollte.

Das Ende der Zeile mit der Anweisung wird durch das Semikolon gekennzeichnet. Wird es vergessen, zeigt der Compiler eine entsprechende Fehlermeldung an. Dies ist wahrscheinlich einer der häufigsten Fehler in C++-Programmen.

Wie bereits im Abschnitt über Zwischenräume angedeutet, werden solche Bereiche ignoriert. Aus diesem Grund ließe sich das Programm auch anders schreiben, beispielsweise in der folgenden Form:

```
#include <iostream.h>

void
main()
{       cout
        <<
        "Hallo Welt!";
}
```

Allerdings leidet darunter stark die Lesbarkeit, so daß ich empfehle, solche Konstruktionen nicht zu verwenden. Das Programm selbst ließe sich übrigens auch in einer Zeile unterbringen, was natürlich drucktechnisch nicht wiedergegeben werden kann.

Wie sehr häufig gilt in diesem Fall auch, daß es Ausnahmen zur Zwischenraumregel gibt. Eine davon ist die Angabe der Präprozessoranweisung, die immer in eine Zeile geschrieben werden und die auch immer in der ersten Spalte der Zeile beginnen muß. Eine weitere Ausnahme sind Zeichenketten, wie in diesem Fall "*Hallo Welt!*". Diese lassen sich auch nicht so ohne weiteres auf mehrere Zeilen aufteilen.

3.2 Die Ausgabe des Programms

Das Programm gibt die Worte

```
Hallo Welt!
```

auf dem Bildschirm aus. Dazu wird die Zeile mit der Anweisung *cout* ausgeführt. Um verstehen zu können, was dann passiert, müßten Sie bereits weiter in die Thematik eingestiegen sein, so daß der Ablauf im folgenden nur kurz erläutert werden soll.

Die Buchstabenfolge *cout* bezeichnet tatsächlich ein Objekt, das über die Include-Datei *iostream.h* festgelegt wird. Es gibt Datenströme aus, wobei in diesem Fall die Anzeige auf dem Bildschirm erfolgt. Durch den abstrakten Begriff *Datenstrom* wird, wie nicht anders zu erwarten, der Fluß der Daten beschrieben.

Über den Operator »<<« wird der Inhalt der Variable auf seiner rechten Seite an das Objekt zu seiner linken weitergeleitet. In diesem Fall wird die Zeichenfolge *Hallo Welt!* an das Objekt *cout* weitergeleitet, das es dann auf dem Bildschirm ausgibt.

Wenn Sie die Sprache C kennen, wird Ihnen der Operator »<<« bereits bekannt vorkommen, nur in einer gänzlich anderen Bedeutung. In C wird damit einen bitweise Verschiebung nach links ausgeführt und nicht eine Umleitung von Datenströmen. Das funktioniert in C++ genauso, nur ist die Bedeutung des Operators hier überlagert worden, so daß er abhängig vom Kontext unterschiedliche Operationen ausführen kann (Polymorphismus).

Das Programm gibt eine explizit festgelegte Zeichenkette auf dem Bildschirm aus. Bei dieser Form der Angabe handelt es sich zudem um eine Konstante, was bedeutet, daß sie zur Laufzeit nicht mehr verändert werden kann. Sie kann also zu keinem Zeitpunkt verändert werden, außer im Quelltext des Programms. Diese Veränderung steht dann aber erst nach einer erneuten Übersetzung zur Verfügung.

Wenn Sie sich mit der Sprache C etwas auskennen, ist Ihnen bereits der umständliche Umgang mit Zeichenketten geläufig. Da C++ eine Erweiterung ist, verhält sich diese Programmiersprache ähnlich. Es gibt keinen eigenen, speziellen Datentyp für Zeichenketten, wie beispielsweise in Pascal oder Basic. Stattdessen behilft man sich mit einer Analogie, denn eine Zeichenkette ist ja eine Reihe hintereinanderfolgender Zeichen, die über ein Feld (Array) oder einen Zeiger angesprochen werden können.

3.3 Kommentare

Kommentare sind ein wichtiger Bestandteil des Programms, auch wenn sie im obigen Beispiel fehlen. Mit Hilfe der Kommentare sollte das Programm besser lesbar sein, das heißt, der Leser kann genau erkennen, was die nachfolgenden Zeilen machen sollen.

Allerdings bedeutet das Hinzufügen von Kommentaren zusätzliche Schreibarbeit, weshalb sie leider häufig weggelassen werden. Aber wenn Sie selbst mal ein komplexes und wenig dokumentiertes Programm nach einiger Zeit wieder anschauen, werden Sie feststellen, daß Sie wenig verstehen. Das gilt sogar selbst dann, wenn Sie sehr intensiv daran gearbeitet haben. Enthält das Programm Kommentarzeilen, kann man sehr viel schneller nachvollziehen, was eigentlich programmiert wurde. Dann haben auch Außenstehende eine Chance, das Programm zu verstehen, was aber mitunter nicht gewollt ist.

Normalerweise ist der Einsatz von Kommentaren sinnvoll und man sollte damit nicht sparen. Einzelne Kommentarzeilen beginnen mit einem doppelten Schrägstrich (»//«) und hören am Ende einer Zeile auf (eine Ausnahme zur Regel, daß Zwischenräume ignoriert werden). Ein Kommentar kann an beliebiger Stelle in einer Zeile beginnen, so daß man ihn auch hinter einen Befehl setzen kann. Der Übersetzer bekommt von den Kommentaren nichts mit, für ihn sind sie nicht vorhanden.

Alternativ ist zusätzlich die von C bekannte Form von Kommentaren möglich, wobei sich ein solcher Kommentar über mehrere Zeilen erstrekken kann. Der Beginn des Kommentars wird durch die Zeichenfolge »/*« gekennzeichnet, und er reicht so lange, bis die Zeichenfolge »*/« im Quelltext auftaucht. Obwohl diese Form in machen Situationen gewisse Vorteile bietet, wird meist diejenige mit den doppelten Schrägstrichen verwendet.

Denken Sie aber daran, daß in diesem Fall der Kommentar bis zum Ende der Zeile reicht. Die Angabe von

```
cout << "Hallo Welt!";          // Ausgabe des Texts
```

ist völlig in Ordnung, wenn man aber den Kommentar weiter vorn ansetzen würde, ergäbe sich eine Fehlermeldung beim Übersetzen.

```
cout << "Hallo Welt!" // Ausgabe des Texts ;
```

In diesem Fall gehört das Semikolon bereits zum Kommentar, so daß die Meldung angezeigt wird. Der Übersetzer sähe folgende Zeile

```
cout << "Hallo Welt!"
```

Würde man die andere Form des Kommentars anwenden

```
cout << "Hallo Welt!" /* Ausgabe des Textes */ ;
```

ergäbe sich keine Fehlermeldung, da der Kommentar mit der Sequenz »*/« beendet wird. Für den Compiler ist der Kommentar nicht vorhanden, so daß für ihn die Zeile wie gewohnt aussieht

```
cout << "Hallo Welt!"  ;
```

3.4 Variablen

Die Variablen sind ein ganz entscheidender Bestandteil einer Programmiersprache. Einer Variable mit einem symbolischen Namen kann eine Vielzahl von Werten zugewiesen werden, wobei der Wert an bestimmter Stelle im Speicher abgespeichert wird. In den meisten Sprachen werden ähnliche Variablentypen, wie Ganzzahl, Gleitkomma oder String, verwendet, so daß die Konzepte jedesmal ähnlich ist.

3.4.1 Ganzzahlige Variablen

Durch Ganzzahlvariablen werden ganze Zahlen, wie beispielsweise 42, 152 oder 345678 repräsentiert (es handelt sich um einen diskreten Wertebereich). Mit diesem Typ lassen sich Zahlen darstellen, die kein Komma besitzen, ein Wert von 5,7 ist also nicht darstellbar.

Ganzzahlige Variablen werden in unterschiedlichen Größen verwendet; der am häufigsten anzutreffende Typ ist *int* (steht für Integer). Dieser Typ belegt entweder zwei oder vier Byte an Speicherplatz, wobei dies abhängig von der Architektur des Rechners und vom verwendeten Betriebssystem ist. Damit lassen sich Wertebereiche von 2^{16} (65536) beziehungsweise 2^{32} (4294967296) Zahlen darstellen. Sollen auch negative Zahlen darstellbar sein, halbiert sich die maximal darstellbare Zahl bei 2 Byte auf 32767. Der Bereich umfaßt dann die Zahlen zwischen -32768 bis 32767, inklusive der Null.

In einem Programm kann man eine Variable des Typs *int* wie folgt festlegen:

```
int     iVariable;          // Integer-Variable
```

Das Schlüsselwort *int* gibt in diesem Fall den Typ der Variable an. Der Name der Variable folgt danach, hier wird sie als *iVariable* bezeichnet. Diese Definitionen müssen ebenso wie die Programmanweisungen mit einem Semikolon abgeschlossen werden, denn sonst würde der Übersetzer einen Fehler melden.

Noch ein Wort zur Schreibweise: Im Prinzip sind die Namen der Variablen beliebig, wobei höchstens die Länge begrenzt ist (abhängig vom Compiler) und Buchstaben und Zahlen verwendet werden können (nur eine Zahl als Variablenname ist nicht zulässig). Außerdem ist auch der Unterstrich ein gültiges Zeichen. Weiterhin darf man keine Namen verwenden, die den C++-Schlüsselwörtern entsprechen.

Aus diesem Grund kann man die Variablen auch mit den Buchstaben des Alphabets benennen, was in der Regel nicht sinnvoll ist, da man dann unter Umständen den Überblick verliert. Besser ist es, möglichst aussagekräftige Namen zu verwenden, die die Funktion der Variablen beschreiben. Zusätzlich hat es sich eingebürgert, den Namen mit einer Abkürzung für den Typ zu beginnen, was erneut das Verständnis des Quelltextes erhöhen kann. Im obigen Beispiel handelt es sich um eine int-Variable, so daß der Name mit einem *i* beginnt. Abhängig vom Compiler kann auch zwischen Groß- und Kleinschreibung unterschieden werden, wobei es aber nicht tragisch ist, wenn man so oder so große und kleine Buchstaben verwendet. Dadurch wird die Lesbarkeit erhöht.

Eine Variable muß definiert sein, bevor sie eingesetzt werden kann, was auch direkt vor der ersten Anweisung passieren kann. Die eigentliche Definition kann an beliebiger Stelle im Programm erfolgen, es muß lediglich die vorige Bedingung erfüllt sein. Außerdem wird häufig auch der Begriff *Deklaration* verwendet. Der Unterschied zwischen beiden besteht darin, daß bei einer Definition gleichzeitig auch Platz für die Variable im Speicher reserviert wird. Bei einer Deklaration dagegen wird nur die Variable dem Programm bekannt gemacht, eine Speicherreservierung erfolgt aber nicht. Diese Unterscheidung wird aber erst in einem der nachfolgenden Kapitel sinnvoll.

Nach der Definition einer Variable muß dieser auch ein Wert zugewiesen werden können. Das erfolgt, wie nicht anders zu erwarten, mit dem Gleichheitszeichen. Unser obiges Beispiel könnte dann wie folgt aussehen:

```
int     iVariable;          // Integer-Variable

  // Zuweisung:
  iVariable = 42;
```

Damit wird der Variable mit dem Namen *iVariable* der Wert 42 zugewiesen. Damit entspricht das Gleichheitszeichen in C++ dem Zuweisungsoperator »:=« in Pascal oder Delphi.

Doch was nützt einem eine Zuweisung, wenn der Inhalt nicht ausgegeben werden kann? Im vorigen Kapitel haben wir ja bereits gesehen, wie eine Zeichenkette ausgegeben wird. Ähnlich funktioniert auch die Ausgabe des Werts der Variable, so daß das komplette Programm wie folgt aussehen könnte:

```
#include <iostream.h>

void main() {
  int       iVariable;                // Integer-Variable

  iVariable = 42;                     // Zuweisung

  // Ausgabe:
  cout << "Der Wert der Variable ist";
  cout << iVariable;
}
```

Es wird wieder die Funktion (das Objekt) *cout* zur Ausgabe verwendet. Der Operator »<<« weiß dabei, das es sich einmal um eine Zeichenkette und beim nächsten mal um eine int-Variable handelt, und behandelt sie entsprechend unterschiedlich. Das ist übrigens ein weiteres Beispiel für die Überlagerung von Operatoren.

Läßt man das Programm laufen, sieht man folgende Zeile auf dem Bildschirm:

```
Der Wert der Variable ist42
```

Dabei erkennt man, daß offensichtlich noch ein Fehler enthalten sein muß, da die Zahl direkt an den vorangegangenen Text angeführt wird. Dies ändert man, indem man in der Zeichenkette noch ein Leerzeichen anfügt, also

```
cout << "Der Wert der Variable ist ";
```

Da sich das Leerzeichen innerhalb der Anführungszeichen befindet, wird es auch auf dem Bildschirm ausgegeben und nicht ignoriert. Übersetzt man das Programm erneut und startet es dann wieder, wird die Zeile passend ausgegeben.

```
Der Wert der Variable ist 42
```

Denken Sie aber daran, daß man das Programm nach einer Änderung auf jeden Fall neu übersetzen muß, da sonst die Korrektur nicht wirksam wird. Ist man sich nicht sicher, führt man die Übersetzung neu aus, bevor man das Programm startet. Man sollte nicht vergessen, die geänderten Quelldateien vor einem Start zu speichern, denn nichts ist ärgerlicher als verlorengegangene Änderungen.

3.4.2 Gleitkommavariablen

Neben den zuvor erwähnten Ganzzahlvariablen lassen sich auch Gleitkommazahlen, das heißt, Zahlen mit Nachkommaanteil (3,141 oder 2,9), in Variablen speichern. Der zugehörige Typ wird als *float* bezeichnet und durch ihn werden reelle Zahlen – um den mathematischen Ausdruck zu benutzen – repräsentiert.

Eine float-Variable kann Zahlen im Bereich zwischen $3{,}4*10^{-38}$ und $3{,}4*10^{38}$ aufnehmen, mit einer Genauigkeit von sieben Ziffern. Im Speicher belegt dieser Typ vier Byte. Ein solcher Typ kann beispielsweise für die Berechnung einer Kreisfläche verwendet werden, wobei hier die Zahl Pi nur näherungsweise angegeben wird.

```
// Berechnung der Kreisflaeche
#include <iostream.h>

void main() {
  float  fRadius;                    // Radius des Kreises
  float  fPi;                        // Konstante Pi
  float  fFlaeche;                   // Kreisfläche

  // Werte der Variablen setzen:
  fRadius = 2.1;
  fPi     = 3.14159;
```

```
  // Berechnung der Flaeche:
  fFlaeche = fPi * fRadius * fRadius;

  // Ausgabe der Flaeche:
  cout << "Die Kreisflaeche bei einem Radius von ";
  cout << fRadius;
  cout << " betraegt ";
  cout << fFlaeche;
}
```

In diesem Programm ist ein fester Wert für den Radius vorgegeben, wobei wir nachher noch sehen werden, daß sich ein Wert auch einlesen läßt. Setzt man Gleitkommawerte ein, muß man daran denken, daß kein Komma verwendet werden darf, sondern daß der Trenner ein Punkt sein muß.

Das Programm erzeugt folgende Ausgabe:

```
Die Kreisflaeche bei einem Radius von 2.1 betraegt 13,8544119
```

3.4.3 Konstanten

Die Konstante *fPi*, die im vorigen Beispiel verwendet wird, ändert sich während des Programmlaufs nicht. Daher kann sie auch gleich als Konstante definiert werden, was durch das Schlüsselwort *const* erfolgt. Außerdem kann ihr auch gleich der entsprechende Wert zugewiesen werden, so daß man nicht mehrere Zeilen für diese Konstante benötigt. Zusätzlich werden Konstanten in der Regel mit großen Buchstaben bezeichnet.

```
const float PI = 3.14159;
```

Damit ist sichergestellt, daß das Programm nicht versehentlich den Wert von *PI* ändern kann.

Das Schlüsselwort *const* ist nicht auf float-Variablen begrenzt, sondern es kann mit allen Typen verwendet werden, Sie können beispielsweise auch int-Variablen als *const* definieren.

3.4.4 Zeichenvariablen

Wie zu Beginn des Buchs bereits angedeutet, gibt es in C++ keinen eigenen Typ für Zeichenketten. Stattdessen behilft man sich mit einer Verkettung von einzelnen Zeichen, die dann eben eine Zeichenkette bilden (wie das geht, erfahren Sie weiter hinten im Buch). Zu diesem Zweck wird in der Regel ein Ganzzahltyp mit dem Namen *char* verwendet, der mit einem Byte auskommt und deren Wertebereich somit von -128 bis 127 (beziehungsweise von 0 bis 255) geht. Dieser repräsentiert dann genau ein Zeichen. Für jede der Zahlen des Wertebereichs gibt es eine Entsprechung im erweiterten ASCII-Zeichensatz, so daß beispielsweise die Zahl 65 für den Buchstaben *A* steht.

Gibt man einen Buchstaben an, muß man aber nicht unbedingt dessen ASCII-Wert kennen, sondern man kann ihn in Apostrophe einschließen (»'A'«). Findet der Übersetzer eine solche Zeichenkonstante, wird für diese der entsprechende Zahlenwert im Speicher abgelegt. Also läßt sich auf diese Weise einer Variable ein Buchstabe zuweisen:

```
char  cBuchstabe;  // gesetzter Buchstabe

// Init:
cBuchstabe = 'A';
```

Diese Sequenz ließe sich auch in einer Zeile schreiben, aber die Initialisierung aller Variablen erhöht zu einem bestimmten Zeitpunkt die Lesbarkeit insgesamt. Das gilt speziell dann, wenn man mehrere Variablen einsetzt, für deren Initialisierung man bestimmte Funktionen aufrufen müßte. Dafür wird ein so geschriebenes Programm länger, was später aber keinen Einfluß auf die Funktionalität hat.

3.4.5 Übersicht

In den vorherigen Beispielen haben Sie bereits eine Reihe von Datentypen kennengelernt, *int*, *float* und *char*. Doch es gibt noch eine Reihe weiterer, die in der nachfolgenden Tabelle aufgeführt sind. Außerdem findet man dort den Wertebereich und bei den Gleitkommatypen die Genauigkeit.

Datentyp	Zahlenbereich Untergrenze	Zahlenbereich Obergrenze	Genauigkeit	Speichergröße in Byte
char	-128	127	-	1
short	-32768	32767	-	2
int	-32768 (beziehungsweise -2147483648)	32767 (beziehungsweise 2147483647)	-	2 (beziehungsweise 4)
long	-2147483648	2147483647	-	4
float	3,4*10^-38	3,4*10^38	7	4
double	1,7*10^-308	1,7*10^308	15	8
long double	3,4*10^-4932	3,4*10^4932	19	10

Die Größe und damit auch der Wertebereich des Typs *int* kann auf verschiedenen Systemen unterschiedlich sein. Sie hängt vom Betriebssystem und vom Compiler ab. Das bedeutet, daß sich der Typ *int* entweder wie *short* oder wie *long* verhält.

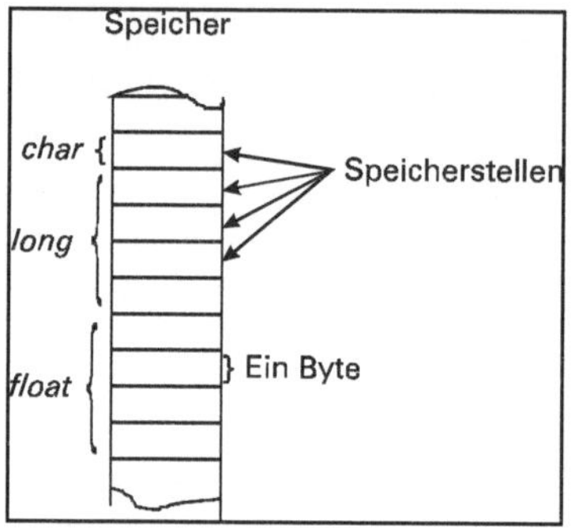

Bild 3.1:
Die Belegung des Speichers

Der Tabelle entnimmt man, daß die Datentypen, die ganze Zahle repräsentieren, auch negative Zahlen darstellen können. Dadurch ist der maximal mögliche Wert aber auf die Hälfte beschränkt, denn mit beispielsweise acht Bit lassen sich 256 Werte darstellen.

Will man jetzt nicht den nächsthöheren Datentyp in seinem Programm verwenden, kann man eine Variable auch als *unsigned* definieren. In diesem Fall beginnt der Wertebereich mit 0 und endet mit dem maximal möglichen Wert. Die entsprechenden Bereiche stehen in nachfolgender Tabelle.

Datentyp	**Wertebereich**	**Speichergröße in Byte**
unsigned char	0..255	1
unsigned short	0..65535	2
unsigned int	0..65535 beziehungsweise 0..4294967295	2 beziehungsweise 4
unsigned long	0..4294967295	4

Variablen dieser Art kommen immer dann zum Einsatz, wenn beispielsweise der Wert nur positiv sein kann, etwa bei einer Aufzählung. Man sollte dabei aber immer darauf achten, daß der Wertebereich einer ganzzahligen Variable nicht überschritten werden darf. Passiert das, kommt es zu schwer erkennbaren Fehlern, die aber nicht vom Parser erkannt werden, weil die Syntax der einzelnen Programmanweisungen vollkommen korrekt ist.

```
// Bereichsueberschreitung
#<include iostream.h>

void main() {
  int          iVariable;          // Wertebereich -32768 bis 32767
  unsigned int  uiVariable;        // Wertebereich 0 bis 65535


  // Init
  iVariable = 30000;
  uiVariable = 30000;

  // Berechnung
  iVariable = iVariable * 2;     // Bereichsueberschreitung !!!
  uiVariable = uiVariable * 2;   // OK

  // Ausgabe
  cout << "int = ";
  cout << iVariable;
  cout << "  unsigned int = ";
  cout << uiVariable;

}
```

Die Ausgabe bei diesem kleinen Programm sieht wie folgt aus:

```
int = -5536  unsigned int = 60000
```

Man sieht, daß bei der Berechnung der int-Variablen, die hier nur verdoppelt wird, eine Bereichsüberschreitung auftritt (aber nur dann, wenn der Typ *int* zwei Byte im Speicher belegt!). Das Ergebnis ist falsch. Wird dagegen eine vorzeichenlose Variable eingesetzt, ist das Resultat korrekt.

Schwieriger zu finden sind solche Fehler, wenn die Bereichsüberschreitung als Zwischenschritt einer Berechnung auftritt. Dann sucht man meist ziemlich lange, bis man den Fehler gefunden hat.

Wird übrigens die obige Berechnung um eine Division erweitert:

```
iVariable =  (iVariable * 2) / 3;
uiVariable = (uiVariable * 2) / 3;
```

und startet man dann das Programm, stellt man fest, daß beide Ergebnisse identisch sind. Bei der Zwischenberechnung tritt zwar auch wieder eine Bereichsüberschreitung auf, aber durch die Division wird das Ganze wieder zurechtgerückt. Das das in diesem Fall paßt, liegt daran, daß der Zwischenwert komplett durch die 16 Bits dargestellt werden kann. Da intern mit Bits gerechnet wird und sowohl int- als auch unsigned int-Variablen dieselbe Anzahl verwenden, spielt die Interpretation der Bits erst dann eine Rolle, wenn das Ergebnis angezeigt werden soll.

Anders sieht es übrigens aus, wenn der Ursprungswert der Variablen vergrößert wird oder wenn die beiden Faktoren vertauscht werden. In diesem Fall würde immer eine Bereichsüberschreitung auftreten, so daß die unterschiedlichen Effekte passieren können. Würde statt der 30000 die Zahl 40000 verwendet, lautete die Ausgabe

```
int = -17024  unsigned int = 26666
```

Das erste Ergebnis ist komplett falsch, das zweite trotz der Überschreitung richtig. Doch halt: Die Annahme, daß mit einer int-Variable der Wert 40000 dargestellt werden kann, ist schon vom Ansatz her falsch. Die 40000 wird als negative Zahl -25536 interpretiert, so daß das Ergebnis dann plötzlich wieder richtig wird!

Tauscht man jetzt noch die beiden Faktoren aus:

```
iVariable  = (iVariable * 3) / 2;
uiVariable = (uiVariable * 3) / 2;
```

sind plötzlich beide Zahlen positiv, aber nur letztere ist richtig.

```
int = 27232  unsigned int = 60000
```

Das bedeutet letztendlich, daß man sehr genau aufpassen muß, wenn man beispielsweise Variablen miteinander multipliziert. Besonders problematisch wird es, wenn es sich tatsächlich um zwei Variablen handelt und man die real auftretenden Werte nicht kennt. Dann muß man im Zweifelsfall das Programm sehr genau untersuchen, um den Fehler zu finden.

3.4.6 Typumwandlungen

C++ macht es einem Programmierer leicht, wenn er unterschiedliche Datentypen miteinander verknüpft. Es können beispielsweise Variablen unterschiedlicher Typen miteinander multipliziert werden, wie das nachfolgende Beispiel zeigt:

```
// Typumwandlung
#include <iostream.h>

void main() {
  int    iAnzahl;            // Anzahl an Birnen
  float   fGewicht;          // Gewicht einer Birne
  double  dGesamtGewicht;    // Gesamtgewicht

  // Init
  iAnzahl = 7;
  fGewicht = 22.32;

  // Berechnung
  dGesamtGewicht = iAnzahl * fGewicht;

  // Ausgabe
  cout << "Gesamtgewicht = ";
  cout << dGesamtGewicht;
}
```

Übersetzt man dieses Programm, gibt der Compiler keine Fehlermeldung aus. Für ihn scheint es selbstverständlich zu sein, wenn man einen int- mit einem float-Wert multipliziert und das Ergebnis einer Variable des Typs *double* zuweisen. Hätte man obiges Beispiel in Pascal (oder Delphi) geschrieben, würde man bei der Übersetzung nur eine Reihe von Fehlermeldungen sehen. In C++ wird eben davon ausgegangen, daß man genau weiß, was man tut.

Doch auch hier findet eine Typumwandlung statt. Die Datentypen werden intern in eine Reihenfolge gebracht, die der nächsten Tabelle zu entnehmen ist. Dabei kennzeichnen die oberen Elemente Datentypen, die einen höheren Rang besitzen.

Datentyp	Rang
long double	höchster
double	
float	
long	
int	
char	niedrigster

Die Umwandlung erfolgt immer von einem niedrigen zu einem höheren Rang hin. In unserem Beispiel wird somit die int-Variable vor der Multiplikation in den Typ *float* gewandelt und das Ergebnis wird temporär gespeichert. Damit werden zwei Variablen des Typs *float* miteinander multipliziert, was keine Probleme bereiten sollte. Vor der Zuweisung des Ergebnisses wird es noch temporär in den Typ *double* verwandelt, so daß auf beiden Seiten derselbe Datentyp vorhanden ist.

Diese Art der Umwandlung findet automatisch im Hintergrund statt, so daß sich ein Programmierer nicht darum kümmern muß. Sie wird daher auch als automatische Umwandlung bezeichnet. Wie sie zu erfolgen hat, ist bereits im Compiler eingebaut.

Das gilt natürlich nicht für Datentypen beziehungsweise Objekte, die Sie selbst in Ihrem Progamm erzeugt haben. Für sie muß man sehr sorgfältig festlegen, wie eine Umwandlung auszuführen ist. Sie sind also im Prinzip für alles selbst verantwortlich.

Wenn man beispielsweise bei einer Berechnung temporär einen anderen Typ verwenden will, läßt sich auch explizit eine Typumwandlung ausführen. Dazu wird der zu verwendenden Typ angegeben und man schreibt die Berechnung in Klammern dahinter, wie im nachfolgenden Beispiel zu sehen.

```
int  iVariable = 10000;

// Berechnung:
iVariable = (long(iVariable) * 10) / 5
```

In diesem Fall wird die int-Variable *iVariable* zuerst in den Typ *long* umgewandelt, mit dem dann die weiteren Berechnungen ausgeführt werden. Das Ergebnis dieser Berechnung wird dann wieder in den Typ *int* zurückgewandelt. Zu beachten ist dabei aber, daß natürlich Fehler auftreten, wenn das Resultat größer als der Wert ist, der von der int-Variable dargestellt werden kann. In diesem Fall kann es zwei Möglichkeiten geben: Entweder werden die überzähligen Bits einfach weggelassen und das Ergebnis ist um diese zu klein, oder die Variable wird auf den maximal möglichen Wert gesetzt, um die Überschreitung anzudeuten. Aber davon unabhängig ist das Ergebnis in jedem Fall falsch.

Diese Typumwandlung ist übrigens nicht auf Datentypen begrenzt, sondern sie funktioniert auch mit Funktionen (das wird häufig bei grafischen Fenster-Systemen verwendet). Außerdem kann man die Umwandlung auch ein wenig anders im Quelltext schreiben, wie nachfolgende Anweisung zeigt:

```
iVariable = ((long) iVariable * 10) / 5
```

In diesem Fall wird der neue Datentyp in Klammern gesetzt und er bezieht sich auf das danach stehende Element (diese Schreibweise ist übrigens in C gültig). Die zuvor beschriebene ähnelt der von Funktionen, so daß sie eigentlich einleuchtender ist. Dennoch sind beide in C++-Programmen gültig.

Will man Zahlwerte explizit als long-Werte verwenden, werden sie mit einem großen *L* bezeichnet. Mit dem Namen *3L* wird der Wert 3 als long-Wert im Programm gespeichert, was das ganze natürlich größer macht. Das kann aber sinnvoll sein, denn bei einer Zuweisung an eine long-Variable findet dadurch die Typumwandlung nicht statt, was den Programmablauf geringfügig beschleunigen sollte.

Zum Abschluß noch ein Ausblick: Wir hatten ja bereits die Überlagerung angesprochen. Bei überlagerten Funktionen kommt es sehr stark auf die Datentypen der verwendeten Parameter an. Abhängig von diesen wird eine bestimmte Funktion ausgeführt. Nun haben Sie es mit Hilfe der expliziten Umwandlung in der Hand und können damit festlegen, welche Funktion von den überlagerten tatsächlich ausgeführt wird. Man kann sie also aufgrund einer Typumwandlung auswählen.

3.5 Escape-Sequenzen

Mit Hilfe der Escape-Sequenzen wird die Ausgabe eines Programms formatiert. Beispielsweise läßt sich mit ihnen eine neue Zeile beginnen oder bei der Ausgabe werden eine bestimmte Anzahl von Zeichen übersprungen.

Eine Escape-Sequenz beginnt mit einem Backslash, der sich ein Buchstabe oder ein spezielles Zeichen anschließt. Sie kann in Zeichenvariablen, Zeichenketten und Zeichenkettenkonstanten eingesetzt werden. Durch das Anfangszeichen weiß der Übersetzer, daß die normale Interpretation der Zeichen für das nächste nicht zutrifft. Stattdessen wird das dem Backslash folgende Zeichen entsprechend der nachfolgenden Tabelle umgesetzt.

Escape-Sequenz	Beschreibung
\a	Alarm
\b	Rückschritt (Backspace)
\f	Seitenvorschub
\n	Neue Zeile
\r	Wagenrücklauf
\t	Tabulator
\\	Der Backslash selbst
\'	Der Apostroph
\"	Das Anführungszeichen
\xHH	Das Zeichen mit der Hexadezimalzahl HH

Wie in der Tabelle zu sehen ist, gibt es auch spezielle Escape-Sequenzen beispielsweise für das Anführungszeichen. Diese dienen dazu, daß dieses Zeichen auch in einem Text verwendet werden kann, denn sonst würde es das Ende einer Zeichenkette kennzeichnen, was aber nicht gewollt ist.

```
cout << "Ausgabe eines Anführungszeichens \" ..."
```

Würde man die Escape-Sequenz nicht angeben, ließe sich kein Anführungszeichen ausgeben, denn nun wäre eines über und die drei Punkte würden einen Compiler-Fehler erzeugen.

3.6 Operatoren zur Manipulation der Ausgabe

Man kann eine Ausgabe mit »<<« nicht nur mit Escape-Sequenzen, sondern auch mit speziellen Operatoren beeinflussen. Die beiden gebräuchlichsten sind *endl* und *setw*.

endl bewirkt, daß ein Zeilenvorschub in den Datenstrom der Ausgabe eingefügt wird.

```
cout << "Zeilenvorschub";
cout << endl
```

Der Operator hat dieselbe Wirkung wie die Escape-Sequenz *\n*.

```
cout << "Zeilenvorschub\n";
```

Die Ausgabe beider Zeilen ist also identisch.

Unter Verwendung des zweiten hier vorgestellten Operators *setw* wird die Ausgabe formatiert. Dafür legt man mit ihm fest, wie breit ein Feld sein darf, bevor sich die nächste Ausgabe anschließt. Zur Verdeutlichung das nächste Beispiel:

```
cout << "Benzinpreise";
cout << endl;
cout << "Lueneburg: ";
cout << 1.049;
cout << endl;
cout << "Celle: ";
cout << 1.069;
cout << endl;
```

Die Ausgabe dazu würde beispielsweise wie folgt aussehen:

```
Benzinpreise
Lueneburg: 1.049
Celle: 1.069
```

Das ist natürlich nicht sehr übersichtlich, denn der Wert wird direkt an die Zeichenkette angefügt. Ändern kann man dies mit dem Operator *setw*, der angibt, wie breit ein Ausgabefeld sein darf. Der Operator muß vor dem Feld stehen, dessen Breite gesetzt werden soll. Damit würde unser obiges Beispiel wie folgt aussehen:

```
cout << "Benzinpreise";
cout << endl;
cout << setw(12);
cout << "Lueneburg: ";
cout << 1.049;
cout << endl;
cout << setw(12);
cout << "Celle: ";
cout << 1.069;
cout << endl;
```

Damit wird die Breite des Felds, in das die Zeichenkette geschrieben wird, auf zwölf Zeichen festgelegt. Ist die Zeichenkette kürzer, wird der Rest mit Leerzeichen aufgefüllt. Bei einer längeren Zeichenkette wird diese entsprechend abgeschnitten. Somit ist es möglich, Ausgaben in Tabellenform zu formatieren, wie hier auch zu sehen:

```
Benzinpreise
Lueneburg:  1.049
Celle:      1.069
```

Damit man bei der Ausgabe nicht jedesmal eine neue Zeile mit einer *cout*-Anweisung beginnen muß, kann man die Ausgaben auch zusammenfassen, wie nachfolgend zu sehen.

```
cout << setw(12) << "Lueneburg: " << 1.049 << endl;
```

Dabei wird der »<<«-Operator mehrfach eingesetzt, wobei die Abarbeitung von links nach rechts erfolgt. Zuerst wird also der Inhalt die Zeichenkette angezeigt, danach die Zahl und zum Schluß wird eine neue Zeile begonnen.

Damit man die Codesequenzen aus diesem Beispiel korrekt übersetzen kann, muß man noch eine *#include*-Datei angeben, denn sonst kennt der Übersetzer den Operator *setw* nicht. Deshalb trägt man zu Anfang der Datei zusätzlich folgende Anweisung ein:

```
#include <iomanip.h>
```

3.7 #define

Neben dem Schlüsselwort *const* gibt es noch eine weitere Möglichkeit, Konstanten zu definieren. Das funktioniert über die Präprozessordirektive *#define*, die prinzipiell eine Ersetzung von Zeichenfolgen vorsieht.

Kommen wir noch einmal auf das Beispiel mit der Konstante und der Kreisberechnung zurück. Statt der Zeile

```
const float PI = 3.14159;
```

hätten wir im Programm auch schreiben können:

```
#define PI 3.14159
```

Für den Ablauf des Programms wäre es dasselbe gewesen, der Compiler sieht aber tatsächlich in beiden Fällen jeweils einen anderen Quelltext. Im ersten Fall wird eine Variable definiert, die tatsächlich im Programm vorhanden ist. Bei der *#define*-Anweisung dagegen wird im gesamten Programm eine Textersetzung vorgenommen, die noch vor dem ersten Übersetzungsvorgang ausgeführt wird.

In diesem Fall sieht der Parser an den entsprechenden Stellen den Zahlenwert direkt, das heißt, die Zeichenfolge *PI* wird durch die Zahl 3.14159 ersetzt.

Mit Hilfe dieses Mechanismus lassen sich nicht nur Konstanten festlegen, sondern man kann theoretisch ganze Programmteile ersetzen lassen. Inwiefern das tatsächlich Sinn macht, steht auf einem anderen Blatt, aber es würde funktionieren. Außerdem wird das Programm dadurch nicht unbedingt verständlicher.

Zu beachten ist, daß die *#define*-Anweisung immer in der ersten Spalte einer Zeile beginnen muß und normalerweise am Ende einer Zeile aufhört. Ansonsten wird sie vom Präprozessor nicht erkannt und der Compiler gibt eine Fehlermeldung aus.

3.8 Die Eingabe

In den vorigen Beispielen haben wir uns darauf beschränkt, die Werte der zu berechnenden Variablen im Quelltext direkt festzulegen. Das ist aber meist nicht sinnvoll, denn wenn ein neuer Wert zu berechnen ist, müßte das Programm geändert und neu übersetzt werden, bevor die Berechnung erfolgen kann.

Daher gibt es eine Möglichkeit, daß das Programm den Anwender direkt nach einer Eingabe fragt, die dann einer Variable zugewiesen wird. Mit Hilfe der Variable kann dann die weitere Berechnung oder eine Ausgabe erfolgen. Zur Veranschaulichung berechnen wir noch einmal die Fläche eines Kreises:

```
// Berechnung der Kreisflaeche
#include <iostream.h>

void main() {
  float  fRadius;     // Radius des Kreises
  float  fPi;         // Konstante Pi
  float  fFlaeche;    // Kreisfläche

  // Wert der Variable setzen
  fPi = 3.14159;

  // Eingabe des Radius
  cout << "Bitte geben Sie den Radius ein: ";
  cin >> fRadius

  // Berechnung der Flaeche
  fFlaeche = fPi * fRadius * fRadius;
```

```
  // Ausgabe der Flaeche
  cout << "\nDie Kreisflaeche bei einem Radius von ";
  cout << fRadius;
  cout << " betraegt ";
  cout << fFlaeche;
}
```

Das Programm ist nur wenig geändert, beispielsweise fehlt die Initialisierung der Variable *fRadius*. Das ist aber nicht notwendig, da deren Wert ja eingelesen werden soll. Außerdem beginnt die Ausgabe immer in einer neuen Zeile, was mit Hilfe einer Escape-Sequenz realisiert wird. Das wirklich Neue sind die beiden Zeilen, in denen zuerst die Aufforderung ausgegeben wird, einen Wert für den Radius einzugeben. Dieser wird mit *cin*, einem Objekt wie *cout*, und dem Einlese-Operator »>>« aus dem Standarddatenstrom entnommen und der Variable *fRadius* zugewiesen.

Das Verfahren mit dem mehrfachen Ausgabeoperator funktioniert übrigens auch analog mit dem Einleseoperator »>>«, nur wird es hier selten angewendet, da dann zwischen den einzelnen einzugebenden Werten kein Text angezeigt werden kann.

3.9 Arithmetische Operatoren

Wie Sie in den vorigen Beispielen gesehen haben, kann man nicht nur Funktionen aufrufen, sondern man kann im Programm auch rechnen.

3.9.1 Grundoperatoren

Für die grundlegenden Berechnungen kann man die aus der Algebra bekannten arithmetischen Operatoren verwenden. Sie funktionieren sowohl bei den Ganzzahl- als auch bei den Gleitkommatypen. Ihre Einsatzweise entspricht der bei anderen Programmiersprachen auch. Zu beachten ist, daß auch hier die aus der Algebra bekannte Regel »Punktrechnung geht vor Strichrechnung« gilt.

Operator	Beschreibung
*	Multiplikation
/	Division
+	Addition
-	Subtraktion

3.9.2 Restoperator

Zusätzlich zu den allgemeinen Operatoren gibt es noch eine Reihe weiterer Operatoren. Beginnen wollen wir mit dem Restoperator (Modulo-Operator), der aber nur mit Ganzzahlvariablen verwendet werden kann. Er berechnet den Rest einer Division. Wie das funktioniert, zeigt das nächste Beispiel.

```
// Restberechnung
#include <iostream.h>

void main() {
  cout << 2 % 3 << endl;
  cout << 3 % 3 << endl;
  cout << 4 % 3 << endl;
  cout << 5 % 3 << endl;
}
```

Die Ausgabe dieses Programms sieht wie folgt aus:

```
2
0
1
2
```

Das bedeutet, daß zuerst die Division der beiden Zahlen durchgeführt wird. 2 geteilt 3 ergibt 0 mit dem Rest 2, so daß das Ergbnis der Wert 2 ist. 5 geteilt durch 3 ergibt 1, Rest ebenfalls 2. Damit ist das Ergebnis ebenfalls 2, denn es wird nur der Rest verwendet. Der Modulo-Operator wird übrigens sehr häufig bei der Verarbeitung von digitalen Signalen verwendet.

Zum Abschluß noch eine Anmerkung zur Reihenfolge der Abarbeitung der Operatoren. Im obigen Beispiel wird zuerst das Ergebnis der Modulo-Operation berechnet, bevor die Ausgabe mit Hilfe der »<<«-Operatoren erfolgt. Wäre das nicht der Fall, müßte die Modulo-Operation in runde Klammern (2 % 3) gesetzt werden, damit sichergestellt ist, daß der entsprechende Wert berechnet wird.

3.9.3 Zuweisungsoperatoren

Da C++-Programmierer in der Regel ihr Programm so kurz wie möglich halten wollen, gibt es mehrere Kurzschreibweisen. Einer davon ist der Zuweisungsoperator, der sehr häufig zum Einsatz kommt.

Will man zum Wert einer Variable etwas addieren, ist folgende Sequenz richtig:

```
iGesamt = iGesamt + iWert;
```

Dadurch wird zum Wert der Variable *iGesamt* der Wert von *iWert* hinzuaddiert. Diese Zeile ist in analoger Form in vielen Programmiersprachen gültig, aber in C++ kann die Zuweisung in folgender Form abgekürzt werden:

```
iGesamt += iWert;
```

Damit wird angedeutet, daß der Wert von *iGesamt* um *iWert* erhöht wird. Wenn Sie das Ganze so ausdrücken, wird die Anweisung sofort verständlich. Dabei wird ein arithmetischer Operator mit einem Zuweisungsoperator (=) kombiniert. Dadurch sind die beiden Zeilen identisch, nur daß die zweite kürzer zu schreiben ist.

Solch eine Zuweisung existiert nicht nur für eine Addition, man kann sie auch mit den anderen arithmetischen Operatoren kombinieren. Damit gibt es einen entsprechenden Operator beispielsweise auch für eine Subtraktion (-=) oder für eine Division (/=).

3.9.4 Inkrement- und Dekrementoperator

Doch C++ bietet noch weitere spezielle Operatoren. Häufig kommt es vor, daß zum Wert einer Variable der Wert 1 hinzuaddiert werden muß, beispielsweise in Schleifen. Das erreicht man auf unterschiedliche Arten, wobei die klassische folgende ist:

```
iVariable = iVariable + 1;
```

Im letzten Kapitel wurde erklärt, daß man die Anweisung auch kürzer schreiben könnte:

```
iVariable += 1;
```

Aber es geht noch kürzer:

```
++iVariable;
```

Damit wird der Wert von *iVariable* mit Hilfe des Operators ++ inkrementiert, also um 1 erhöht.

Aber das ist noch nicht genug, denn den Operator kann man sowohl vor die Variable (Präfix) als auch hinter die Variable schreiben (Postfix). Beide Formen sind gebräuchlich, aber sie weisen einen kleinen Unterschied auf:

Sehr häufig muß der Wert einer Variable erhöht werden, wobei auch andere Rechenoperationen zusätzlich ausgeführt werden, wie beispielsweise hier:

```
iGesamt = iGewicht * ++iAnzahl;
```

In diesem Beispiel stellt sich die Frage, ob die Inkrementierung vor oder nach der Multiplikation ausgeführt wird. Hier wird *iAnzahl* zuerst erhöht, dann erfolgt die Berechnung der Multiplikation. Das liegt in diesem Fall daran, daß die Präfix-Schreibweise verwendet wird.

Wenn man Konfusionen über die Reihenfolge der Auswertung der Operatoren vermeiden will, empfehle ich, die entsprechenden Anweisungen auf mehrere Zeilen zu verteilen.

```
++iAnzahl;
iGesamt = iGewicht * iAnzahl;
```

In Postfix-Schreibweise wäre zuerst die Multiplikation ausgeführt und dann der Wert der Variable *iAnzahl* erhöht worden.

```
iGesamt = iGewicht * iAnzahl++;
```

Auch hier gilt, daß man im Zweifelsfall die beiden Anweisungen trennen sollte:

```
iGesamt = iGewicht * iAnzahl;
iAnzahl++;
```

Wenn man übrigens die Inkrementierung in einer Zeile vornimmt, spielt es keine Rolle, ob man den Präfix- oder den Postfix-Operator einsetzt. Die beiden sind in diesem speziellen Fall gleichwertig, wobei meist der Postfix-Operator zur Anwendung kommt.

```
iAnzahl++;
```

entspricht dann

```
++iAnzahl;
```

Abschließend noch ein Beispiel, in dem sowohl die Präfix- als auch die Postfix-Schreibweise verwendet wird.

```
// Inkrement-Operator
#include <iostream.h>

void main() {
  int  iAusgabe;                        // Wert zur Ausgabe

  // Init
  iAusgabe = 42;

  // Ausgabe
  cout << iAusgabe << endl;
  cout << "Praefix " << ++iAusgabe << endl;  // Praefix
  cout << iAusgabe << endl;
  cout << "Postfix " << iAusgabe++ << endl;  // Postfix
  cout << iAusgabe << endl;
}
```

Führt man dieses Programm aus, erhält man folgende Ausgabe:

```
42
Praefix 43
43
Postfix 43
44
```

Die erste Inkrementierung erfolgt mit dem Präfix-Operator, so daß die Operation vor der Ausgabe durchgeführt wird. Deswegen wird auch die 43 angezeigt. Beim nächsten Erhöhen kommt die Postfix-Schreibweise zum Einsatz, so daß zuerst der Wert der Variable angezeigt und er danach inkrementiert wird. Daher wird wieder 43 ausgegeben und erst mit der letzten Zeile wird der erhöhte Wert ausgegeben.

Wie Sie in der Überschrift zu diesem Kapitel behauptet, muß es auch einen Dekrementoperator geben. Und tatsächlich funktioniert er analog zum Inkrementoperator, er wird durch zwei Minuszeichen symbolisiert.

```
iWert--;
```

Mit dieser Zeile wird der Wert der Variable um 1 vermindert, wobei hier die Postfix-Schreibweise zum Einsatz kommt. Alternativ kann man auch die Präfix-Form schreiben, abhängig davon, welche Aufgabe zu lösen ist.

3.10 Bibliotheksfunktionen

Damit man das Rad nicht immer neu erfinden muß, werden in C++ oft Bibliotheksfunktionen eingesetzt, wie beispielsweise mathematische Berechnungen oder die Speicherverwaltung. Will man beispielsweise die Quadratwurzel einer Zahl berechnen, könnte das wie folgt aussehen:

```
// Wurzelberechnung
#include <iostream.h>
#include <math.h>

void main() {
  double  dWert;                     // Berechnungswert
  double  dErgebnis;                 // Ergebnis der Berechnung

  // Eingabe des Werts:
  cout << "Geben Sie einen Wert ein: ";
  cin >> dWert;
  cout << endl;

  // Berechnung:
  dErgebnis = sqrt(dWert);

  // Ausgabe:
  cout << "Die Quadratwurzel ist: " << dErgebnis << endl;
}
```

In diesem Programm wird zuerst ein Wert eingelesen, von dem die Quadratwurzel berechnet werden soll. Dieser Wert wird der Funktion *sqrt()* als Argument in den runden Klammern übergeben. Die Funktion übernimmt das Argument für die Berechnung und gibt dann das Ergebnis zurück. Das bedeutet, daß das Ergebnis der Funktion der Variable *dErgebnis* zugewiesen wird. Abschließend zeigt das Programm diesen Wert an.

Startet man das Programm und gibt man als Wert die Zahl 2000 an, kommt insgesamt folgende Ausgabe:

```
Geben Sie einen Wert ein: 2000
Die Quadratwurzel ist: 44,721359
```

Rechnet man diesen Wert nach, wird man feststellen, daß er relativ genau ist.

Zu beachten ist, daß die Argumente einer Funktion immer den richtigen Datentyp aufweisen müssen, denn sonst findet entweder eine automatische Typumwandlung statt oder man sieht eine Fehlermeldung vom Übersetzer. Welchen Typ man benötigt, entnimmt man der Dokumentation zu den jeweiligen Funktionen. Das gilt genauso für den Rückgabewert, denn auch hier muß der Datentyp stimmen. Paßt das im Programm nicht, kann man bei Bedarf eine explizite Umwandlung der Datentypen vornehmen, sofern dies möglich ist.

Zur Verwendung der Bibliotheksfunktionen muß man die entsprechende Definitionsdatei mittels der *#include*-Anweisung in den Quelltext einfügen. Für das Beispiel mit der mathematischen Funktion zur Wurzelberechnung ist dies die Datei *math.h*. Daher lautet die Direktive für den Präprozessor:

```
#include <math.h>
```

Sollte man das einmal vergessen oder bindet die falsche Datei ein, gibt der Compiler eine Fehlermeldung aus. In diesem Fall findet er die entsprechende Funktion nicht und kann nicht beurteilen, ob sie im Programm richtig aufgerufen wurde oder nicht.

Welche Funktionen in welcher Datei definiert werden, steht in der zugehörigen Dokumentation. Ob man die richtige Datei eingebunden hat, sieht man bei der Übersetzung des Programms.

In allen vorigen Beispielen werden die Definitionsdateien in spitzen Klammern angegeben. Dadurch werden sie in den Verzeichnissen gesucht, die Sie vorher als Bibliothekspfad (oder etwas ähnliches) im Compiler angegeben wurden. Nun kann es aber sinnvoll sein, eigene Definitionsdateien in einem Verzeichnis zu erzeugen. In ihnen könnten beispielsweise Konstanten, die im gesamten Programm verwendet werden, definiert werden. Gibt man die entsprechende Datei nun in spitzen Klammern an und befindet sie sich im aktuellen Verzeichnis, wird sie nicht gefunden, da der Übersetzer das aktuelle Verzeichnis nicht durchsucht.

Das kann man aber ändern, indem man den Namen der Datei in Anführungszeichen setzen:

```
#include "dateiname.h"
```

In diesem Fall wird zusätzlich das aktuelle Verzeichnis durchsucht, so daß der Compiler die Datei finden und einbinden kann.

3.11 Zusammenfassung

In diesem Abschnitt haben Sie die Grundlagen der Programmierung in der Sprache C++ kennengelernt. Sie wissen jetzt, wie ein Programm aufgebaut ist, inklusive der darin verwendbaren Datentypen, und es wurden die arithmetischen Operatoren vorgestellt, so daß man im Programm eigene Berechnungen durchführen kann. Außerdem wurde erklärt, wie sich mit entsprechenden Operatoren bestimmte Programmteile verkürzen lassen.

Das sich anschließende Kapitel beschreibt, wie in einem Programm eine Entscheidung getroffen wird. Damit kann die Ausführung abhängig von bestimmten Bedingungen verzweigt werden, so daß ein Programm auf Veränderungen reagieren kann.

3.12 Aufgaben

1. Mit welchen Anweisungen lassen sich das Zeichen

   a. »w«

   b. der Name *Deepthought*

   c. die Zahl 42

   ausgeben?

1. Eine Stunde hat 60 Minuten. Erzeugen Sie ein Programm, um aus einer einzugebenden Anzahl an Stunden die Anzahl an Minuten auszugeben.

2. Schreiben Sie ein Programm, um die Zahlen 53, 73 und 74 auszugeben. Verwenden Sie dazu eine arithmetische Zuweisung und den Inkrement-Operator.

4 Entscheidungen

Häufig kommt es in einem Programm vor, daß es sich aufgrund bestimmter Bedingungen entscheiden muß, was zu tun ist. Wie eine solche Entscheidung zu programmieren ist, erfahren Sie in diesem Kapitel.

4.1 Operatoren für Vergleiche

Damit überhaupt eine Entscheidung getroffen werden kann, müssen zwei Werte miteinander verglichen werden. Dazu dienen die Vergleichsoperatoren, die beispielsweise Ergebnisse zu den Fragen »größer als«, »kleiner als« oder »gleich« liefern. Sie sind nicht nur auf die vordefinierten Datentypen *char*, *int*, *float* und so weiter anwendbar, sondern unter bestimmten Bedingungen auch auf eigene Datentypen. Als Ergebnis liefern sie die Aussage, daß der Vergleich wahr oder falsch ist, wobei ein *wahr* auch durch den Wert 1 und ein *falsch* durch eine Null repräsentiert wird.

Wie ein Vergleich bei einer Ausgabe funktionieren könnte, demonstriert das nächste Beispiel:

```
// Vergleich bei der Ausgabe
#include <iostream.h>

void main() {
  int  iZahl;  // Zu vergleichende Zahl

  // Eingabe der Zahl:
  cout << "Bitte geben Sie eine Zahl ein: "
  cin >> iZahl;

  // Ausgabe:
  cout << "Zahl kleiner 42: "  << (iZahl < 42) << endl;
  cout << "Zahl groesser 42: " << (iZahl > 42) << endl;
  cout << "Zahl gleich 42: "   << (iZahl == 42) << endl;
}
```

Hier werden drei Arten eines Vergleichs ausgeführt, kleiner als, größer als und gleich. Dabei wird eine eingegebene Zahl mit einer konstanten Zahl verglichen. Geben Sie beispielsweise 30 als Zahl an, sieht die Ausgabe folgendermaßen aus:

```
Bitte geben Sie eine Zahl ein: 30
Zahl kleiner 42: 1
Zahl groesser 42: 0
Zahl gleich 42: 0
```

Der erste Ausdruck

```
(iZahl <42)
```

ist wahr, wenn die eingegebene Zahl kleiner als 42 ist, was in diesem Fall stimmt. Alle anderen Ausdrücke sind falsch, da die Zahl weder größer noch gleich dem Wert 42 ist. An der Ausgabe sieht man außerdem, daß bei einer wahren Aussage eine 1 angezeigt wird, bei einer falschen dagegen eine 0.

Neben diesen drei hier vorgestellten Operatoren gibt es noch weitere, die der nachfolgenden Tabelle zu entnehmen sind.

Operator	Beschreibung
>	größer als
<	kleiner als
==	gleich
!=	ungleich
>=	größer oder gleich
<=	kleiner oder gleich

Setzt man den Vergleichsoperator ein, mit dem die beiden Seiten auf Gleichheit getestet werden, muß man daran denken, daß man das doppelte Gleichheitszeichen angeben muß. Notiert man nur ein Gleichheitszeichen, handelt es sich trotzdem um eine gültige Syntax, so daß keine Fehlermeldung vom Übersetzer kommt. Allerdings funktioniert das Programm nicht so, wie man will, denn es wird eine Zuweisung ausgeführt, so daß auch noch der Wert der Variable danach falsch ist. Solche Fehler sind später schwer zu finden, da sie sehr leicht beim Studium des Quelltextes übersehen werden. Doch seien Sie nicht allzu beunruhigt, denn je nach Compiler und dessen Einstellung wird eine Warnung ausgegeben, wenn er auf eine solche Konstruktion trifft. Aber noch einmal: Diese Konstruktion ist kein Fehler.

Wie man an der Ausgabe des vorigen Beispiels sieht, liefert eine wahre Aussage einen Wert von 1 zurück, eine falsche eine 0. Diese Aussage läßt sich noch erweitern, denn alle Werte ungleich 0 (also auch -5 oder 98) sind wahr, unabhängig davon, wie sie zustande kamen.

Wichtig: Der einzige Wert für eine unwahre Bedingung ist die 0.

Diese Definition ist wichtig, denn sie wird sehr häufig beim *if*-Operator angewendet.

4.2 Die if-Anweisung

Die *if*-Anweisung ist die einfachste der Entscheidungen. Wie sie eingesetzt wird, zeigt das nächste Beispiel.

```
// if-Anweisung
#include <iostream.h>

void main() {
  int  iZahl;  // Zu vergleichende Zahl

  // Eingabe der Zahl:
  cout << "Bitte geben Sie eine Zahl ein: "
  cin >> iZahl;

  // Vergleich:
  if (iZahl > 42)
    cout << "Die Zahl ist groesser als 42." << endl;
}
```

In diesem Programm kann man zuerst wieder eine Zahl eingeben. Danach erfolgt der Vergleich, ob die eingegebene Zahl größer als 42 ist. Wie zu sehen ist, steht der Ausdruck, der den Vergleich beschreibt, in runden Klammern nach der *if*-Anweisung. Ist dieser Ausdruck wahr, wird die nachfolgende Zeile ausgführt, anderenfalls wird die Zeile übersprungen. Um das Programm lesbarer zu machen, wird die Zeile meist eingerückt, wobei das aber nur der Lesbarkeit dient und nichts mit der Ausführung zu tun hat.

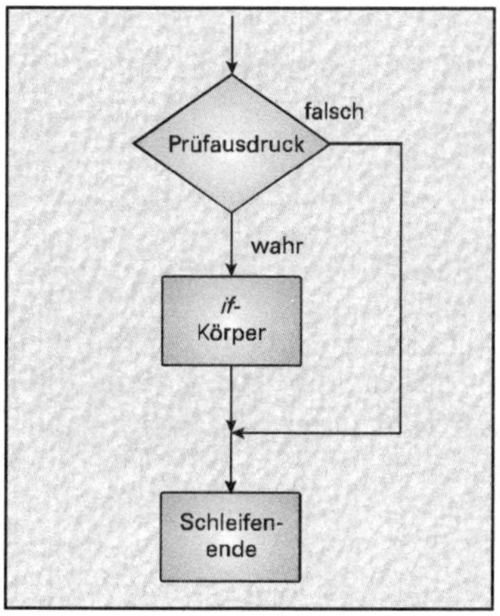

Bild 4.1:
Der Ablauf des Programms bei der if-Anweisung

Gibt man eine Zahl größer als 42 ein, sieht man folgende Ausgabe:

```
Bitte geben Sie eine Zahl ein: 43
Die Zahl ist groesser als 42.
```

Wäre eine Zahl kleiner als 42 angegeben, wird das Programm nur beendet, ohne daß eine Ausgabe erfolgt.

Im vorigen Beispiel bestand der Code, der nach der *if*-Anweisung ausgeführt wird, nur aus einer Zeile. Das ist häufig zu wenig, zumal wenn komplexe Berechnungen ausgeführt werden sollen. Aber man kann den Bereich, der ausgeführt werden soll, problemlos erweitern, indem man die entsprechenden Zeilen in geschweifte Klammern setzt, wie im nachfolgenden Beispiel:

```
// if-Anweisung, 2. Beispiel
#include <iostream.h>

void main() {
  int  iZahl;  // zu vergleichende Zahl

  // Eingabe der Zahl
  cout << "Bitte geben Sie eine Zahl ein: "
  cin >> iZahl;

  // Vergleich
  if (iZahl > 42) {
    cout << "Die Zahl " << iZahl;
    cout << "ist groesser als 42." << endl;
  }
}
```

Gibt man eine Zahl ein, die größer als 42 ist, sieht die Ausgabe wie folgt aus:

```
Bitte geben Sie eine Zahl ein: 49
Die Zahl 49 ist groesser als 42.
```

Es werden also die Anweisungen innerhalb der geschweiften Klammern nach der *if*-Anweisung ausgeführt. Denken Sie daran, daß Sie immer dieselbe Anzahl von öffnenden und schließenden Klammern setzen müssen, weil sonst der Compiler eine Fehlermeldung ausgibt.

4.3 Die if..else-Anweisung

Im vorigen Beispiel haben Sie gesehen, daß der Block oder die Zeile nach der *if*-Anweisung dann ausgeführt wird, wenn die Bedingung wahr ist. Ist die Bedingung dagegen nicht wahr, passiert gar nichts. Häufig muß in diesem Fall aber auch eine Berechnung oder Ausgabe erfolgen, so daß nach der ersten *if*-Anweisung eine zweite Anzahl im Quelltext stehen muß:

```
// if-Anweisung, 3. Beispiel
#include <iostream.h>

void main() {
  int  iZahl;                     // Zu vergleichende Zahl

  // Eingabe der Zahl:
  cout << "Bitte geben Sie eine Zahl ein: "
  cin >> iZahl;

  // 1. Vergleich:
  if (iZahl > 42) {
    cout << "Die Zahl " << iZahl;
    cout << "ist groesser als 42." << endl;
  }

  // 2. Vergleich
  if (iZahl <= 42) {
    cout << "Die Zahl " << iZahl;
    cout << "ist kleiner oder gleich 42." << endl;
  }
}
```

Der erste Teil des Programms ist bereits bekannt, denn er stammt aus dem vorigen Beispiel. Um den entgegengesetzten Ausdruck zu testen, erfolgt erneut eine *if*-Abfrage. Da für eine Zahl immer nur eine Bedingung wahr sein kann, kommen die beiden sich auch nicht ins Gehege.

Das Programm funktioniert, aber der Quelltext kann eleganter geschrieben werden, wie der nachfolgende Ausschnitt zeigt:

```
if (iZahl > 42) {                 // Vergleich
  cout << "Die Zahl " << iZahl;
  cout << "ist groesser als 42." << endl;
} else {
  cout << "Die Zahl " << iZahl;
  cout << "ist kleiner oder gleich 42." << endl;
}
```

Statt des zweiten Vergleichs mit der *if*-Anweisung wird der Bestandteil, der zur falschen Aussage gehört, nach der *else*-Anweisung ausgeführt. Damit benötigt man nur einen Vergleich, wobei der Teil, der zur wahren Aussage gehört, direkt nach der *if*-Anweisung folgt, und der andere Teil nach der *else*-Anweisung. In diesem Fall folgt nach *else* wieder ein Block, in dem mehrere Ausgaben erfolgen. Wie auch bei der *if*-Anweisung muß man die Klammern nicht setzen, sofern nur eine Zeile ausgeführt werden muß.

```
// Vergleich:
if (iZahl > 42)
  cout << "Die Zahl ist groesser als 42." << endl;
else
  cout << "Die Zahl ist kleiner oder gleich 42.";
```

Die einzelnen *if*-Ausdrücke beziehungsweise *if..else*-Konstruktionen können beliebig ineinander verschachtelt werden. Das gilt auch für die Blökke, die nach einer *if*- oder *else*-Anweisung ausgeführt werden. Dabei darf man aber nicht die Übersicht verlieren, denn sonst kann es leicht vorkommen, daß nicht das Gewünschte passiert.

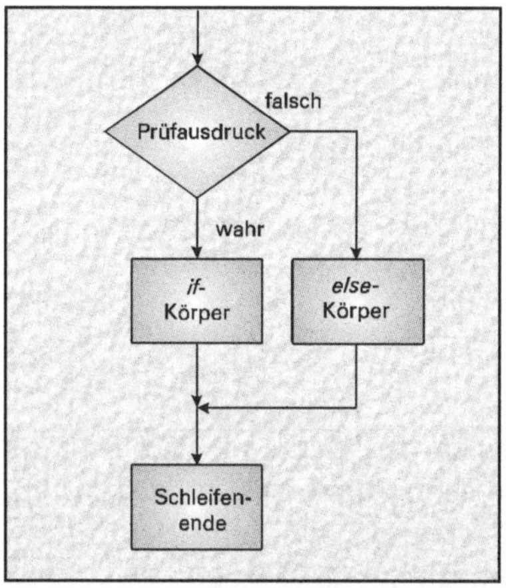

Bild 4.2:
Der Ablauf des Programms bei der if..else-Anweisung

Will man beispielsweise drei Zahlen auf Gleichheit testen, kann man zwei *if*-Anweisungen kombinieren, wie nachfolgend zu sehen:

```
// verschachteltes if..else
#include <iostream.h>

void main() {
  int  iZahl1, iZahl2, iZahl3;          // Definition der Variablen
```

```
  // Einlesen
  cout << "Geben Sie die erste Zahl ein :"
  cin >> iZahl1;
  cout << endl << "Geben Sie die zweite Zahl ein :"
  cin >> iZahl1;
  cout << endl << "Geben Sie die dritte Zahl ein :"
  cin >> iZahl1;

  // Vergleich
  if (iZahl1 == iZahl2)
    if (iZahl2 == iZahl3)
      cout << "Die drei Zahlen sind gleich";
  else
    cout << "Die Zahlen sind verschieden";
}
```

Wenn man dieses Programm startet und drei gleiche Werte eingeben, sieht man die erwartete Meldung auf dem Bildschirm. Doch was passiert, wenn die ersten beiden Werte unterschiedlich sind? In diesem Fall würde man die Ausgabe der passenden Meldung erwarten, tatsächlich geschieht aber nichts. Im Programm wurde erwartet, daß sich die *else*-Anweisung auf das erste *if* bezieht, was durch die Einrückung symbolisiert wird. Tatsächlich bezieht sie sich aber auf die zweite *if*-Anweisung. Das überprüft man sehr einfach, indem man zu Anfang zwei gleiche Zahlen angibt. Das korrekt eingerückte Listing würde wie folgt aussehen:

```
// Vergleich
if (iZahl1 == iZahl2)
  if (iZahl2 == iZahl3)
   cout << "Die drei Zahlen sind gleich";
  else
   cout << "Die Zahlen sind verschieden";
```

Will man einmal eine spätere *else*-Anweisung mit einem frühen *if* kombinieren, muß man nach dem *if* geschweifte Klammern setzen. Damit bilden die Anweisungen einen Block, so daß *else* korrekt mit dem *if* in Verbindung gebracht werden kann.

```
// Vergleich
if (iZahl1 == iZahl2) {
  if (iZahl2 == iZahl3)
    cout << "Die drei Zahlen sind gleich";
} else
  cout << "Die Zahlen sind verschieden";
```

Häufig wird ein Vergleich dazu benötigt, einen Wert aus einer Reihe von Werten auszuwählen. Dazu kann man eine Reihe von *if*-Befehlen einsetzen, allerdings hat das den Nachteil, daß immer alle *if*-Anweisungen abgearbeitet werden müssen, was das Programm verlangsamt. Viel einfacher ist es, wenn die Abarbeitung beendet würde, wenn der gewünschte Wert gefunden ist. Das erreicht man am einfachsten mit einer verschachtelten *if..else if*-Konstruktion, die im nachfolgenden Beispiel zu sehen ist.

```
// if..else if-Konstruktion
#include <iostream.h>

void main() {
  char  cZeichen;  // einzugebendes Zeichen

  // Zeichen einlesen
  cout << "Geben Sie einen Buchstaben ein: ";
  cin >> cZeichen;

  // Vergleich
  if (cZeichen == 'a')
    cout << "Zeichen a";
  else if (cZeichen == 'b')
    cout << "Zeichen b";
  else if (cZeichen == 'c')
    cout << "Zeichen c";
  else if (cZeichen == 'd')
    cout << "Zeichen d";
  else if (cZeichen == 'e')
    cout << "Zeichen e";
  else
    cout << "Kein a, b, c, d oder e";
}
```

Wenn man das Programm startet, wird man zuerst aufgefordert, ein Zeichen anzugeben. Danach wird geprüft, ob es sich um das Zeichen beziehungsweise den Buchstaben *a* handelt. Ist das nicht der Fall, wird der *else*-Teil der *if*-Anweisung ausgeführt. In diesem steht wieder eine *if*-Anweisung, die jetzt überprüft, ob es sich um den Buchstaben *b* handelt. Stimmt das, wird *cout* ausgeführt. Anderenfalls kommt wieder der Teil nach der *else*-Anweisung zum Tragen und so weiter. Das geht solange, bis die letzte *else*-Anweisung erreicht ist.

Gibt man beispielsweise den Buchstaben *a* ein, ist das Programm nach dem ersten Vergleich beendet. Bei einem *b* dauert es schon etwas länger, und ist der Buchstabe unbekannt, läuft das Programm am längsten, da es sich jetzt durch alle Vergleiche durchhangeln muß.

Dennoch funktioniert das Programm ohne Probleme. Wenn man aber viele Entscheidungen zu treffen hat, ist die *switch*-Anweisung eleganter, wie im nachfolgenden Kapitel zu sehen ist.

4.4 Die switch-Anweisung

Eine *switch*-Anweisung ist immer dann richtig, wenn die Entscheidung von nur einer Variable abhängt. Diese liest sich sehr viel einfacher als eine verschachtelte *if..else*-Konstruktion und ist damit weniger fehleranfällig. Damit läßt sich das Beispiel aus dem vorigen Kapitel wie folgt umsetzen:

```
// switch-Konstruktion
#include <iostream.h>

void main() {
  char  cZeichen;                            // einzugebendes Zeichen

  cout << "Geben Sie einen Buchstaben ein: ";   // Zeichen einlesen
  cin >> cZeichen;

  switch (cZeichen) {                        // switch...
    case 'a':
      cout << "Zeichen a";
      break;
    case 'b':
      cout << "Zeichen b";
      break;
    case 'c':
      cout << "Zeichen c";
      break;
    case 'd':
      cout << "Zeichen d";
      break;
    case 'e':
      cout << "Zeichen e";
      break;
    default:
      cout << "Kein a, b, c, d oder e";
  }
}
```

Die Ausgabe des Programms entspricht dem Beispiel im letzten Kapitel, nur sieht es im Quelltext etwas übersichtlicher aus. Die Variable, nach der die Verzweigung erfolgt, steht in Klammern hinter der *switch*-Anweisung. Im folgenden Block innerhalb der geschweiften Klammern befindet sich eine Reihe von *case*-Anweisungen. Auf jedes dieser *case*-Schlüsselworte folgt eine Konstante, der ein Doppelpunkt folgt. Beachten Sie, daß der Datentyp der Variablen, die bei der *switch*-Anweisung verwendet wird, mit der Konstante übereinstimmen sollte, die bei der *case*-Anweisung verwendet wird. In unserem Fall stimmt die Bedingung, da in beiden Fällen Zeichenvariablen verwendet werden. Allerdings darf die *switch*-Anweisung nicht im Zusammenhang mit Gleitkomma-Variablen eingesetzt werden.

Außerdem darf man nicht vergessen, die Variable, die bei der *switch*-Anweisung zum Einsatz kommt, vorher zu initialisieren. Das geschieht in unserem Beispiel durch die Eingabe eines Buchstabens. Würde das nicht passieren, wäre der Wert unbestimmt, was zu unvorhersagbaren Ergebnissen führen würde.

Üblicherweise ergibt sich eine Übereinstimmung eines Werts der Variablen mit einer *case*-Zeile. Ist das der Fall, werden die Anweisungen solange ausgeführt, bis auf *break* gestoßen wird. Das ergibt übrigens auch einen allseits beliebten Fehler. Wird vor einer weiteren *case*-Anweisung *break* vergessen, werden auch die Zeilen danach ausgeführt, was meist nicht beabsichtigt ist.

```
case 'a':
  cout << "Zeichen a";
case 'b':
  cout << "Zeichen b";
break;
```

Würde hier die erste Bedingung zutreffen, könnte man folgende Ausgabe sehen:

```
Zeichen aZeichen b
```

Das bedeutet, daß auch die Zeilen nach der Anweisung

```
case 'b':
```

ausgeführt werden, und zwar solange, bis das Programm auf eine *break*-Anweisung trifft. Der Compiler gibt bei solch einer Konstruktion keine Fehlermeldung aus, da er davon ausgeht, daß *break* absichtlich weggelassen wurde...

Stimmt der Wert der Variable, die bei der *switch*-Anweisung angegeben wird, nicht mit einer der Konstanten bei einer *case*-Anweisung überein, kommen die Anweisungen zum Zuge, die nach dem Schlüsselwort *default* stehen. Dies muß immer am Schluß stehen, da sonst die Entscheidungen nicht korrekt ausgeführt werden. Das Schlüsselwort *default* muß aber bei einer *switch*-Konstruktion nicht unbedingt angegeben werden, Sie können es bei Bedarf einfach weglassen. Dann werden aber nur Anweisungen ausgeführt, wenn eine *case*-Bedingung zutrifft.

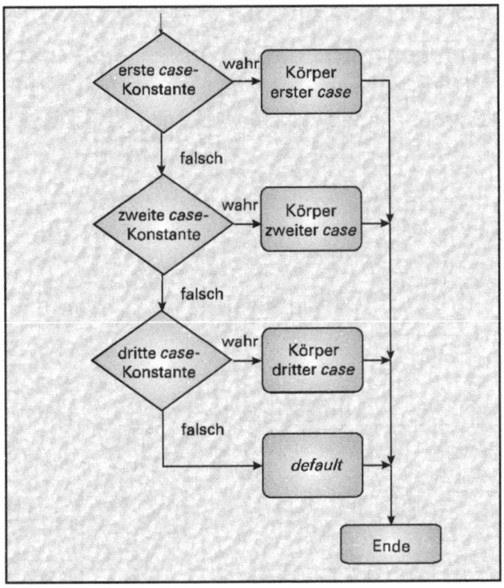

Bild 4.3:
Der Ablauf des Programms beim Einsatz einer switch-Anweisung

Damit stellt sich abschließend die Frage, wann eine *if..else if*-Konstruktion und wann eine *switch*-Anweisung verwendet werden sollte. Mit Hilfe der *if*-Anweisungen ist man flexibler, da man auch auf die Werte anderer Variablen reagieren kann. Ist dagegen die Entscheidung nur vom Wert einer Variable abhängig, sollte man wenn möglich die *switch*-Konstruktion verwenden, da sie sehr viel leichter zu schreiben und zu verstehen ist.

4.5 Der Bedingungsoperator

Die Situation, daß einer Variable bei einer wahren Aussage ein Wert zugewiesen wird und bei einer unwahren ein anderer Wert, kommt sehr häufig vor. Sie kann durch eine *if..else*-Konstruktion realisiert werden.

```
if (iWert1 > iWert2)
  iMaximum = iWert1;
else
  iMaximum = iWert2;
```

In diesem Fall wird der Variable *iMaximum* einer der Werte aus der Vergleichsoperation zugewiesen, abhängig davon, welcher größer ist. Da diese

Konstruktion sehr häufig vorkommt, haben sich die C++-Entwickler eine kürzere Schreibweise ausgedacht, die auf den ersten Blick sehr verwirrend erscheint:

```
iMaximum = (iWert1 > iWert2) ? iWert1 : iWert2;
```

Der Bereich rechts vom Gleichheitszeichen wird als *bedingter Ausdruck* bezeichnet. Dabei steht der Prüfausdruck vor dem Fragezeichen, das Fragezeichen und der Doppelpunkt werden als *Bedingungsoperator* bezeichnet.

Wenn der Prüfausdruck wahr ist, also *iWert1* größer als *iWert2* ist, wird der Wert der Variable *iMaximum* zugewiesen, der zwischen dem Fragezeichen und dem Doppelpunkt steht. Das entspricht der Zuweisung

```
iMaximum = iWert1;
```

Ist der Prüfausdruck nicht wahr (falsch), wird der Variable der Wert nach dem Doppelpunkt zugewiesen. Dies entspricht der folgenden Zeile:

```
iMaximum = iWert2;
```

Damit der Compiler den bedingten Ausdruck korrekt übersetzen kann, werden die Klammern um den Prüfausdruck nicht unbedingt benötigt. Sie dienen nur dazu, ihn von den anderen Bestandteilen abzugrenzen, so daß er auf den ersten Blick zu erkennen ist.

Ob man im konkreten Programm diese Form des bedingten Ausdrucks tatsächlich einsetzt, muß der Entwickler letztendlich selbst entscheiden. Für meinen Geschmack läßt sich eine *if..else*-Konstruktion sehr viel einfacher verstehen, so daß ich sie eindeutig bevorzuge (aber das ist meine persönliche Ansicht).

4.6 Logikoperatoren

In den bisherigen Abschnitten haben Sie zwei Familien von Operatoren kennengelernt: die arithmetischen (%, *, /, + und -) und die Vergleichsoperatoren (<, >, ==, !=, <= und >=). Häufig kommt es aber in Programmen vor, daß zwei Bedingungen erfüllt sein müssen, um eine Entscheidung treffen zu können. Für diese Fälle könnten Sie zwei *if*-Anweisungen miteinander kombinieren, aber es geht einfacher, indem Sie die beiden Bedingungen mit einem logischen Operator verknüpfen. Beide Bedingungen müssen boolesche Ausdrücke (wahr/unwahr) liefern, damit sie miteinander verknüpft werden können. Welche Operatoren es gibt, lesen Sie im folgenden nach.

4.6.1 Der logische UND-Operator

Will man zwei Bedingungen überprüfen, die beide wahr sein müssen, ist folgende Syntax korrekt:

```
// UND-Operator
#include <iostream.h>

void main() {
  int  iPositionX;                     // Erster Wert
  int  iPositionY;                     // Zweiter Wert

  // Werte eingeben:
  cout << "Geben Sie den ersten Wert ein: ";
  cin >> iPositionX;
  cout << "Geben Sie den zweiten Wert ein: ";
  cin >> iPositionY;

  // Abfrage:
  if ((iPositionX==10) && (iPositionY==10))
    cout << "Die Werte sind identisch";
}
```

In diesem Programm gibt man zwei Werte ein, wobei in der nachfolgenden Abfrage überprüft wird, ob die erste Variable den Wert 10 besitzt *und* ob die zweite Variable den Wert 10 besitzt. Nur wenn beide Bedingungen wahr sind, wird der Text ausgegeben.

Die beiden Bedingungen verbindet der logische *UND*-Operator »&&«. Zu beachten ist, daß die runden Klammern um die jeweiligen Vergleichsausdrücke nicht unbedingt erforderlich sind, sie dienen nur der besseren Lesbarkeit.

```
if (iPositionX==10 && iPositionY==10)
```

Das liegt daran, daß der Vergleichsoperator einen höheren Rang als der logische *UND*-Operator besitzt. Aus diesem Grund werden erst die beiden Vergleiche ausgeführt, bevor deren Ergebnisse miteinander kombiniert werden und das Resultat für die *if*-Anweisung bilden. Mehr zum Rang von Operatoren erfahren Sie weiter unten.

4.6.2 Der logische ODER-Operator

Ändert man das vorige Programm ein wenig ab, könnte es beispielsweise sein, daß nur eine der Bedingungen erfüllt sein muß.

```
// ODER-Operator
#include <iostream.h>

void main() {
  int  iPositionX;                     // Erster Wert
  int  iPositionY;                     // Zweiter Wert

  // Werte eingeben:
  cout << "Geben Sie den ersten Wert ein: ";
  cin >> iPositionX;
  cout << "Geben Sie den zweiten Wert ein: ";
  cin >> iPositionY;

  if ((iPositionX>10) || (iPositionY>10))  // ... die Abfrage
    cout << "Einer der Werte ist groesser als 10";
}
```

In diesem Fall wird die Meldung ausgegeben, wenn einer der Werte größer als 10 ist. Genauer gesagt wird die Zeile nach der *if*-Anweisung dann ausgeführt, wenn entweder die erste *oder* die zweite Bedingung erfüllt sind. Achtung: Es dürfen auch beide Bedingungen erfüllt sein, damit die Ausgabe erfolgt.

Auch in diesem Fall können die Klammern um die Vergleichausdrücke weggelassen werden, da der Operator »`||`« einen niedrigeren Rang als das Größer-Zeichen besitzt.

4.6.3 Der logische NICHT-Operator

Unter Verwendung des logischen *NICHT*-Operators kann der logische Wert eines Operanden in sein Gegenteil verkehrt werden. Aus einer wahren Aussage wird eine falsche und aus einer falschen eine wahre. Allerdings wirkt der Operator nur auf einen Operanden, im Gegensatz zum *UND*- und *ODER*-Operator, bei denen immer zwei Operanden verwendet werden.

Der Ausdruck

```
iWert == 42
```

ist wahr, wenn die Variable *iWert* tatsächlich den Wert 42 besitzt. Setzen Sie jetzt den *NICHT*-Operator davor:

```
!(iWert == 42)
```

ist der Ausdruck dann wahr, wenn *iWert* ungleich 42 ist (eigentlich liefert ein Wert ungleich 42 eine falsche Aussage, die den Operator verändert wird). Stattdessen hätte man natürlich die Zeile auch so schreiben können:

```
iWert != 42
```

Das hätte dieselbe Wirkung gehabt, denn der Ausdruck ist nur dann wahr, wenn die Variable einen Wert ungleich 42 besitzt.

Damit ein Ausdruck aus Sicht des Compilers beziehungsweise des Programms wahr ist, muß nicht unbedingt ein Vergleichsoperator verwendet werden. Tatsächlich hat jeder ganzzahlige Ausdruck einen wahren oder falschen Wert, selbst wenn es nur eine einzige Variable (oder sogar nur eine Zahl) ist. Der Ausdruck *iWert* ist beispielsweise wahr, wenn der Wert ungleich 0 ist, und falsch, wenn *iWert* gleich 0 ist.

Daraus ergibt sich beispielsweise folgende Konstruktion:

```
if (iWert) cout "iWert ist ungleich 0";
```

Die Ausgabe erfolgt, wenn der Ausdruck nach der *if*-Anweisung wahr ist. Das ist der Fall, wenn der Wert der Variable *iWert* ungleich 0 ist. Alternativ hätte man auch folgendes schreiben können:

```
if (iWert != 0) cout "iWert ist ungleich 0";
```

Wenn jetzt noch den logischen *NICHT*-Operator eingesetzt wird, wird die Aussage negiert:

```
if (! iWert) cout "iWert ist gleich 0";
```

Damit wird die Zeile ausgegeben, wenn *iWert* einen unwahren Ausdruck liefert, der durch den *NICHT*-Operator in einen wahren Ausdruck gewandelt wird. Die Variable *iWert* liefert dann einen falschen Wert, wenn sie 0 ist. Allerdings kann man auch die Langform verwenden, die eindeutiger zu verstehen ist:

```
if (iWert == 0) cout "iWert ist gleich 0";
```

Allerdings sind die Kurzformen bei den Entwicklern sehr beliebt. Außerdem sind alle Operatoren beliebig kombinierbar, so daß man sehr komplexe Berechnungen ausführen kann. Dabei muß man aber aufpassen, in welcher Reihenfolge die Operatoren abgearbeitet werden. Die Aussage

```
! (iWert % 42)
```

ist nicht identisch mit

```
! iWert % 42
```

Da der *NICHT*-Operator ein unärer Operator ist, bezieht er sich immer auf den nachfolgenden Wert beziehungsweise die Variable. Werden die runden Klammern gesetzt, wird erst deren Inhalt berechnet und erst dann kommt der *NICHT*-Operator zum Zuge, der jetzt auf das Resultat der Klammern angewendet wird. Im unteren Beispiel hingegen wird erst der *NICHT*-Operator berechnet, der damit direkt mit der Variable *iWert* verwendet wird. Erst danach erfolgt die Modulo-Operation, so daß der Ausdruck in dieser Form nicht zu gebrauchen ist. Mehr zur Reihenfolge der Ausführung von Operatoren erfahren Sie im folgenden Abschnitt.

4.6.4 Bewertungsreihenfolge

Die Reihenfolge, in der die Operatoren ausgeführt werden, ist von entscheidender Bedeutung. Deshalb muß man sehr genau aufpassen, wenn mehrere davon bei einer Berechnung angewendet werden. Funktioniert ein Programm nicht wie gewünscht, sollte man einmal versuchen, Klammern zu setzen. Damit erzwingt man, daß der Ausdruck darin zuerst berechnet wird. Alle anderen Operatoren außerhalb kommen erst danach zum Zuge. Zusätzlich könnte man die komplexe Berechnung auf mehrere Zeilen aufspalten, indem man für Zwischenergebnisse temporäre Variablen verwenden. Sie lassen sich dann bequem ausgeben, so daß man so die Berechnungen leicht nachvollziehen kann.

Für die bisher bekannten Operatoren ergibt sich die in der folgenden Tabelle angegebene Reihenfolge bei der Bewertung, mit deren Hilfe die Reihenfolge der Ausführung der Operatoren festgelegt wird. Die Operatoren, die in der Liste ganz oben (beziehungsweise zu Anfang) stehen, haben einen höheren Rang als solche, die weiter unten in der Liste zu finden sind. Alle Operatoren, die in derselben Zeile stehen, haben denselben Rang. Operatoren mit höherem Rang werden dabei zuerst ausgeführt.

<table>
<tr><th>Operatortyp</th><th></th><th>Operatoren</th></tr>
<tr><td>Unär</td><td></td><td>!, ++, --, -</td></tr>
<tr><td>Arithmetisch</td><td></td><td></td></tr>
<tr><td></td><td>Multiplikativ</td><td>*, /, %</td></tr>
<tr><td></td><td>Additiv</td><td>+, -</td></tr>
<tr><td>Vergleich</td><td></td><td></td></tr>
<tr><td></td><td>Ungleichheit</td><td><, >, <=, >=</td></tr>
<tr><td></td><td>Gleichheit</td><td>==, !=</td></tr>
<tr><td>Logische</td><td></td><td></td></tr>
<tr><td></td><td>UND</td><td>&&</td></tr>
<tr><td></td><td>ODER</td><td>||</td></tr>
<tr><td>Bedingung</td><td></td><td>? :</td></tr>
<tr><td>Zuweisung</td><td></td><td>=, +=, -=, *=, /=, %=</td></tr>
</table>

Der unäre Operator »-« wird dazu verwendet, den negativen Wert der Variable zu berechnen. Der arithmetische Operator »-« hingegen dient der Subtraktion zweier Zahlen.

4.7 Zusammenfassung

In diesem Kapitel haben Sie kennengelernt, wie Entscheidungen in C++ getroffen werden. Dazu dienen die Befehle *if* und *switch*, wobei sich die *if*-Anweisung auch noch in eine if..else-Konstruktion erweitern läßt.

Im folgenden wird beschrieben, wie sich Schleifen in C++ programmieren lassen. Dabei gibt es drei unterschiedliche Typen, die genau vorgestellt werden. Außerdem kommen dabei auch die Entscheidungen zum Zuge, da damit überprüft werden kann, ob eine Schleife zu beenden ist oder nicht.

4.8 Aufgaben

1. Schreiben Sie eine Sequenz, die das Wort *Wahr* ausgibt, wenn eine Integer-Variable größer als 42 ist.
2. Schreiben Sie ein Programm, mit dem die Zahlen 10, 23, 35 und 47 ausgewertet werden. Verwenden Sie dazu die *switch*-Anweisung. Die Zahl, auf die reagiert werden soll, wird eingegeben.
3. Schreiben Sie ein Programm, in dem Sie sowohl eine Umrechnung von Zoll in Zentimeter als auch von Zentimeter in Zoll vornehmen können. Entsprechend der gewählten Umrechnungsart können Sie einen Wert eingeben, der dann umgerechnet wird. Ein Zoll sind 2,54 cm.

5 Schleifen

Werden in ein Programm Daten eingegeben, ist es sehr lästig, es jedesmal für eine Berechnung erneut starten zu müssen. Viel einfacher ist es, eine Schleife zu programmieren, so daß man mehrere fortlaufende Berechnungen ausführen kann. Wie das funktioniert, lesen Sie in diesem Kapitel nach.

5.1 Die for-Schleife

Die *for*-Schleife wird am meisten verwendet und ist am einfachsten zu verstehen. Alle Elemente, die der Steuerung der Schleife dienen, sind an einem Platz versammelt, so daß sie sehr einfach zu überblicken sind. Außerdem entspricht die Konstruktion derjenigen in anderen Programmiersprachen, womit sie dem bereits erfahrenen Programmierer vertraut vorkommt.

Eine *for*-Schleife wird nur so oft durchlaufen, wie es vorher festgelegt wurde. Sie wird immer dann eingesetzt, wenn man genau weiß, wie oft bestimmte Befehle ausgeführt werden sollen. Der typische Aufbau sieht folgendermaßen aus:

```
// for-Schleife
#include <iostream.h>

void main() {
  int  i;  // Schleifenvariable

  // Schleife
  for (i = 0; i < 10; i++)
    // Anzeige der Schleifenvariablen
    cout << i << "  ";
}
```

Startet man das Programm, ergibt sich folgende Ausgabe:

```
0 1 2 3 4 5 6 7 8 9
```

Aber wie funktioniert das? Durch die *for*-Anweisung wird die Schleife gesteuert. Die Konstruktion besteht aus dem Schlüsselwort *for*, gefolgt von einer runden Klammer und drei Ausdrücken, die jeweils voneinander durch ein Semikolon getrennt sind.

```
for (i = 0; i < 10; i++)
```

Die drei Ausdrücke werden als Initialisierungs-, als Prüf- und als Inkrementausdruck bezeichnet. In allen wird normalerweise dieselbe Variable angegeben (was aber nicht unbedingt notwendig ist), in diesem Fall ist es die mit dem Namen *i*. Sie wird festgelegt, bevor die Schleife beginnt, allerdings muß sie vorher schon definiert worden sein.

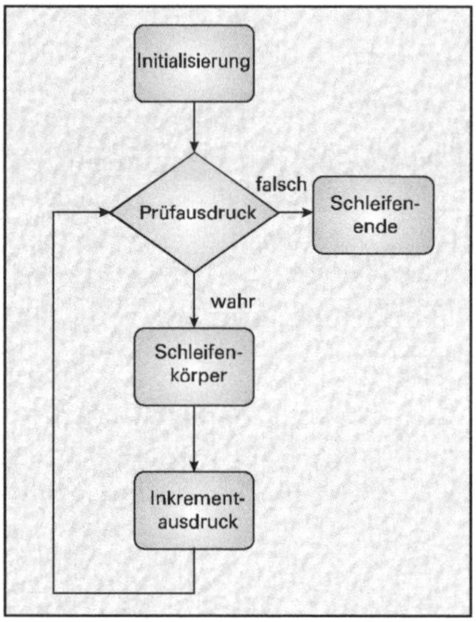

Bild 5.1:
Der Ablauf des Programms bei der for-Schleife

Beachten Sie, daß die Namen der Schleifenvariablen meist nicht den normalen Konventionen folgen. Sie werden in der Regel nur mit einzelnen Buchstaben bezeichnet, wobei die am häufigsten genutzten *i* und *j* sind.

Im Körper der Schleife befinden sich die Anweisungen, die bei jedem Durchlauf ausgeführt werden. In diesem Fall besteht der Körper nur aus einer Anweisung, die Kommentarzeile darüber wird ignoriert.

```
cout << i << "  ";
```

In dieser Anweisung wird der Wert der Schleifenvariablen ausgegeben, gefolgt von zwei Leerzeichen zur Trennung der Werte. Dadurch können Sie ablesen, daß der Wert der Schleifenvariablen jedesmal erhöht wird.

Der *for*-Anweisung folgt kein Semikolon, da diese zusammen mit dem zugehörigen Schleifenkörper als ein Befehl betrachtet wird. Wird dennoch nach der *for*-Anweisung ein Semikolon angegeben, setzt man eine Wartezeit im Programm, entsprechend den Werten innerhalb der runden Klammern.

```
for (i = 0; i < 10; i++);
```

Die Schleife wird in diesem Fall zehn Mal durchlaufen, allerdings wird kein Befehl ausgeführt. Wenn der Wert im Prüfausdruck groß genug ist, scheint das Programm an dieser Stelle zu stehen beziehungsweise eine Pause zu machen, tatsächlich wird aber nur eine Schleife abgearbeitet.

Doch kommen wir noch einmal zu den Ausdrücken in den runden Klammern zurück. Im Intialisierungsausdruck wird die Schleifenvariable initialisiert, wie nicht anders zu erwarten ist. In ihm wird also festgelegt, mit welchem Wert die Schleife das erste Mal durchlaufen wird. In unserem Beispiel wird *i* auf 0 gesetzt.

Der nach dem Semikolon folgende Prüfausdruck enthält in der Regel einen vergleichenden Operator. Er wird bei jedem Durchlauf überprüft, bevor der Schleifenkörper ausgeführt wird. Mit ihm wird festgestellt, ob das Ende der Schleife bereits erreicht ist oder ob sie noch einmal ausgeführt werden muß. Ist die Bedingung wahr, wird die Schleife noch einmal durchlaufen, ansonsten endet die Schleife. Dann wird die Anweisung ausgeführt, die nach dem Schleifenkörper folgt. In unserem Beispiel findet sich dort aber keine Anweisung mehr, so daß das Programm beendet wird, wenn die Schleife vollständig durchlaufen ist.

Wie oft die Schleife durchlaufen wird, hängt aber auch vom letzten Ausdruck innerhalb der runden Klammern, dem Inkrementausdruck, ab. Er gibt an, was mit dem Wert der Schleifenvariablen passieren soll, nachdem ein Durchlauf beendet ist, der Schleifenkörper also ausgeführt wurde. Im Beispiel wird jedesmal eine 1 addiert, was mit Hilfe des Operators »++« erreicht wird.

Die Ausführung der Schleife erfolgt genau zehn Mal. In der ersten Runde erhält *i* den Wert 0, wie Sie auch in der Ausgabe sehen können. Der nächste Durchlauf erfolgt mit dem Wert 1 und so weiter. Beim letzten Durchgang besitzt *i* den Wert 9, da nur dann die Aussage i<10 noch wahr ist. Nach der Ausführung des Körpers wird *i* auf 10 erhöht und schon ist die Bedingung falsch, so daß jetzt die Ausführung beendet wird.

In unserem kleinen Beispiel besteht der Schleifenkörper nur aus einer Anweisung. Meist werden aber mehrere benötigt, man sollte diese wieder in einem Block zusammenfassen. Um diesen kommen die von der *if*-Anweisung bereits bekannten geschweiften Klammern.

```
// for-Schleife, 2. Beispiel
#include <iostream.h>
#include <iomanip.h>

void main() {
  int  i;  // Schleifenvariable
```

```
    // Schleife
    for (i = 1; i <= 10; i++) {
      // Anzeige der Schleifenvariable
      cout << setw(4) <<  i;             // 1. Spalte
      cout << setw(4) << i*i << endl;    // 2. Spalte
    }
}
```

Hier zeigen wir nicht nur den Wert der Schleifenvariablen an, sondern es wird auch dessen Quadrat in einer zweiten Spalte mit ausgegeben. Außerdem wird die Breite der Felder auf jeweils vier Zeichen festgelegt.

```
   1   1
   2   4
   3   9
   4  16
   5  25
   6  36
   7  49
   8  64
   9  81
  10 100
```

Wenn Sie sich die Ausgabe des Programms näher anschauen, werden Sie feststellen, daß es noch eine Änderung gegeben hat, denn der erste Wert ist eine 1 und der letzte eine 10. Daraus ergibt sich, daß die Schleifenvariable mit dem Wert 1 initialisiert werden muß und daß die Abbruchbedingung erst nach einem zehnmaligen Durchlauf in Kraft treten darf. Letzteres wurde hier durch die Verwendung des Kleiner-gleich-Operators (<=) erreicht, so daß der Wert der Schleifenvariablen auch die 10 erreicht (dadurch wird die Schleife ebenfalls zehn Mal ausgeführt).

Die Anzeige der Werte wurde in zwei Zeilen aufgespalten, so daß sie in einem Block erfolgen muß, der durch die geschweiften Klammern gekennzeichnet wird. Hätte man sie weggelassen, würde die Ausgabe folgendermaßen aussehen:

```
   1   2   3   4   5   6   7   8   9  10 121
```

Daran sehen Sie, daß die Ausgabe in etwa derjenigen entspricht, die Sie vorher schon kennengelernt haben. Daher vermuten Sie auch richtig, daß jetzt wieder nur die erste der beiden *cout*-Zeilen als Schleifenkörper angesehen und ausgeführt wird. Doch wie kommt der letzte Wert in dieser Zeile zustande?

Die Schleife wird abgebrochen, wenn die angegebene Bedingung nicht mehr wahr ist. Hier ist das der Fall, wenn die Schleifenvariable einen Wert besitzt, der größer als 10 ist. Da der Wert jedesmal um Eins erhöht wird, erfolgt also der Abbruch bei 11. Da die zweite *cout*-Zeile nur nach dem Ende der Schleife ausgeführt wird, besitzt die Variable zu diesem Zeitpunkt den Wert 11, so daß das angezeigte Quadrat 121 ist.

Modifiziert man die Schleife leicht, beispielsweise indem man den Wert der Variable um 7 erhöht, wird das Ganze noch klarer. In diesem Beispiel sind auch die Einrückungen der einzelnen Programmzeilen richtig dargestellt.

```
for (i = 1; i <= 10; i+=7)
  // Anzeige der Schleifenvariable
  cout << setw(4) << i;
cout << setw(4) <<i*i << endl;
```

Für diese Code-Sequenz sieht die Ausgabe folgendermaßen aus:

```
   1   8 225
```

Die Variable wird jedesmal um den Wert 7 erhöht, beginnend mit dem Wert 1. Der nächste ist dann 8 und nach der nächsten Erhöhung wäre der Wert 15. Dieser führt aber zum Abbruch der Schleife, da er nicht mehr kleiner als oder gleich 10 ist. Dennoch bleibt dieser Wert bestehen, wenn die Schleife verlassen wird, wie man an der Ausgabe erkennen kann, denn die Wurzel aus 225 beträgt 15.

In einem der vorigen Beispiele wurde eine zweispaltige Tabelle berechnet, wobei die erste Spalte den Wert der Schleifenvariablen enthielt und die zweite dessen Quadrat. Wenn die Berechnung des Quadrates später in der Schleife noch weiterverwendet werden soll, wäre es einfacher, dieser einer Variable zuzuweisen, wie man im folgenden sieht.

```
// for-Schleife, 3. Beispiel
#include <iostream.h>
#include <iomanip.h>

void main() {
  int  i;                       // Schleifenvariable
  int  iQuadrat;                // Quadrat der Schleifenvariable

  for (i = 1; i <= 10; i++) {   // Schleife
    iQuadrat = i*i;             // Berechnung
```

```
    // Ausgabe:
    cout << setw(4) << i;              // 1. Spalte
    cout << setw(4) << iQuadrat;       // 2. Spalte
    cout << endl;
  }
}
```

Damit wird die Berechnung nur einmal in der Schleife durchgeführt und kann dann weiterverwendet werden, was insgesamt das Programm schneller macht, als wenn jedes Mal die Multiplikation ausgeführt werden müßte. Definiert man die Variable so wie hier, ist sie im gesamten Programm verfügbar und enthält nach dem Verlassen der Schleife den Wert 100 (und nicht 121). Das liegt daran, daß der Schleifenkörper mit dem Wert 11 nicht mehr ausgeführt wird, so daß der berechnete Wert des letzten Schleifendurchgangs gültig bleibt.

Doch es gibt noch eine weitere Möglichkeit, innerhalb des Blocks eine Variable zu definieren.

```
// for-Schleife, 4. Beispiel
#include <iostream.h>
#include <iomanip.h>

void main() {
  int  i;     // Schleifenvariable

  // Schleife
  for (i = 1; i <= 10; i++) {
    int  iQuadrat;  // Variable zur Berechnung

    // Berechnung
    iQuadrat = i*i;

    // Ausgabe
    cout << setw(4) << i;              // 1. Spalte
    cout << setw(4) << iQuadrat;       // 2. Spalte
    cout << endl;
  }
}
```

Auch hier bleibt die Ausgabe gleich und die Berechnung erfolgt pro Schleifendurchgang nur einmal. Der einzige Unterschied besteht jetzt darin, daß die Variable *iQuadrat* außerhalb des Blocks des Schleifenkörpers nicht mehr gültig ist. Man kann sie damit nur innerhalb der geschweiften Klammern der *for*-Schleife nutzen. Versucht man es danach, wird schon bei der Übersetzung eine Fehlermeldung ausgegeben, da die Variable für den Compiler nicht mehr gültig ist.

Der Vorteil dieser Vorgehensweise ist, daß man in unterschiedlichen Blöcken Variablen mit demselben Namen verwenden kann. Da die Variablen außerhalb des Blocks nicht sichtbar sind, ergeben sich daraus keine Probleme, außer wenn man den Überblick verliert. Aus diesem Grund empfehlen ich Ihnen, unterschiedliche Namen zu verwenden. Das macht das Programm insgesamt übersichtlicher.

Wie man an den Beispielen sieht, dient es der Übersichtlichkeit, wenn man den Schleifenkörper entsprechend einrückt. Dann kann der Programmierer sofort erkennen, wo ein Block beginnt und wo er aufhört, sofern ihm dabei keine Fehler unterlaufen sind. Für den Compiler ist es belanglos, wie das Programm formatiert ist, man hätte es prinzipiell auch in zwei bis drei Zeilen unterbringen können (eine würde nicht reichen, da sonst die zweite *#include*-Anweisung nicht korrekt erkannt würde).

Eine andere Alternativ wäre folgende Einrückung, die sehr häufig verwendet wird:

```
for (i = 1; i <= 10; i++) {
  int  iQuadrat;  // Variable zur Berechnung

  // Berechnung:
  iQuadrat = i*i;


  // Ausgabe:
  cout << setw(4) << i;              // 1. Spalte
  cout << setw(4) << iQuadrat;       // 2. Spalte
  cout << endl;
}
```

Das spart eine Zeile bei der geöffneten, geschweiften Klammer. Mitunter sieht man auch folgende Möglichkeit:

```
for (i = 1; i <= 10; i++) {
  int  iQuadrat;   // Variable zur Berechnung

  iQuadrat = i*i;  // Berechnung


  // Ausgabe:
  cout << setw(4) << i;              // 1. Spalte
  cout << setw(4) << iQuadrat;       // 2. Spalte
  cout << endl;
}
```

Bei dieser Variante wird die schließende geschweifte Klammer ebenfalls so eingerückt wie der Programmcode des Schleifenkörpers. Meiner Meinung nach wird damit das Programm ein wenig unlesbarer, da da man alternativ sofort den korrespondierenden Anfang erkennen kann und außerdem weiß, an welcher Einrückungsstufe die nächsten Zeilen folgen. Aber wie schon erwähnt muß der Entwickler letztendlich selbst entscheiden, wo die Klammern gesetzt werden und wie weit man die Einrückung vornimmt. Dem Compiler ist das ziemlich egal, Hauptsache er findet eine korrekte Syntax vor.

In den vorigen Beispielen wurde der Inkrementausdruck immer dazu verwendet, die Schleifenvariable zu erhöhen. Aber das muß natürlich nicht so sein, denn bei den Bedingungen ist man frei in der Wahl und die Schleife wird immer dann abgebrochen, wenn die Bedingung nicht mehr wahr ist. Im folgenden Beispiel wird damit die Fakultät berechnet (die Fakultät ist das Produkt einer Zahl mit allen ganzen Zahlen, die kleiner als sie sind):

```
// Berechnung der Fakultaet
#include <iostream.h>
#include <iomanip.h>

void main() {
  unsigned int  uiZahl;          // Zahl, deren Fakultaet berechnet wird
  unsigned long  ulFakultaet;    // Fakultaet der Zahl
  int      i;                    // Schleifenvariable

  ulFakultaet = 1;               // Init

  // Eingabe der Zahl:
  cout << "Geben Sie eine positive Zahl kleiner 12 ein: ";
  cin >> uiZahl;

  // Ueberpruefen der Eingabe:
  if ((uiZahl > 0) && (uiZahl < 12)) {
    // Eingabe korrekt, Schleife
    for (i = uiZahl; i > 0; i--) {
      ulFakultaet *= i;
    }

    // Ausgabe:
    cout << "Die Fakultaet von " << uiZahl;
    cout << " betraegt " << ulFakultaet << endl;
  } else {                       // Fehler, Zahl ungueltig
    cout << "Die Zahl " << uiZahl << " ist ungueltig" << endl;
  }
}
```

Dieses Programm sieht schon etwas komplexer aus, da jetzt zusätzlich noch die Überprüfung des eingegebenen Werts stattfindet. Die Beschränkung auf Zahlen kleiner als 12 ist deshalb notwendig, weil die Fakultät recht schnell sehr große Werte annimmt (probieren Sie es selbst einmal aus) und sonst ein Überlauf stattfinden würde. Außerdem ist sie für Werte kleiner 0 nicht definiert, so daß auch das noch überprüft wird.

Sind die beiden Bedingungen in der *if*-Anweisung, die mit dem logischen *UND*-Operator verknüpft sind, wahr, kann die Schleife ausgeführt werden. Sie verringert den Schleifenzähler, der mit der eingegebenen Zahl initialisiert wird, um den Wert 1, so daß die Schleifenvariable heruntergezählt wird. Das geschieht solange, wie deren Wert größer als 0 ist. Bei der Initialisierung muß also keine Konstante verwendet werden, sondern Sie können die Schleifenzähler auch mit den Werten von Variablen einrichten.

Die Fakultät selbst wird durch die Multiplikation mit dem neuen Wert der Schleifenvariable berechnet. Damit das aber korrekt funktionieren kann, muß der Variable *ulFakultaet* vor dem Eintritt in die Schleife ein entsprechender Wert zugewiesen werden, so daß die erste Multiplikation als Ergebnis den Wert der Schleifenvariablen liefert. Vergißt man die Initialisierung, ist der Wert der Variable *ulFakultaet* unbestimmt und die erste Multiplikation in der Schleife liefert einen Phantasiewert.

Und noch etwas muß man bei diesem Programm beachten. Wie man zu Beginn sieht, besitzen alle Variablen unterschiedliche Datentypen. Dennoch werden sie so eingesetzt, als hätten sie denselben Typ. Das ist möglich, weil bei den Zuweisungen eine automatische Typumwandlung stattfindet, so daß das Programm korrekt funktionieren kann.

Damit man die Schleifenvariable nicht jedesmal am Anfang definieren muß, wäre auch folgende Konstruktion passend:

```
for (int i = uiZahl; i > 0; i--)
```

Das bedeutet, daß die Variable *i* erst an dieser Stelle definiert wird und somit ab hier verwendet werden kann. Würden man vorher versuchen, auf die Variable *i* zuzugreifen, gäbe der Compiler eine Fehlermeldung aus.

Zum Abschluß dieses Kapitels noch eine weitere Anmerkung: Im Initialisierungsteil der *for*-Schleifenkonstruktion muß man nicht nur eine Variable angeben, sondern es können auch mehrere sein. Man muß sie alle durch Kommata jeweils voneinander trennen. Auch beim Inkrementausdruck ist es möglich, mehr als einen anzugeben. Allerdings ist nur ein Prüfausdruck gültig.

```
for (i = 0, iZahl = 20, uiWert = 2; i < 42, iZaehler++) {
  // Schleifenkoerper
}
```

In diesem Beispiel ist die Schleifenvariable *i*, aber es werden auch noch *iZahl* und *uiWert* initialisiert. Die vierte Variable *iZaehler*, die hier im Spiel ist, wird bei jedem Schleifendurchgang inkrementiert. Alle Variablen müssen nicht notwendig etwas miteinander zu tun haben, sondern sie können voneinander unabhängig sein. Zu beachten ist lediglich, daß die mehrfachen Ausdrücke jeweils durch Kommata voneinander getrennt werden müssen.

Auch wenn diese Konstruktion gültig ist und der Compiler nicht meckert, sollte sie möglichst vermieden werden. Dadurch wird die Lesbarkeit des Listings stark herabgesetzt, so daß man versuchen sollte, einzelne Anweisungen zu verwenden. Damit erreicht man dieselbe Wirkung, nur ist vermutlich das Programm jetzt einfacher zu verstehen.

Und noch etwas: Mit der *for*-Konstruktion kann man auch eine Endlosschleife programmieren. In diesem Fall läßt man einfach alle Ausdrücke weg.

```
for (;;) {
  // Endlosschleife
}
```

5.2 Die while-Schleife

Mit Hilfe der *for*-Konstruktion durchläuft eine Schleife eine bestimmte, vorher festgelegte Anzahl an Durchgängen. Das funktioniert aber nur dann, wenn man vorher genau weiß, wie oft man die Schleife ausführen will. Ist das nicht der Fall, was wahrscheinlich oft vorkommt, muß man eine andere Konstruktion verwenden, nämlich die *while*-Schleife.

Wie sie funktioniert, erkennt man im nachfolgenden Beispiel:

```
// while-Schleife
#include <iostream.h>

void main() {
  int  iAbfrage;                        // Eingabevariable
  iAbfrage = 42;                        // Init

  while (iAbfrage != 0)                 // Schleife
    cin >> iAbfrage;                    // Schleifenkoerper
}
```

Diese Schleife wird solange ausgeführt, bis die Variable *iAbfrage* den Wert 0 erreicht. Da man im Schleifenkörper einen Wert eingeben kann, bestimmt der Entwickler selbst, wann die Schleife beendet wird. Damit das funktioniert, muß die Variable mit einem Wert initialisiert werden, der ungleich 0 ist.

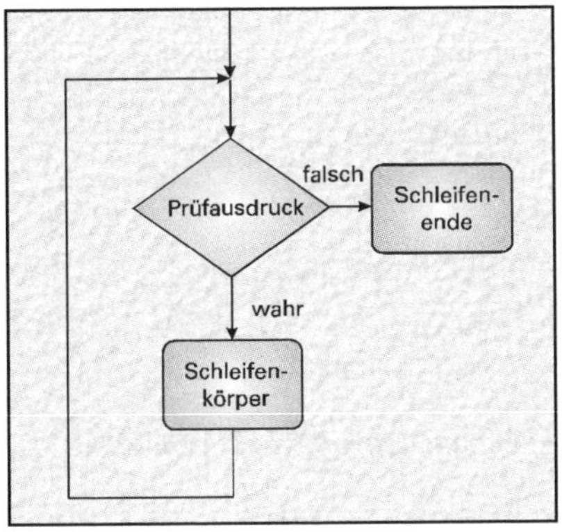

Bild 5.2:
Der Ablauf des Programms bei der while-Schleife

Insgesamt sieht die *while*-Schleife wie eine vereinfachte Form der *for*-Schleife aus, nur fehlen der Initialisierungs- und der Inkrementausdruck. Der Prüfausdruck muß eine wahre Aussage liefern, damit die Schleife ausgeführt wird. In diesem Fall ist die Aussage

```
iAbfrage != 0
```

nur dann wahr, wenn die Variable einen Wert ungleich 0 aufweist. Das bedeutet, daß der Anwender eine Null eingeben muß, damit die Schleife beendet wird.

Auch wenn die Konstruktion der *while*-Schleife recht einfach aussieht, darf man nicht vergessen, den Ausdruck, der bei der Prüfung verwendet wird, zu initialisieren. Damit die Abbruch-Bedingung überhaupt erreicht werden kann, muß der Wert der Schleifenvariablen im Körper geändert werden. Passiert das nicht, läuft die Schleife endlos.

Im nächsten Beispiel wird die dritte Potenz einer ganzen Zahl berechnet. Die Abbruchbedingung wird durch das Ergebnis der Berechnung gebildet, denn dieses darf nur maximal aus drei Ziffern bestehen.

```
// Dritte Potenz berechnen
#include <iostream.h>
#include <iomanip.h>

void main() {
  int  iPotenz;                         // berechneter Wert
  int  iWert;                           // Schleifenwert
  // Init:
  iWert   = 1;                          // Startwert
  iPotenz = 1;                          // 3. Potenz von 1

  // Schleife:
  while (iPotenz < 999) {
    cout << setw(2) << iWert;
    cout << setw(5) << iPotenz << endl;

    iWert ++;                           // Berechnungsgrundlage erhoehen

    iPotenz = iWert * iWert * iWert;    // Potenz berechnen
  }
}
```

Startet man es, sieht man die folgende Ausgabe:

```
 1    1
 2    8
 3   27
 4   64
 5  125
 6  216
 7  343
 8  512
 9  729
```

Das bedeutet, daß das Programm bei einem Wert von 10 beziehungsweise dessen dritter Potenz 1000 abgebrochen wird. Damit wird es beendet, bevor die Potenzen zu groß werden.

Schaut man sich das Programm genauer an, stellt man fest, daß die dritte Potenz erst am Ende der Schleife berechnet wird, nachdem auch die Berechnungsgrundlage erhöht wurde. Deshalb muß man die Variablen so initialisieren, daß in der ersten Runde die passenden Werte ausgegeben werden. Danach wird der Schleifenwert erhöht und von diesem dann die dritte Potenz berechnet. Mit ihm erfolgt die Überprüfung der Abbruchbedingung. Ist die Bedingung nicht mehr wahr, wird die Schleife abgebrochen, ansonsten erfolgt die Ausgabe des gerade berechneten neuen Werts.

Der Schleifenkörper in diesem Beispiel besteht aus mehreren Anweisungen, die in geschweifte Klammern gesetzt werden müssen. Damit wird deren Inhalt als ein Block beziehungsweise als einzelne Anweisung betrachtet. Er wird pro Durchlauf einmal ausgeführt.

5.3 Die do..while-Schleife

Im vorigen Kapitel haben Sie die *while*-Schleife kennengelernt, bei der der Prüfausdruck zu Beginn der Schleife berechnet wird. Ist der Prüfausdruck schon von vorn herein nicht wahr, wird der Schleifenkörper erst gar nicht ausgeführt. Das kann dem entsprechen, was der Entwickler will, aber häufig kommt es auch vor, daß die Bedingung erst zum Ende der Schleife berechnet werden soll. In diesem Fall wird der Schleifenkörper mindestens einmal ausgeführt, ungeachtet vom Zustand des Prüfausdrucks. Benötigt man eine solche Schleife, muß man die *do..while*-Konstruktion einsetzen.

Im folgenden Beispiel wird man aufgefordert, die beiden Zahlen für eine Division (Dividend und Divisor) einzugeben, aus denen als Ergebnis der Quotient und der Rest berechnet werden. Daraus ergibt sich folgende Formel:

Dividend / Divisor = Quotient + Rest

```
// do..while-Schleife
#include <iostream.h>

void main() {
  int   iDividend;                          // Dividend
  int   iDivisor;                           // Divisor
  char  cZeichen;                           // Zeichen fuer Abfrage
  int   iQuotient;                          // Quotient der Berechnung

  // Schleife:
  do {
    // Zahlen eingeben:
    cout << "Dividend eingeben: ";
    cin >> iDividend;
    cout << "Divisor eingeben: ";
    cin >> iDivisor;

    // Berechnung:
    iQotient = iDividend / iDivisor;
```

```
    // Ausgaben:
    cout << "Der Quotient betraegt: " << iQuotient << endl;
    cout << "Der Rest betraegt: " << iDividend % iDivisor;
    cout << endl;

    // Fortsetzen?
    cout << "Noch einmal? (j/n) : ";
    cin >> cZeichen;
  } while (cZeichen != 'n');
}
```

In diesem Beispiel werden nur die Variablen außerhalb der Schleife definiert. Sie beginnt mit *do* und hört mit der *while*-Anweisung auf, die den Prüfausdruck enthält. *while* ähnelt der Schleifenkonstruktion im letzten Kapitel, nur wird die Anweisung an das Ende der Schleife geschrieben und nach ihr folgt ein Semikolon! Wird es vergessen, erzeugt der Compiler beim Übersetzen eine Fehlermeldung.

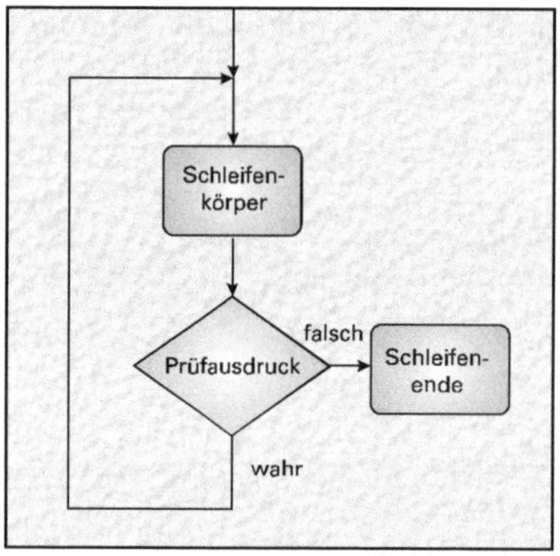

Bild 5.3:
Der Ablauf des Programms bei der while-Schleife

Nach jeder Berechnung und der entsprechenden Ausgabe fragt das Programm den Anwender, ob es fortgesetzt werden soll. Gibt man ein *n* ein, wird die Schleife beendet, bei allen anderen Zeichen wird sie fortgesetzt. In diesem Fall liefert der Prüfausdruck

```
cZeichen != 'n'
```

eine wahre Aussage, so daß die Schleife fortgesetzt wird. Bei einem *n* ist der Ausdruck nicht mehr wahr und die Ausführung der Schleife wird beendet. Ein typisches Beispiel für eine Ausgabe könnte folgendermaßen aussehen:

```
Dividend eingeben: 12
Divisor eingeben: 5
Der Quotient betraegt: 2
Der Rest betraegt: 2
Noch einmal? (j/n) : j
Dividend eingeben: 42
Divisor eingeben: 9
Der Quotient betraegt: 4
Der Rest betraegt: 6
Noch einmal? (j/n) : n
```

Wenn Sie die letzten Zahlen einmal rekapitulieren, können Sie den Dividend als Produkt von Divisor und Quotient berechnen, zusätzlich müssen Sie den Rest hinzuaddieren.

```
9 * 4 + 6 = 42
```

Somit ist die Berechnung, die in der Schleife erfolgt ist, richtig.

5.4 Hinweise zum Einsatz der Schleifen

Zusammenfassend läßt sich feststellen, daß bei der *for*-Schleife eine vorher festgelegte Anzahl an Durchläufen stattfindet. Sie eignet sich also dann besonders gut, wenn man vorher weiß, wie oft der Schleifenkörper ausgeführt wird.

Das steht im Gegensatz zur *while*- und zur *do..while*-Schleife. Bei diesen muß man vorher nicht wissen, wie oft sie ausgeführt werden muß. Eine *while*-Konstruktion kommt immer dann zum Einsatz, wenn die Bedingung, die zum Abbruch der Schleife führt, am Anfang überprüft werden soll. Also kann es auch passieren, daß der Schleifenkörper überhaupt nicht zur Ausführung kommt.

Nimmt man dagegen die *do..while*-Konstruktion, stellt man sicher, daß der Schleifenkörper mindestens einmal ausgeführt wird, erst danach wird die Abbruchbedingung überprüft.

Alle Konstruktionen haben gemeinsam, daß die Bedingung im Prüfausdruck eine wahre Aussage liefern muß, damit die Schleife fortgesetzt wird. Liefert sie eine falsche Aussage, wird die Ausführung des Schleifenkörpers abgebrochen.

Die zuvor genannten Bedingungen stellen nur eine grobe Orientierung dar, welche Schleife zu welchem Zeitpunkt eingesetzt werden könnte. Tatsächlich läßt sich mit ein wenig Erfahrung jeder Schleifentyp in (fast) allen Situationen anwenden. Aus diesem Grund ist es eher eine Frage Ihres persönlichen Stils, welchen Typ Sie in Ihrem Programm einsetzen werden. Dennoch sollten Sie eine Konstruktion wählen, die den Code so klar wie möglich strukturiert.

5.5 Anweisungen zur Schleifensteuerung

In den vorherigen Beispielen wurden die Schleifen immer vom Anfang bis zum Ende ausgeführt, wobei dies unabhängig vom eingesetzten Typ ist. Manchmal ist es aber erforderlich, beispielsweise eine Schleife abzubrechen, obwohl die vorher festgelegte Bedingung noch nicht erfüllt ist.

5.5.1 Die Anweisung break

Die *break*-Anweisung bewirkt, daß die Ausführung der Schleife sofort beendet wird. Sie kennen sie bereits aus der Beschreibung der *switch*-Anweisung, dort war sie ebenfalls dafür zuständig, die Ausführung von Befehlen abzubrechen und die *switch*-Konstruktion zu verlassen.

break kann bei allen Schleifentypen eingesetzt werden und bewirkt überall den sofortigen Ausstieg. Wie das funktioniert, zeigt nachfolgendes Beispiel:

```
// break-Beispiel
#include <iostream.h>

void main() {
  int   iDividend;                   // Dividend
  int   iDivisor;                    // Divisor
  char  cZeichen;                    // Zeichen fuer Abfrage
  int   iQuotient;                   // Quotient der Berechnung

  // Endlosschleife:
  for (;;) {
    // Zahlen eingeben:
    cout << "Dividend eingeben: ";
    cin >> iDividend;
    cout << "Divisor eingeben: ";
    cin >> iDivisor;

    // Berechnung:
    iQotient = iDividend / iDivisor;

    // Ausgaben:
    cout << "Der Quotient betraegt: " << iQuotient << endl;
    cout << "Der Rest betraegt: " << iDividend % iDivisor;
    cout << endl;
```

```
    // Fortsetzen?
    cout << "Noch einmal? (j/n) : ";
    cin >> cZeichen;

    // Schleife verlassen?
    if (cZeichen == 'n') {
      break;                            // Ausstieg
    }
  }
}
```

Den Großteil des Codes kennen Sie bereits aus der Beschreibung der *do..while*-Schleife. Diese wurde hier durch eine Endlosschleife ersetzt, die mit Hilfe der *for*-Anweisung generiert wird. Würden der Entwickler keine Maßnahme vorsehen, die Schleife zu beenden, würde sie immer weiter laufen.

Nach dem Ende der Berechnung wird man wieder aufgefordert, zu entscheiden, ob die Schleife fortgesetzt werden soll. Die Eingabe wird daraufhin überprüft, ob es sich um den Buchstaben *n* handelt. Ist das der Fall, wird die Ausführung der Schleife beendet, das heißt, die Endlosschleife wird verlassen.

Aber was passiert, wenn man beispielsweise zwei ineinander verschachtelte Schleifen hat und in der inneren die *break*-Anweisung eingesetzt wird? Um das zu überprüfen, schauen wir uns das nächste Beispiel an. In ihm werden alle Zahlen im Bereich 3 bis 10 angezeigt, bei denen es sich nicht um eine Primzahl handelt.

```
// Zweites break-Beispiel
#include <iostream.h>

void main() {
  int  i;                          // 1. Schleifenvariable
  int  j;                          // 2. Schleifenvariable

  for (i = 3; i < 10; i++) {       // Aeussere Schleife
    for (j = 2; j < i; j++) {      // Innere Schleife
      if (i % j == 0) {            // Primzahl?
        cout << i << " ist keine Primzahl" << endl; // Keine Primzahl
        break;
      }
    } // Ende der inneren Schleife
  } // Ende der auesseren Schleife
}
```

Die Ausgabe zu diesem Programm ist:

```
4 ist keine Primzahl
6 ist keine Primzahl
8 ist keine Primzahl
9 ist keine Primzahl
```

Hätte man übrigens die *break*-Anweisung weggelassen, würde man folgendes auf dem Bildschirm sehen:

```
4 ist keine Primzahl
6 ist keine Primzahl
6 ist keine Primzahl
8 ist keine Primzahl
8 ist keine Primzahl
9 ist keine Primzahl
```

Damit ist sofort klar, daß die *break*-Anweisung eine Wirkung hat. Doch wie funktioniert das Programm eigentlich? In der äußeren Schleife wird von 3 bis 10 hochgezählt, das entspricht den zu untersuchenden Zahlen. In der inneren Schleife wird für die Zahl überprüft, ob sie durch eine Zahl im Bereich zwischen 2 und dem Wert der äußeren Schleife ohne Rest teilbar ist. Wenn das der Fall ist, also der Rest der Division Null ist, wird die Meldung ausgegeben, daß es sich nicht um eine Primzahl handelt. In diesem Fall müssen weitere Werte nicht überprüft werden, so daß die innere Schleife sofort beendet werden kann. Das erfolgt durch die Angabe von *break*. Damit wird die Ausgabe nur einmal angezeigt. Läßt man *break* weg, werden auch noch weitere Werte überprüft, so daß die Ausgabe pro äußerem Wert mehrfach erfolgt. Eine Zusammenfassung befindet sich in der nachfolgenden Tabelle:

Wert	Überprüfung mit	Resultat
3	2	Primzahl
4	2, 3 (mit *break* wird die innere Schleife bei 2 verlassen)	keine Primzahl
5	2, 3, 4	Primzahl
6	2, 3, 4, 5 (mit *break* wird die innere Schleife beim Wert 2 verlassen, ansonsten Ausgabe für 2 und 3)	keine Primzahl
7	2, 3, 4, 5, 6	Primzahl
8	2, 3, 4, 5, 6, 7 (mit *break* wird innere Schleife beim Wert 2 verlassen, ansonsten Ausgabe für 2 und 4)	keine Primzahl
9	2, 3, 4, 5, 6, 7, 8 (mit *break* wird die innere Schleife beim Wert 3 verlassen)	keine Primzahl

Damit ist klar, daß die *break*-Anweisung nur die Ausführung der inneren Schleife abbricht, nicht aber die der äußeren. Das gilt unabhängig davon, wie verschachtelt die Konstruktionen sind. Ein *break* bricht immer nur die Schleife oder Konstruktion ab, die bei dessen Auftreten zuletzt aufgerufen wurde. Ist beispielsweise eine *switch*-Anweisung innerhalb der Schleife vorhanden, bricht ein *break* innerhalb der *switch*-Konstruktion nur diese ab, nicht aber die Schleife.

5.5.2 Die Anweisung continue

Mit der *break*-Anweisung bricht man die Ausführung einer Schleife ab. Manchmal kommt es aber vor, daß der Code in einer Schleife nicht bis zum Ende ausgeführt werden muß, sondern es kann vorzeitig der neue Schleifendurchlauf beginnen. Dies errreicht man mit einer *if*-Abfrage, indem man den nur manchmal auszuführenden Code über eine Abfrage zugänglich macht. Doch es geht eleganter mit der *continue*-Anweisung, wie das nachfolgende Beispiel zeigt, in dem zwei Zahlen durcheinander geteilt werden. Allerdings hat es einen kleinen Schönheitsfehler, denn wenn man als Divisor den Wert 0 eingibt, bricht es mit einer Laufzeitfehlermeldung ab, da das Teilen durch den Wert 0 nicht zulässig ist.

```
// continue- und break-Beispiel
#include <iostream.h>

void main() {
  int   iDividend;                    // Dividend
  int   iDivisor;                     // Divisor
  char  cZeichen;                     // Zeichen fuer Abfrage
  int   iQuotient;                    // Quotient der Berechnung

  for (;;) {                          // Endlosschleife
    cout << "Dividend eingeben: ";    // Zahlen eingeben
    cin >> iDividend;
    cout << "Divisor eingeben: ";
    cin >> iDivisor;

    if (iDivisor == 0) {              // ist Divisor 0?
      cout << "Divisor ist nicht zulaessig !" << endl;
      continue;
    }

    iQotient = iDividend / iDivisor;  // Berechnung
    // Ausgaben:
    cout << "Der Quotient betraegt: " << iQuotient << endl;
    cout << "Der Rest betraegt: " << iDividend % iDivisor;
    cout << endl;
```

```
    cout << "Noch einmal? (j/n) : ";     // Fortsetzen?
    cin >> cZeichen;

    if (cZeichen == 'n') {                // Schleife verlassen?
      // Ausstieg
      break;
    }
  }
}
```

Damit ergibt sich beispielsweise folgende Ausgabe:

```
Dividend eingeben: 10
Divisor eingeben: 0
Divisor ist nicht zulaessig !
Dividend eingeben: 1
Divisor eingeben: 3
Der Quotient betraegt: 0
Der Rest betraegt: 1
Noch einmal? (j/n) : j
```

Tippt man als Divisor den Wert 0 ein, wird eine entsprechende Meldung ausgegeben. Danach beginnt die Schleife wieder von vorne, was man daran erkennt, daß man aufgefordert wird, erneut den Dividend und den Divisor anzugeben.

Will man sich die *continue*-Anweisung sparen, führt man den Rest des Codes in einer *else*-Konstruktion aus, wie nachfolgend angedeutet.

```
if (iDivisor == 0) {
  cout << "Divisor ist nicht zulaessig !" << endl;
} else {
  // Berechnung:
  iQotient = iDividend / iDivisor;

  // weitere Anweisungen ...
}
```

Das hätte dieselbe Wirkung wie die *continue*-Anweisung. Verwendet man mehrerer solcher *if*-Abfragen in einer Schleife, ist der Einsatz von *continue* sinnvoller, da dann das Listing insgesamt lesbarer bleibt. Das gilt besonders dann, wenn die Bedingungen nichts miteinander zu tun haben und damit eine schwierige Abfrage nötig wäre.

5.5.3 Die Anweisung goto

Auch in C++ gibt es eine Sprunganweisung, mit der ein beliebiges Springen innerhalb einer Funktion möglich ist. Damit das funktioniert, muß man im Programm eine Sprungmarke definieren wie im nachfolgende Code-Ausschnitt.

```
   goto Sprungziel

   // Weitere Anweisungen

Sprungziel:
   // Ab hier wird das Programm fortgesetzt ...
```

Wenn Sie sich schon mal mit den Grundsätzen der strukturierten Programmierung beschäftigt haben, werden Sie wissen, daß der Einsatz einer *goto*-Anweisung zu unleserlichem Code führt, der sich nur schwer auf Fehler hin untersuchen und ebenso schwer korrigierbar ist.

Deshalb sollte man auf den Einsatz der *goto*-Anweisung verzichten, sie kommt in den weiteren Beispielen auch nicht mehr vor. Jedes Programm läßt sich so schreiben und strukturieren, daß deren Einsatz absolut überflüssig ist. Wenn Sie einmal an einen Punkt kommen, an dem Sie denken, daß *goto* doch notwendig ist, versuchen Sie möglichst, das Problem auf eine andere Art und Weise zu lösen. Und Sie werden sehen, es funktioniert.

5.6 Zusammenfassung

In diesem Kapitel haben Sie die verschiedenen Schleifenkonstruktionen von C++ kennengelernt. Bei einer *for*-Schleife müssen Sie die Anzahl der Durchgänge bereits vorher kennen, bei einer *while*-Schleife wird die Abbruchbedingung zum Anfang und bei der *do..while*-Konstruktion zum Ende hin überprüft. Außerdem ist es möglich, Schleifen vorzeitig abzubrechen und zu einem bestimmten Zeitpunkt einen neuen Durchlauf zu initiieren.

Anschließend befassen wir uns mit Strukturen. In diesen lassen sich mehrere Variablen mit beliebigen Datentypen zusammenfassen. Außerdem soll ein aufzählender Datentyp beschrieben werden.

5.7 Aufgaben

1. Wie läßt sich auf einfache Weise eine Endlosschleife erzeugen und wie wird sie verlassen?

2. Geben Sie die Zahlen 1 bis 10 jeweils in einer Zeile aus. Verwenden Sie für die ersten fünf Zahlen eine *for*-Schleife, für die zweiten eine *while*-Schleife zu Ausgabe.

3. Schreiben Sie ein Programm, das die vier Grundrechenarten +, -, * und / mit ganzen Zahlen beherrscht. Nach der Eingabe der ersten Zahl können Sie die Rechenart eingeben, abschließend die zweite Zahl. Das Ergebnis soll ausgegeben werden. Ist eine Berechnung abgeschlossen, fragen Sie nach, ob eine neue erfolgen soll. Programmieren Sie dafür eine *do..while*-Schleife.

6 Strukturen und Aufzählungen

In den vorherigen Kapiteln haben Sie bereits Variablen mit einfachen Datentypen kennengelernt, wie beispielsweise *int* oder *float*. Solche Variablen enthalten in der Regel eine Einzelinformation, wie eine Menge oder Anzahl oder auch eine Entfernung. Doch häufig werden zusammengehörige Einzelinformationen zur besseren Strukturierung zusammengefaßt. Hier kommt eine Eigenschaft von C++ ins Spiel, die als *Struktur* bezeichnet wird. Zum Abschluß wird noch ein Datentyp vorgestellt, mit dessen Hilfe Aufzählungen möglich sind.

6.1 Strukturen

In einem Programm fallen große Menge an Daten an. Nehmen wir als Beispiel Werte, die in einer Personalerfassung zu Mitarbeitern zugeordnet werden. Diese Werte wie die persönlichen Daten, die Stellenbeschreibung, das Eintrittsdatum in die Firma und die Liste der Verfehlungen gehören zum Mitarbeiter und müssen ihm strukturell zugeordnet werden. Im Normalfall - wenn man jetzt einfach das ganze mit Zahlen ausdrückt - wäre eine folgende Aufstellung denkbar:

```
int         PersonalNummer;
int         Verfehlung;
datetime    Geburtstag;
datetime    Eintrittsalter;
```

und so weiter ...

Das Programm enthält aber weitere Variablen, beispielsweise Dateipfade, Schleifenzähler und vieles mehr. Mit der Größe des Programms steigt die Schwierigkeit, Zusammengehöriges auch richtig zuzuordnen. Eigentlich wäre es also sinnvoll, die Daten des Mitarbeiters zu einem besonderen Typ des Mitarbeiters zusammenzufassen. Das wäre dann eine Struktur: in ihr werden Variablen beliebigen Typs zusammengefaßt. Dabei wird die Reihenfolge der Variablen vom Programmierer festgelegt, sie ist nicht durch die Datentypen vorgegeben. Die einzelnen Elemente einer Struktur werden auch als deren *Komponenten* bezeichnet.

In C++ stellen Strukturen ein wesentliches Merkmal der Sprache dar. Sie sind annähernd identisch mit den Klassen, in denen sowohl Daten als auch Funktionen enthalten sein können. In diesem Buch werden Strukturen als eine Sammlung von Daten betrachtet. Sie erfüllen damit denselben Zweck wie beispielsweise Variablen des Typs *record* in Pascal.

6.1.1 Die erste Struktur

Im folgenden Beispiel wird eine Struktur vorgestellt, die beispielsweise ein Produkt in einem Kaufhaus näher beschreibt. Dazu werden die Artikelnummer, der Preis und die Modellnummer in der Struktur gespeichert. Damit ist sichergestellt, daß auch Nachfolgemodelle eines Artikels, die dieselbe Artikelnummer besitzen, noch unterschieden werden können.

```
// Struktur
#include <iostream.h>

struct Artikel {
  long  lArtikelNummer;           // Nummer des Artikels
  float fPreis;                   // Preis des Artikels
  int   iModellNummer;            // Kennzeichnung
};

void main() {
  Artikel Artikel1;               // Definition eines speziellen Artikels

  // Init der Komponenten:
  Artikel1.lArtikelNummer = 2492432;
  Artikel1.fPreis         = 32.53;
  Artikel1.iModellNummer  = 42;

  // Ausgabe der Werte:
  cout << endl << "Artikelnummer: " << Artikel1.lArtikelNummer;
  cout << "  Preis: " << Artikel1.fPreis;
  cout << "  Modellnummer: " << Artikel1.iModellNummer << endl;
}
```

Übersetzt und startet man dieses Programm, erhält man folgende Ausgabe:

```
Artikelnummer: 2492432  Preis: 32.53  Modellnummer: 42
```

Insgesamt muß man beim Umgang mit Strukturen drei Dinge beachten: Die Beschreibung der Struktur, die Definition der Struktur und den Zugriff auf die Komponenten. Diese Punkte werden im folgenden getrennt voneinander betrachtet.

6.1.2 Die Beschreibung einer Struktur

Mit Hilfe der Beschreibung legt man fest, wie die Struktur auszusehen hat beziehungsweise wie sie aufgebaut ist. Man gibt in ihr die Komponenten an, wie in diesem Beispiel (wobei dies auch als Strukturdeklaration bezeichnet wird):

```
struct Artikel {
  long   lArtikelNummer;              // Nummer des Artikels
  float  fPreis;                      // Preis des Artikels
  int    iModellNummer;               // Kennzeichnung
};
```

Durch das Schlüsselwort *struct* wird die Angabe begonnen. Daran schließt sich der Name der Struktur an, der auch als *Strukturbezeichnung* bekannt ist. Die Deklaration (das Wort wird deshalb verwendet, da hier noch kein Speicherplatz für die Struktur festgelegt wird) der einzelnen Komponenten der Struktur werden in geschweifte Klammern gesetzt. Zum Abschluß der Struktur befindet sich ein Semikolon, das man auf keinen Fall vergessen darf, denn sonst meldet der Compiler die seltsamsten Fehler. Beachten Sie den Unterschied zu den Blöcken bei Entscheidungen und Schleifen, bei denen die einzelnen Anweisungen auch in geschweiften Klammern stehen. Dort folgt zum Ende kein Semikolon, bei der Angabe einer Struktur ist es aber zwingend erforderlich.

Durch diese Angabe wird eine Art Schablone oder Bauplan hergestellt, nach deren Muster später Variablen des Typs *Artikel* erzeugt werden. Die Typangabe steht nur auf dem Papier beziehungsweise im Listing; durch sie wird kein physikalischer Speicherplatz reserviert.

6.1.3 Die Definition der Struktur

Die eigentliche Definition einer Variable des entsprechenden Strukturtyps befindet sich zu Anfang der Funktion *main()*.

```
Artikel  Artikel1;           // Definition eines speziellen Artikels
```

Dadurch wird die Variable *Artikel1* definiert, die genau dem Strukturtyp *Artikel* entspricht. Außerdem wird dadurch soviel Platz im Speicher reserviert, daß alle Komponenten abgespeichert werden können. Damit werden für den long- und den float-Typ jeweils vier Bytes und für den int-Typ zwei Bytes reserviert, so daß die Struktur zehn Bytes im Speicher belegt.

Betrachten Sie die Definitionen einer Variable, die durch einen internen Datentyp beschrieben wird, und einer Strukturvariablen genauer, sehen sie sehr ähnlich aus.

```
Artikel Artikel1;
int     iKosten;
```

Durch diese Ähnlichkeit, die nicht zufällig ist, könnte man denken, daß durch die Struktur ein neuer Datentyp beschrieben wird. Und tatsächlich ist es eine Zielsetzung von C++, bei der Definition neuer Datentypen so nah wie möglich an die Syntax bei der Verwendung der eingebauten Typen heranzukommen, was in diesem Fall recht gut gelungen ist.

Noch eine Anmerkung zur Schreibweise: Bei den internen Datentypen wurde der Typ durch den Anfangsbuchstaben des Variablennamens kenntlich gemacht. Das ist aber bei Strukturen nicht möglich, so daß der Name meist mit einem Großbuchstaben beginnt. Denkbar wäre es gegebenenfalls, die Variable durch ein kleines *s* als Struktur zu kennzeichnen.

6.1.4 Der Zugriff auf die Komponenten

In einem Programm reicht es natürlich nicht, nur eine Strukturvariable zu definieren, sondern man will auch auf die einzelnen Komponenten innerhalb der Struktur zugreifen können. Dazu bedient man sich des Punktoperators, wie in der folgenden Zeile.

```
Artikel1.lArtikelNummer = 2492432;
```

Beachten Sie dabei, daß Sie den Namen der Variablen für den Zugriff verwenden und nicht deren Typ. Dadurch kann man zwischen verschiedenen Variablen desselben Typs unterscheiden. Der Zugriff erfolgt über den Namen der Variablen, gefolgt vom Punktoperator und dem Namen der Komponente in der Struktur.

Die einzelnen Komponenten in der Struktur werden genauso behandelt wie »normale« Variablen, das heißt, das Setzen eines Werts erfolgt unter Verwendung eines gewöhnlichen Zuweisungsoperators.

Analog gilt das auch für die Ausgabe des Werts einer Komponente, wie man sieht:

```
cout << "  Preis: " << Artikel1.fPreis;
```

Dabei müssen Sie wieder den Namen der Strukturvariablen angeben, damit der Zugriff unter Verwendung des Punktoperators auf die Komponenten erfolgen kann.

6.1.5 Weitere Eigenschaften

Es gibt noch eine Reihe weiterer Eigenschaften im Zusammenhang mit Strukturen, die in diesem Kapitel dargestellt werden sollen. Beginnen wollen wir mit einer anderen Strukturangabe, bei der die Definition gleich mit eingeschlossen wird.

```
// Struktur 2
#include <iostream.h>

struct {
  long    lArtikelNummer;              // Nummer des Artikels
  float   fPreis;                      // Preis des Artikels
  int     iModellNummer;               // Kennzeichnung
} Artikel1;

void main() {
  // Init der Komponenten:
  Artikel1.lArtikelNummer = 2492432;
  Artikel1.fPreis         = 32.53;
  Artikel1.iModellNummer  = 42;

  // Ausgabe der Werte:
  cout << endl << "Artikelnummer: " << Artikel1.lArtikelNummer;
  cout << "  Preis: " << Artikel1.fPreis;
  cout << "  Modellnummer: " << Artikel1.iModellNummer << endl;
}
```

In diesem Beispiel wird die Definition der Struktur gleich in einem Zug mit der Angabe erledigt. Statt der einzelnen Anweisungen

```
struct Artikel {
  long  lArtikelNummer;                // Nummer des Artikels
  float  fPreis;                       // Preis des Artikels
  int  iModellNummer;                  // Kennzeichnung
};
```

und

```
Artikel  Artikel1;                     // Definition eines Artikels
```

werden diese in einer zusammengefaßt:

```
struct {
  long   lArtikelNummer;                  // Nummer des Artikels
  float  fPreis;                          // Preis des Artikels
  int    iModellNummer;                   // Kennzeichnung
} Artikel1;
```

Wählt man die Zusammenfassung, wird das Programm insgesamt etwas kürzer. Allerdings gibt es dann im Programm nur eine Variable dieses Typs, so daß man ansonsten die vorherige Form vorziehen sollte, da diese wesentlich flexibler ist.

Doch auch bei der Initialisierung kann man noch ein paar Zeilen sparen, wie im folgenden Beispiel:

```
// Struktur 3
#include <iostream.h>

struct Artikel {
  long   lArtikelNummer;                  // Nummer des Artikels
  float  fPreis;                          // Preis des Artikels
  int    iModellNummer;                   // Kennzeichnung
};

void main() {
  // Definition zweier Artikel inklusive Init:
  Artikel  Artikel1 = { 2492432, 32.53, 42 };
  Artikel  Artikel2;

  // Ausgabe der Werte, 1. Artikel:
  cout << endl << "1. Artikel: Artikelnummer: "
       << Artikel1.lArtikelNummer;
  cout << "  Preis: " << Artikel1.fPreis;
  cout << "  Modellnummer: " << Artikel1.iModellNummer << endl;

  Artikel2 = Artikel1;                    // Zweiter Artikel wie erster

  // Ausgabe der Werte, 2. Artikel:
  cout << "2. Artikel: Artikelnummer: " << Artikel2.lArtikelNummer;
  cout << "  Preis: " << Artikel2.fPreis;
  cout << "  Modellnummer: " << Artikel2.iModellNummer << endl;
}
```

In diesem Beispiel werden zwei Variablen des Typs *Artikel* definiert, die die Namen *Artikel1* und *Artikel2* besitzen. Außerdem wird die Struktur *Artikel1* der Struktur *Artikel2* zugewiesen und beide Inhalte werden ausgegeben. Nach dem Start sieht man folgendes auf dem Bildschirm:

```
1. Artikel: Artikelnummer: 2492432  Preis: 32.53  Modellnummer: 42
2. Artikel: Artikelnummer: 2492432  Preis: 32.53  Modellnummer: 42
```

Dabei sollte man nicht überracht sein, daß die Daten in den einzelnen Zeilen übereinstimmen. Wie im Listing zu sehen ist, wird statt der nachfolgenden Initialisierung der Strukturelemente

```
Artikel1.lArtikelNummer = 2492432;
Artikel1.fPreis         = 32.53;
Artikel1.iModellNummer  = 42;
```

eine Kurzform verwendet.

```
Artikel  Artikel1 = { 2492432, 32.53, 42 };
```

Bei dieser Form werden die Elemente, die den Strukturkomponenten zugewiesen werden sollen, in geschweiften Klammern angegeben. Sollen mehrere Elemente initialisiert werden, muß man sie durch Kommata voneinander abtrennen. Der erste Wert in der Liste wird der ersten Variable in der Struktur zugewiesen, der zweite Wert dem zweiten Strukturelement und so fort.

Wie im Listing zu sehen ist, kann eine Strukturvariable einfach einer anderen Strukturvariablen zu gewiesen werden, wie man das auch bei Variablen macht:

```
Artikel2 = Artikel1;
```

Einzige Bedingung dafür ist aber, daß beide Variablen vom selben Typ sind. Denn bei der Zuweisung muß der Rechner den Wert jeder Variablen der einen Struktur in die andere Struktur kopieren. Das würde ausgeschrieben folgendes bedeuten:

```
Artikel2.lArtikelNummer = Artikel1.lArtikelNummer;
Artikel2.fPreis         = Artikel1.fPreis;
Artikel2.iModellNummer  = Artikel1.iModellNummer;
```

Nur ist natürlich die Zuweisung der Strukturen wesentlich kürzer, zumal sie dann nicht unbedingt alle Elemente kennen müssen.

Versucht man eine Zuweisung von Strukturen unterschiedlichen Typs, wie im nachfolgenden Codeausschnitt, gibt der Compiler eine entsprechende Fehlermeldung aus.

```
// unterschiedliche Strukturen
struct Bestand {
  long   lArtikelNummer;                    // Nummer des Artikels
  float  fPreis;                            // Preis des Artikels
  int    iModellNummer;                     // Kennzeichnung
  float  fGesamtPreis;                      // Gesamtpreis des Bestands
  long   lAnzahl;                           // Anzahl der Artikel
};

struct Artikel {
  long  lArtikelNummer;                     // Nummer des Artikels
  float  fPreis;                            // Preis des Artikels
  int  iModellNummer;                       // Kennzeichnung
};

void main() {
  // Artikel definieren und initialisieren:
  Artikel  Artikel1 = { 2492432, 32.53, 42 };
  Bestand  Bestand1;

  // Zuweisung:
  Bestand1 = Artikel1;
  // Fehler!!!!
}
```

In diesem Programm wird eine zusätzliche Struktur mit dem Namen *Bestand* angegeben, die aus fünf Elementen besteht. Sie stellt im Prinzip eine Erweiterung der Struktur *Artikel* dar.

Nach der Definition zweier Strukturvariablen mit den Namen *Artikel1* und *Bestand1* erfolgt die Zuweisung der beiden Strukturen. Nun könnte man ja auf den Gedanken kommen, da beide Strukturen gleich beginnen, erfolgt die Zuweisung für diese Elemente, aber das passiert nicht, denn der Compiler gibt eine Fehlermeldung aus. Er weiß nicht, welche Elemente wie zuzuweisen sind.

Deshalb ist der Entwickler gefragt, man bei unterschiedlichen Datentypen Zuweisungen vornimmt. Er muß in diesem Fall die explizite Methode verwenden, wie in den nachfolgenden Zeilen angedeutet.

```
Bestand1.lArtikelNummer = Artikel1.lArtikelNummer;
Bestand1.fPreis         = Artikel1.fPreis;
Bestand1.iModellNummer  = Artikel1.iModellNummer;
```

Zusätzlich muß man dann noch die restlichen Variablen initialisieren.

```
Bestand1.lAnzahl      = 3;
Bestand1.fGesamtPreis = Bestand1.lAnzahl * Bestand1.fPreis;
```

Bei der Einzel-Initialisierung muß natürlich nicht die Reihenfolge der Variablen in der Struktur eingehalten, sondern sie kann beliebig vorgenommen werden.

6.1.6 Ein weiteres Beispiel

In diesem Abschnitt soll ein weiteres Beispiel für den Einsatz von Strukturen vorgestellt werden. Stellen Sie sich vor, Sie wollen die Raumgröße Ihrer Wohnung oder Ihres Hauses bestimmen. Dazu vermessen Sie die einzelnen Räume, berechnen jeweils das Volumen und addieren zum Schluß die einzelnen Werte. Alle Angaben erfolgen in Millimetern, so daß keine Gleitkommawerte vonnöten sind.

```
// Raum
#include <iostream.h>

struct Raum {
  unsigned long  ulLaenge;  // Laenge des Raums
  unsigned long  ulBreite;  // Breite des Raums
  unsigned long  ulHoehe;   // Hoehe des Raums
};

void main() {
  Raum     Kueche     = { 3000, 4000, 2500 }; // Groesse der Kueche
  Raum     Wohnzimmer = { 4000, 6000, 2500 }; // Groesse des Wohnzimmers
  Raum     Schlafzimmer;                      // Groesse des Schlafzimmers
  unsigned long  ulGesamt;                    // Gesamtvolumen
  unsigned long  ulTemp;                      // Zwischenberechnungen

  // Eingabe der Werte fuers Schlafzimmer
  cout << "Geben Sie die Laenge des Schlafzimmers an: ";
  cin >> Schlafzimmer.ulLaenge;
  cout << "Geben Sie die Breite des Schlafzimmers an: ";
  cin >> Schlafzimmer.ulBreite;
  cout << "Geben Sie die Hoehe des Schlafzimmers an: ";
  cin >> Schlafzimmer.ulHoehe;

  // Ausgabe der Rauminhalte
  lTemp = Kueche.ulBreite * Kueche.ulHoehe * Kueche.ulLaenge;
  cout << "Der Rauminhalt der Kueche betraegt " << ulTemp;
  cout << " Kubikmillimeter" << endl;
  ulGesamt = ulTemp;
  lTemp = Wohnzimmer.ulBreite * Wohnzimmer.ulHoehe * Wohnzimmer.ulLaenge;
```

```
    cout << "Der Rauminhalt des Wohnzimmers betraegt " << ulTemp;
    cout << " Kubikmillimeter" << endl;
    ulGesamt += ulTemp;
    ulTemp = Schlafzimmer.ulBreite * Schlafzimmer.ulHoehe *
             Schlafzimmer.ulLaenge;
    cout << "Der Rauminhalt des Schlafzimmers betraegt "<< ulTemp;
    cout << " Kubikmillimeter" << endl;
    ulGesamt += ulTemp;
    cout << "Gesamt: " << ulGesamt;
    cout << " Kubikmillimeter" << endl;
}
```

Wenn Sie das Programm starten, werden Sie aufgefordert, die Länge, Breite und Höhe des Schlafzimmers anzugeben. Anschließend wird der Rauminhalt in Kubikmillimetern angegeben. Wenn Sie nicht allzu große Werte eingeben, funktioniert sogar die Berechnung des Rauminhalts der einzelnen Räume, aber die Gesamtsumme ist definitiv falsch. Das liegt daran, daß ein Überlauf des Datentyps *long* stattfindet, und zwar schon bei der Addition des Rauminhalts der ersten beiden Werte.

Das Programm ist zwar formal korrekt, aber selbst bei so niedrigen Werten von dreimal 2500 kann es schon zu Überläufen kommen, spätestens bei der Addition. Wenn Sie diese ausschließen wollen, müssen Sie einen anderen Datentyp wählen oder die Werte in einer anderen Maßeinheit angeben. Als anderer Typ würde sich beispielsweise ein *double* anbieten. Beachten Sie, daß in diesem Fall auch die temporäre Variable *ulTemp* und die Variable mit der Gesamtsumme *ulGesamt* auf den neuen Typ zugeschnitten sein müssen.

Mit diesem Typ würde auch die Berechnung wieder passen. Die temporäre Variable dient eigentlich nur dazu, eine doppelte Berechnung mit den Strukturvariablen zu vermeiden. Die Gesamtsumme wird aufsummiert, da damit die zum Schluß fällige Berechnung ebenfalls vermieden werden kann.

6.1.7 Addition zweier Strukturen

Zwei Variablen mit im Compiler eingebauten Datentypen kann man problemlos addieren. Aber wie sieht es mit den neuen Typen aus, die durch Strukturen gebildet werden?

Sehen wir uns folgendes Beispiel dazu an, in der eine Struktur definiert wird, die sowohl den Euro- als auch den DM-Wert enthält.

```
// Struktur-Addition
#include <iostream.h>

struct Euro {
  float  fEuro;                          // Betrag in Euro
  float  fDm;                            // Betrag in D-Mark
};

void main() {
  Euro  Muenze1 = {1, 1.95583};          // Wert einer Muenze
  Euro  Muenze2 = {2, 3,91166};          // Wert einer Muenze
  Euro  Gesamt;                          // Gesamtsumme

  // Berechnung der Gesamtsumme:
  Gesamt = Muenze1 + Muenze2;            // -> Fehler !!!
}
```

Versucht man, dieses Programm zu übersetzen, liefert der Compiler eine Fehlermeldung, da er mit der Addition nichts anfangen kann. Will man dennoch eine Addition durchführen, muß sie zu diesem Zeitpunkt für jedes Element getrennt ausgeführt werden.

```
Gesamt.fEuro = Muenze1.fEuro + Muenze2.fEuro;
Gesamt.fDm   = Muenze1.fDm   + Muenze2.fDm;
```

Führt man die Addition auf diese Weise aus, läuft der Compiler ohne Probleme durch. Daß es mit Hilfe der zu Anfang des Buches schon angesprochenen Operator-Überlagerung auch anders funktioniert, werden Sie später noch kennenlernen.

Das gilt übrigens auch für die Vergleiche beziehungsweise die Vergleichsoperatoren, denn diese sind standardmäßig für Strukturen ebenfalls nicht definiert. Allerdings können Sie dieses mit Hilfe der Überlagerung von Operatoren wieder ändern.

6.1.8 Strukturen innerhalb von Strukturen

Wie auch Schleifen kann man ebenfalls Strukturen innerhalb von Strukturen verschachteln. Wie das funktioniert, zeigt nachfolgendes Beispiel. Nehmen wir dazu die Struktur *Raum*, indem wir sie in ein Haus einbetten.

```
// Struktur innerhalb Struktur
#include <iostream.h>

struct Raum {
  double  dLaenge;                        // Laenge des Raums
  double  dBreite;                        // Breite des Raums
  double  dHoehe;                         // Hoehe des Raums
};

struct Haus {
  Raum  Kueche;
  Raum  Wohnzimmer;
  Raum  Schlafzimmer;
};

void main() {
  Haus  MeinHaus;                         // Beschreibung meines Hauses

  MeinHaus.Kueche.dLaenge = 2.3;         // Init am Beispiel der Kueche
  MeinHaus.Kueche.dBreite = 5.7;
  MeinHaus.Kueche.dHoehe = 2.5;

  // Ausgabe der Grundflaeche:
  cout << "Die Flaeche der Kueche betraegt: " <<
          MeinHaus.Kueche.dLaenge *
          MeinHaus.Kueche.dBreite << endl;
}
```

In diesem Programm werden in der Struktur *Haus* Variablen des Typs *Raum* angegeben. Danach folgt in der Funktion *main()* die Definition der Variable *MeinHaus* vom Typ *Haus*.

```
Haus MeinHaus;                          // Beschreibung meines Hauses
```

Beim Zugriff auf die einzelnen Komponenten der Struktur kann man wieder den Punktoperator verwenden. Durch die Angabe von beispielsweise

```
MeinHaus.Kueche
```

greift man auf die Struktur *Kueche* des Typs *Raum* zu. Da man aber einzelne Werte setzen muß, um beispielsweise die Breite und die Höhe speichern zu können, muß innerhalb der Struktur *Kueche* noch einmal den Punktoperator gesetzt werden:

```
MeinHaus.Kueche.dBreite
```

Mit dieser Konstruktion greift man auf die Komponente *dBreite* innerhalb der Struktur *Kueche* innerhalb der definierten Struktur *MeinHaus* zu. Über diese Konstruktion wird dann auch dieser Komponente einen Wert zugewiesen, wie im Beispiel geschehen.

```
MeinHaus.Kueche.dLaenge = 2.3;
```

Abschließend wird im Programm die Grundfläche der Küche ausgegeben, wobei wieder der doppelte Punktoperator zum Zugriff verwendet wird.

Im vorigen Beispiel haben wir die Variable *Komponente* für Komponente initialisiert. Aber es gibt für einzelne Strukturen die Möglichkeit der Initialisierung in geschweiften Klammern. Erweitert man diese Möglichkeit entsprechend, ist sie auch für verschachtelte Strukturen einsetzbar, wie nachfolgend zu sehen:

```
Haus MeinHaus = {{ 2.3, 5.7, 2.5 }, { 3.5, 6.8, 2.5 }, { 4.8, 3.3, 2.5 }};
```

Daraus läßt sich erkennen, daß jede Struktur innerhalb der Variable *MeinHaus* getrennt initialisiert wird, wobei die einzelnen Blöcke wieder in geschweifte Klammern gesetzt werden und durch Kommata voneinander getrennt werden müssen. Das bedeutet, daß die erste Struktur mit den Werten

```
{ 2.3, 5.7, 2.5 }
```

die zweite mit den Werten

```
{ 3.5, 6.8, 2.5 }
```

und die dritte mit den Werten

```
{ 4.8, 3.2, 2.5 }
```

initialisiert wird.

Die Verschachtelung der Strukturen ineinander kann rein theoretisch beliebig tief gehen. In der Praxis sollte man das aber nicht übertreiben, denn mit wachsender Tiefe wird das Programm auf jeden Fall unübersichtlicher. In diesem Fall sollte man besser versuchen, das Programm so umzustrukturieren, daß man mit einfacheren Strukturen auskommt.

6.1.9 Ausblick

Strukturen werden üblicherweise nur dazu verwendet, Daten aufzunehmen, in Klassen können sowohl Daten als auch Funktionen gespeichert werden. Allerdings ist es in C++ auch möglich, Funktionen einzubetten, wobei der syntaktische Unterschied zwischen Klassen und Strukturen fast verschwindet. Daher sind die beiden austauschbar, obwohl auch in C++ die meisten Programmierer Strukturen nur für Daten verwenden und Klassen für Daten und Funktionen.

6.2 Der Aufzählungstyp

Mit Hilfe von Strukturen lassen sich eigene Datentypen erzeugen. Ein anderer Weg ist die Verwendung des Aufzählungstyps, der aber nicht sehr häufig eingesetzt wird. Das bedeutet, Sie können problemlos C++-Programme schreiben, ohne jemals mit diesem Typ in Berührung zu kommen.

6.2.1 Monate

Aufzählungstypen dienen dazu, eine vorher bekannte und in der Menge begrenzte Zahl von Werten aufzunehmen. Die Art des Werts, der in der Aufzählung erfaßt wird, ist dabei beliebig. Es muß beachtet werden, daß eine einmal definierte Liste nicht mehr zur Laufzeit verändert werden kann. Die Werte werden durchnumeriert und über die Nummer angesprochen. Aufzählungen in C und C++ beginnen immer bei 0, außer der Programmierer gibt einen anderen Startwert bei der Definition des Aufzählungstyps an.

Im folgenden ein Beispiel mit dem Aufzählungstyp für die Monate des Jahres.

```
// enum
#include <iostream.h>

enum Monate {Jan, Feb, Mar, Apr, Mai, Jun, Jul, Aug, Sep, Okt, Nov, Dez};

void main() {
  Monate  Monat1, Monat2;          // Variablen definieren
  int     iDifferenz;              // Differenz der Monate

  Monat1 = Apr;                    // Init
  Monat2 = Sep;

  // Arithmetik ...
  iDifferenz = Monat2 - Monat1;
  cout << "Differenz = " << iDifferenz << endl;
```

```
  // Vergleiche ...
  if (Monat1 < Monat2)
    cout << "Monat 1 kommt vor Monat 2 im Jahr" << endl;
}
```

Mit Hilfe der Typangabe *enum* wird der Satz aller Namen definiert, die einen zulässigen Wert für den Typ darstellen. Jeder dieser Werte wird als Komponente bezeichnet. In diesem Fall sind es zwölf Komponenten: *Jan*, *Feb*, *Mar* und so weiter.

Das Wort *Aufzählung* bedeutet in diesem Fall, daß alle Werte in einer Art Liste angezeigt werden. Dabei muß man jedem möglichen Wert einen speziellen Namen geben, wie der Liste zu entnehmen ist.

Nachdem die Liste festgelegt ist, kann man im Programm Variablen dieses Namens angeben. Im Beispiel sind es zwei, *Monat1* und *Monat2*:

```
Monate  Monat1, Monat2;                // Variablen definieren
```

Eine Variable des Aufzählungstyps, wie beispielsweise *Monat1* oder *Monat2*, kann man jeden der aufgelisteten Werte zuweisen. Hier sind es die Werte *Apr* und *Sep*:

```
Monat1 = Apr;
Monat2 = Sep;
```

Vertippt man sich und kommen dabei Werte heraus, die nicht in der Liste enthalten sind, gibt der Compiler eine entsprechende Fehlermeldung aus.

Auf *enum*-Typen kann man beispielsweise arithmetische Operatoren anwenden und Vergleiche sind auch erlaubt, so daß der Compiler bei den nachfolgenden Zeilen keine Fehlermeldungen anzeigt.

```
// Arithmetik ...
iDifferenz = Monat2 - Monat1;
cout << "Differenz = " << iDifferenz << endl;

// Vergleiche ...
if (Monat1 < Monat2)
  cout << "Monat 1 kommt vor Monat 2 im Jahr" << endl;
```

Die Ausgabe des Programms sieht so aus:

```
Differenz = 5
Monat 1 kommt vor Monat 2 im Jahr
```

Kommen die Vergleichsoperatoren zum Einsatz, muß man natürlich sicherstellen, daß der Vergleich auch Sinn macht. Bei einer Typangabe wie

```
enum Haushalt { Staubsauger, Wischeimer, Putzlappen }
```

macht ein Vergleich wie *(Staubsauger < Putzlappen)* wenig Sinn.

Intern werden die Aufzählungstypen als ganze Zahlen behandelt. Damit läßt sich dann auch erklären, warum arithmetische und Vergleichsoperatoren mit diesem Typ zulässig sind. In der Regel wird dem ersten Element der Liste der (interne) Wert 0 zugewiesen, dem zweiten eine 1 und so weiter. Für unser Beispiel werden daher Werte von 0 bis 11 verwendet.

Die arithmetischen Operationen werden an den Ganzzahlwerten ausgeführt, so daß das Ergebnis von *Sep - Apr* den Wert 5 als Differenz liefert. Andererseits kann man die Analogie mit folgender Anweisung auch ausnutzen:

```
Monat1 = 5;
```

Trifft der Compiler auf eine solche Anweisung, wird er vermutlich eine Warnmeldung ausgeben. Dennoch wird sie korrekt übersetzt, wobei man stattdessen doch lieber

```
Monat1 = Jun;
```

verwenden sollte (die 5 beschreibt den Monat Juni, da die Zählung bei 0 beginnt!). Man sollte also möglichst nur die Werte aus der Liste einsetzen, denn damit wird die Lesbarkeit des Programms erhöht.

6.2.2 Ein boolescher Datentyp

In einem der vorherigen Kapitel haben Sie gesehen, daß es in C++ keinen wirklichen booleschen Datentyp gibt. Stattdessen werden in der Regel die Ganzzahlwerte 0 und 1 für die booleschen Werte *false* und *true* verwendet. Man kann aber mit Hilfe des Aufzählungstyps schnell einen solchen generieren.

Dazu betrachten wir das folgende Beispiel, in dem man aufgefordert wird, nacheinander zwei Zahlen in der richtigen Reihenfolge einzugeben. Stimmt die erste Zahl überein, wird sich dies mit Hilfe der booleschen Variable gemerkt. Paßt auch noch die zweite Zahl, wird das Programm beendet, ist die zweite Zahl hingegen falsch, muß man beide Zahlen erneut eingeben.

```
// Zwei Zahlen
#include <iostream.h>

// Boolscher Datentyp, false = 0, true = 1
enum bool { false, true };

void main {
  bool  ErsteZahl;                    // Erste Zahl korrekt eingegeben
  int   iZahl;                        // Einzugebende Zahl

  // Init:
  ErsteZahl = false;

  // Endlosschleife:
  for (;;) {
    cout << "Geben Sie eine Zahl ein: ";
    cin >> iZahl;

    // Zahl korrekt?
    if ((iZahl == 23) && (ErsteZahl == false)) {
      // erste Zahl korrekt:
      ErsteZahl = true;
      continue;  // Schleife neu beginnen
    }
    if ((iZahl == 42) && (ErsteZahl == true)) {
      // zweite Zahl auch korrekt?
      cout << "Die beiden Zahlen sind korrekt!\n";
      break;  // Abbruch der Schleife
    }
    // keine der Bedingungen trifft zu
    ErsteZahl = false;
  }
}
```

Sollte dabei der Compiler nicht mitspielen und nur Fehlermeldungen liefern, ändert man die *enum*-Zeile wie folgt:

```
enum boolean { falsch, wahr };
```

Zusätzlich muß man dann im Listing natürlich noch die Werte *false* gegen *falsch* und *true* gegen *wahr* austauschen. In diesem Fall hat der verwendete Compiler eine Spracherweiterung eingebaut, die vermutlich selbst schon den booleschen Datentyp nachbildet.

Ein typischer Dialog mit dem Programm könnte folgendermaßen aussehen:

```
Geben Sie eine Zahl ein: 23
Geben Sie eine Zahl ein: 12
Geben Sie eine Zahl ein: 42
Geben Sie eine Zahl ein: 23
Geben Sie eine Zahl ein: 1
Geben Sie eine Zahl ein: 42
Geben Sie eine Zahl ein: 23
Geben Sie eine Zahl ein: 42
```

Doch zurück zum Programm: In der Variable *ErsteZahl* wird sich gemerkt, ob die erste Zahl bereits korrekt eingegeben worden ist. In diesem Fall setzt das Programm die Variable auf den Wert *true* (beziehungsweise *wahr*). Das passiert aber nur dann, wenn vorher keine korrekte Zahl angegeben wurde und der Wert der richtige ist (in diesem Fall die 23). Zusätzlich wird dann die Schleifenausführung von vorne gestartet, um sich die weiteren Abfragen zu sparen.

Ist die erste Zahl korrekt und gibt man dann auch noch die zweite Zahl richtig an, werden der Text ausgegeben und die Schleife beendet. Sind beide Bedingungen nicht wahr, wird die Variable *ErsteZahl* wieder auf *false* (beziehungsweise *falsch*) gesetzt. Allerdings befindet sich hier leider ein Schwachpunkt des Programms, wie man an der nachfolgenden Ausgabe sieht:

```
Geben Sie eine Zahl ein: 23
Geben Sie eine Zahl ein: 23
Geben Sie eine Zahl ein: 42
Geben Sie eine Zahl ein: 23
Geben Sie eine Zahl ein: 42
```

Gibt man die erste Zahl zweimal hintereinander an, wird beim zweiten Mal die Variable *ErsteZahl* ebenfalls auf den Wert *false* (beziehungsweise *falsch*) gesetzt, was natürlich nicht so sein sollte. Das ändert man aber leicht, wie das nachfolgende Programm zeigt:

```
// Zwei Zahlen, korrigierte Version
#include <iostream.h>

// Boolscher Datentyp, falsch = 0, wahr = 1
enum boolean { falsch, wahr };

void main {
  bool  ErsteZahl;                    // Erste Zahl korrekt eingegeben
  int   iZahl;                        // Einzugebende Zahl

  ErsteZahl = falsch;                 // Init
```

```
  for (;;) {                          // Endlosschleife
    cout << "Geben Sie eine Zahl ein: ";
    cin >> iZahl;

    if ((iZahl == 23) && (ErsteZahl == falsch)) {      // Zahl korrekt?
      ErsteZahl = wahr;               // Erste Zahl korrekt
      continue;                       // Schleife neu beginnen
    }
    if ((iZahl == 42) && (ErsteZahl == wahr)) {
      // zweite Zahl auch korrekt
      cout << "Die beiden Zahlen sind korrekt!\n";
      break;                          // Abbruch der Schleife
    }
    if (iZahl == 23) {                // Ueberpruefung der ersten Zahl
      ErsteZahl = wahr;               // korrekt
    } else {
      ErsteZahl = falsch;
    }
  }
}
```

Das Programm probiert man aus, indem man es nach der Übersetzung gleich wieder startet.

```
Geben Sie eine Zahl ein: 23
Geben Sie eine Zahl ein: 23
Geben Sie eine Zahl ein: 42
```

Man stellt fest, daß der Abbruch auch dann erfolgt, wenn man die erste Zahl zweimal nacheinander angibt. Also funktioniert das Programm korrekt. Es würde natürlich auch ohne den booleschen Datentyp funktionieren, denn man muß nur eine Variable definieren, in der der vorige Zustand gemerkt wird.

6.2.3 Zahlenwert zuweisen

Sie haben in den vorigen Kapitel gesehen, daß dem ersten Element in der Liste des Aufzählungstyps der Wert 0 zugewiesen wird, dem zweiten die 1 und so weiter. Dieses Verhalten ändert man, indem man ein Gleichheitszeichen bei der Angabe des ersten Werts setzt. Damit legt man einen neuen Startpunkt fest, wie im nachfolgenden Beispiel zu sehen:

```
enum Monate { Jan = 1, Feb, Mar, Apr, Mai, Jun,
              Jul, Aug, Sep, Okt, Nov, Dez };
```

Damit erhält das erste Element *Jan* den Ganzzahl-Wert 1, das zweite die 2 und so weiter.

6.2.4 Ausgabe

Leider werden die *enum*-Datentypen nicht von den C++-Ein- und Ausgabeanweisungen so erkannt, wie der Entwickler das gerne hätte. Das sieht man am folgenden Beispiel:

```
enum Himmelsrichtung {Nord, Sued, Ost, West};

Himmelsrichtung  Richtung = West;
cout << "Die Richtung ist " << Richtung;
```

Startet und compiliert man diesen Codeausschnitt, wird leider nicht als Richtung *West* ausgegeben, sondern folgendes:

```
Die Richtung ist 3
```

Also der Ganzzahlwert, der diesem Element in der Liste zugewiesen wurde. Das ist vermutlich ein weiterer Grund, warum *enum*-Datentypen nicht sehr häufig eingesetzt werden.

6.3 Zusammenfassung

In diesem Kapitel haben Sie Strukturen kennengelernt, mit deren Hilfe sich Variablen beliebigen Datentyps zu einer Einheit zusammenfassen lassen. Dabei ist auch eine Verschachtelung der Strukturen ineinander möglich. Außerdem wurde der Aufzählungstyp vorgestellt, der es beispielsweise ermöglicht, neue Datentypen zu erzeugen.

Als nächstes erfahren Sie mehr über weitere Funktionen. Wir werden sehen, wie Funktionen generiert und wie ihnen Werte übergeben werden. Außerdem erfahren Sie, auf welche Weise Werte zurückgegeben werden.

6.4 Aufgaben

1. Erzeugen Sie eine Struktur mit dem Namen *Zeit*, in der Stunden, Minuten und Sekunden jeweils als Integer-Werte abgelegt werden.

2. Schreiben Sie einen Aufzählungstyp mit dem Namen *Tage*, in dem Sie die Tage einer Woche eintragen. Definieren Sie anschließend zwei Variablen und weisen diesen zwei unterschiedliche Tage der Woche zu.

3. Eine Telefonnummer besteht aus einem Pluszeichen, der internationalen Vorwahl, der deutschen Vorwahl und der Teilnehmernummer. Erzeugen Sie eine Struktur, in der Sie die letzten drei Bestandteile ablegen können, und geben Sie ihr den Namen *telnum*. Im Programm verwenden Sie zwei Strukturen dieses Typs, wobei Sie die eine fest initialisieren und den Inhalt der anderen abfragen. Abschließend geben Sie den Inhalt beider Strukturen aus.

7 Funktionen

In den bisherigen Kapiteln haben Sie bereits eine Funktion kennengelernt, die den Namen *main()* besitzt. In ihr werden eine Reihe von Programmanweisungen unter einem speziellen Namen zusammengefaßt. Die bereits bekannte Funktion hat noch eine weitere Eigenschaft, sie bildet den Einstiegspunkt in das Programm.

Weiterhin kann man auch andere Anweisungen zu einer Funktion mit einem speziellen Namen zusammenfassen. Der wichtigste Grund dafür ist, daß sich häufig benutzte Bestandteile des Programms nur einmal im Programmcode befinden. Außerdem wird das Programm kürzer, da der entsprechende Code nicht mehrfach vorhanden sein muß. Daher bietet sich also an, jede Folge von Befehlen, die mehr als einmal genutzt wird, in eine Funktion zu verpacken. Allerdings gibt es auch den Nachteil, daß der Aufruf einer Funktion Zeit gegenüber der direkten Ausführung von Befehlen kostet.

Der Einsatz von Funktionen ist eines der Hauptprinzipien der strukturierten Programmierung. Auch wird das Programm dadurch lesbarer, wenn man passende Namen für die Funktionen vergibt. Damit ist dann sofort klar, was die Funktion macht.

Im ersten Beispiel wird eine einfache Funktion vorgestellt, die nur eine Trennzeile mit Bindestrichen ausgibt. Mit diesen Zeilen wird eine Tabelle aufgebaut, die die Anzahl der zu verwendenden Byte pro Datentyp ausgibt.

7.1.1 Das Programm

```
// Tabelle
#include <iostream.h>

// Deklaration:
void Trennzeile();

// Hauptfunktion:
void main() {
  // Ausgabe der Tabelle:
  Trennzeile();
  cout << "Datentyp      Groesse" << endl;
  Trennzeile();
  cout << "char           " << sizeof(char) << endl;
  cout << "int            " << sizeof(int) << endl;
  cout << "float          " << sizeof(float) << endl;
  Trennzeile();
}
```

```
void Trennzeile() {                    // Funktionsdefinition
  int  i;  // Schleife

  for (i = 0; i < 30; i++)             // Funktionskoerper zur Ausgabe
    cout << "-";
  cout << endl;
}
```

Startet man dieses Programm, sieht die Ausgabe folgendermaßen aus:

```
------------------------------
Datentyp      Groesse
------------------------------
char            1
int             4
float           4
------------------------------
```

Es besteht aus zwei Funktionen mit den Namen *main()* und *starline()*. In diesem Fall sind drei Schritte notwendig, um eine Funktion zu nutzen: die Deklaration der Funktion, die Definition und die Funktionsaufrufe.

7.1.2 Die Deklaration der Funktion

Eine Funktion kann man erst dann verwenden, wenn der Compiler Kenntnis von ihr hat. Das entspricht dem Verfahren beim Einsatz der Variablen, denn auch sie können erst dann benutzt werden, nachdem sie definiert wurden. Vergißt man die Deklaration, gibt der Compiler beim ersten Auftreten eines Aufrufs eine entsprechende Fehlermeldung aus.

Im Programm erfolgt die Deklaration der Funktion über die folgende Zeile:

```
void Trennzeile();
```

Damit wird dem Übersetzer mitgeteilt, daß zu einem späteren Zeitpunkt eine Funktion nach diesem Muster definiert wird. Passiert das nicht, gibt der Compiler ebenfalls eine entsprechende Fehlermeldung aus.

Bei der Funktion mit dem Namen *Trennzeile()* legt das Schlüsselwort *void* fest, daß die Funktion keinen Wert an das aufrufende Programm zurückliefert, entsprechend der Funktion *main()* in den vorherigen Beispielen. Außerdem werden der Funktion keine Parameter übergeben, wie man an den runden Klammern erkennt. Wie wir später noch sehen werden, sind sowohl Parameter beim Aufruf als auch Rückgabewerte möglich.

Die Deklaration der Funktion, die auch als *Prototyp* bezeichnet wird, muß mit einem Semikolon abgeschlossen werden, da es sich um eine vollständige Anweisung handelt. Ein Prototyp stellt also einen Bauplan für etwas dar, was später im Programm noch folgen wird. Aus diesem Grund sind Referenzen auf die Funktion erlaubt, bevor sie tatsächlich im Listing auftaucht.

7.1.3 Aufruf der Funktion

In der Funktion *main()* wird die *Trennzeile()* dreimal aufgerufen. Jeder dieser Aufrufe sieht folgendermaßen aus:

```
Trennzeile();
```

Daran ist erkenntlich, daß ein Funktionsaufruf nur aus dem Namen der Funktion und den runden Klammern besteht. Die Syntax ist der der Deklaration ähnlich, nur der Rückgabetyp wird nicht mit angegeben. Die Anweisung muß mit einem Semikolon abgeschlossen werden.

Wenn das Programm bei der Abarbeitung auf die Zeile mit der Funktion trifft, wird der Code der Funktion ausgeführt. Das bedeutet, daß die Ablaufsteuerung in die Funktionsdefinition springt und dann die dortigen Zeilen abgearbeitet werden. Danach kehrt die Ablaufsteuerung in die Hauptfunktion zurück und führt den Code aus, der nach dem Funktionsaufruf kommt.

7.1.4 Die Definition der Funktion

Die Definition der Funktion folgt zum Abschluß des Listings. Sie enthält die tatsächlichen Anweisungen, die bei einem Aufruf ausgeführt werden. Die Definition sieht folgendermaßen aus:

```
void Trennzeile() {
  int  i;  // Schleife

  for (i = 0; i < 30; i++)            // Funktionskoerper zur Ausgabe
    cout << "-";
  cout << endl;
}
```

Sie besteht aus einer Zeile, die als *Deklarator* bezeichnet wird, und dem Funktionskörper, der in geschweiften Klammern eingebettet sein muß. In ihm finden Sie die auszuführenden Anweisungen.

Die Deklaration muß mit dem Deklarator zusammenpassen. Ist das nicht der Fall, gibt der Übersetzer eine entsprechende Fehlermeldung aus. Es müssen also derselbe Funktionsname und dieselben Argumente inklusive ihrer Typen in der richtigen Reihenfolge verwendet werden. Außerdem müssen die Rückgabewerte übereinstimmen.

Beachten Sie, daß in der Definition der Funktion weder beim Deklarator noch nach den geschweiften Klammern ein Semikolon auftauchen darf. Genau wie bei einer Schleife wird die gesamte Definition (inklusive des Deklarators, der geschweiften Klammern und der Programmanweisungen) als eine Anweisung betrachtet.

Bei einem Aufruf wird die Ablaufsteuerung auf die erste Anweisung im Funktionskörper gesetzt. Diese wird dann ausgeführt und danach die weiteren Anweisungen bis zum Ende. Wird die abschließende geschweifte Klammer erreicht, kehrt die Ablaufsteuerung zum Programmteil zurück, aus dem die Funktion aufgerufen wurde.

7.1.5 Bibliotheksfunktionen

In unserem Beispielprogramm haben wir eine Bibliotheksfunktion verwendet, mit der die Anzahl der belegten Byte eines Datentyps ausgegeben wird, wie beispielsweise

```
sizeof(char)
```

Für diese findet man nirgends eine Deklaration und eine Definition steht auch nicht im Programmlisting. Stattdessen ist sie Bestandteil der Sprache C++ (zumindest für dieses Beispiel). Aber auch das Objekt *cout*, das wir ja sehr häufig benutzen, wird nirgends im Listing explizit definiert. Stattdessen kommt eine eine Header-Datei zum Einsatz, in der zumindest die Deklaration vorhanden ist. Binden Sie diese mit einer *include*-Anweisung ein, kennt der Compiler das Objekt und gibt deshalb bei der Übersetzung keine Fehlermeldung aus.

Bei Ihren eigenen Funktionen finden Sie die Deklaration und die Definition in den Quelltexten. Gegebenenfalls können Sie Teile davon in eigene Headerdateien auslagern, wenn dies sinnvoll ist.

7.1.6 Funktionen ohne separate Deklaration

Die Funktionsdeklaration dient dazu, dem Compiler mitzuteilen, daß die Definition einer solchen Funktion folgt. Damit wird beim Zugriff auf die Funktion vor ihrer Definition keine Fehlermeldung ausgegeben. Doch was passiert eigentlich, wenn man die eigentliche Definition vor den ersten Zugriff programmiert wie im nachfolgenden Beispiel?

```
// Tabelle 2
#include <iostream.h>

// Funktionsdefinition:
void Trennzeile() {
  int  i;  // Schleife

  // Funktionskoerper zur Ausgabe:
  for (i = 0; i < 30; i++)
    cout << "-";
  cout << endl;
}

void main() {                          // Hauptfunktion
  // Ausgabe der Tabelle:
  Trennzeile();
  cout << "Datentyp      Groesse" << endl;
  Trennzeile();
  cout << "char           " << sizeof(char)  << endl;
  cout << "int            " << sizeof(int)   << endl;
  cout << "float          " << sizeof(float) << endl;
  Trennzeile();
}
```

Das Programm läßt sich ohne Fehlermeldung übersetzen, der Compiler kennt jetzt die Funktion vor dem ersten Aufruf in *main()*. Daher kann die separate Deklaration weggelassen werden. Das macht das Programm kürzer, aber dafür ist das Konzept weniger flexibel, da bei mehreren Funktionen auf die Reihenfolge der Definition geachtet werden muß. Das gilt besonders dann, wenn bestimmte Funktionen aus anderen heraus aufgerufen werden. Stellen Sie sich dazu vor, daß bei drei Funktionen jede Funktion aus jeder heraus aufgerufen wird (außer jeweils der eigenen). Dann ist die Anordnung der Funktionen ohne separate Deklaration nicht möglich, da in diesem Fall immer eine Referenz nicht aufgelöst werden kann.

Mit einer Deklaration am Anfang des Listings können die einzelnen Funktionen an beliebiger Stelle im Listing stehen, ohne daß man auf deren Reihenfolge achten muß. Es kann also auch die Hauptfunktion *main()* an erster Stelle im Listing stehen. In den nachfolgenden Beispielen wird immer die Variante mit Deklaration verwendet, da sie die flexibelste Lösung ist.

7.2 Übergabe von Argumenten

In den bisherigen Beispielen haben wir immer Funktionen aufgerufen, denen keine Argumente übergeben werden. Damit hatten Sie bisher nicht die Möglichkeit, Informationen vom eigentlichen Hauptprogramm an die Funktion zu übergeben. Wie Sie das ändern, erfahren Sie jetzt. Die Funktion kann mit unterschiedlichen Werten arbeiten oder unterschiedlich auf die übergebenen Werte reagieren.

7.2.1 Konstanten

Kommen wir noch einmal auf unser vorheriges Beispiel zurück. Die Funktion diente dazu, eine bestimmte Anzahl von Zeichen auf dem Bildschirm auszugeben. Aber eigentlich ist die Funktion recht unflexibel, da man weder festlegen kann, welches Zeichen ausgegeben wird, noch kann man angeben, wie viele Zeichen es sein sollen.

Das wollen wir im nachfolgenden Beispiel ändern. Man hat dabei die Gelegenheit, sowohl das Zeichen als auch die Anzahl der auszugebenden Zeichen zu bestimmen.

```
// Tabelle 3
#include <iostream.h>

// Deklaration:
void Trennzeile(char, int);

void main() {                          // Hauptfunktion
  // Ausgabe der Tabelle:
  Trennzeile('-', 30);
  cout << "Datentyp      Groesse" << endl;
  Trennzeile('*', 30);
  cout << "char           " << sizeof(char)  << endl;
  cout << "int            " << sizeof(int)   << endl;
  cout << "float          " << sizeof(float) << endl;
  Trennzeile('-', 30);
}

// Funktionsdefinition:
void Trennzeile(char cZeichen, int iAnzahl) {
  int  i;  // Schleife

  // Funktionskoerper zur Ausgabe:
  for (i = 0; i < iAnzahl; i++)
    cout << cZeichen;
  cout << endl;
}
```

Die neue Funktion erhält denselben Namen *Trennzeile()*, da sie dieselbe Wirkung hat. Dennoch sieht die Deklaration natürlich unterschiedlich aus.

```
void Trennzeile(char, int);
```

Die Angaben in den runden Klammern entsprechen den Datentypen der Argumente, die an die Funktion übergeben werden, *char* und *int*.

Die Definition der Funktion sieht dabei folgendermaßen aus, wobei im Deklarator sowohl die Datentypen als auch die Namen der Argumente festgelegt werden.

```
void Trennzeile(char cZeichen, int iAnzahl) {
  int  i;                               // Schleife

  for (i = 0; i < iAnzahl; i++)         // Funktionskoerper zur Ausgabe
    cout << cZeichen;
  cout << endl;
}
```

Die Parameter (Variablen, die die Argumente aufnehmen) mit den Namen *cZeichen* und *iAnzahl* werden in der Funktion wie normale Variablen behandelt. Das entspräche der Definition durch folgende Zeilen:

```
char  cZeichen;
int  iAnzahl;
```

Wenn das Programm aufgerufen wird, erhalten die beiden Argumente die Werte, die ihnen vom aufrufenden Programm übergeben werden.

Im Funktionsaufruf befinden sich die soeben angesprochenen Werte, wobei es sich um Konstanten handelt. Man muß sie an den entsprechenden Stellen in die runden Klammern setzen.

```
Trennzeile('-', 30);
```

In diesem Fall werden dreißig Bindestriche in einer Zeile ausgegeben. Beachten Sie, daß sie mit den in der Deklaration spezifizierten Datentypen übereinstimmen müssen, wobei gegebenenfalls eine automatische Typumwandlung stattfindet (sofern sie möglich ist). Daher sollte das erste Element vom Typ *char* sein und das zweite vom Typ *int*, was in userem Beispiel in beiden Fällen zutrifft. Außerdem ist es zwingend erforderlich, daß die Datentypen in der Deklaration mit denen in der Definition übereinstimmen.

Durch den zweiten Aufruf

```
Trennzeile('*', 30);
```

wird eine Reihe von Sternchen ausgegeben. Beim dritten Aufruf werden wieder Bindestriche ausgegeben. Damit sieht die komplette Ausgabe wie folgt aus:

```
------------------------------
Datentyp      Groesse
******************************
char           1
int            4
float          4
------------------------------
```

Das Programm übergibt der Funktion also die Argumente »-« (beziehungsweise »*«) und 30. Mit ihnen wird sie ausgeführt, was zu der dargestellten Ausgabe führt.

7.2.2 Variablen

Im vorigen Beispiel werden der Funktion Konstanten übergeben, die man direkt im Programm festlegt. Aber das ist häufig nicht das, was bei einer zu lösenden Problemstellung benötigt wird. Deswegen wird im folgenden Beispiel zwar auch die Funktion verwendet, aber ihr wird eine variable Größe übergeben.

```
// Variablenuebergabe
#include <iostream.h>

void Trennzeile(char, int);                // Deklaration

void main() {                              // Hauptfunktion
  char  cAusgabeZeichen;                   // Einzugebendes Zeichen
  int   iAusgabeAnzahl;                    // Anzahl der Zeichen

  // Ausgabe der Tabelle:
  cout << "Geben Sie das Zeichen ein: ";
  cin >> cAusgabeZeichen;
  cout << "Geben Sie die Anzahl ein: ";
  cin >> iAusgabeAnzahl;
  Trennzeile(cAusgabeZeichen, iAusgabeAnzahl);
}
```

```
void Trennzeile(char cZeichen, int iAnzahl) { // Funktionsdefinition
  int  i;                                    // Schleifenzaehler
  for (i = 0; i < iAnzahl; i++)              // Funktionskoerper zur Ausgabe
    cout << cZeichen;
  cout << endl;
}
```

Der Dialog mit diesem Programm könnte folgendermaßen aussehen:

```
Geben Sie das Zeichen ein: #
Geben Sie die Anzahl ein: 20
####################
```

Das bedeutet in diesem Fall, daß der Funktion *Trennzeile()* die Variablen *cAusgabezeichen* und *iAusgabeAnzahl* übergeben werden.

```
Trennzeile(cAusgabeZeichen, iAusgabeAnzahl);
```

Sie sehen schon, daß die Datentypen der Variablen, die als Argumente übergeben werden, mit denen übereinstimmen, die man im Deklarator der Funktion findet. Das bedeutet, daß *cAusgabeZeichen* vom Typ *char* und *iAusgabeAnzahl* vom Typ *int* sein muß.

In diesem Beispiel sind die Namen der Variablen, die wir in der Hauptfunktion *main()* und in der Funktion *Trennzeile()* verwenden, nicht identisch. Das ist aber nicht unbedingt zwingend notwendig, sondern man kann auch in der Hauptfunktion *main()* die Namen *cZeichen* und *iAnzahl* benutzen, ohne daß der Compiler eine Fehlermeldung ausgeben würde. Das liegt daran, daß sich die Variablen in unterschiedlichen Blöcken befinden, die sich nicht überschneiden, sie sind nur über den Funktionsaufruf verbunden. Das bedeutet, daß die Variable *cZeichen*, die in der Funktion *main()* definiert wird, nur in dieser sichtbar ist. Die in der Funktion *Trennzeile()* definierte Variable *cZeichen* ist dagegen nur in dieser speziellen Funktion gültig.

Die im Hauptprogramm bestimmten Werte werden über den Aufruf an die Funktion übergeben, wie dies auch bei den Konstanten der Fall war. Die Funktion selbst weist diese Werte neu erzeugten Variablen zu, die dann nur in der Funktion selbst gültig sind. Welche Variablen das sind, wird im Deklarator bei der Definition der Funktion festgelegt.

Werden Argumente auf diese Weise übergeben, also durch Erzeugen einer Kopie der an die Funktion übergebenen Argumente, bezeichnet man dies als *call by value* beziehungsweise als *Wertübergabe*. Das ist nicht die einzige Möglichkeit, wie Argumente übergeben werden können, dafür aber vermutlich die gebräuchlichste.

Durch das Kopieren bleiben die Argumente in der Hauptfunktion *main()* unverändert, auch wenn sie in der Funktion *Trennzeile()* verändert werden. Nachdem das Kopieren abgeschlossen ist, haben die beiden Werte nichts mehr miteinander zu tun, so daß sie im Prinzip unabhängig voneinander verändert werden können.

7.2.3 Strukturen

Nicht nur Konstanten und Variablen, sondern auch komplette Strukturen lassen sich als Argumente übergeben. Wie das funktioniert, zeigt das nachfolgende Beispiel. Dazu modifizieren wir das Beispiel mit der Ausgabe der Rauminhalte leicht, so daß die Ausgabe in einer Funktion erfolgt.

```
// Raum
#include <iostream.h>

struct Raum {
  double  dLaenge;                    // Laenge des Raums
  double  dBreite;                    // Breite des Raums
  double  dHoehe;                     // Hoehe des Raums
};

// Deklaration:
void AnzeigeRaum(Raum);

void main() {
  Raum  Kueche;                       // Groesse der Kueche
  Raum  Schlafzimmer;                 // Groesse des Schlafzimmers

  // Eingabe der Werte der Kueche:
  cout << "Geben Sie die Laenge der Kueche an: ";
  cin >> Kueche.dLaenge;
  cout << "Geben Sie die Breite der Kueche an: ";
  cin >> Kueche.dBreite;
  cout << "Geben Sie die Hoehe der Kueche an: ";
  cin >> Kueche.dHoehe;

  // Eingabe der Werte des Schlafzimmers:
  cout << "Geben Sie die Laenge des Schlafzimmers an: ";
  cin >> Schlafzimmer.dLaenge;
  cout << "Geben Sie die Breite des Schlafzimmers an: ";
  cin >> Schlafzimmer.dBreite;
  cout << "Geben Sie die Hoehe des Schlafzimmers an: ";
  cin >> Schlafzimmer.dHoehe;
```

```
  // Ausgabe der Daten:
  cout << "Kueche : ";
  AnzeigeRaum(Kueche);
  cout << endl << "Schlafzimmer : ";
  AnzeigeRaum(Schlafzimmer);
  cout << endl;
}

void AnzeigeRaum(Raum Ausgabe) {        // Ausgabefunktion
  cout << "Hoehe "    << Ausgabe.dHoehe;
  cout << "  Breite " << Ausgabe.dBreite;
  cout << "  Laenge " << Ausgabe.dLaenge;
}
```

In der Funktion *main()* geben Sie die Daten zweier Räume ein, die dann in den Strukturen mit den Namen *Kueche* und *Schlafzimmer* gespeichert werden. Bei der Ausgabe werden diese Strukturen verwendet, um sie der Funktion *AnzeigeRaum()* zu übergeben. In ihr werden dann Werte der Strukturen auf dem Bildschirm angezeigt. Einen typischer Dialog ist folgender:

```
Geben Sie die Laenge der Kueche an: 2
Geben Sie die Breite der Kueche an: 3
Geben Sie die Hoehe der Kueche an: 2.5
Geben Sie die Laenge des Schlafzimmers an: 3
Geben Sie die Breite des Schlafzimmers an: 3
Geben Sie die Hoehe des Schlafzimmers an: 2.5
Kueche : Hoehe 2.5  Breite 3  Laenge 2
Schlafzimmer : Hoehe 2.5  Breite 3  Laenge 3
```

Wie Sie sehen, werden die Strukturvariablen genauso behandelt wie solche mit eingebauten Datentypen. Das heißt, man gibt sie genauso an wie Variablen anderer eingebauter Typen. Es spielt keine Rolle, daß es sich um eine Variable des Typs *Raum* handelt.

In der Funktion *main()* gibt es zwei Aufrufe von *AusgabeRaum()*. Im ersten Fall wird die Struktur mit dem Namen *Kueche* übergeben, im zweiten die mit dem Namen *Schlafzimmer*. Die Funktion *AusgabeRaum()* setzt einen Parameter vom Typ *Raum* ein, der den Namen *Ausgabe* besitzt. Diese Variable wird, wie das auch bei einfachen Typen der Fall ist, mit den Werten der übergebenen Strukturvariablen initialisiert. Danach kann in der Funktion mit Hilfe des Punktoperators auf die Werte in der Struktur *Ausgabe* zugegriffen werden, die eine Kopie der ursprünglichen Werte darstellen.

Deshalb sind die beiden Strukturen voneinander unabhängig. Man kann also die Werte in der Struktur *Ausgabe* in der Funktion *AnzeigeRaum()*

beliebig verändern, ohne daß davon die Werte der Strukturen *Kueche* beziehungsweise *Schlafzimmer* betroffen wären.

Zu beachten ist, daß die Deklaration der Funktion *AnzeigeRaum()* erst nach der Festlegung der Struktur erfolgen darf, da sonst das Argument nicht bekannt ist. Doch so ganz klar ist diese Deklaration auch nicht, da man beispielsweise bei mehreren Parametern nicht weiß, was die einzelnen Parameter bedeuten. Aus der Zeile

```
void Trennzeile(char, int);
```

kann man unter Umständen ableiten, daß der erste Parameter ein Zeichen sein soll, aber was das zweite Argument zu sagen hat, läßt sich nicht so einfach vermuten. Aus diesem Grund wäre folgende Lösung besser:

```
void Trennzeile(char cZeichen, int iAnzahl);
```

Der Compiler sieht in beiden Deklaration genau dasselbe, nämlich eine Variable des Typs *char* und eine des Typs *int*. Aber man sieht sofort, was mit der zweiten Variable gemeint ist, sofern man denn aussagekräftige Namen vergibt. Damit ist es später im Programm unter Umständen auch leichter, die richtigen Werte zu übergeben, ohne man immer die Definition einsehen muß. Das Programm gewinnt damit insgesamt an Klarheit.

Die in der Deklaration verwendeten Namen haben keinen Einfluß auf die beim tatsächlichen Aufruf gebrauchten. Es ist also völlig egal, wie die Variable heißt, nur sollte sie den richtigen Typ besitzen.

Programmiert man eine Funktion, kopiert man den kompletten Deklarator an den Anfang der Datei und schließt die Zeile mit einem Semikolon ab. Typischerweise sollten die Deklarationen nach den Struktur- und Konstantendefinitionen stehen, aber noch vor der Funktion *main()*. Damit sind eventuelle Konflikte gleich beseitigt, besonders dann, wenn man in den Funktionen die Datentypen gleich benutzt, die vorher definiert wurden.

7.3 Rückgabewerte

In den vorherigen Beispielen haben wir zwar eigene Funktionen aufgerufen, aber diese geben keine Werte an das aufrufende Programm zurück, wie dies beispielsweise bei *sizeof()* der Fall war (zur Erinnerung: sie lieferte die Größe des Datentyps zurück). Doch auch bei eigenen Funktionen sind natürlich Rückgabewerte denkbar. In diesem wird für gewöhnlich eine Antwort auf das Problem zurückgegeben, das die Funktion lösen soll. Alternativ kann der Rückgabewert auch angeben, ob bei der Ausführung einer Funktion ein Fehler auftrat, wie wir später noch sehen werden.

7.3.1 Das Programm

Im folgenden Beispiel verwenden wir eine Funktion, die einen Euro in einen DM-Wert umrechnet. Dabei kommt die schon vorher verwendete Struktur *Euro* zum Einsatz.

```
// Umrechnung
#include <iostream.h>

struct Euro {
  float  fEuro;                        // Betrag in Euro
  float  fDm;                          // Betrag in D-Mark
};

float Umrechnung(float fEuro);         // Prototyp

void main() {
  Euro  Wert;                          // einzugebender Wert

  cout << "Geben Sie einen Euro-Wert ein: ";  // Eingabe
  cin >> Wert.fEuro;

  Wert.fDm = Umrechnung(Wert.fEuro);   // Umrechnung

  cout << Wert.fEuro << " Euro entsprechen "; // Ausgabe
  cout << Wert.fDm   << " DM" << endl;
}

float Umrechnung(float fEuro) {
  float  fDm;                          // berechneter DM-Wert

  fDm = fEuro * 1.95583;               // Berechnung
  return(fDm);                         // Rueckgabe
}
```

Startet man dieses Programm, sieht man beispielsweise folgendes auf dem Bildschirm, sofern als Wert 2.5 angegeben ist.

```
Geben Sie einen Euro-Wert ein: 2.5
2.5 Euro entsprechen 4.88958 DM
```

Soll eine Funktion einen Wert zurückgeben, muß der zugehörige Datentyp von vornherein feststehen. Dieser wird anstelle des *void* in der Deklaration und der Definition der Funktion angegeben, in unserem Beispiel also der Typ *float*.

```
float Umrechnung(float fEuro);
```

In dieser Deklaration legt das erste *float* den Rückgabewert fest, das zweite in den runden Klammern bestimmt den Datentyp des zu übergebenden Arguments.

Bei einem Aufruf wird

```
Umrechnung(Wert.fEuro)
```

als ein Ausdruck interpretiert, der den Rückgabewert der Funktion annimmt. Dieser wird dann der Variable auf der linken Seite des Gleichheitszeichens zugewiesen.

```
Wert.fDm = Umrechnung(Wert.fEuro);
```

Beachten Sie, daß in diesem Beispiel die Elemente der Struktur des Typs *Euro* wie normale Variablen behandelt werden. Mit Hilfe der Funktion wird auch das andere Element initialisiert, es nimmt den Rückgabewert der Funktion *Umrechnung()* an.

7.3.2 Die Anweisung »return«

Der Funktion *Umrechnung()* wird als Argument ein Euro-Wert übergeben und sie liefert den zugehörigen DM-Wert zurück. Dazu multipliziert sie den Euro-Wert mit der offiziellen Umrechnungskonstanten 1.95583. Das Ergebnis wird in der Funktion in der Variable *fDm* gespeichert. Anschließend erfolgt die Rückgabe mit Hilfe der *return*-Anweisung.

```
return(fDm);
```

Wenn die Funktion den Wert zurückgibt, wird dieser der Variable *Wert.fDm* zugewiesen. Dabei kopiert das System den Wert von *fDm*, die nur in der Funktion *Umrechnung()* gültig ist, in *Wert.fDm*, die nur in *main()* gültig ist. Das aufrufende Programm hat somit keinen Zugriff auf die Variable *fDm* der Funktion, sondern es erfolgt nur die Rückgabe des Werts, wobei dieser kopiert wird.

Obwohl einer Funktion mehrere Elemente übergeben werden können, kann sie nur einen Wert zurückliefern. Das stellt eine gewisse Einschränkung dar, wenn einmal mehrere Elemente zurückgegeben werden müssen. Das auch das möglich ist, werden wir später noch sehen.

Programmiert man eigene Funktionen, sollte man auch immer deren Rückgabewert mit angeben. Soll sie nichts zurückliefern, setzt man ein *void* an die richtige Stelle. Vergißt man den Typ, nimmt der Übersetzer standardmäßig an, daß es sich beim Rückgabewert um den Typ *int* (Ganzzahlwert) handelt. Gibt die Funktion tatsächlich einen Ganzzahlwert zurück, sollte man hierfür ein *int* angeben und es nicht weglassen. Damit ist sichergestellt, daß auf jeden Fall der richtige Typ verwendet wird. Außerdem wird damit das Listing lesbarer.

Zu beachten ist, daß die runden Klammern, die um die Variable *fDm* gesetzt sind, nicht benötigt werden. Läßt man sie weg, gibt der Compiler keine Fehlermeldung aus. Sie sind ebenfalls dazu gedacht, das Listing klarer und lesbarer zu gestalten.

In der Funktion wird eine Variable verwendet, die nur dazu dient, den Wert der Berechnung aufzunehmen, der dann zurückgegeben wird. Dieses läßt sich auch kürzer schreiben wie nachfolgend.

```
// Umrechnung 2
#include <iostream.h>

struct Euro {
  float  fEuro;                              // Betrag in Euro
  float  fDm;                                // Betrag in D-Mark
};

float Umrechnung(float fEuro);               // Prototyp

void main() {
  Euro  Wert;                                // einzugebender Wert

  cout << "Geben Sie einen Euro-Wert ein: ";  // Eingabe
  cin >> Wert.fEuro;

  Wert.fDm = Umrechnung(Wert.fEuro);          // Umrechnung

  cout << Wert.fEuro << " Euro entsprechen "; // Ausgabe
  cout << Wert.fDm   << " DM" << endl;
}

float Umrechnung(float fEuro) {
  return(fEuro * 1.95583);                   // Berechnung
}
```

In der Funktion *Umrechnung()* befindet sich die Variable *fDm* nicht mehr, sie ist verschwunden. Stattdessen erfolgt die Berechnung des Werts direkt bei der Angabe der *return*-Anweisung.

```
return(fEuro * 1.95583);
```

Dadurch wird die Berechnung ausgeführt und die *return*-Anweisung gibt den resultierenden Wert direkt zurück. Das passiert genauso wie im vorigen Beispiel, als die Variable angegeben wurde.

Die runden Klammern um den Ausdruck sind auch hier nicht erforderlich. Jedoch sind sie an dieser Stelle sinnvoll, da dann sofort klar ist, daß erst der Ausdruck berechnet wird, bevor die Rückgabe des berechneten Werts erfolgt.

Natürlich könnte man auch bei der Ausgabe direkt die Funktion *Umrechnung()* statt der Variable *Wert.fDm* angeben. Man würde das korrekte Ergebnis sehen, aber das zweite Element der Struktur müßte getrennt initialisiert werden, wozu ein erneuter Aufruf der Funktion erforderlich wäre. Diesen spart man sich, indem man zuerst das zweite Strukturelement initialisieren und erst dann den Wert ausgibt.

Welche Form des Beispiels man verwendet, hängt vom eigenen Programmierstil ab. Aus der Sicht des aufrufenden Programms sind beide Versionen identisch, es wird immer der richtige Wert zurückgeliefert. Letztendlich ist aber die erste Version verständlicher.

Verwendet man einen optimierenden Compiler und hat die passenden Optionen eingeschaltet, wird vermutlich der generierte Code sehr ähnlich sein. Der Compiler sollte in diesem Fall erkennen, daß die Variable nur zur Berechnung des Rückgabewerts dient und nicht weiter verwendet wird. Deshalb könnte sie wegoptimiert werden, so daß das Ganze der zweiten Version entspricht. Daher kan man ruhig die längerer Version des Listings verwenden, es hat später keinen Nachteil.

7.3.3 Strukturen als Rückgabewerte

Strukturen lassen sich nicht nur als Argumente an eine Funktion übergeben, sondern man kann sie auch als Rückgabewerte spezifizieren. Zur Demonstration wird das vorherige Beispiel entsprechend ergänzt.

```
// Umrechnung 3
#include <iostream.h>

struct Euro {
  float  fEuro;                    // Betrag in Euro
  float  fDm;                      // Betrag in D-Mark
};

// Prototypen:
float Umrechnung(float fEuro);
void Ausgabe(Euro Ausgabe);
Euro Addition(Euro Wert1, Euro Wert2);
```

```
void main() {
  Euro  Wert1;                          // einzugebender Wert
  Euro  Wert2;                          // einzugebender Wert
  Euro  EuroSumme;                      // Summe der beiden Werte

  cout << "Geben Sie einen Euro-Wert ein: "; // Eingabe
  cin >> Wert1.fEuro;
  cout << "Geben Sie einen weiteren Euro-Wert ein: ";
  cin >> Wert2.fEuro;

  Wert1.fDm = Umrechnung(Wert1.fEuro); // Umrechnung
  Wert2.fDm = Umrechnung(Wert2.fEuro);

  EuroSumme = Addition(Wert1, Wert2);  // Summenbildung

  // Ausgabe:
  Ausgabe(Wert1);
  Ausgabe(Wert2);
  Ausgabe(EuroSumme);
}

float Umrechnung(float fEuro) {      // Euro in DM Umrechnung
  float  fDm;                        // berechneter DM-Wert

  fDm = fEuro * 1.95583;             // Berechnung
  return(fDm);                       // Rueckgabe
}

void Ausgabe(Euro Ausgabe) {         // Ausgabe des Inhalts einer Struktur
  // Ausgabe:
  cout << Ausgabe.fEuro << " Euro entsprechen ";
  cout << Ausgabe.fDm   << " DM" << endl;
}

// Addition der Werte der beiden Strukturen:
Euro Addition(Euro Wert1, Euro Wert2) {
  Euro  Summe;                            // Summe der beiden Strukturen

  Summe.fEuro = Wert1.fEuro + Wert2.fEuro; // Berechnung
  Summe.fDm = Wert1.fDm + Wert2.fDm;

  return(Summe);                          // Rueckgabe
}
```

Im Programm gibt man zwei Euro-Werte ein, die in einer Funktion addiert werden. Startet man es, sieht man beispielsweise folgende Ausgabe:

```
Geben Sie einen Euro-Wert ein: 1
Geben Sie einen weiteren Euro-Wert ein: 2.5
1 Euro entsprechen 1.95583 DM
2.5 Euro entsprechen 4.88958 DM
3.5 Euro entsprechen 6.84541 DM
```

Die Werte in der letzten Ausgabezeile entsprechen der Summe der Werte in den beiden vorigen Zeilen. Die eigentliche Addition der Werte erfolgt in der Funktion *Addition()*, deren Rückgabewert in *main()* der Variable *Summe* zugewiesen wird.

```
Summe = Addition(Wert1, Wert2);
```

Schaut man sich die Funktion *Addition()* genauer an, muß in ihr eine Variable des Typs *Euro* erzeugt werden, in der die berechneten Werte gespeichert werden können. Es reicht in diesem Fall nicht aus, die Anweisung

```
return(Wert1 + Wert2);
```

zu geben, denn der Compiler weiß nicht, wie die beiden Strukturen zu addieren sind. Stattdessen muß man die einzelnen Komponenten getrennt addieren und die Summe dann einer Komponente in einer neuen Strukturvariablen zuweisen. Diese kann man dann zurückgeben.

```
return(Summe);
```

Damit werden die Werte in der Struktur *Summe* an das aufrufende Programm zurückgegeben. Diese werden dabei in die Variable mit dem Namen *EuroSumme* kopiert.

Wie man an diesem Beispiel sieht, besteht das Programm jetzt schon aus drei zusätzlichen Funktionen. Diese können prinzipiell in beliebiger Reihenfolge angegeben werden, Hauptsache, der Compiler kennt eine Funktion schon vor derem ersten Aufruf.

7.4 Referenzen

In den vorigen Beispielen erfolgt bei der Übergabe von Argumenten immer ein Kopieren der Werte. In diesem Fall erzeugt die aufgerufene Funktion eine neue Variable mit demselben Datentyp wie das Argument. Anschließend wird der Wert in die neue Variable kopiert. Damit sind die beiden Werte vollkommen voneinander unabhängig, so daß sie beliebig geändert werden können, ohne Einfluß auf den jeweils anderen Wert zu nehmen.

Doch häufig wird eine andere Form der Übergabe der Argumente gewählt, wozu die Referenzen eingesetzt werden. Eine Referenz in diesem Zusammenhang ist ein Aliasname für eine Variable. Tatsächlich erfolgt damit eine Übergabe von Adressen der Argumente. Anstatt einen Wert zu kopieren, erhält die aufgerufene Funktion die Adresse der Ursprungsvariablen im Hauptprogramm.

Damit ist klar, daß die Funktion auf die ursprünglichen Variablen im aufrufenden Programm zugreifen kann. Es ist dann möglich, mehr als einen Wert aus einer Funktion übernehmen zu können.

7.4.1 Übergabe einfacher Datentypen

Das nächste Beispiel demonstriert, wie die Adreßübergabe bei einfachen Variablen erfolgt. Es wird eine Gleitkommazahl in ihren Ganzahl- und Bruchteil aufgetrennt.

```
// Referenz
#include <iostream.h>

// Prototypen
void Berechnung(float fZahl, float& fGanz, float& fNach);

void main() {
  float  fZahl;                       // einzugebende Zahl
  float  fGanzzahl;                   // Ganzzahl-Anteil
  float  fNachkomma;                  // Nachkommastellen

  // Schleife:
  for (;;) {
    cout << "Geben Sie eine reelle Zahl ein: ";
    cin >> fZahl;

    // Ausstieg:
    if (fZahl == 0) {
      break;
    }

    Berechnung(fZahl, fGanzzahl, fNachkomma); // Berechnung

    // Ausgabe:
    cout << "Der Ganzzahlanteil ist : " << fGanzzahl;
    cout << "\nDer Nachkommaanteil betraegt : "
        << fNachkomma << endl;
  }
}
```

```
// Bestimmt Ganzzahl und Nachkommastellen einer reellen Zahl:
void Berechnung(float fZahl, float& fGanz, float& fNach) {
  fGanz = (float)((long) fZahl);         // Ganzzahl-Anteil bestimmen
  fNach = fZahl - fGanz;                 // Nachkomma-Anteil

  // kein Rueckgabewert!
}
```

Im Hauptprogramm *main()* wird man aufgefordert, eine reelle Zahl anzugeben. Danach wird die Zahl in ihren Ganzzahl- und den Nachkommaanteil aufgespalten, die dann ausgegeben werden. Gibt man eine Null an, wird das Programm beendet. Ein typischer Dialog könnte folgendermaßen aussehen:

```
Geben Sie eine reelle Zahl ein: 3.42
Der Ganzzahlanteil ist : 3
Der Nachkommaanteil betraegt : 0.42
Geben Sie eine reelle Zahl ein: 2.5865
Der Ganzzahlanteil ist : 2
Der Nachkommaanteil betraegt : 0.5865
Geben Sie eine reelle Zahl ein: 0
```

Für die Berechnung der beiden Anteile wird die Funktion *Berechnung()* aufgerufen. In dieser wird die eingegebene Zahl, die in *fZahl* übergeben wird, zuerst in den Typ *long* gewandelt.

```
((long) fZahl)
```

Durch diese Typumwandlung in eine Ganzzahl wird automatisch der Nachkommaanteil abgeschnitten. Damit später die Berechnung korrekt erfolgen kann, findet wieder eine Typumwandlung statt, diesmal in den Typ *float*. Der so konvertierte Wert wird der Variable *fGanz* zugewiesen.

```
fGanz = (float)((long) fZahl);
```

Der Nachkommaanteil wird aus der Subtraktion der Ursprungszahl und des Ganzzahlanteils bestimmt. Diese wird dann der Variable *fNach* zugewiesen.

```
fNach = fZahl - fGanz;
```

Damit haben wir in der Funktion zwei Werte berechnet, aber wie kriegen wir diese wieder in das Hauptprogramm *main()*zurück? Zumal die Funktion keinen Rückgabewert aufweist, wie man an *void* erkennt.

Dieses Problem wird durch die Verwendung von Referenzargumenten gelöst. Deshalb befindet sich im Deklarator der Funktion zweimal das Zeichen »&«.

```
void Berechnung(float fZahl, float& fGanz, float& fNach)
```

Die Kennzeichnung erfolgt also durch das »&«-Zeichen, das an den Datentyp des Arguments angehängt wird.

```
float& fGanz
```

Durch »&« wird dem Compiler mitgeteilt, daß es sich bei *fGanz* um einen Aliasnamen für eine beliebige Variable handelt, die als Argument übergeben wird. Das bedeutet, daß bei der Verwendung der Variable *fGanz* in der Funktion *Berechnung()* tatsächlich die Variable *fGanzzahl* der Funktion *main()* modifiziert wird. Anders ausgedrückt: *fGanz* ist eine Referenz auf die float-Variable, die an sie übergeben wird. Analog ist *fNach* ein Aliasname (oder eine Referenz) für die Variable *fNachkomma* in der Funktion *main()*.

Das &-Zeichen muß man sowohl in der Deklaration als auch in der Definition setzen.

```
void Berechnung(float, float&, float&);
```

Allerdings benötigt man es nicht beim Aufruf der Funktion.

```
Berechnung(fZahl, fGanzzahl, fNachkomma);
```

An diesem ist also nicht zu erkennen, ob ein Argument per Wertübergabe oder per Referenz übergeben wird. Man muß also selbst dafür sorgen, daß der Wert einer Variable nicht versehentlich geändert wird, weil statt der vermuteten Wertübergabe eine Adreßübergabe stattfindet.

In unserem Beispielaufruf kommen beide Arten der Parameterübergabe zum Einsatz. Bei der Variable *fZahl* wird eine Wertübergabe ausgeführt, die Variablen *fGanz* und *fNach* stellen hingegen Referenzen auf die tatsächlich übergebenen Variablen dar. Ändern Sie in der Funktion *Berechnung()* die Variable *fZahl*, hat das keine Auswirkungen auf die Variable *fZahl* in der Funktion *main()*. Ganz anders stellt sich die Sache für *fGanz* und *fNach* dar. Ändert man einen dieser Werte, hat das aufgrund der Adreßübergabe sofort Konsequenzen für die übergebenen Argumente *fGanzzahl* und *fNachkomma* in *main()*. Da es sich letztendlich um ein- und dieselbe Variable handelt, sind die Änderungen sofort wirksam.

Nachfolgend ein weiteres Beispiel, in dem zwei Zahlen miteinander verglichen und gegebenenfalls ausgetauscht werden sollen. Anschließend werden sie so angezeigt, daß man zuerst die größere sieht. Außerdem wird für dieses Problem auch noch eine andere Lösungsmöglichkeit vorgestellt, bei der eine Adreßübergabe nicht notwendig ist.

```
// Vergleich zweier Zahlen
#include <iostream.h>

// Prototypen:
void Ordnen(int& iZahl1, int& iZahl2);
int  Vergleich(int iZahl1, int iZahl2);
void ZahlenAusgabe(int iZahl1, int iZahl2);

void main() {
  int  iZahl1;                      // erste Zahl
  int  iZahl2;                      // zweite Zahl
  int  iRueckgabe;                  // Rueckgabewert der Funktion

  // Init, 1. Versuch:
  iZahl1 = 33;
  iZahl2 = 42;

  Ordnen(iZahl1, iZahl2);           // Zahlen anordnen
  ZahlenAusgabe(iZahl1, iZahl2);    // Ausgabe


  // Init, 2. Versuch:
  iZahl1 = 33;
  iZahl2 = 42;

  // Zahlen vergleichen:
  iRueckgabe = Vergleich(iZahl1, iZahl2);

  // Rueckgabewert auswerten und Ausgabe:
  if (iRueckgabe < 0) {             // Zahl1 < Zahl2
    ZahlenAusgabe(iZahl2, iZahl1);
  } else {                          // Zahl1 >= Zahl2
    ZahlenAusgabe(iZahl1, iZahl2);
  }
}

// Zwei Zahlen ordnen:
void Ordnen(int& iZahl1, int& iZahl2) {
  int  iTemp;                       // Temporaere Variable
```

```
  if (iZahl1 < iZahl2) {              // Vertauschen
    iTemp = iZahl1;
    iZahl1 = iZahl2;
    iZahl2 = iTemp;
  }
}

int Vergleich(int iZahl1, int iZahl2) { // Zahlen vergleichen
  if (iZahl1 < iZahl2)                 // Erste Zahl kleiner
    return(-1);
  if (iZahl1 > iZahl2)                 // Zweite Zahl kleiner
    return(1);
  return(0);                           // Beide Zahlen gleich
}

void ZahlenAusgabe(int iZahl1, int iZahl2) { // Ausgabe
  cout << "Zahl 1 : " << iZahl1 << endl;
  cout << "Zahl 2 : " << iZahl2 << endl;
}
```

In der Hauptfunktion *main()* gibt es die beiden Zahlenwerte *iZahl1* und *iZahl2*. Mit ihnen wird die Funktion *Ordnen()* aufgerufen, die die beiden Zahlen der Größe nach sortiert. Diese werden dann entsprechend angezeigt.

Danach werden die beiden Zahlen noch einmal verwendet, diesmal wird aber eine Funktion aufgerufen, die einen Vergleich ausführt. Aufgrund des Ergebnisses wird die Ausgabe gesteuert. Diese sieht insgesamt wie folgt aus:

```
Zahl 1 : 42
Zahl 2 : 33
Zahl 1 : 42
Zahl 2 : 33
```

Daraus sieht man, daß die Sortierung funktioniert, da die erste Zahl im Listing immer mit einem niedrigen Wert initialisiert wird.

Schauen wir uns die Funktionen einmal genauer an: In der Funktion *Ordnen()* wird untersucht, ob der Wert der Variable *iZahl1*, die eine Referenz auf das übergebene Argument ist, kleiner als *iZahl2* ist (das ist ebenfalls eine Referenz). Ist das der Fall, werden die Werte der beiden Referenzen vertauscht, wozu eine Zwischenspeicherung in einer temporären Variable notwendig ist. Da es sich um Referenzen handelt, werden auch die Werte der Variablen *iZahl1* und *iZahl2* der Hauptfunktion *main()* vertauscht. Das erkennt man, wenn man sie ausgibt, da jetzt in *iZahl1* der höhere Wert gespeichert ist. Der Aufruf der Ausgabefunktion erfolgt mit den Werten der Variablen *iZahl1* und *iZahl2*, wobei der erste in der Parameterliste zuerst angezeigt wird.

Die andere Alternative besteht darin, die beiden Zahlen zu vergleichen und anhand des Vergleichs die Ausgabe zu steuern. Der eigentliche Vergleich findet in der Funktion *Vergleich()* statt, wobei in diesem Fall nur eine Übergabe der Argumente per Wertübergabe stattfindet. Der Rückgabewert kennzeichnet, ob die eine Zahl größer oder kleiner als die andere ist. Ist der erste übergebene Wert kleiner als der zweite, gibt die Funktion den Wert -1 zurück, im umgekehrten Fall eine 1. Sind beide Zahlen gleich, ist der Rückgabewert 0.

In der Hauptfunktion *main()* wird dieser Rückgabewert ausgewertet und entsprechend die Ausgabefunktion aufgerufen. Gibt die Funktion einen Wert kleiner als 0 zurück, wird die Ausgabefunktion mit vertauschten Argumenten aufgerufen, anderenfalls mit den Argumenten, die Sie bereits aus der ersten Version kennen. Die Ausgabe ist in jedem Fall dieselbe, nur die auszuführenden Schritte sind im ersten Teil wesentlich geringer. Dafür verwendet der zweite Teil keine Adreßübergabe, so daß die Werte in der Hauptfunktion *main()* nicht geändert werden.

Der Entwickler muß letztendlich selbst entscheiden, welche Version er nimmt. Von der Ausgabe her sind beide identisch, nur der Aufwand, dieses Ergebnis zu erreichen, ist unterschiedlich hoch. Dafür muß man bei der Verwendung von Referenzargumenten aufpassen, da nun auch die Werte im aufrufenden Programmteil verändert sein können, nachdem eine Funktion aufgerufen wurde und wieder zurückgekehrt ist.

7.4.2 Übergabe von Strukturen

Genauso, wie Sie es gerade eben bei einfachen Datentypen kennengelernt haben, können Sie auch Strukturen per Referenz übergeben. Wie das funktioniert, sehen Sie im nachfolgenden Beispiel. Wie Sie das auch ohne Referenzübergabe hinbekommen, lesen Sie in Kapitel 7.3.3 nach.

```
// Umrechnung per Referenz
#include <iostream.h>

struct Euro {
  float  fEuro;                    // Betrag in Euro
  float  fDm;                      // Betrag in D-Mark
};

// Prototypen:
void Umrechnung2(Euro& EuroStruktur);
void Ausgabe(Euro Ausgabe);
```

```
void main() {
  Euro  Wert1;                        // Einzugebender Wert

  // Eingabe:
  cout << "Geben Sie einen Euro-Wert ein: ";
  cin >> Wert1.fEuro;

  Umrechnung2(Wert1);                 // Umrechnung
  Ausgabe(Wert1);                     // Ausgabe
}

// Euro in DM Umrechnung:
void Umrechnung2(Euro& EuroStruktur) {
  EuroStruktur.fDm = EuroStruktur.fEuro * 1.95583; // Berechnung
  // kein Rueckgabewert!
}

void Ausgabe(Euro Ausgabe) {        // Ausgabe des Inhalts einer Struktur
  // Ausgabe:
  cout << Ausgabe.fEuro << " Euro entsprechen ";
  cout << Ausgabe.fDm   << " DM" << endl;
}
```

In diesem Fall gibt man einen Euro-Wert ein, der in das Element *fEuro* der Struktur *Wert1* geschrieben wird. Der DM-Wert der Struktur wird in der Funktion *Umrechnung2()* in die Struktur geschrieben. Die Struktur wird per Referenz übergeben, so daß auch nach der Rückkehr die richtigen Werte in *Wert1* stehen. Aus diesem Grund muß die Umrechnungsfunktion keinen Wert zurückliefern. Ein typischer Dialog sieht folgendermaßen aus:

```
Geben Sie einen Euro-Wert ein: 1
1 Euro entsprechen 1.95583 DM
```

Die Ausgabe erfolgt dann mit der Funktion *Ausgabe()*. Bei ihr muß keine Referenz verwendet werden, da nur die Werte ausgegeben werden sollen.

7.4.3 Weitere Anmerkungen

Die Übergabe von Argumenten per Referenz ist in C++ ein gebräuchliches Mittel, mehr als einen Parameter in einer Funktion zu verändern. Das funktioniert auch in Pascal und Basic, aber nicht in C, hier werden stattdessen Zeiger verwendet. Das ist auch in C++ möglich, aber Referenzargumente lassen sich meist besser handhaben. Den Einsatz von Zeigern werden Sie später in diesem Buch noch kennenlernen.

Bisher haben wir als Referenzargumente immer nur Variablen verwendet. Diese lassen sich bequem in der Funktion verändern, wie sie gesehen haben. Doch was passiert eigentlich, wenn man statt der Variable eine Konstante per Referenz übergibt?

In diesem Fall wird für die Konstante eine temporäre Variable erzeugt, damit die Referenzübergabe vernünftig erfolgen kann. Wenn man das Beispiel modifiziert, indem die beiden Werte nach Größe geordnet werden, kann man die Funktionsweise genau erkennen. Das Listing befindet sich hier noch einmal, allerdings wird beim Aufruf der Funktion *Ordnen()* für das erste Argument eine Konstante verwendet.

```
// Vergleich zweier Zahlen
#include <iostream.h>

// Prototypen:
void Ordnen(int& iZahl1, int& iZahl2);
void ZahlenAusgabe(int iZahl1, int iZahl2);

void main() {
  int  iZahl1;                          // Erste Zahl
  int  iZahl2;                          // Zweite Zahl
  int  iRueckgabe;                      // Rueckgabewert der Funktion

  // Init, 1. Versuch:
  iZahl1 = 33;
  iZahl2 = 42;

  Ordnen(40, iZahl2);                   // Zahlen anordnen
  ZahlenAusgabe(iZahl1, iZahl2);        // Ausgabe
}

void Ordnen(int& iZahl1, int& iZahl2) { // Zwei Zahlen ordnen
  int  iTemp;                           // Temporaere Variable

  if (iZahl1 < iZahl2) {                // Vertauschen
    iTemp  = iZahl1;
    iZahl1 = iZahl2;
    iZahl2 = iTemp;
  }
}

void ZahlenAusgabe(int iZahl1, int iZahl2) {      // Ausgabe
  cout << "Zahl 1 : " << iZahl1 << endl;
  cout << "Zahl 2 : " << iZahl2 << endl;
}
```

Übersetzt man das Programm, wird der Compiler vermutlich eine Warnung anzeigen. Es ist also kein Fehler, wenn man an diese Stelle statt einer Variable eine Konstante angibt. Startet man danach das Programm, kommt es zu folgender Ausgabe:

```
Zahl 1 : 33
Zahl 2 : 40
```

Das bedeutet also, daß die Sortierung nicht funktioniert hat. Aber was ist genau passiert? Werfen wir uns dazu einen Blick auf den Aufruf der Funktion *Ordnen()*. Wie bereits angedeutet, wird für die Konstante eine temporäre Variable erzeugt, auf die man aber nach dem Ende der Funktion nicht mehr zugreifen kann. Da der erste Wert kleiner als der zweite (42) ist, erfolgt ein Vertauschen der beiden Werte. Das bedeutet, daß die Variable *iZahl2* den Wert der Konstante erhält, also die 40, und in die temporäre Variable wird der ursprüngliche Wert von *iZahl2* (42) gespeichert.

Bei der Ausgabe sieht man dann den ursprünglichen Wert von *iZahl1*, der nicht verändert wurde, und den neuen Wert von *iZahl2*, also die 40. Den Wert der temporären Variable kann man nicht weiter benutzen, die Variable wurde nur zu Übergabezwecken generiert. Der Compiler erzeugt sie, damit nicht versehehentlich ein Speicherbereich vom Programm überschrieben wird. Somit ist also sichergestellt, daß auch in diesem Fall das Programm ohne Absturz durchläuft.

7.5 Überlagerte Funktionen

In den bisherigen Beispielen haben wir Funktionen kennengelernt, deren Name immer nur einmal im Listing auftaucht. Doch es ist auch möglich, Funktionen zu programmieren, die denselben Namen besitzen, die aber abhängig von der Anzahl und der Art der an sie übergebenen Parameter unterschiedliche Aktionen ausführen. Solche Funktionen werden als *überlagerte Funktionen* bezeichnet.

7.5.1 Unterschiedliche Parameteranzahl

Weiter vorne bei den Beispielen haben Sie Funktionen kennengelernt, mit denen sich Trennzeilen in Tabellen ausgeben lassen. Dabei reichte die Bandbreite von einer Funktion, die eine festgelegte Anzahl bestimmter Zeichen ausgibt, bis zu einer solchen, bei der Sie beides wählen konnten. Benötigen Sie einmal alle in Ihrem Programm, müßten Sie nach bisherigen Kenntnisstand allen unterschiedliche Namen geben.

Viel einfacher wäre es aber, wenn man allen denselben Namen geben könnten. Wie das funktioniert, demonstriert das folgende Beispiel:

```
// Ueberlagerung
#include <iostream.h>

// Prototypen:
void Trennzeile();
void Trennzeile(int iAnzahl);
void Trennzeile(char cZeichen, int iAnzahl);

void main() {
  // Ausgabe:
  Trennzeile();
  Trennzeile(23);
  Trennzeile('*', 33);
}

// Festgelegtes Zeichen in festgelegter Anzahl ausgeben:
void Trennzeile() {
  int  i;  // Schleife

  for (i = 0; i < 30; i++)             // Funktionskoerper zur Ausgabe
    cout << "-";
  cout << endl;
}

// Definierbares Zeichen in einer bestimmten Anzahl ausgeben
void Trennzeile(char cZeichen, int iAnzahl) {
  int  i;                              // Schleife

  for (i = 0; i < iAnzahl; i++)        // Funktionskoerper zur Ausgabe
    cout << cZeichen;
  cout << endl;
}

// Definierbare Anzahl an festgelegten Zeichen ausgeben
void Trennzeile(int iAnzahl) {
  int  i;  // Schleife

  for (i = 0; i < iAnzahl; i++)        // Funktionskoerper zur Ausgabe
    cout << "+";
  cout << endl;
}
```

Wird das Programm compiliert, sieht man keine Fehlermeldung, was bedeutet, daß die Syntax vollständig korrekt ist. Startet man es, sieht man die folgende Ausgabe:

```
------------------------------
+++++++++++++++++++++++
*********************************
```

Die erste Zeile ist dreißig Zeichen lang, die zweite 23 und die dritte 33. Im Programm befinden sich drei Funktionen, die alle den Namen *Trennzeile()* besitzen. Es sind also drei Deklaration, drei Funktionsaufrufe und drei Definitionen vorhanden. Aber wie kann der Compiler zwischen den drei Funktionen unterscheiden, ohne vollständig verwirrt zu sein?

Der Unterschied besteht in der jeweils verschiedenen Anzahl von Parametern. Das bedeutet, daß

```
void Trennzeile();
```

eine vollständig andere Funktion ist als

```
void Trennzeile(int iAnzahl);
```

oder

```
void Trennzeile(char cZeichen, int iAnzahl);
```

Die erste Funktion besitzt keine Parameter, die zweite einen und die dritte verwendet drei Parameter. Trifft der Parser auf solche Funktionen, könnte er eine Fehlermeldung ausgeben, wie dies beispielsweise in C der Fall wäre. Aber stattdessen wird in C++ für jede Definition eine eigene Funktion erzeugt.

Welche dieser Funktionen aufgerufen wird, hängt davon ab, wieviele Parameter beim Funktionsaufruf angegeben sind. Danach entscheidet der Compiler, welche Funktion tatsächlich ausgeführt wird.

7.5.2 Unterschiedliche Parametertypen

Der Compiler kann nicht nur Funktionen unterscheiden, die eine unterschiedliche Anzahl an Parametern aufweisen, sondern er besitzt auch noch eine weitere Eigenschaft. Besitzen die Funktionen die gleiche Anzahl an Parametern, ist der Compiler in der Lage, sie anhand unterschiedlicher Datentypen bei der Parameterübergabe zu unterscheiden. Auch in diesem Fall ist von überlagerten Funktionen die Rede.

Im nachfolgenden Beispiel wird wieder die Euro-Struktur bemüht, wobei man dann zwei Funktionen zur Ausgabe vorfindet.

```
// Ueberlagerung 2
#include <iostream.h>

struct Euro {
  float  fEuro;                        // Betrag in Euro
  float  fDm;                          // Betrag in D-Mark
};

// Prototypen:
void Ausgabe(Euro AusgabeStruktur);
void Ausgabe(float fAusgabe);

void main() {
  Euro  Wert;                          // Einzugebender Wert

  // Eingabe:
  cout << "Geben Sie einen Euro-Wert ein: ";
  cin >> Wert.fEuro;

  // Ausgabe 1:
  Ausgabe(Wert);

  // Ausgabe 2:
  Ausgabe(Wert.fEuro);
}

void Ausgabe(Euro AusgabeStruktur) {   // Ausgabe
  cout << "Der Struktur-Wert ist: " << AusgabeStruktur.fEuro;
}

void Ausgabe(float fAusgabe) {         // Ausgabe
  cout << "Der float-Wert ist: " << fAusgabe;
}
```

Nachdem das Programm gestartet ist, wird der Anwender aufgefordert, einen Euro-Wert einzugeben. Man erkennt, daß tatsächlich die beiden unterschiedlichen Funktionen aufgerufen werden, da jeweils unterschiedliche Texte angezeigt werden.

```
Geben Sie einen Euro-Wert ein: 1
Der Struktur-Wert ist: 1
Der float-Wert ist: 1
```

Das bedeutet, daß im ersten Fall bei der Übergabe der Struktur die Funktion aufgerufen wird, die als Parameter die Struktur des Typs *Euro* verwendet. Beim zweiten Aufruf hingegen wird ein *float*-Wert verwendet, da man direkt auf das Element der Struktur zugreift. Jetzt wird also ein Argument des Typs *float* übergeben, weswegen nicht die eben aufgerufene Funktion, sondern die andere des gleichen Namens ausgeführt wird. Der Compiler ist somit in der Lage, je nach dem Typ des übergebenen Argumentes eine jeweils andere Funktion auszuführen, obwohl beide denselben Namen besitzen.

Die Überlagerung von Funktionen macht das Leben eines Programmierers leichter. Er muß sich jetzt nicht mehr die Namen vieler spezieller Funktionen merken, sondern es sind deutlich weniger. Abhängig vom übergebenen Datentyp entscheidet der Compiler, welche Funktion tatsächlich ausgeführt wird. Doch das kann auch zu Problemen führen, wenn man nicht den Typ übergibt, den eine Funktion erwartet. In diesem Fall findet eine automatische Typumwandlung statt, sofern dies möglich ist, und es wird die am besten passende ausgeführt. Ist eine automatische Typumwandlung mehrdeutig, gibt der Compiler eine Fehlermeldung aus. Diese beseitigt man durch eine explizite Typumwandlung, so daß man auf diese Weise auch entscheiden kann, welche Funktion tatsächlich ausgeführt wird.

Betrachten wir zu diesem Zweck das nachfolgende Beispiel:

```
// Ueberlagerung 3
#include <iostream.h>

// Prototypen:
void Ausgabe(int iAusgabe);
void Ausgabe(float fAusgabe);

void main() {                        // Ausgabe
  Ausgabe(20);                       // int-Funktion
  Ausgabe((float) 20);               // float-Funktion
  Ausgabe(20L);                      // Fehler!!!
}

void Ausgabe(float fAusgabe) {       // Ausgabe
  cout << "Der float-Wert ist: " << fAusgabe;
}

void Ausgabe(int iAusgabe) {         // Ausgabe
  cout << "Der int-Wert ist: " << iAusgabe;
}
```

In diesem Beispiel befinden sich zwei Ausgabe-Funktionen, die einen erwartet ein Argument des Typs *float*, die andere ein Argument des Typs *int*. Wie die Steuerung des Aufrufs einer der Funktionen erfolgt, sieht man in der Hauptfunktion *main*. Verwendet man eine Integer-Konstante, wird die int-Version ausgeführt, wie an der Ausgabe zu sehen wäre, wäre da nicht die Fehlermeldung beim Übersetzen. Wandelt man die Ganzzahl-Konstante explizit in den Typ *float* um, wird die *float*-Version der Ausgabe aufgerufen. Verwendet man eine Konstante des Typ *long* (zu erkennen ma *L*), gibt der Compiler eine Fehlermeldung aus, da er nicht entscheiden kann, welche Funktion aufgerufen werden soll. Das gleiche passiert übrigens auch, wenn man statt der Konstanten Variablen des entsprechenden Typs einsetzt.

Die Fehlermeldung verschwindet übrigens, wenn man beispielsweise die Funktion, die einen *float*-Wert als Argument erwartet, wegläßt (damit in diesem Fall trotzdem eine Überlagerung stattfindet, könnte man beispielsweise eine Funktion ergänzen, die eine Struktur als Parameter erwartet). Dann findet die schon erwähnte automatische Typumwandlung statt, so daß die korrekte Funktion aufgerufen wird.

7.6 Inline-Funktionen

Die Funktionen, die wir bisher kennengelernt haben, dienen hauptsächlich dazu, Speicherplatz einzusparen. Dies wird dadurch erreicht, daß bei allen Aufrufen der Funktion derselbe Code ausgeführt wird. Die einzelnen Befehle des Funktionskörpers müssen im Speicher nicht mehrfach, sondern nur einmal vorhanden sein. Sieht der Compiler einen Funktionsaufruf, erzeugt er normalerweise eine Sprunganweisung zu dieser Funktion. Ist der Code in der Funktion zu Ende abgearbeitet, wird aus der Funktion zu der Anweisung zurückgesprungen, die dem Funktionsaufruf folgt.

Obwohl dadurch Speicherplatz eingespart wird, hat diese Konstruktion auch einen Nachteil. Sie benötigt mehr Zeit für die Ausführung, denn es müssen zusätzlich die Sprungbefehle ausgeführt werden im Vergleich zu dem Fall, in dem der Code direkt folgt. Doch nicht nur die Sprunganweisungen kosten Zeit, sondern auch der Code, der für die Übergabe der Parameter und für die Sicherung eventueller Registerinhalte vorhanden sein muß. Die Parameterübergabe erfolgt in der Regel über den Stack, so daß auch in der Funktion Befehle vorgesehen werden müssen, um diese zu übernehmen. Außerdem muß natürlich auch ein eventueller Rückgabewert wieder über den Stack übergeben werden, was weitere Zeit kostet. Insgesamt wird dadurch das Programm verlangsamt.

Allerdings gibt es eine Möglichkeit, den Code einer Funktion direkt in den Code des aufrufenden Programms einzubinden. Das bedeutet, daß der Compiler statt eines Funktionsaufrufs die Befehle des Funktionskörpers in Form eines Makros in den Code einfügt. Dadurch wird dann aber das Programm länger, so daß man längere Codepassagen besser in einer Funktion lassen sollte. Es sollten nur kürzere Funktionskörper auf diese Weise in das Programm eingefügt werden.

Dieses Einfügen kann mit Hilfe einer Inline-Funktion realisiert werden. Eine solche Funktion wird programmiert wie jede andere Funktion auch, aber der Compiler macht aus ihr keine normale Funktion, sondern fügt den Funktionskörper an der Stelle, an der der Aufruf der Inline-Funktion erfolgt, ein. Der Quelltext bleibt so weiterhin strukturiert, da im Listing eine Funktion aufgerufen wird, die eine bestimmte Aufgabe erledigt. Ob diese nun als Inline-Funktion oder als normale Funktion aufgerufen wird, hat für das Verständnis des Programmablaufs erst mal keine Bedeutung.

Als Inline-Funktionen eignen sich besonders solche, bei denen der Funktionskörper nur aus ein oder zwei Anweisungen besteht. Im folgenden Beispiel wird die Funktion zur Umrechnung eines Euro in einen DM-Wert als Inline-Funktion ausgeführt.

```
// Inline-Umrechnung
#include <iostream.h>

struct Euro {
  float  fEuro;                      // Betrag in Euro
  float  fDm;                        // Betrag in D-Mark
};

inline float Umrechnung(float fEuro) {
  return(fEuro * 1.95583);           // Rueckgabe
}

void main() {
  Euro  Wert;                        // einzugebender Wert

  // Eingabe:
  cout << "Geben Sie einen Euro-Wert ein: ";
  cin >> Wert.fEuro;

  // Umrechnung:
  Wert.fDm = Umrechnung(Wert.fEuro);

  // Ausgabe:
  cout << Wert.fEuro << " Euro entsprechen ";
  cout << Wert.fDm   << " DM" << endl;
}
```

Um eine Funktion als Inline-Funktion zu kennzeichnen, muß man das Schlüsselwort *inline* in der Definition zusätzlich angeben.

```
inline float Umrechnung(float fEuro)
```

Allerdings gibt es einige Feinheiten im Zusammenhang mit Inline-Funktionen zu beachten. Damit die Funktion *inline* in den Code eingefügt werden kann, muß der Compiler die Funktionsdefinition gesehen haben. Daher reicht es nicht aus, sie vor dem ersten Aufruf nur zu deklarieren, sondern sie muß tatsächlich definiert werden, damit der Übersetzer den Code gleich einfügen kann. Deswegen wurde im Beispiel die Definition vor der Hauptfunktion *main()* angegeben. Dafür ist jetzt keine Deklaration mehr erforderlich, sie kann weggelassen werden.

Außerdem ist zu beachten, daß der Compiler das Schlüsselwort unter Umständen auch ignoriert. Manchmal kann es dann sein, daß statt einer Inline- eine normale Funktion erzeugt wird. Das Wort *inline* stellt damit sozusagen einen Wunsch an den Compiler dar, diese Funktion tatsächlich in den Code einzubetten. Überprüfen kann man das nur, indem man das Programm einmal mit und einmal ohne das Schlüsselwort *inline* übersetzt. Sind die beiden ausführbaren Dateien unterschiedlich groß, wurde der Wunsch vermutlich berücksichtigt.

7.7 Standardargumente

Wenn Sie sich mit C ein wenig auskennen, wissen Sie, daß es Funktionen mit einer variablen Anzahl an Argumenten gibt. Das gibt es auch in C++ und überraschenderweise gilt das auch für die schon bekannten Funktionen, sofern man Standardargumente festlegt (und nur dann ist das Verfahren möglich).

Wie das funktioniert zeigt das folgenden Beispiel mit der Funktion *Trennzeile()*. Statt dreier Funktionen mit jeweils unterschiedlicher Parameteranzahl wird jetzt nur noch eine verwendet.

```
// Standardargumente
#include <iostream.h>

void Trennzeile(char cZeichen = '-', int iAnzahl = 30); // Prototyp

void main() {                           // Ausgabe
  Trennzeile();                         // 30 '-'-Zeichen
  Trennzeile('*');                      // 30 '*'-Zeichen
  Trennzeile(65);                       // ???
  Trennzeile('+', 33);                  // 33 '+'-Zeichen
}

// definierbares Zeichen in einer bestimmten Anzahl ausgeben
void Trennzeile(char cZeichen, int iAnzahl) {
  int i;  // Schleife
```

```
  // Funktionskoerper zur Ausgabe:
  for (i = 0; i < iAnzahl; i++)
    cout << cZeichen;
  cout << endl;
}
```

Die Funktion *Trennzeile()* übergibt zwei Argumente, einmal ein Zeichen und die Anzahl, wie oft dieses Zeichen ausgegeben werden soll. Sie wird in *main()* viermal aufgerufen, einmal ohne Argumente, zweimal mit jeweils einem und einmal mit beiden Argumenten. Damit stellt sich die Frage, warum die ersten drei Aufrufe funktionieren, obwohl doch zu wenige Parameter übergeben werden?

Der Aufruf funktioniert, weil sogenannte Standardargumente bereitgestellt werden. Diese werden immer dann eingesetzt, wenn das aufrufende Programm nicht die korrekte Anzahl an Parametern übergibt. Die einzusetzenden Standardargumente werden im Prototyp der Funktion festgelegt.

```
void Trennzeile(char cZeichen = '-', int iAnzahl = 30);
```

Verwenden Sie im Prototyp nicht die Namen der Variablen, lassen sich Standardargumente auch wie folgt angeben:

```
void Trennzeile(char = '-', int = 30);
```

Außerdem ist es auch möglich, sie direkt in der Definition zu spezifizieren, sofern Sie keinen Prototyp verwenden und die Funktion vor ihrem ersten Aufruf definieren.

Fehlt beim Aufruf ein Argument, wird angenommen, daß es sich um das letzte handelt. Werden wie in unserem Beispiel beim ersten Aufruf beide Argumente weggelassen, verwendet die Funktion für den ersten Parameter das Standardargument »-« und für den zweiten die Zahl 30.

Im nächsten Fall wird ein Parameter angegeben, so daß für den ersten der übergebene Wert verwendet wird, der zweite wird aus den Standardargumenten genommen. Damit ist klar, daß man in diesem Fall dreißig Sterne auf dem Bildschirm sieht. In diesem Fall stimmt auch der Datentyp, da als erster Parameter ein Zeichen erwartet wird. Doch was passiert beim nächsten Aufruf?

Die Angabe der Konstante bewirkt eine automatische Typumwandlung, so daß dieser Wert ebenfalls der ersten Variable zugewiesen wird. Aus diesem Grund sehen Sie dreißigmal den Buchstaben A (entspricht dem Wert 65) auf dem Bildschirm. Aber vermutlich sollten auf diese Weise 65 Zeichen ausgegeben werden. Doch leider funktioniert es so nicht, da die ersten übergebenen Werte immer den ersten Variablen in der Liste zugewiesen werden. Daher können Sie eine andere Anzahl von Zeichen nur dann ausgeben, wenn Sie den ersten Parameter ebenfalls angeben, wie beim vierten Aufruf geschehen.

Bei der Spezifikation beider Parameter werden die Standardargumente überschrieben, so daß man jetzt 33 Plus-Zeichen auf dem Bildschirm sieht. Es sieht die Gesamtausgabe wie folgt aus:

```
------------------------------
******************************
AAAAAAAAAAAAAAAAAAAAAAAAAAAAAA
*********************************
```

Man muß nicht bei jedem Parameter Standardargumente spezifizieren. Läßt man sie weg, muß man aber auf jeden Fall diesen Parameter bei einem Aufruf angeben. Außerdem ist es nicht möglich, einzelne Parameter in einer längeren Liste wegzulassen. Denn woher sollte der Compiler wissen, welches Argument man meint?

Der Einsatz von Standardargumenten ist immer dann nützlich, wenn man häufig eine Funktion aufruft, der immer dieselben Argumente übergeben würden. Damit spart man sich beim Aufruf die lästige Angabe immer der gleichen Parameter. Die Standardargumente haben noch einen weiteren Vorteil. Wenn man die Funktion erweitert, müßte man normalerweise auch alle Aufruf anpassen. Verwendet man für die Erweiterung aber Standardargumente, kann man die bestehende Funktionsaufrufe so lassen, wie sie sind. Für die weiteren Variablen kommen dann die Standardargumente zum Einsatz, so daß man am bestehenden Programm nichts groß ändern muß.

7.8 Speicherklassen

In den vorigen Kapiteln haben wir uns mit den Funktionen befaßt. Im folgenden werden Sie ein weiteres Leistungsmerkmal von C++ kennenlernen – die Speicherklassen. Sie werden meist für Variablen eingesetzt und mit ihnen wird festgelegt, welche Teile eines Programms auf sie zugreifen dürfen und wie lange ihre Lebensdauer ist. Es gibt drei Speicherklassen: automatische, externe und statische.

7.8.1 Automatische Variablen

Die Variablen, die wir in den bisherigen Beispielen definiert haben, wurden alle innerhalb der Funktionen festgelegt, in denen sie verwendet werden. Die Definition erfolgte innerhalb der geschweiften Klammern, die den jeweiligen Funktionskörper umschließen. Das betrifft auch die Hauptfunktion *main()*, da sie wie eine normale Funktion behandelt wird.

```
void main() {
  int   iVariable;
  char  cVariable;

  // ...
}
```

Solche Variablen werden als automatische Variablen bezeichnet, die man auch mit dem Schlüsselwort *auto* explizit definieren kann.

```
void Beliebig() {
  auto int   iVariable;
  auto char  cVariable;

  // ...
}
```

Da automatische Variablen per Voreinstellung generiert werden, muß man das Schlüsselwort *auto* selten setzen.

Automatische Variablen werden erst dann erzeugt, wenn die Funktion, in der sie definiert werden, aufgerufen wird. Allgemeiner gesagt erfolgt die Erzeugung dann, wenn der Block ausgeführt wird, in dem die Variable definiert wird. Im obigen Beispiel wird die Variable *iVariable* erst dann erzeugt, wenn die Funktion *Beliebig()* aufgerufen wird. Das bedeutet aber auch, daß es keinen allgemeinen Speicherplatz gibt, in dem ein Wert gespeichert werden kann. Aus diesem Grund sind die Werte solcher Variablen vor der ersten Zuweisung undefiniert.

Wird die Funktion *Beliebig()* aufgerufen, werden die Variablen erzeugt und Speicherplatz für sie reserviert. Nach dem Verlassen der Funktion geht die Ablaufsteuerung zum aufrufenden Programm zurück und die Variablen werden gelöscht. Zusätzlich wird der belegte Speicherplatz wieder freigegeben, so daß die Werte verloren gehen. Da dieser Vorgang automatisch geschieht, heißen die Variablen *automatische Variablen*.

Die Zeitspanne zwischen der Erzeugung und dem Löschen der Variablen wird als *Lebensdauer* bezeichnet. Damit entspricht die Lebensdauer einer Variable genau der Ausführungszeit der Funktion, in der sie definiert ist. Daher werden automatische Variablen auch als *lokale Variablen* bezeichnet.

Da automatische Variablen nur eine begrenzte Lebensdauer haben, muß auch der Speicher für sie nur eine begrenzte Zeit vorgehalten werden, was insgesamt Platz spart. Denn wenn eine Funktion nicht ausgeführt wird, belegen auch die darin definierten Variablen keinen Speicher, so daß mehr Speicher für andere Programmteile zur Verfügung steht.

Zusätzlich wird im Zusammenhang mit Variablen der Begriff der *Sichtbarkeit* verwendet. Diese beschreibt, an welchen Stellen in einem Programm auf die Variablen zugegriffen werden kann. Alternativ wird für die Sichtbarkeit auch das Wort *Gültigkeitsbereich* eingesetzt, was die Sache etwas klarer macht.

Wie bereits beschrieben, sind automatische Variablen nur innerhalb des Blocks sichtbar beziehungsweise gültig, in der sie definiert sind. Wenn man in einem Programm zwei Funktionen wie beispielsweise

```
void Beliebig() {
  auto int  iVariable;
  auto char  cVariable;
  // ...
}
```

und

```
float Umrechnung(float fEuro) {
  float  fDm;                          // Berechneter DM-Wert

  fDm = fEuro * 1.95583;               // Berechnung
  return(fDm);                         // Rueckgabe
}
```

haben, ist die Variable *iVariable* nur innerhalb der Funktion *Beliebig()* gültig, nicht aber in *Umrechnung()*. Andererseits ist die Variable *fDm* der Funktion *Umrechnung()* nur in dieser sichtbar, nicht aber in *Beliebig()*.

Durch diese Einschränkung kann man das Programm modular aufbauen. Außerdem muß man sich nicht darum sorgen, daß die Variablen in einer Funktion versehentlich durch eine andere geändert werden, da sie für die andere nicht sichtbar sind. Das ist ein fundamentaler Grundsatz der strukturierten Programmierung und er gilt, wie wir später sehen werden, auch für die objektorientierte Programmierung.

Für automatische Variablen sind die Lebensdauer und die Sichtbarkeit identisch. Sie sind nur während der Lebensdauer des Blocks sichtbar, in dem sie definiert sind. Bei einigen anderen ist das aber nicht der Fall.

Da erst dann Speicherplatz für die Variable reserviert wird, wenn Sie erzeugt wird, versucht der Compiler nicht, sie zu initialisieren. Deshalb besitzt sie zu Anfang einen nicht definierten Wert. Daher ist eine ausdrückliche Initialisierung notwendig, bevor beispielsweise eine Abfrage ihres Werts erfolgt, beispielsweise mit:

```
int  iVariable = 42;
```

7.8.2 Externe Variablen

Eine weitere wichtige Speicherklasse wird als *externe Speicherklasse* bezeichnet. Externe Variablen werden im Gegensatz zu automatischen, die in einer Funktion definiert werden, außerhalb jeglicher Funktion definiert. Da sie von allen Funktionen des Programms erkannt wird, heißt sie auch *globale Variable*. Um externe beziehungsweise globale Variablen genau zu kennzeichnen, beginnt ihr Name jeweils mit einem kleinen *g*.

Im nachfolgenden ein Beispiel, in dem alle Funktionen auf eine globale Variable zugreifen.

```
// globale Variablen
#include <iostream.h>

int  giVariable = 10;                    // Externe/globale Variable

// Prototypen:
void WertAendern();
void Eingabe();
void Ausgabe();

void main() {
  Ausgabe();                             // Ausgabe
  WertAendern();                         // Wert aendern
  Ausgabe();
  Eingabe();                             // Wert eingeben
  Ausgabe();
}

void WertAendern() {
  giVariable = 42;
}

void Eingabe() {
  cout << "Geben Sie einen Werte ein: ";
  cin >> giVariable;
}

void Ausgabe() {
  cout << "Der Wert der Variablen betraegt: " << giVariable << endl;
}
```

Übersetzt und startet man das Programm, wird man irgendwann aufgefordert, einen Wert einzugeben. Er wird der globalen Variable zugewiesen, wie man an der Ausgabe sieht.

```
Der Wert der Variable betraegt: 10
Der Wert der Variable betraegt: 42
Geben Sie einen Werte ein: 2
Der Wert der Variable betraegt: 2
```

Doch im einzelnen: Die Funktion *Ausgabe()* gibt den aktuellen Wert der globalen Variable *giVariable* auf dem Bildschirm aus. Da die Variable mit dem Wert 10 initialisiert wird, erfolgt dessen Anzeige. Danach wird die Funktion *WertAendern()* ausgeführt, die globalen Variablen einen Wert zuweist, der danach in *main()* wieder ausgegeben wird. Abschließend kann man noch einen Wert eingeben. Dieser wird ebenfalls der globalen Variable zugewiesen, was die Ausgabe beweist.

Die Variable *giVariable* wird nur einmal im kompletten Programm definiert, zu Anfang des Listings. Aber auf sie kann in allen Teilen des Programms zugegriffen werden, also aus den Funktionen *main()*, *WertAendern()*, *Eingabe()* und *Ausgabe()*. Die Variable ist also im gesamten Quelltext sichtbar beziehungsweise gültig.

Eine externe Variable wird also immer dann eingesetzt, wenn mehr als eine Funktion in einem Programm auf sie zugreifen müssen. Häufig sind sie die wichtigsten Variablen, aber sie bringen ein paar organisatorische Probleme mit sich, da von überall her auf sie zugegriffen und der Wert verändert werden kann. Das kann auch unbeabsichtigt erfolgen, so daß zu einem bestimmten Zeitpunkt während des Ablaufs des Programms unter Umständen der Wert nicht korrekt sein kann. In diesem Fall reagiert das Programm falsch, man sollte also den Einsatz dieses Typs auf das Notwendigste beschränken.

Wird eine globale Variable initialisiert, wie in der folgenden Zeile

```
int  giVariable = 10;  // externe/globale Variable
```

erfolgt sie beim ersten Laden der Datei. Der Wert bleibt solange erhalten, bis er vom Programm geändert wird. Läßt man die Zuweisung des Werts weg, wie beispielsweise in

```
int  giVariable;
```

erfolgt automatisch eine Initialisierung mit dem Wert 0. Das steht im Gegensatz zu den automatischen Variablen, bei denen keine Initialisierung stattfindet.

Externe Variablen sind solange gültig, wie das Programm ausgeführt wird. Das bedeutet aber auch, daß während der ganzen Zeit Speicherplatz für sie bereitgehalten werden muß. Sie sind in der Datei sichtbar, in der sie definiert werden. Das gilt ab dem Punkt, ab dem ihre Definition in der

Datei erscheint. Würde im vorigen Fall die Definition der globalen Variablen erst nach der Funktion *main()* erfolgen, könnte man darin auf die Variablen nicht zugreifen.

```
void main() {

  giVariable = 222;                   // Fehler!!!

  WertAendern();                      // Wert aendern
  Ausgabe();

  Eingabe();                          // Wert eingeben
  Ausgabe();
}

int giVariable;                       // externe Variable

void WertAendern() {
  giVariable = 42;
}
```

7.8.3 Statische Variablen

Die letzte zu untersuchende Speicherklasse wird als *statische Speicherklasse* bezeichnet. Dabei wird zwischen statischen automatischen und statischen externen Variablen unterschieden. Letztere kommen nur in Sonderfällen vor, so daß wir uns hier vornehmlich mit statischen automatischen Variablen beschäftigen wollen. Diese besitzen die Sichtbarkeit einer automatischen, aber die Lebensdauer einer externen Variable.

Diese Art der Variable wird immer dann gesetzt, wenn es in einer Funktion erforderlich ist, einen berechneten Wert bis zum nächsten Aufruf zu speichern. Das bedeutet also, daß beim nächsten Aufruf der alte Wert noch gültig ist. Im nachfolgenden Beispiel wird der Durchschnitt der eingegebenen Werte berechnet. Dazu muß die Gesamtsumme gemerkt werden und wie viele Zahlen eingegeben wurden.

```
// statische Variablen
#include <iostream.h>

float Durchschnitt(float fWert);

void main() {
  float  fZahl;                       // Einzugebende Zahl
  float  fDurchschnitt;               // Durchschnittswert
```

```
  fZahl = 1;                                   // Init
  fDurchschnitt = 0;

  while (fZahl != 0) {                         // Schleife:
    cout << "Geben Sie eine relle Zahl ein: "; // Eingabe
    cin >> fZahl;

    fDurchschnitt = Durchschnitt(fZahl);       // Durchschnitt berechnen

    cout << "Der Durchschnittswert ist ";      // Ausgabe
    cout << fDurchschnitt << endl;
  }
}

float Durchschnitt(float fWert) {         // Berechnung des Durchschnitts
  static float  fAnzahl = 0;              // Durchlaeufe
  static float  fGesamt = 0;              // Gesamtwert

  fAnzahl++;                              // Anzahl der Durchlaeufe erhoehen
  fGesamt += fWert;                       // Gesamtsumme

  return(fGesamt / fAnzahl);              // Durchschnitt zurückgeben
}
```

Startet man das Programm, wird man aufgefordert, eine Zahl einzugeben. Danach erfolgt die Ausgabe des Durchschnittswerts.

```
Geben Sie eine relle Zahl ein: 2
Der Durchschnittswert ist 2
Geben Sie eine relle Zahl ein: 3
Der Durchschnittswert ist 2.5
Geben Sie eine relle Zahl ein: 4
Der Durchschnittswert ist 3
Geben Sie eine relle Zahl ein: 0
Der Durchschnittswert ist 2.25
```

In der Funktion *Durchschnitt()* wird die Anzahl der Aufrufe in der Variable *fAnzahl* gespeichert. Damit sie gültig bleibt, muß sie mit dem Schlüsselwert *static* definiert werden. Zu beachten ist, daß die Initialisierung statischer Variablen nur einmal durchgeführt wird, nämlich zu Beginn des Programms. Bei jedem weiteren Aufruf der Funktion wird die Initialisierung übersprungen, so daß der alte Wert gültig bleibt.

Aber Achtung: Wenn man die Initialisierung separat im Programm ausführt wie im folgenden Beispiel

```
static float  fAnzahl;                 // Durchlaeufe
static float  fGesamt;                 // Gesamtwert

fAnzahl = 0;                           // Init
fGesamt = 0;
```

dann wird die Initialisierung bei jedem Aufruf ausgeführt, so daß die statische Variable eigentlich nicht notwendig wäre. Daher sollte die Initialisierung sofort mit der Definition der Variablen durchgeführt werden, damit sie auch wirksam wird. Definiert man eine statische automatische Variable ohne Wertzuweisung, wird sie – im Gegensatz zu den rein automatischen Variablen – dennoch mit 0 initialisiert.

In der Funktion wird bei jedem Aufruf der Wert der Variable *fAnzahl* um Eins erhöht. Zusätzlich wird der übergebene Wert bei der Variable *fGesamt* addiert, so daß diese immer die aktuelle Summe der bisherigen Werte enthält. Der Durchschnitt wird abschließend in der *return*-Anweisung berechnet. Die abschließende Ausgabe erfolgt wieder in *main()*.

Wie an der Ausgabe zu sehen ist, wird das Programm beendet, wenn man den Wert 0 eingibt. Allerdings hat es in dieser Form noch einen kleinen Schönheitsfehler. Obwohl es beendet werden sollte, wird dennoch eine weitere Berechnung ausgeführt, diesmal mit der 0 als Eingabe. Das liegt daran, daß die Abbruchbedingung immer zum Anfang der Schleife überprüft wird. Als Abhilfe kann man entweder daran denken, die Schleifenkonstruktion in eine *do..while*-Schleife zu ändern, wie nachfolgend gezeigt,

```
do {                                          // Schleife
  cout << "Geben Sie eine relle Zahl ein: ";  // Eingabe
  cin >> fZahl;

  fDurchschnitt = Durchschnitt(fZahl);        // Durchschnitt berechnen

  cout << "Der Durchschnittswert ist ";       // Ausgabe
  cout << fDurchschnitt << endl;
} while (fZahl != 0);
```

was einem auch nicht so richtig weiterbringt. Denn in diesem Fall wird trotzdem die Berechnung weiter ausgeführt. Damit einem das nicht passiert, muß man eine Abfrage in den Code einführen.

```
do {                                          // Schleife
  cout << "Geben Sie eine relle Zahl ein: ";  // Eingabe
  cin >> fZahl;
```

```
  if (fZahl != 0) {                          // Durchschnitt berechnen
    fDurchschnitt = Durchschnitt(fZahl);

    cout << "Der Durchschnittswert ist ";    // Ausgabe
    cout << fDurchschnitt << endl;
  }
}
while (fZahl != 0);
```

In diesem Fall spielt es dann aber keine Rolle, welche Schleifenform man hernimmt.

7.8.4 Übersicht

In diesem Abschnitt werden noch einmal die grundsätzlichen Eigenschaften aller Speicherklassen in einer Tabelle zusammengestellt. Dazu gehören die Sichtbarkeit, die Lebensdauer und die Initialisierung.

Speicherklasse	Automatisch	Statisch (automatisch)	Extern
Sichtbarkeit	Funktion beziehungsweise Block	Funktion beziehungsweise Block	Datei (ab Definition)
Lebensdauer	Funktion beziehungsweise Block	Funktion beziehungsweise Block	Programm
Initialisierung	nicht definiert	0	0
Einsatzgebiet	In der Regel in einer einzelnen Funktion.	Wie bei automatisch, nur wird der Wert bis zum nächsten Aufruf gespeichert.	Von mehreren Funktionen gemeinsam verwendet.

7.9 Referenzrückgabe

Zum Abschluß dieses Kapitels über die Funktionen wollen wir uns noch ein seltsames Leistungsmerkmal von C++ anschauen: die Referenzrückgabe. Sie können auf diese Weise auch Werte per Adreßübergabe zurückgeben. Was Sie damit anfangen können, ist zunächst schwer zu verstehen: Auf diese Weise können Sie auch auf der linken Seite eines Gleichheitszeichens einen Funktionsaufruf setzen. Das hört sich merkwürdig an, weshalb wir uns ein Beispiel dazu ansehen.

```
// Referenzrueckgabe
#include <iostream.h>

int  giX;                        // Globale Variable
int&  XSetzen();                 // Prototyp

void main() {
  XSetzen() = 42;                // Globale Variable giX auf 42 setzen

  cout << endl << "giX = " << giX << endl;  // Ausgabe
}

int& XSetzen() {
  return(giX);
}
```

In diesem Beispiel wird die Funktion *XSetzen()* mit einem Referenzargument als Rückgabewert deklariert.

```
int&  XSetzen();
```

In dieser findet man die Anweisung

```
return(giX);
```

in der *giX* als externe Variable definiert wurde. Nun kann man zur Rechten der Funktion ein Gleichheitszeichen setzen.

```
XSetzen() = 42;
```

Diese Anweisung sieht ziemlich merkwürdig aus, aber sie weist der globalen Variable *giX* den Wert 42 zu. Daß dem tatsächlich so ist, erkennt man an der Ausgabe des Programms.

```
giX = 42
```

Daß diese Zuweisung geklappt hat, liegt daran, daß von der Funktion eine Referenz auf die globale Variable verwendet wird. Der Wert 42 wird dieser Referenz zugewiesen, so daß er letztendlich in der globalen Variable landet.

In der normalen Programmierung findet man aber solche Konstruktionen selten vor, da es meist bessere Wege gibt, ein solches Ziel zu erreichen. Dennoch kommt sie später bei den überlagerten Operatoren zum Einsatz, so daß man sie nicht vergessen sollte.

7.10 Zusammenfassung

In diesem Kapitel haben Sie den Einsatz von Funktionen kennengelernt. Sie sind ein Weg, das Programm weiter zu strukturieren. Außerdem wird damit das Programm kleiner, da häufig genutzter Code jetzt nur einmal vorhanden sein muß.

Einer Funktion kann man Argumente entweder per Wertübergabe oder per Referenz übergeben. Im ersten Fall bleibt der Wert im aufrufenden Programm erhalten, im zweiten Fall beeinflußt die Änderung in einer Funktion auch den Wert im Hauptprogramm. Auf diese Weise läßt sich auch mehr als eine Variable zurückgeben.

Ruft man eine Funktion auf, kann sie einen Wert zurückgeben. Aber es ist auch möglich, daß der Rückgabetyp eine Referenz ist, so daß der Funktionsaufruf auf der linken Seite einer Gleichung stehen kann.

Außerdem sind überlagerte Funktionen möglich, bei denen es mehrere desselben Namens im Quelltext gibt. Der Compiler entscheidet dann, welche der Funktionen tatsächlich aufgerufen wird, anhand der Parameteranzahl oder der Typen. Zusätzlich kann man Standardargumente verwenden, damit man nicht immer alle Parameter bei einem Aufruf angeben muß. Als letztes sind auch Inline-Funktionen möglich, bei denen der Funktionskörper direkt in den die Funktion aufrufenden Code eingefügt wird.

Weiterhin haben Sie Speicherklassen von Variablen kennengelernt. Sie geben an, wie lange eine Variable gültig ist und von welchen Stellen im Programm man darauf zugreifen kann.

Damit haben wir in den letzten beiden Kapiteln die Bestandteile von Objekten separat diskutiert, die Strukturen und Funktionen. Diese setzen wir nun zusammen, weil es im folgenden Kapitel um Objekte und Klassen gehen soll.

7.11 Aufgaben

1. Programmieren Sie eine Deklaration einer Funktion mit dem Namen *Berechnen*, der zwei Argumente übergeben werden. Das erste Argument ist vom Typ *int*, das zweite vom Typ *float*. Die Funktion gibt einen *float*-Wert zurück, der das Produkt der beiden ist.

2. Entwerfen Sie eine Funktion mit dem Namen *Kleiner*, der zwei Argumente per Adreßübergabe übergeben werden. Die kleinere der beiden Zahlen soll auf Null gesetzt werden. Geben Sie in der Hauptfunktion die beiden Zahlen ein, geben Sie das Ergebnis aus.

3. Eine Zahl n mit einem Exponenten t entspricht der t-fachen Multiplikation des Wertes n mit sich selbst. Erzeugen Sie eine Funktion mit dem Namen *Expo*, bei der die Zahl n vom Typ *float* und der Exponent vom Typ *int* ist. Für den Exponenten t wird das Standardargument 2 verwendet, sodaß die Zahl quadriert wird. Sie gibt einen *double*-Wert zurück. In der Hauptfunktion *main()* können Werte eingegeben werden, so daß die Funktion getestet werden kann.

8 Klassen und Objekte

Nun kommen wir endlich zu den Elementen der objektorientierten Programmierung, die in diesem Zusammenhang immer genannt werden: Objekte und Klassen. Sie haben bisher die Strukturen kennengelernt, in denen Daten zu einer Einheit zusammengefaßt werden. Und Sie wissen, wie Funktionen aufgerufen werden und was man mit ihnen anfangen kann. Im folgenden werden wir beides miteinander verbinden.

Zu Anfang werden Sie einfache Klassen kennenlernen, die dann immer komplexer werden. Außerdem werden wir uns am Anfang auf die Einzelheiten von Objekten und Klassen konzentrieren. Sie werden sehen, welche Vorteile die objektorientierte Programmierung bieten kann.

8.1 Einführung

In diesem Abschnitt sehen wir uns ein einfaches Programm an und studieren dessen grundlegende Syntax.

8.1.1 Das Beispielprogramm

In unserem ersten Beispiel sehen wir uns eine einfache Klasse und zwei Objekte dieser Klasse an, anhand derer die grundlegenden Merkmale der Klassen in C++ erläutert werden.

```
// Eine einfache Klasse
#include <iostream.h>

class EinfacheKlasse {                  // Eine einfache Klasse
  private:
    int  iEinfacheDaten;                // Daten der Klasse
  public:
    // Komponentenfunktion zum Setzen der Daten:
    void DatenSetzen(int iDaten) {
      iEinfacheDaten = iDaten;
    }

    // Komponentenfunktion zum Anzeigen der Daten:
    void DatenAusgeben() {
      cout << "Der Wert ist: " << iEinfacheDaten << endl;
    }
};
```

```
void main() {
  // Definition der Objekte:
  EinfacheKlasse  Objekt1;              // Erstes Objekt
  EinfacheKlasse  Objekt2;              // Zweites Objekt

  // Daten setzen:
  Objekt1.DatenSetzen(42);
  Objekt2.DatenSetzen(333);

  // Ausgeben:
  Objekt1.DatenAusgeben();
  Objekt2.DatenAusgeben();
}
```

In dieses Beispiel befindet sich eine Klasse mit dem Namen *EinfacheKlasse*, die ein Datenelement und zwei Komponentenfunktionen enthält. Nur mit diesen Funktionen kann auf das Datenelement zugegriffen werden. Das Setzen eines Werts erfolgt mit der ersten Funktion, die Ausgabe mit der zweiten Komponentenfunktion.

Die zentrale Idee einer Klasse ist die gemeinsame Anordnung von Daten und Funktionen. Das ist auch ein grundlegender Bestandteil der objektorientierten Programmierung.

8.1.2 Der Aufruf

Zu Beginn des Buchs haben Sie gesehen, daß ein Objekt auch als Exemplar einer Klasse bezeichnet werden kann. Im Programm wird die Klasse zu Anfang des Listings festglegt. In der Hauptfunktion *main()* werden danach zwei Objekte mit den Namen *Objekt1* und *Objekt2* definiert, die vom Typ der Klasse *EinfacheKlasse* sind. Jedem der zwei Objekte wird ein Wert übergeben, der dann anschließend auf dem Bildschirm angezeigt wird.

```
Der Wert ist: 42
Der Wert ist: 333
```

Im folgenden werden wir uns erst einmal mit der Festlegung der Klasse beschäftigen.

8.1.3 Die Festlegung der Klasse

Die Festlegung der Klasse erfolgt mit dem nachfolgenden Code.

```
class EinfacheKlasse {                 // Eine einfache Klasse
  private:
    int  iEinfacheDaten;               // Daten der Klasse
  public:
    // Komponentenfunktion zum Setzen der Daten:
    void DatenSetzen(int iDaten) {
      iEinfacheDaten = iDaten;
    }

    // Komponentenfunktion zum Anzeigen der Daten:
    void DatenAusgeben() {
      cout << "Der Wert ist: " << iEinfacheDaten << endl;
    }
};
```

Die Klasse fängt mit dem Schlüsselwort *class* an, gefolgt vom Namen der Klasse *EinfacheKlasse*. Wie bei einer Struktur wird der Körper der Klasse durch geschweifte Klammern eingeschlossen. Man darf nicht das Semikolon am Ende der Festlegung vergessen, denn sonst gibt der Compiler alle möglichen Fehlermeldungen aus.

Im Körper befinden sich die zwei unbekannten Schlüsselwörter *private* und *public*. Wozu dienen die beiden? Zur Beantwortung dieser Frage müssen wir noch einmal auf die Konzepte der objektorientierten Programmierung zurückkommen. Ein wichtiges Merkmal ist das Verstecken oder Verbergen von Daten. Diese sollen nicht vor böswilligen Programmierern, sondern vor böswilligen Funktionen, die außerhalb der Klasse ablaufen, versteckt werden. Damit sind sie für eine Funktion nicht mehr sichtbar und sie kann auf die Daten auch nicht zugreifen.

Die Vorgehensweise beim Verbergen von Daten ist, die entsprechenden Daten in eine Klasse zu packen und sie dann mit dem Schlüsselwort *private* zu kennzeichnen. Der Zugriff auf auf diese Weise spezifizierte Daten kann nur innerhalb der Klasse erfolgen, also aus Funktionen heraus, die zur Klasse gehören. Sollen diese Daten auch von außen sichtbar sein, muß man das Schlüsselwort *public* setzen, wie dies bei den Funktionen der Fall ist. Auf solche Daten oder Funktionen kann von außerhalb der Klasse zugegriffen werden.

In der Klasse befindet sich ein Datenelement *iEinfacheDaten*, das vom Typ *int* ist. Es könnte noch weitere Datenelemente in einer Klasse geben, wie dies auch bei Strukturen der Fall ist. Ingesamt kann eine beliebige Anzahl von Datenelementen angegeben werden.

Das im Beispiel festgelegte Element folgt dem Schlüsselwort *private*, so daß darauf nur aus dem inneren der Klasse heraus zugegriffen werden kann, aber nicht von außerhalb.

Daran schließen sich die Komponentenfunktionen an. Sie werden in eine Klasse aufgenommen. In anderen Programmiersprachen heißen sie auch *Methoden*. In unserem Beispiel gibt es zwei davon, eine zum Setzen der Daten (*DatenSetzen()*), und eine zu deren Ausgabe (*DatenAusgeben ()*). Die Funktionskörper befinden sich gleich unterhalb, aber man kann diese einfachen Funktionen auch in eine Zeile schreiben (sofern sie denn hineinpassen).

```
void DatenSetzen(int iDaten) { iEinfacheDaten = iDaten; }
```

Damit spart man bei nicht so umfangreichen Funktionen Platz und gestaltet so das Listing übersichtlicher. Da die Komponentenfunktionen dem Schlüsselwort *public* folgen, sind sie auch außerhalb des Objekts gültig und sichtbar. Damit wird also indirekt auf das Datenelement zugegriffen.

8.1.4 private und public

In der Regel befinden sich in Klassen private und öffentliche Daten. Private Daten sind vor einem unbeabsichtigten Löschen und Verändern gut geschützt. Die Funktionen der Klasse greifen auf diese Daten zu. Dies ist die Voreinstellung und im Regelfall ist es auch nicht notwendig, daß Daten einer Klasse nach außen veröffentlicht werden. Diese privaten Daten werden nach der Definition mit *private* eingesetzt. Es ist genauso möglich, Daten zu veröffentlichen, dann muß vor ihrer Deklaration das Schlüsselwort *public* angegeben sein.

Funktionen, also die Bearbeitung der Daten, werden in der Regel von außen aufgerufen. Deshalb erfolgt ihre Deklaration nach dem Schlüsselwort *public*. So wie Daten nach außen exportiert werden können, dürfen Funktionen auch nur für die interne Verwendung vorgesehen sein. Logischerweise muß dann ihre Deklaration im *private*-Bereich der Klassendefinition erfolgen.

Die im Beispiel verwendeten Komponentenfunktionen führen häufig auftretende Anweisungen aus wie das Setzen der Werte der privaten Variablen und deren Ausgabe. Der Funktion *DatenSetzen()* wird ein Parameter übergeben, der dazu verwendet wird, die interne Variable zu setzen. Dieser kann mit der Funktion *DatenAusgaben()* auf dem Bildschirm angezeigt werden.

Die Festlegung der Funktionen sind in diesem einfachen Beispiel Definitionen, was bedeutet, daß der Funktionskörper sofort folgt. Auf diese Weise definierte Funktionen werden standardmäßig als Inline-Funktionen erzeugt. Daß es auch anders geht, werden Sie später sehen. Diese Funktionen werden dann aber nicht mehr automatisch als Inline-Funktion erzeugt.

8.1.5 Die Verwendung der Klasse

Nachdem die Festlegung der Klasse abgeschlossen ist, steht als nächstes die Hauptfunktion *main()* im Listing. Durch die ersten Anweisungen

```
EinfacheKlasse  Objekt1;                // Erstes Objekt
EinfacheKlasse  Objekt2;                // Zweites Objekt
```

werden zwei Objekte der Klasse mit dem Namen *EinfacheKlasse* definiert. Die Objekte werden erst zu diesem Zeitpunkt erzeugt, nicht aber schon bei der Festlegung. Die Angabe der Klasse beschreibt nur, wie die Objekte auszusehen haben, analog zur Festlegung von Strukturen. Erst nach dieser Definition können die Objekte vom Programm verwendet werden. Zusätzlich wird dadurch Platz im Speicher für die beteiligten Variablen reserviert.

Mit Hilfe der nächsten beiden Anweisungen in *main()* werden die Komponentenfunktionen zum Setzen der internen Variablen aufgerufen.

```
Objekt1.DatenSetzen(42);
Objekt2.DatenSetzen(333);
```

Sie sehen nicht wie gewöhnliche Funktionsaufrufe aus, denn es werden zusätzlich der Name des Objekts und ein Punkt verwendet. Damit ruft man eine Funktion auf, die mit einem speziellen Objekt verknüpft ist. Es würde keinen Sinn machen, nur den Namen der Funktion anzugeben, wie beispielsweise

```
DatenSetzen(42);
```

da dann der Compiler nicht weiß, welche Komponentenfunktion von welchem Objekt er aufrufen soll. Das würde zu einer Fehlermeldung des Übersetzers führen, da eine solche Funktion nicht bekannt ist.

Um zusätzlich zum Funktionsnamen auch das Objekt auszuwählen, setzt man den Punktoperator zwischen dem Objektnamen und dem Namen der Komponentenfunktion. Diese Art des Zugriffs ähnelt der Vorgehensweise des Zugriffs auf Strukturelemente. Die runden Klammern zeigen zusätzlich an, daß es sich um eine Komponentenfunktion und nicht um ein Datenelement handelt. Durch

```
Objekt1.DatenSetzen(42);
```

wird die Komponentenfunktion *DatenSetzen()* des Objekts *Objekt1* aufgerufen. Damit wird die interne Variable *iEinfacheDaten* auf den Wert 42 gesetzt.

Beim zweiten Aufruf

```
Objekt2.DatenSetzen(333);
```

wird statt des Objekts *Objekt1* das *Objekt2* aufgerufen. Auch dafür gibt es eine Funktion, mit der die interne Variable auf den angegebenen Wert gesetzt wird. Damit haben wir jetzt zwei Objekte, die unterschiedliche Werte der internen Variablen besitzen. Entsprechend wird durch

```
Objekt1.DatenAusgeben();
Objekt2.DatenAusgeben();
```

der Wert der internen Variablen des zugehörigen Objekts ausgegeben.

Manchmal wird beim Aufruf einer Komponentenfunktion auch vom Senden einer Nachricht gesprochen, obwohl dies in C++ nicht üblich ist. Durch

```
Objekt1.DatenAusgeben();
```

wird an das *Objekt1* eine Nachricht gesendet, den Inhalt der internen Variablen anzuzeigen. Damit wird auch sprachlich klarer, daß ein Objekt etwas Eigenständiges ist.

8.2 Komplexere Klassen

In der vorherigen Klasse war nur ein Datenelement vorhanden. Dazu verwenden wir die Teileparameter aus einem vorigen Beispiel.

```
// Artikel als Objekt
class Artikel {
  private:
    long  lArtikelNummer;              // Nummer des Artikels
    float  fPreis;                     // Preis des Artikels
    int  iModellNummer;                // Kennzeichnung
  public:
    // Daten setzen:
    void DatenSetzen(long lArt, float fPr, int iMod) {
      lArtikelNummer = lArt;
```

```
      fPreis = fPr;
      iModellNummer = iMod;
    }

    // Daten ausgeben:
    void DatenAnzeigen() {
      cout << "Artikelnummer: " << lArtikelNummer;
      cout << "  Preis: " << fPreis;
      cout << "  Modellnummer: " << iModellNummer << endl;
    }
};

void main() {
  Artikel  Artikel1;                        // Objekt definieren

  Artikel1.DatenSetzen(2492432, 32.53, 42); // Daten setzen
  Artikel1.DatenAnzeigen();                 // ... und ausgeben
}
```

Diese Klasse mit dem Namen *Artikel* weist drei Datenelemente auf, *lArtikelNummer*, *fPreis* und *iModellNummer*. Zusätzlich gibt es eine Funktion, mit der alle Datenelemente auf einmal gesetzt werden können. Das gilt auch für die Ausgabe mit der Funktion *DatenAnzeigen()*.

```
Artikelnummer: 2492432  Preis: 32.53  Modellnummer: 42
```

Damit haben wir im Prinzip eine Klasse erzeugt, die ein tatsächliches Element – einen Artikel – modelliert. In der Praxis würde man sie noch ergänzen, aber als Grundstock ist sie durchaus tauglich.

Als weiteres Beispiel wollen wir die Euro-Struktur zu einer Klasse aufwerten.

```
// Euro-Klasse
#include <iostream.h>

class Euro {
  private:
    float  fEuro;                     // Betrag in Euro
    float  fDm;                       // Betrag in D-Mark
  public:
    void DatenSetzen(float fWert) {   // Daten eingeben
      fEuro = fWert;
      fDm = 1.95583 * fWert;
    }
```

```
    void DatenAusgeben() {            // Daten anzeigen
      cout << fEuro << " Euro entsprechen ";
      cout << fDm << " DM" << endl;
    }

    void DatenEinlesen() {            // Daten einlesen
      cout << "Geben Sie einen Euro-Wert ein: ";
      cin >> fEuro;
      fDm = 1.95583 * fEuro;
    }
};

void main() {
  Euro  Wert1;                        // Euro-Wert
  Euro  Wert2;

  Wert1.DatenSetzen(1.3);             // Daten setzen
  Wert2.DatenEinlesen();              // Daten einlesen
  Wert1.DatenAusgeben();              // Daten ausgeben
  Wert2.DatenAusgeben();
}
```

In diesem Programm setzt man den Euro-Wert auf zwei Arten – entweder gibt man ihn direkt bei der Ausführung der Funktion *DatenSetzen()* an oder man ruft *DatenEingabe()* auf, die dann entsprechend nachfragt.

```
Geben Sie einen Euro-Wert ein: 2
1.3 Euro entsprechen 2.54258 DM
2 Euro entsprechen 3.91166 DM
```

Das Ganze wird durch eine dritte Komponentenfunktion realisiert, wie im Listing zu sehen ist. Das bedeutet zugleich, daß eine Klasse beliebig erweiterbar ist, wenn dies zur Lösung eines Problems erforderlich ist.

8.3 Konstruktoren

Im vorigen Beispiel wurden zwei Wege demonstriert, die Datenelemente eines Objekts zu initialisieren. Mitunter ist es aber auch wünschenswert, wenn ein Objekt gleich nach der Definition automatisch mit Vorgabewerten initialisiert wird, ohne daß irgendeine Funktion von außen aufgerufen wird.

Diese automatische Initialisierung wird mit Hilfe einer speziellen Komponentenfunktion realisiert, die als *Konstruktor* bezeichnet wird. Der Konstruktor wird immer dann automatisch ausgeführt, wenn ein Objekt erzeugt wird.

Im nachfolgenden Beispiel befindet sich als Objekt ein Zähler, der vielseitig eingesetzt werden kann, beispielsweise zum Zählen von Ereignissen. Jedesmal, wenn ein Ereignis eintritt, kann der Zähler um 1 erhöht werden. Außerdem kann auch der Wert des Zählers ausgegeben werden. Im Listing befindet sich ein Datenelement in der Klasse, das als Zählvariable dient. Damit kann es nicht versehentlich verändert werden, wie dies beispielsweise beim Einsatz einer globalen Variable geschehen könnte. Stattdessen muß explizit eine Komponentenfunktion aufgerufen werden, um auf den Zähler zugreifen zu können.

```
// Zaehler
#include <iostream.h>

class Zaehler {
  private:
    unsigned int  uiZaehler;             // Zaehlvariable
  public:
    Zaehler() {                          // Konstruktor
      uiZaehler = 0;
    }
    void ZaehlerErhoehen() {             // Inkrementieren
      uiZaehler++;
    }
    unsigned int ZaehlerZurueckliefern() { // Zurueckliefern
      return(uiZaehler);
    }
};

void main() {
  Zaehler  Zaehler1;                     // Definieren und
  Zaehler  Zaehler2;                     // initialisieren

  // Werte ausgeben:
  cout << "Zaehler 1 = " << Zaehler1.ZaehlerZurueckliefern() << endl;
  cout << "Zaehler 2 = " << Zaehler2.ZaehlerZurueckliefern() << endl;

  Zaehler1.ZaehlerErhoehen();            // Zaehler erhoehen
  Zaehler2.ZaehlerErhoehen();
  Zaehler1.ZaehlerErhoehen();

  // Werte erneut ausgeben:
  cout << "Zaehler 1 = " << Zaehler1.ZaehlerZurueckliefern()<< endl;
  cout << "Zaehler 2 = " << Zaehler2.ZaehlerZurueckliefern()<< endl;
}
```

Compiliert man dieses Programm, darf nicht das Semikolon am Ende der Festlegung der Klasse vergessen werden, denn sonst hagelt es beim Übersetzen die merkwürdigsten Fehlermeldungen. In der Klasse *Zaehler* befindet sich ein Datenelement, das den Stand des aktuellen Zaehlers repräsentiert. Außerdem besitzt sie drei Komponentenfunktionen, *Zaehler()*, deren Funktion wir uns gleich anschauen, *ZaehlerErhoehen()* zum Inkrementieren des Zählers und *ZaehlerZurueckliefern()* zur Rückgabe des aktuellen Zählerstands.

Wenn das Objekt des Typs *Zaehler* das erste Mal erzeugt wird, soll es automatisch mit dem Wert 0 initialisiert werden. Dazu könnten wir eine Funktion schreiben, die dies macht, wie beispielsweise

```
void ZaehlerInit() {                    // Zaehler initialisieren
  uiZaehler = 0;
}
```

aber dann müßte diese Funktion jedesmal explizit aufgerufen werden. Alternativ wäre auch eine Funktion denkbar, die den Wert des Zählers setzt. Sie müßte dann mit dem Argument 0 aufgerufen werden.

Es ist aber natürlich einfacher und bequemer, wenn das Objekt sich selbst initialisiert. Das gilt besonders dann, wenn man mehrere Objekte einer Klasse erzeugen und eine Reihe von Komponentenfunktionen aufrufen müßte. In unserer Klasse *Zaehler* übernimmt die Funktion *Zaehler()*, die als Konstruktor bezeichnet wird, diese Aufgabe. Sie wird immer dann aufgerufen, wenn ein Objekt des Typs *Zaehler* erzeugt wird. Daher werden durch die beiden Zeilen

```
Zaehler  Zaehler1;                      // Definieren und
Zaehler  Zaehler2;                      // initialisieren
```

zwei Objekte des Typs *Zaehler* erzeugt. Dabei wird für jedes der Objekte der entsprechende Konstruktor *Zaehler()* ausgeführt. Damit wird die interne Variable *uiZaehler* auf den Wert 0 gesetzt. Das bedeutet also, daß durch die einzelne Anweisung nicht nur das Objekt erzeugt, sondern auch noch gleich initialisiert wird.

Doch woher weiß der Compiler, daß gerade diese Funktion der Konstruktor ist? Ganz einfach: Der Konstruktor besitzt denselben Namen wie die Klasse, in der er festgelegt wird. Durch diese Tatsache kann der Compiler einen Konstruktor von den anderen Komponentenfunktionen unterscheiden.

Außerdem ist es für einen Konstruktor nicht erforderlich, einen Wert zurückzugeben. Da er automatisch aufgerufen wird, gibt es nichts, an das er einen Wert liefern könnte. Der Rückgabewert wäre also sinnlos. Aus diesem Grund muß man keinen Typ für den Wert angeben, so daß nicht so viel Tipparbeit anfällt.

In der Hauptfunktion *main()* werden zwei Objekte des Typs *Zaehler* erzeugt. Danach werden die aktuellen Zählerstände ausgegeben. Anschließend erfolgt die Erhöhung der Zähler und wieder die Ausgabe der Zaehlerstaende. Damit sieht die Ausgabe folgendermaßen aus.

```
Zaehler 1 = 0
Zaehler 2 = 0
Zaehler 1 = 2
Zaehler 2 = 1
```

Damit ist klar, daß der Konstruktor aufgerufen wird, denn bei der ersten Ausgabe besitzen die Datenelemente den Wert 0. Glauben Sie das nicht, kommentieren Sie die Zeilen des Konstruktors einfach aus und starten das Programm neu. Da es sich um eine automatische Variable handelt, ist deren Wert undefiniert, wie man nachfolgend erkennt.

```
Zaehler 1 = 1
Zaehler 2 = 256
Zaehler 1 = 3
Zaehler 2 = 257
```

Damit beginnt der Zähler bei einem willkürlichen Wert, wie an der ersten Ausgabe ersichtlich. Alternativ wäre auch folgender Weg denkbar, um zu zeigen, daß der Konstruktor tatsächlich ausgeführt wird: Wir fügen eine Ausgabeanweisung in den Konstruktor ein.

```
Zaehler() {                           // Konstruktor
  uiZaehler = 0;                      // Init
  cout << "Das ist der Konstruktor!\n"; // Ausgabe
}
```

Übersetzt und startet man diese modifizierte Version, sieht die Ausgabe so aus:

```
Das ist der Konstruktor!
Das ist der Konstruktor!
Zaehler 1 = 0
Zaehler 2 = 0
Zaehler 1 = 2
Zaehler 2 = 1
```

Man sieht, daß bei jedem Objekt der Konstruktor aufgerufen wird.

Insgesamt kann man mit Konstruktoren eine Menge anfangen. Denn damit lassen sich nicht nur Variablen initialisieren, sondern beispielsweise auch Speicher für andere Aufgaben reservieren und so weiter.

8.4 Destruktoren

Ein Konstruktor wird automatisch aufgerufen, wenn ein Objekt erzeugt wird. Analog dazu gibt es auch eine Komponentenfunktion, die jedesmal dann ausgeführt wird, wenn das Objekt entfernt oder zerstört wird. Eine solche Funktion wird als *Destruktor* bezeichnet.

Sie besitzt denselben Namen wie der Konstruktor, also den Namen der Klasse, nur wird dem Namen eine Tilde vorangestellt:

```
class Beliebig {
  private:
    long lDaten;
  public:
    // Konstruktor:
    Beliebig() {
      lDaten = 0;
    }

    // Destruktor, Name wie Klasse, nur mit vorangestellter Tilde:
    ~Beliebig() { }
};
```

Entsprechend zu den Konstruktoren besitzen auch die Destruktoren keinen Rückgabewert, so daß der Typ zur Vereinfachung nicht angegeben werden muß beziehungsweise weggelassen werden kann. Außerdem können einem Destruktor keine Parameter übergeben werden, da davon ausgegangen wird, daß es nur eine Möglichkeit gibt, ein Objekt aufzulösen.

Der häufigste Verwendungszweck von Destruktoren besteht darin, vom Konstruktor reservierten Speicher wieder freizugeben. Wie das funktioniert, werden wir im weiteren Verlauf des Buchs noch detailliert diskutieren. Bis zu diesem Zeitpunkt kommen die Destruktoren aber selten zum Einsatz, da der Speicherplatz für die meist verwendeten automatischen Variablen automatisch reserviert und wieder freigegeben wird.

8.5 Objekte als Funktionsargumente

Objekte lassen sich auch als Argumente an Funktionen übergeben.

Im nächsten Beispiel modifizieren wir das Programm zur Addition zweier Euro-Strukturen und machen daraus eine Klasse. Zusätzlich fügen wir einige neue Aspekte hinzu, wie die Übergabe von Objekten als Argumente, die Überlagerung von Konstruktoren und die Definition von Komponentenfunktionen außerhalb der Klasse.

```
// Euro-Addition
#include <iostream.h>

class Euro {
  private:
    float  fEuro;                // Betrag in Euro
    float  fDm;                  // Betrag in D-Mark
  public:
    Euro() { }                   // Konstruktor ohne Argumente

    Euro(float fWert) {          // Konstruktor mit einem Argument
      fEuro = fWert;
      fDm   = 1.95583 * fWert;
    }

    void DatenEinlesen() {       // Daten einlesen
      cout << "Geben Sie einen Euro-Wert ein: ";
      cin >> fEuro;
      fDm = 1.95583 * fEuro;
    }

    void DatenAusgeben() {       // Daten anzeigen
      cout << fEuro << " Euro entsprechen ";
      cout << fDm << " DM" << endl;
    }

    void DatenAddieren(Euro, Euro);     // Werte addieren, nur Deklaration
};

// Definition der Additionsfunktion:
void Euro::DatenAddieren(Euro Wert1, Euro Wert2) {
  fEuro = Wert1.fEuro + Wert2.fEuro;
  fDm   = Wert1.fDm + Wert2.fDm;
}

void main() {
  Euro  Objekt1;
  Euro  Objekt2(2.5);
  Euro  Objekt3;

  // Daten von Objekt 1 einlesen:
  Objekt1.DatenEinlesen();
```

```
  // Addition in Objekt 3 speichern:
  Objekt3.DatenAddieren(Objekt1, Objekt2);

  // Ausgeben:
  cout << "Objekt 1: ";
  Objekt1.DatenAusgeben();
  cout << "Objekt 2: ";
  Objekt2.DatenAusgeben();
  cout << "Objekt 3: ";
  Objekt3.DatenAusgeben();
}
```

In diesem Programm muß man als erstes einen Wert eingeben, der in *Objekt1* gespeichert wird. Anschließend erfolgt die Initialisierung des zweiten Objekts. Danach werden die beiden Werte addiert und die Summe in *Objekt3* gespeichert. Abschließend erfolgt die Ausgabe aller Werte.

```
Geben Sie einen Euro-Wert ein: 1.2
Objekt 1: 1.2 Euro entsprechen 2.347 DM
Objekt 2: 2.5 Euro entsprechen 4.88958 DM
Objekt 3: 3.7 Euro entsprechen 7.23657 DM
```

8.5.1 Überlagerte Konstruktoren

Bei der Definition eines Objekts wäre es schön, wenn man es zusätzlich mit benutzerdefinierten Werten initialisieren könnte. Das bedeutet, daß in der entsprechenden Zeile eine Definition wie

```
Euro  Objekt2(2.5);
```

zu verwenden wäre, um ein Element zu initialisieren. Das wird durch einen speziellen Konstruktor erreicht, der wie folgt aussieht:

```
Euro(float fWert) {
  fEuro = fWert;
  fDm = 1.95583 * fWert;
}
```

Mit diesem werden die Daten der Klasse gesetzt, wobei nur der Euro-Wert als Argument an den Konstruktor übergeben wird. Es sollen aber auch Variablen des Typs *Euro* definiert werden, die nicht initialisiert werden sollen, wie es auch in einem vorherigen Beispiel der Fall war.

```
Euro  Objekt1;
```

In diesem Programm gab es keinen Konstruktor, denn den hatten wir zu diesem Zeitpunkt noch nicht besprochen. Dennoch funktionierte das Programm ohne Probleme, weil der Übersetzer automatisch einen Konstruktor einfügte. Damit werden die Objekte so erzeugt, als hätte man einen leeren Konstruktor in der Klasse festgelegt.

Doch leider hat die implizite Erzeugung eines Konstruktors einen Haken. Wenn man einen anderen Konstruktor definiert, muß man auch den impliziten Konstruktor festlegen. Deshalb muß die folgende Codesequenz in die Klasse mit eingefügt werden:

```
Euro() { } // Konstruktor ohne Argumente
```

Durch den leeren Klammerausdruck legt man fest, daß bei diesem Konstruktor nichts passiert. Diese Konstruktion stellt nur den Parser zufrieden, der ansonsten meckern würde.

Damit gibt es jetzt einen überlagerten Konstruktor, da zwei Funktionen desselben Namens in der Klasse vorhanden sind. Dabei entscheidet wieder der Übersetzer, welcher Konstruktor tatsächlich ausgeführt wird (wie auch bei den überlagerten Funktionen). Gibt man bei der Definition des Objekts keinen Wert an, wird der Konstruktor ohne Argumente aufgerufen, bei einem Wert hingegen der andere in der Klasse festgelegte Konstruktor.

8.5.2 Komponentenfunktionen außerhalb der Klasse definieren

Bis zu diesem Zeitpunkt wurden die Komponentenfunktionen innerhalb der Klassenangabe definiert. Das muß aber nicht so sein, wie oben demonstriert. Außerdem macht das für lange Funktionen keinen Sinn, da damit das Listing der Klasse insgesamt ziemlich unüberschaubar wird.

Ähnlich wie es Prototypen für Funktionen gibt, mit denen sie deklariert werden, gibt es auch eine Deklaration für Komponentenfunktionen. Mit der Anweisung

```
void DatenAddieren(Euro, Euro);
```

wird also die Funktion *DatenAddieren()* innerhalb der Klasse *Euro* deklariert. Die eigentliche Definition erfolgt dann außerhalb der Klasse an einer anderen Stelle im Programm, was dem Übersetzer durch die Anweisung mitgeteilt wird. In diesem Fall folgt die Definition gleich nach der Klassenangabe, noch vor der Hauptfunktion *main()*.

```
// Definition der Additionsfunktion:
void Euro::DatenAddieren(Euro Wert1, Euro Wert2) {
  fEuro = Wert1.fEuro + Wert2.fEuro;
  fDm   = Wert1.fDm   + Wert2.fDm;
}
```

Im Deklarator der Funktion befindet sich eine noch ungewohnte Anweisung: der zweifachen Doppelpunkt. Dieses Symbol wird als *auflösender Gültigkeitsbereichoperator* bezeichnet. Damit wird festgelegt, mit welcher Klasse das Programmelement (hier also die Funktion) verbunden ist. Er zeigt an, daß die Funktion *DatenAddieren()* zur Klasse *Euro* gehört.

8.5.3 Objekte als Argumente

Kommen wir zur Hauptfunktion zurück. Die Objekte mit den Namen *Objekt1* und *Objekt3* werden unter Verwendung des Konstruktors ohne Argumente initialisiert, also gar nicht. Für das zweite Objekt *Objekt2* wird der andere festgelegte Konstruktor aufgerufen, mit dem die internen Variablen initialisiert werden.

Der Wert des Objekts *Objekt1* wird danach mit der Komponentenfunktion *DatenEinlesen()* festgelegt. Man gibt ihn einfach über die Tastatur ein. Danach sollen die Werte der beiden Objekte addiert werden, um das Ergebnis in *Objekt3* zu speichern. Dies geschieht mit folgendem Aufruf:

```
Objekt3.DatenAddieren(Objekt1, Objekt2); // Addition in Objekt 3 speichern
```

Die Werte werden in Objektform als Parameter der Funktion übergeben. Die Syntax entspricht der Angabe einfacher Datentypen oder Strukturen. Das bedeutet, daß sich Objekte genauso wie Strukturen an Funktionen übergeben lassen.

Da *DatenAddieren()* eine Komponentenfunktion der Klasse *Euro* ist, kann sie auf alle privaten Daten in jedem Objekt der Klasse zugreifen, das ihr zur Verfügung gestellt wird. Deshalb funktioniert die Addition

```
fEuro = Wert1.fEuro + Wert2.fEuro;
```

ohne Probleme, obwohl die Daten in den Objekten *Wert1* und *Wert2* mit dem Schlüsselwort *private:* gekennzeichnet sind und von außen auf die Daten nicht zugegriffen werden kann.

Analysieren wir die Komponentenfunktion einmal genauer. Wird sie aufgerufen, kann sie nur auf ein Objekt zugreifen, und zwar auf das, dessen Mitglied sie ist. Außerdem kann sie auf die Argumente *Wert1* und *Wert2* zugreifen, da sie ihr als Parameter übergeben werden.

```
void Euro::DatenAddieren(Euro Wert1, Euro Wert2)
```

Sie kann auch auf *Objekt3* zugreifen, da sie zu diesem Objekt gehört. Letztendlich bedeutet die Anweisung

```
Objekt3.DatenAddieren(Objekt1, Objekt2);
```

»Führe die Komponentenfunktion *DatenAddieren()* von *Objekt3* aus«. Nimmt man in der Funktion Bezug auf die Variablen *fEuro* und *fDm*, werden immer die internen Variablen des entsprechenden Objekts verwendet, hier also die von *Objekt3*. Außerdem legt die Funktion das Ergebnis im eigenen Objekt ab, sie gibt keinen Wert zurück, wie man auch am Typ *void* erkennt.

8.6 Objekte als Rückgabewerte

Objekte können als Argumente problemlos übergeben werden. Nun wird das Beispiel so modifiziert, daß die Additionsfunktion ein Objekt zurückgibt.

```
// Objekt-Rueckgabe
#include <iostream.h>

class Euro {
  private:
    float  fEuro;                    // Betrag in Euro
    float  fDm;                      // Betrag in D-Mark
  public:
    Euro() {                         // Konstruktor ohne Argumente
      fEuro = 0.0;
      fDm = 0.0;
    }

    Euro(float fWert) {              // Konstruktor mit einem Argument
      fEuro = fWert;
      fDm = 1.95583 * fWert;
    }

    void DatenEinlesen() {           // Daten einlesen
      cout << "Geben Sie einen Euro-Wert ein: ";
      cin >> fEuro;
      fDm = 1.95583 * fEuro;
    }
```

```
    void DatenAusgeben() {              // Daten anzeigen
      cout << fEuro << " Euro entsprechen ";
      cout << fDm << " DM" << endl;
    }

    Euro DatenAddieren(Euro);           // Werte addieren, nur Deklaration
};

Euro Euro::DatenAddieren(Euro Wert1) { // Definition der Additionsfunktion
  Euro  Temp;                          // Temporaere Variable


  Temp.fEuro = fEuro + Wert1.fEuro;
  Temp.fDm   = fDm   + Wert1.fDm;

  return(Temp);                        // Rueckgabe
}

void main() {
  Euro  Objekt1;
  Euro  Objekt2(2.5);
  Euro  Objekt3;

  Objekt1.DatenEinlesen();             // Daten von Objekt 1 einlesen

  // Addition in Objekt 3 speichern:
  Objekt3= Objekt1.DatenAddieren(Objekt2);

  // Ausgeben:
  cout << "Objekt 1: ";
  Objekt1.DatenAusgeben();
  cout << "Objekt 2: ";
  Objekt2.DatenAusgeben();
  cout << "Objekt 3: ";
  Objekt3.DatenAusgeben();
}
```

Startet man das Programm, funktioniert es genauso wie das vorige, weshalb die Ausgabe entsprechend aussieht:

```
Geben Sie einen Euro-Wert ein: 1.5
Objekt 1: 1.5 Euro entsprechen 2.93374 DM
Objekt 2: 2.5 Euro entsprechen 4.88958 DM
Objekt 3: 4 Euro entsprechen 7.82332 DM
```

Tatsächlich sind sich auch die Programme sehr ähnlich, nur in den Details gibt es geringfügige Unterschiede. Betrachtet man die Listings genauer, liegen die eigentlichen Unterschiede in der Art, wie die Daten addiert werden und wie der Zugriff auf die Objekte erfolgt. Im vorigen Beispiel wurden der Additionsfunktion zwei Objekte übergeben und das Ergebnis wird in dem Objekt gespeichert, zu der die Funktion gehört, also dem Objekt mit dem Namen *Objekt3*.

In diesem Beispiel gibt es nur ein Objekt, das an die Additionsfunktion übergeben wird, *Objekt2*. Außerdem wird in der Hauptfunktion *main()* das Ergebnis der Addition einem Objekt mit dem Namen *Objekt3* zugewiesen.

```
Objekt3= Objekt1.DatenAddieren(Objekt2);
```

Das Resultat ist dasselbe, nur wird diese Form vermutlich häufiger verwendet. Noch einfacher wäre es, wenn man den »+«-Operator für die Addition verwenden könnte, wie in der folgenden Zeile.

```
Objekt3 = Objekt1 + Objekt2;
```

Leider funktioniert das (noch) nicht, aber wir werden später sehen, wie sich auch das einrichten läßt.

Wie an der Ausgabe zu sehen ist, führen die beiden Programme zur selben Anzeige, nur passiert das auf unterschiedliche Art und Weise. Bei der Additionsfunktion wird nur ein Objekt als Parameter verwendet:

```
Euro Euro::DatenAddieren(Euro Wert1) { // Definition der Additionsfunktion
  Euro  Temp;                          // Temporaere Variable
  Temp.fEuro = fEuro + Wert1.fEuro;
  Temp.fDm = fDm + Wert1.fDm;

  return(Temp);                        // Rueckgabe
}
```

Als erstes wird in der Funktion ein temporäres Objekt mit dem Namen *Temp* erzeugt. Dort hinein wird die Summe der Daten des aktuellen Objekts und des übergebenen Objekts geschrieben. Auf die Daten des aktuellen Objekts greift man mit *fEuro* und *fDm* zu, bei den anderen muß man wieder den Namen des Objekts hinzusetzen. Das bedeutet, daß auf die Daten des temporären Objekts mit *Temp.fEuro* und *Temp.FDm* zugegriffen werden kann.

Abschließend wird das Objekt mit der Anweisung

```
return(Temp);
```

zurückgegeben. In *main()* wird dieses temporäre Objekt dann *Objekt3* zugewiesen. Beachten Sie, daß die Daten von *Objekt1* nicht verändert werden, da das Ergebnis dem temporären Objekt in der Komponentenfunktion zugewiesen wird.

8.7 Ein Hütchen-Spiel

In diesem Abschnitt sehen wir uns noch ein etwas umfangreicheres Beispiel an. Es simuliert einen Hütchenspieler und Sie haben die Aufgabe, die Kugel unter dem richtigen Hütchen zu finden. Dabei wird jedes Hütchen durch ein Objekt dargestellt.

```
// Huetchenspiel
#include <iostream.h>

class Huetchen {
  private:
    int  iKugel;
  public:
    Huetchen() {                      // Konstruktor
      iKugel = 0;
    }
    Huetchen(int iVorhanden) {        // 2. Konstruktor
      iKugel = iVorhanden;
    }
    void Anzeige();                   // Huetchen ausgeben
    int Vergleich();                  // Richtiges Huetchen
};

void Huetchen::Anzeige() {            // Ausgeben, ob Kugel unter
Huetchen
  if (iKugel)
    cout << "Die Kugel ist hier" << endl;
  else
    cout << "Die Kugel ist nicht hier" << endl;
}

int Huetchen::Vergleich() {           // Vergleich
  if (iKugel == 1)
    return(1);
  else
    return(0);
}
```

```
void main() {
  Huetchen  Objekt1;                    // Keine Kugel unter Huetchen
  Huetchen  Objekt2(1);                 // Hier ist die Kugel
  Huetchen  Objekt3;                    // Keine Kugel
  Huetchen  Temp;                       // Temporaeres Objekt
  Huetchen  Gewaehlt;                   // Gewaehltes Huetchen
  int       iEingabe;                   // Eingabe der Position

  cout << "Huetchen 1: ";               // Anfangsausgabe
  Objekt1.Anzeige();
  cout << "Huetchen 2: ";
  Objekt2.Anzeige();
  cout << "Huetchen 3: ";
  Objekt3.Anzeige();

  cout << "Tausche Huetchen 1 und 3" << endl;  // Vertauschen
  Temp = Objekt1;
  Objekt1 = Objekt3;
  Objekt3 = Temp;
  cout << "Tausche Huetchen 2 und 3" << endl;
  Temp = Objekt2;
  Objekt2 = Objekt3;
  Objekt3 = Temp;
  cout << "Tausche Huetchen 1 und 2" << endl;
  Temp = Objekt1;
  Objekt1 = Objekt2;
  Objekt2 = Temp;

  cout << "Wo befindet sich die Kugel (1, 2, 3)? ";
  cin >> iEingabe;
  switch (iEingabe) {                   // Gewaehltes Huetchen setzen
    case 1:
      Gewaehlt = Objekt1;
      break;
    case 2:
      Gewaehlt = Objekt2;
      break;
    case 3:
      Gewaehlt = Objekt3;
      break;
  }

  if (Gewaehlt.Vergleich() == 1)        // Vergleich
    cout << "Sie haben gewonnen" << endl;
  else
    cout << "Schade, das war das falsche" << endl;
}
```

Dieses Programm ist recht komplex geraten. In der Klasse *Huetchen* gibt es eine private Variable, in der festgelegt wird, ob sich die Kugel darunter befindet oder nicht. Anschließend sehen Sie zwei Konstruktoren, wobei in dem ohne Argumente der Wert der Variablen mit 0 initialisiert wird. Das deutet darauf hin, daß sich keine Kugel darunter befindet. Im Konstruktor mit Argument können Sie selbst festlegen, ob sich eine Kugel unter dem Hütchen befindet oder nicht. Zusätzlich gibt es noch zwei weitere Komponentenfunktionen, mit denen angezeigt werden kann, ob sich eine Kugel unter dem Hütchen befindet, und eine, die in diesem Fall den Wert 1 zurückliefert.

In der Hauptfunktion *main()* werden drei Objekte (*Objekt1*, *Objekt2* und *Objekt3*) des Typs *Huetchen* erzeugt, die den realen Hütchen entsprechen sollen. *Objekt2* wird mit dem Wert 1 initialisiert, womit angedeutet wird, daß sich die Kugel darunter befindet. Dafür wird der Konstruktor verwendet, der ein Argument übernimmt.

Zusätzlich werden noch zwei weitere Objekte des Typs *Huetchen* erzeugt, die zum einen für das Vertauschen der Objekte verwendet werden und zum anderen wird das gewählte Hütchen einem Objekt zugewiesen. Weiterhin wird eine Integer-Variable definiert, in der die Eingabe später gespeichert wird.

Im weiteren Verlauf wird für jedes der drei Objekte die Funktion *Anzeigen()* aufgerufen, um darzustellen, wo sich die Kugel befindet. In ihr wird die interne Variable *iKugel* abgefragt, die angibt, ob sich die Kugel darunter befindet.

```
void Huetchen::Anzeige() {                // Ausgeben, ob Kugel unter
Huetchen
  if (iKugel)
    cout << "Die Kugel ist hier" << endl;
  else
    cout << "Die Kugel ist nicht hier" << endl;
}
```

Je nachdem, welchen Wert *iKugel* besitzt, wird ein anderer Text angezeigt. Da in der Hauptfunktion vorher festgelegt wird, welches Objekt zu Anzeige kommt, kann man sehr genau sehen, wo sich die Kugel befindet.

Danach beginnt das Vertauschen der Hütchen, was hier durch ein Vertauschen der zugehörigen Objekte geschieht. Welche Objekte jeweils vertauscht werden, wird zusätzlich auf dem Bildschirm angezeigt. Ist das beendet, wird man aufgefordert, die richtige Position der Kugel einzugeben.

Entsprechend der Eingabe wird mit einer *switch*-Konstruktion dem Objekt *Gewaehlt* das passende Hütchen (Objekt) zugewiesen. Damit testet man, ob es das richtige ist. Dies geschieht durch Aufruf der Komponentenfunktion *Vergleich()*.

```
if (Gewaehlt.Vergleich() == 1)
  cout << "Sie haben gewonnen" << endl;
else
  cout << "Schade, das war das falsche" << endl;
```

Entsprechend dem Rückgabewert erfolgt eine Ausgabe, ob es sich um das richtige Hütchen handelte oder nicht. Die Komponentenfunktion liefert nur einen Wert entsprechend der internen Variable *iKugel* zurück, der angibt, ob sich die Kugel darunter befindet.

Man sieht folgende Ausgabe, wenn der Benutzer die falsche Karte ausgewählt hat:

```
Huetchen 1: Die Kugel ist nicht hier
Huetchen 2: Die Kugel ist hier
Huetchen 3: Die Kugel ist nicht hier
Tausche Huetchen 1 und 3
Tausche Huetchen 2 und 3
Tausche Huetchen 1 und 2
Wo befindet sich die Kugel (1, 2, 3)? 1
Schade, das war das falsche
```

Bleibt nur die Frage zu klären, an welcher Position sich die Kugel befindet. Probieren Sie es aus, denn Sie können das Programm ja mehrfach starten.

8.8 Strukturen und Klassen

In den Beispielen, die Sie bisher kennengelernt haben, wurden Strukturen nur zum Anordnen von Daten verwendet. In Klassen konnten noch zusätzliche Funktionen hinzugefügt werden, so daß in ihnen Daten und Funktionen vorhanden sind. Tatsächlich lassen sich aber auch Strukturen wie Klassen einsetzen, was bedeutet, daß auch Strukturen Funktionen aufnehmen können. Der einzige Unterschied besteht darin, daß in Klassen die Datenelemente standardmäßig als *private* gekennzeichnet sind, in Strukturen dagegen sind sie öffentlich (*public*).

Bei Klassen haben wir bisher folgende Schreibweise verwendet:

```
class Beliebig {
  private:
    long  lDaten;
  public:
    Beliebig() {                        // Konstruktor
      lDaten = 0;
    }
};
```

Weil in Klassen die Standardvorgabe für die Datenelemente durch das Schlüsselwort *private:* beschrieben werden kann, kann man es auch weglassen. Damit wird die Angabe der Klasse um eine Zeile kürzer:

```
class Beliebig {
  long  lDaten;
  public:
    Beliebig() {                        // Konstruktor
      lDaten = 0;
    }
};
```

Trotzdem wird das Datenelement *lDaten* so behandelt, als würde davor ein *private:* stehen. Im folgenden werden wir immer das Schlüsselwort *private* mit angeben, da dann sofort klar ist, um welchen Typ es sich handelt und man nicht erst überlegen muß.

Bei den Strukturen ist die Standardvorgabe öffentlich, so daß man das Schlüsselwort *private* für die Daten angeben muß, wenn sie denn privat sein sollen. Damit ergibt sich für eine Struktur folgende Angabe:

```
struct Beliebig {
    Beliebig() {                        // Konstruktor
      lDaten = 0;
    }
  private:
    long  lDaten;
};
```

In diesem Fall ist der Konstruktor öffentlich, da dies die Standardvorgabe für Strukturen ist. Obwohl bis auf die Vorgabewerte Strukturen und Klassen gleich einzusetzen sind, werden Strukturen meist nur für Daten verwendet. In Klassen hingegen gibt es sowohl Daten als auch Funktionen.

8.9 Speicherplatz

In den vorigen Beispielen wurde wahrscheinlich der Eindruck erweckt, daß jedes erzeugte Objekt eigene Kopien der Klassendaten und Komponentenfunktionen besitzt. Das ist schon mal ein guter Ansatz, entspricht er doch dem physikalischen Vorbild, denn mehrere Autos teilen sich ja auch nicht einen Motor, sondern besitzen jeweils einen eigenen.

Leider sind die Sachverhalte in C++ aber nicht ganz so einfach. Tatsächlich besitzt jedes Objekt seine eigenen Klassendaten, aber die Komponentenfunktionen sind für jede Klasse nur einmal vorhanden. Sie werden nur einmal nach dem Bauplan in der Angabe der Klasse erzeugt und im Speicher abgelegt und sind dann für alle Objekte dieses Typs zuständig. Das macht natürlich Sinn, da bei umfangreichen Klassen sehr viel Speicher mit dieser Vorgehensweise gespart werden kann, zumal alle Funktionen identisch aussehen. Anders sieht es bei den Datenelementen aus, da sie jeweils eigene Werte besitzen und deshalb bei jedem Objekt verschieden sind, weshalb sie separat gespeichert werden.

In den meisten Fällen ist es egal, ob jedes Objekt eigene Kopien der Komponentenfunktionen besitzt oder nicht. Aber in einem bereits besprochenen Beispiel mußte man dies wissen, nämlich bei der Übergabe von Objekten als Parameter. Dort sind sind auch die als privat gekennzeichneten Variablen der übergebenen Objekte desselben Typs verfügbar, was daran liegt, daß es für alle Objekte nur eine Funktion gibt.

Außerdem ist diese Kenntnis hilfreich, wenn man versucht, die Größe eines Programms abzuschätzen. Wobei beim heutigen Speicherausbau die resultierende Größe des Programms eher belanglos ist.

8.10 Statische Klassendaten

Im vorherigen Abschnitt wurde festgestellt, daß jedes Objekt seine eigenen Datenelemente besitzt und nur die Komponentenfunktionen für alle identisch sind. Doch keine Regel ohne Ausnahme, denn es lassen sich auch Datenelemente erzeugen, die von allen Objekten desselben Typs genutzt werden können. Dazu definieren Sie das entsprechende Datenelement als statisch (*static*) und nun wird nur eines für alle Objekte dieses Typ generiert. Dabei spielt es keine Rolle, wieviele Objekte tatsächlich erzeugt werden. Eine solche Variable kann dann nützlich sein, wenn alle Objekte eine Information teilen oder Daten untereinander austauschen müssen.

Eine statische Variable in einer Klasse hat ähnliche Eigenschaften wie eine allgemeine statische Variable. Sie ist nur innerhalb der Klasse sichtbar, aber ihre Lebensdauer reicht so lange, wie es Objekte dieses Typs gibt.

Das klassische Beispiel ist, einen Zähler mit dieser Variable zu erzeugen, der angibt, wie viele Objekte dieses Typs generiert wurden.

```
// statische Klassendaten
#include <iostream.h>

class StatischeDaten {
  private:
    static int  iZaehler;                    // Nur ein Element
  public:
    StatischeDaten() {
      iZaehler++;
    }
    int ZaehlerAbfragen();
};

int StatischeDaten::ZaehlerAbfragen() {
  return(iZaehler);
}

void main() {
  StatischeDaten  Objekt1;                   // Objekte erzeugen
  StatischeDaten  Objekt2;
  StatischeDaten  Objekt3;

  // Zaehler getrennt ausgeben:
  cout << "Zaehler von Objekt 1 : " << Objekt1.ZaehlerAbfragen() << endl;
  cout << "Zaehler von Objekt 2 : " << Objekt2.ZaehlerAbfragen() << endl;
  cout << "Zaehler von Objekt 3 : " << Objekt3.ZaehlerAbfragen() << endl;
}
```

Im Listing besitzt die Klasse *StatischeDaten* ein Datenelement, das als *static int* deklariert ist. Im Konstruktor der Klasse wird der Wert dieses Datenelements jedesmal erhöht, wenn er aufgerufen wird, also bei der Erzeugung eines neuen Objekts. Außerdem besitzt die Klasse eine Komponentenfunktion, mit der der Wert des Zählers zurückgeliefert wird.

In der Hauptfunktion *main()* werden drei Objekte des Typs *StatischeDaten* erzeugt. Damit wird der Konstruktor dreimal aufgerufen und der Wert der Variable wird dreimal inkrementiert. Zur Überprüfung wird die Komponentenfunktion *ZaehlerAbfragen()* für jedes der Objekte aufgerufen und der Wert angezeigt. Alle Werte müßten dann identisch sein.

Soweit die Theorie, doch wenn man dieses Programm in der hier dargestellten Form übersetzt, beglückt einem der Linker mit der Fehlermeldung, daß er ein externes Symbol nicht auflösen kann. Dabei wird die statische Klassenvariable als Übeltäter angezeigt. Das bedeutet, daß sich das Programm so nicht übersetzen läßt. Wo könnte der Fehler liegen?

Gehen wir zur Klärung dieser Frage noch einmal zu den normalen statischen Variablen zurück. Diese konnte man gleich bei der Angabe initialisieren, um einen definierten Anfangswert zu besitzen. Wurde dies nicht gemacht, war der Anfangswert undefiniert. Hier liegt das Problem, denn die statische Klassenvariable wird bei dieser Konstruktion nicht initialisiert. Deswegen geht anscheinend der Compiler davon aus, daß sie nicht benötigt wird und legt sie nicht an.

Das könnte man ändern, indem man die Variable einmal im Quelltext initialisiert. Wie geht das? In der Klasse selbst ist eine Initialisierung nicht möglich, so daß sie außerhalb der Klassenangabe erfolgen muß. Wie auch bei den Funktionen wird mit dem doppelten Doppelpunkt auf die Variable zugegriffen. Anschließend wird der Anfangswert angegeben, entsprechend der nachfolgenden Zeile. Diese Angabe darf nur einmal im Quelltext auftauchen, da sie sonst doppeldeutig wäre.

```
int StatischeDaten::iZaehler = 0;
```

Damit wird die Variable mit dem Wert 0 initialisiert und sie wird im Speicher angelegt, so daß die Fehlermeldung beim Übersetzen verschwindet. Startet man danach das Programm, sieht man folgende Ausgabe:

```
Zaehler von Objekt 1 : 3
Zaehler von Objekt 2 : 3
Zaehler von Objekt 3 : 3
```

Damit ist klar, daß jedes Objekt auf das gleiche Datenelement zugreift. Hätte man das Attribut *static* und die Initialisierung weggelassen, würde die Ausgabe anders aussehen.

```
Zaehler von Objekt 1 : 1
Zaehler von Objekt 2 : 1
Zaehler von Objekt 3 : 1
```

Noch einmal zurück zu der statischen Klassenvariablen. Damit sie immer die aktuelle Anzahl der Objekte widerspiegelt, wäre ein Destruktor sinnvoll, in dem jedesmal der Zähler verringert wird, wenn ein Objekt aus dem Speicher entfernt wird. Da aber bei diesem Beispiel das Objekt bis zum Programmende erhalten bleibt, würde ein Destruktor (zur Zeit noch) wenig Sinn machen. Allerdings wäre er sinnvoll, wenn das Objekt in einer Funktion erzeugt würde, die noch beendet wird, bevor das Program endet.

```
// Statische Klassendaten
#include <iostream.h>

class StatischeDaten {
  private:
    static int  iZaehler;                 // Nur ein Element
  public:
    StatischeDaten() {                    // Konstruktor
      iZaehler++;
    }
    int ZaehlerAbfragen();
    ~XStatischeDaten() {                  // Destruktor
      iZaehler--;
    }
};

// Zurueckliefern des Zaehlers:
int StatischeDaten::ZaehlerAbfragen() {
  return(iZaehler);
}

int StatischeDaten::isZaehler = 0;       // Initialisierung

// Funktion, in der Objekt erzeugt wird:
void ObjektFunktion() {
  StatischeDaten  Objekt4;                // Objekt erzeugen
  cout << "Zaehler von Objekt 4 : " << Objekt4.ZaehlerAbfragen() << endl;
}

void main() {
  StatischeDaten  Objekt1;                // Objekte erzeugen
  StatischeDaten  Objekt2;
  StatischeDaten  Objekt3;

  // Zaehler getrennt ausgeben:
  cout << "Zaehler von Objekt 1 : " << Objekt1.ZaehlerAbfragen() << endl;
  cout << "Zaehler von Objekt 2 : " << Objekt2.ZaehlerAbfragen() << endl;
  cout << "Zaehler von Objekt 3 : " << Objekt3.ZaehlerAbfragen() << endl;

  // Funktion aufrufen:
  ObjektFunktion();

  // Zaehler wieder getrennt ausgeben:
  cout << "Zaehler von Objekt 1 : " << Objekt1.ZaehlerAbfragen() << endl;
  cout << "Zaehler von Objekt 2 : " << Objekt2.ZaehlerAbfragen() << endl;
  cout << "Zaehler von Objekt 3 : " << Objekt3.ZaehlerAbfragen() << endl;
}
```

In diesem Beispiel fügten wir der Klasse einen Destruktor hinzu, der immer dann aufgerufen wird, wenn das Objekt gelöscht wird. In ihm wird die Variable, die die Anzahl der aktuellen Objekte angibt, um den Wert 1 verringert.

Da die in der Hauptfunktion *main()* erzeugten Objekte über die gesamte Programmdauer erhalten bleiben, wird eine Funktion aufgerufen, um den Destruktor auszuprobieren. Beim Eintritt in die Funktion *ObjektFunktion()* wird das Objekt mit dem Namen *Objekt4* erzeugt, was Sie am Zählerstand sehen können. Wird die Funktion verlassen, ist das Objekt nicht mehr gültig, so daß der Zähler wieder um 1 vermindert wird. Daß das der Fall ist, sieht man abschließend wieder an der Ausgabe.

```
Zaehler von Objekt 1 : 3
Zaehler von Objekt 2 : 3
Zaehler von Objekt 3 : 3
Zaehler von Objekt 4 : 4
Zaehler von Objekt 1 : 3
Zaehler von Objekt 2 : 3
Zaehler von Objekt 3 : 3
```

Das bedeutet, daß der Destruktor beim Verlassen der Funktion wirksam wurde. Hätte man ihn übrigens weggelassen, würde man folgendes sehen:

```
Zaehler von Objekt 1 : 3
Zaehler von Objekt 2 : 3
Zaehler von Objekt 3 : 3
Zaehler von Objekt 4 : 4
Zaehler von Objekt 1 : 4
Zaehler von Objekt 2 : 4
Zaehler von Objekt 3 : 4
```

Der Unterschied ist sofort klar, denn der Wert des Zählers wird beim Verlassen der Funktion nicht verringert. Also geben auch die Objekte 1 bis 3 den Wert 4 zurück.

8.11 Hintergründe

Nach dieser Einführung in die Welt der Klassen werden Sie sich jetzt sicherlich fragen, wo denn die Vorteile dieser Vorgehensweise sind. Schließlich lassen sich die angesprochenen Aufgaben sowohl mit der objektorientierten als auch mit der prozeduralen Programmierung lösen.

Ein Vorteil der objektorientierten Programmierung ist, daß die realen Objekte im Programm nachgebildet werden. Ein Raumobjekt bildet einen Raum ab und ein Ersatzteilobjekt ein physikalisches Ersatzteil.

In der objektorientierten Programmierung (und in C++) werden alle Einzelheiten eines physikalischen Objekts in die Beschreibung der Klasse aufgenommen. Dazu gehören die notwendigen Variablen und die Funktionen, mit denen auf die Daten zugegriffen und sie bearbeitet werden. Damit sollte sich eine Programmieraufgabe leichter lösen lassen.

Allerdings muß man dazu herausfinden, welche Teile der Aufgabenstellung sich am besten als Objekte nachbilden lassen. Das ist vermutlich eines der größten Probleme bei der objektorientierten Programmierung, denn die Wahl der Objekte ist entscheidend für die Güte der Lösung des Problems. Zögern Sie deshalb nicht, zu experimentieren. Stellen Sie sich dazu ein Brettspiel vor: Welche der Bestandteile sollen als Objekte realisiert werden, das Spielbrett, die einzelnen Figuren oder etwa ganze Spielpositionen? Wählen Sie eine Lösung aus und prüfen Sie, ob sie zum Ziel führt. Tut sie das nicht, versuchen Sie einen anderen Ansatz. Dieses Verfahren wiederholen Sie solange, bis Sie die beste Lösung gefunden haben. Außerdem üben Sie damit die objektorientierte Programmierung, so daß Ihnen bei der nächsten Problemstellung vielleicht schon zu Anfang die beste Lösung einfällt.

An dieser Stelle ist noch nicht ersichtlich, daß die OOP eigentlich dazu entwickelt wurde, die Komplexität sehr großer Programme zu bewältigen, denn die bisherigen Beispielen waren nur relativ kleine Programme. Dennoch war auch an ihnen schon ersichtlich, daß bei der objektorientierten Programmierung ein Großteil der Arbeit im Entwurf der Klasse steckt und den dazugehörigen Komponentenfunktionen. In der prozeduralen Programmierung dagegen werden viele Funktionen erzeugt, die über das ganze Programm verstreut sind, so daß es sehr unübersichtlich werden kann.

8.12 Zusammenfassung

In diesem Kapitel wurden Klassen und deren Einsatz vorgestellt. Eine Klasse ist ein Bauplan für eine Reihe von Objekten. In Objekten sind sowohl Daten als auch Funktionen enthalten, die diese Daten verarbeiten können. Zusätzlich lassen sich die Zugriffe auf die einzelnen Elemente einer Klasse durch bestimmte Schlüsselworte beschränken.

Die Funktionen einer Klasse werden als *Komponentenfunktionen* bezeichnet. Außerdem gibt es spezielle Funktionen, die bei der Erzeugung eines Objekts aufgerufen werden, und solche, die beim Löschen des Objekts ausgeführt werden. Erstere werden als *Konstruktoren* bezeichnet und die anderen als *Destruktoren*. Ein Konstruktor besitzt den Namen der Klasse und dem Destruktor, der denselben Namen hat, geht eine Tilde voran.

Jedes durch eine Klasse erzeugte Objekt besitzt eigene Datenelemente, teilt sich mit den anderen aber die Komponentenfunktionen. Außerdem sind statische Datenelemenet möglich, die für alle Objekte nur einmal vorhanden sind.

Im nächsten Kapitel widmen wir uns den Vektoren und Arrays, die eine weitere Möglichkeit zur Anordnung von Daten sind. Dabei werden Elemente gleichen Typs zu einem Vektor zusammengefaßt. Außerdem wird erklärt, wie Zeichenketten mit Vektoren realisiert werden.

8.13 Aufgaben

1. Programmieren Sie eine Klasse mit dem Namen *Anzahl*, die eine private *int*-Variable und eine öffentliche Funktion enthält, die den Wert der Variable zurückliefert. Außerdem soll in ihr ein Konstruktor enthalten sein, der den Wert der Variable auf 0 setzt.

2. Stellen Sie sich eine Mautstelle in Italien vor. An dieser wird jedes vorbeifahrende Fahrzeug gezählt. Ein Großteil der Fahrzeuge muß eine Gebühr (3,50 Euro) in bar entrichten, ein anderer Teil wird zwar gezählt, darf aber ansonsten durchfahren. Bilden Sie diese Situation in einer Klasse mit dem Namen *Maut* nach. In dieser soll ein *long*-Element die Anzahl der Autos aufnehmen und eines vom Typ *double* repräsentiert die Gesamteinnahmen. Über einen Konstruktor sollen beide Elemente mit Null initialisiert werden. Außerdem gibt es eine Komponentenfunktion, die die Werte der beiden Variablen zurückgibt.

   Damit die Fahrzeuge gezählt werden können, gibt es zwei Komponentenfunktionen, die eine zählt und erhöht den Gesamtbetrag, die andere zählt nur die Fahrzeuge. Um die Klasse zu testen, schreiben Sie zusätzlich ein Programm, in dem Sie bei einer Abfrage angeben können, welche Art von Fahrzeug gezählt werden soll. Alternativ können Sie an dieser Stelle das Programm abbrechen und sich die Daten anzeigen lassen.

3. Entwerfen Sie eine Klasse mit dem Namen *Preis*, in der der Euro- und der Cent-Anteil in zwei Integer-Variablen gespeichert werden. Initialisieren Sie diese durch einen Konstruktor mit dem Wert 0. Durch eine Komponentenfunktion sollen die Angaben angezeigt werden können. Außerdem soll es eine Komponentenfunktion geben, die zwei als Argumente übergebene Objekte des Typs addieren kann.
   In der Hauptfunktion *main ()* erzeugen Sie drei Objekte dieses Typs, wobei Sie eines initialisieren. Die Daten des zweiten geben Sie ein und das dritte Objekt enthält die Summe der beiden ersten. Abschließend werden die Daten aller Objekte ausgegeben.

9 Vektoren und Arrays

Wollen Sie Datenelemente des gleichen Typs zusammenfassen, setzen Sie dafür Vektoren ein, die auch als *Arrays* bezeichnet werden. Vektoren können einige wenige Elemente aufnehmen, aber auch mehrere tausend. Dabei kann es sich um Datenelemente eines einfachen Typs wie beispielsweise *int* oder *float* handeln oder um Strukturen. Entscheidend ist nur, daß alle Elemente den gleichen Typ besitzen.

Außerdem unterscheidet sich der Zugriff auf die einzelnen Elemente. Bei einer Struktur wird ein einzelnes Element über seinen Namen angesprochen, bei einem Vektor werden dafür Index-Werte verwendet. Damit ist der Zugriff recht unkompliziert möglich, da man jetzt keinen Namen mehr kennen muß, sondern nur noch eine Indexzahl.

Als erstes widmen wir uns den Vektoren aus einfachen Datentypen, wonach wir zu Datenkomponenten in Klassen übergehen. Außerdem werden Sie sehen, daß Vektoren auch aus Objekten bestehen können.

9.1 Grundlagen

In diesem Abschnitt soll es um die Grundlagen von Vektoren gehen. Zu Beginn wieder ein Beispielprogramm, das anschließend näher untersucht wird.

9.1.1 Ein erstes Beispiel

Das Beispiel zeigt einen Vektor aus vier Elementen, der vier Ganzzahlen repräsentiert. Anschließend werden Sie aufgefordert, vier neue Zahlen einzugeben, die direkt in den Vektor geschrieben werden. Zum Schluß werden alle Elemente angezeigt.

```
// Vektor
#include <iostream.h>

void main() {
  int  aiZahl[4];                  // Vektor aus vier ganzen Zahlen
  int  i;                          // Schleife

  for (i = 0; i < 4; i++) {        // Schleife, Daten einlesen
    cout << "Geben Sie das Element " << i << " ein: ";
    cin >> aiZahl[i];
  }
  for (i = 0; i < 4; i++) {        // Schleife, Daten ausgeben
    cout << "Element " << i << " hat den Wert " << aiZahl[i] << endl;
  }
}
```

Übersetzt und startet man das Programm, könnte ein Dialog wie folgt aussehen:

```
Geben Sie das Element 0 ein: 12
Geben Sie das Element 1 ein: 23
Geben Sie das Element 2 ein: 33
Geben Sie das Element 3 ein: 42
Element 0 hat den Wert 12
Element 1 hat den Wert 23
Element 2 hat den Wert 33
Element 3 hat den Wert 42
```

In der ersten *for*-Schleife werden die Daten der Elemente eingelesen, während in der zweiten die Daten wieder ausgegeben werden.

9.1.2 Definition des Vektors

Entsprechend allen Variablen muß ein Vektor erst definiert werden, bevor er verwendet werden kann. In einer Vektordefinition werden ein Variablentyp und ein Name festgelegt und zusätzlich die Größe angegeben. Mit diesem Wert wird festgelegt, wie viele Elemente der Vektor enthält. Die Größe folgt direkt dem Namen und wird in eckigen Klammern angegeben.

```
int  aiZahl[4];                          // Vektor aus 4 ganzen Zahlen
```

In diesem Beispiel wird ein Vektor des Typs *int* festgelegt, der aus vier Elementen besteht. Er besitzt den Namen *aiZahl*. Die Größe kann nur eine Ganzzahl-Konstante oder ein Ausdruck sein, der eine ganze Zahl ergibt.

9.1.3 Die Elemente des Vektors

In einem Vektor werden die einzelnen Daten als Elemente bezeichnet, wie wir das auch schon getan haben, im Gegensatz zu einer Struktur, in der sie als Komponenten bezeichnet werden. Alle Elemente eines Vektors besitzen denselben Datentyp, nur kann jedes Element einen anderen Wert besitzen.

Jedes Element im Vektor ist ein int-Wert, der häufig zwei Byte belegt. Da der Vektor aus vier Elementen besteht, werden also acht Byte für das gesamte Datenelement belegt. Der Zugriff auf die einzelnen Elemente erfolgt dann über Indexwerte. Zu beachten ist, daß das erste Vektorelement den Wert 0 besitzt. Da vier Elemente vorhanden sind, hat somit das letzte den Index 3. Das kann möglicherweise in Schleifen etwas Verwirrung stiften, da häufig vergessen wird, daß sie bei 0 beginnen anstatt bei 1. Auch wird bei vier Elementen das letzte häufig über den Index 4 angesprochen, was aber zu den merkwürdigsten Effekten führen kann, da das letzte den Indexwert 3 besitzt!

9.1.4 Zugriff auf die Elemente des Vektors

Auf jedes Element des gerade definierten Vektors wird im Beispiel zweimal zugegriffen. Das erste Mal wird ein Wert eingelesen, was in der Zeile

```
cin >> aiZahl[i];
```

erfolgt. Beim zweiten Mal wird der Wert wieder ausgegeben, wie man in

```
cout << "Element " << i << " hat den Wert " << aiZahl[i] << endl;
```

sieht. In beiden Fällen erfolgt der Zugriff auf das Vektorelement mit dem Namen *aiZahl* mit

```
aiZahl[i]
```

wobei die Variable *i* den Wert der Schleife wiedergibt. Damit wird dann festgelegt, welches Element gesetzt oder ausgegeben werden soll. Bei einem Wert von 0 für die Variable *i* wird somit das Datenelement *aiZahl[0]* ausgewählt, bei 1 das Element *aiZahl[1]* und so weiter. Die in den eckigen Klammern angegebene Variable oder Konstante, die steuert, welches Element ausgewählt wird, wird als *Index* bezeichnet.

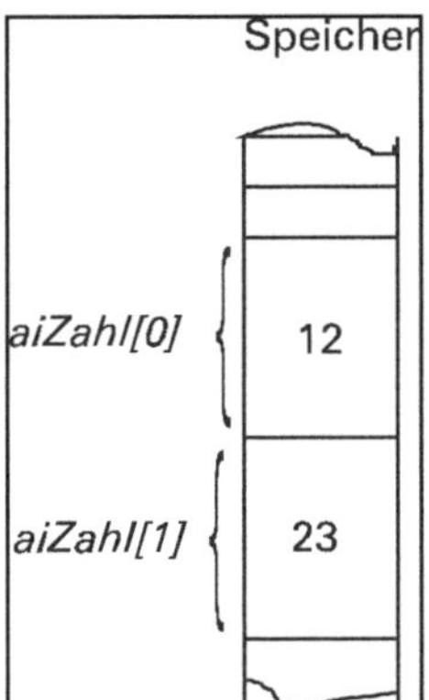

Bild 9.1:
Die Aufteilung des Speichers (Auszug)

Im Beispiel beginnt die Schleife jeweils beim Wert 0, so daß direkt auf das erste Vektorelement zugegriffen werden kann. Sie endet mit dem Wert 3, dies ist der letzte Index für den Zugriff auf den Vektor.

9.1.5 Ein weiteres Beispiel

Das folgende Beispiel berechnet einen Durchschnittswert aus vier zuvor eingegebenen Werten. Dabei kommt ein Array zum Einsatz, in das die einzelnen Werte geschrieben werden, wie wir das zuvor schon gesehen haben.

```
// Durchschnitt aus Vektor
#include <iostream.h>

// Groesse des Vektors
const int GROESSE = 4;

void main() {
  int  aiZahl[GROESSE];                  // Vektor aus vier ganzen Zahlen
  int  i;                                // Schleife
  int  iGesamt;                          // Gesamtsumme

  // Init:
  iGesamt = 0;

  // Schleife, Daten einlesen:
  for (i = 0; i < GROESSE; i++) {
    cout << "Geben Sie das Element " << i << " ein: ";
    cin >> aiZahl[i];
  }

  // Schleife, Daten ausgeben:
  for (i = 0; i < GROESSE; i++) {
    cout << "Element " << i << " hat den Wert " << aiZahl[i] << endl;

    // Werte addieren:
    iGesamt += aiZahl[i];
  }

  // Durchschnittswert ausgeben:
  cout << "Der Durchschnitt betraegt "
       << ((float) iGesamt) / GROESSE << endl;
}
```

Damit ist das vorige Beispiel um die Berechnung des Durchschnittswerts erweitert. Der Dialog sieht ähnlich aus wie im vorigen Beispiel, nur wird am Ende der berechnete Wert mit angezeigt.

```
Geben Sie die Zahl 0 ein: 1
Geben Sie die Zahl 1 ein: 2
Geben Sie die Zahl 2 ein: 3
Geben Sie die Zahl 3 ein: 4
Element 0 hat den Wert 1
Element 1 hat den Wert 2
Element 2 hat den Wert 3
Element 3 hat den Wert 4
Der Durchschnitt betraegt 2.5
```

Beachten Sie die Typumwandlung bei der Ausgabe des Durchschnitts. Hätte man zuerst den Durchschnittswert berechnet und dann den Typ gewandelt, wäre trotzdem ein Ganzzahlwert angezeigt worden, da diese komplett als Ganzzahlberechnung erfolgt.

```
(float)(iGesamt / GROESSE)
```

Doch es soll natürlich ein float-Wert herauskommen, so daß die Umwandlung wie im Beispiel gezeigt vorgenommen werden muß.

```
((float) iGesamt) / GROESSE
```

Das bedeutet, daß man erst die Variable mit der Gesamtsumme in einen float-Wert umwandelt, bevor dieser durch die Ganzzahl-Konstante geteilt wird. Das Ergebnis bleibt in diesem Fall vom Typ *float*, wie man auch an der zuvor dargestellten Ausgabe erkennt.

Zusätzlich wird in diesem Programm die Größe des Vektors durch eine Ganzzahl-Konstante festgelegt, die den Namen *GROESSE* besitzt. Das es sich dabei um eine Konstante handelt, wird durch das Schlüsselwort *const* festgelegt (und durch die Schreibweise in großen Buchstaben). Damit muß man nicht jedesmal ein Zahl verwenden, wenn man das Schleifenende angibt, sondern man nutzt die Konstante. Das gilt natürlich auch für die Festlegung der Größe des Arrays.

Außerdem hat das noch einen weiteren Vorteil. Will man die Größe des Arrays ändern, muß man nur den Wert der Konstante anpassen. Außerdem werden jetzt auch gleich die Schleifen passend verändert, so daß man das Programm nicht erst lange durchsuchen muß. Das setzt aber voraus, daß die Konstante an allen relevanten Stellen konsequent angegeben wurde. Wird eine vergessen eine, muß man das Programm nach der richtigen Stelle durchsuchen und diese dann manuell ändern. Allerdings wird man das vermutlich erst nach dem Start des Programms merken.

9.1.6 Initialisierung von Vektoren

Wird ein Vektor das erste Mal definiert, kann man ihn auch gleich mit Werten initialisieren, wie Sie das auch schon von Strukturen her kennen. Bei dieser verwendet man geschweifte Klammern, was auch bei Vektoren möglich ist.

```
// Vektorinitialisierung
#include <iostream.h>

void main() {
  // Array mit Anzahl der Tage je Monat:
  int  aiTageProMonat[12] = { 31, 28, 31, 30, 31, 30,
                              31, 31, 30, 31, 30, 31 };
  int  iTag;                        // Einzugebender Tag
  int  iMonat;                      // Einzugebender Monat

  // Monat eingeben:
  cout << "Geben Sie den Monat ein (1-12): ";
  cin >> iMonat;
  cout << "Geben Sie den Tag ein (1-31): ";
  cin >> iTag;

  // Ueberpruefung
  if (iTag > aiTageProMonat[iMonat-1]) {
    // Fehler
    cout << "Der Monat " << iMonat << " hat keine "
         << iTag << " Tage" << endl;
  }
}
```

Startet man das Programm, könnte der Dialog folgendermaßen aussehen:

```
Geben Sie den Monat ein (1-12): 2
Geben Sie den Tag ein (1-31): 30
Der Monat 2 hat keine 30 Tage
```

In ihm wird überprüft, ob im angegebenen Monat die spezifizierte Anzahl an Tagen vorhanden ist. Ist das der Fall, wird das Programm ohne Ausgabe beendet, ein Fehler wird entsprechend angezeigt. Damit das Programm weiß, wieviele Tage der jeweilige Monat hat, wird der Vektor *aiTageProMonat* mit Hilfe der geschweiften Klammern initialisiert. In diesem Fall werden alle Elemente des Vektors angegeben, wobei für den Monat Februar nur 28 Tage gelten. Man sollte diese Sequenz also nicht für Schaltjahre verwenden.

```
int  aiTageProMonat[12] = { 31, 28, 31, 30, 31, 30,
                             31, 31, 30, 31, 30, 31 };
```

Tatsächlich muß man nicht die Größe angeben, wenn man alle Elemente initialisierr. Der Compiler findet in diesem Fall selbständig heraus, wie groß der Vektor ist, so daß folgendes richtig ist:

```
int  aiTageProMonat[] = { 31, 28, 31, 30, 31, 30,
                           31, 31, 30, 31, 30, 31 };
```

Dennoch sollte man besser die erste Version nehmen, da damit sofort klar ist, wie groß der Vektor ist. Ansonsten müßten zur Größenbestimmung die Elemente gezählt werden.

Was passiert aber, wenn man eine feste Vektorgröße nimmt und nicht alle Elemente angibt? In diesem Fall werden die fehlenden Datenelemente auf den Wert 0 gesetzt. Gibt man dagegen zuviele Datenelemente an, gibt der Compiler eine Fehlermeldung aus.

9.1.7 Mehrdimensionale Vektoren

Bis zu diesem Zeitpunkt haben wir nur Vektoren mit einer Dimension betrachtet. Vektoren können auch aus mehreren Dimensionen bestehen, wobei man dann von *Matrizen* spricht. Im nachfolgenden Beispiel kommt ein zweidimensionaler Vektor zum Einsatz, in dem beispielsweise eine Statistik gespeichert wird, wobei die Werte getrennt nach Monat und nach Jahr angegeben werden.

```
// Statistik mittels mehrdimensionalem Vektor
#include <iostream.h>

const int JAHRE  = 3;
const int MONATE = 4;

void main() {
  float  afStatistik[JAHRE][MONATE];   // zweidimensionaler Vektor
  int  i;                              // 1. Schleife
  int  j;                              // 2. Schleife

  for (i = 0; i < JAHRE; i++) {        // Eingabe der Daten
    for (j = 0; j < MONATE; j++) {
      cout << "Geben Sie den Wert fuer Monat "
           << j+1 << " und Jahr " << i+1998 << " ein: ";
      cin >> afStatistik[i][j];
    }
  }
```

```
  // Ausgabe:
  cout << endl;
  cout << "                         Monat";
  cout << "\n            1          2          3          4";

  for (i = 0; i < JAHRE; i++) {
    cout << "\nJahr " << i + 1998;
    for (j = 0; j < MONATE; j++) {
      cout << setw(10) << afStatistik[i][j];
    }
  }
  cout << endl;
}
```

In diesem Programm kann man die Werte der Statistik eingeben, um sie dann in Form einer Tabelle anzuzeigen.

```
Geben Sie den Wert fuer Monat 1 und Jahr 1998 ein: 2
Geben Sie den Wert fuer Monat 2 und Jahr 1998 ein: 42.4
Geben Sie den Wert fuer Monat 3 und Jahr 1998 ein: 2.345
Geben Sie den Wert fuer Monat 4 und Jahr 1998 ein: 33
Geben Sie den Wert fuer Monat 1 und Jahr 1999 ein: 12
Geben Sie den Wert fuer Monat 2 und Jahr 1999 ein: 2.4
Geben Sie den Wert fuer Monat 3 und Jahr 1999 ein: 2.7
Geben Sie den Wert fuer Monat 4 und Jahr 1999 ein: 4.6
Geben Sie den Wert fuer Monat 1 und Jahr 2000 ein: 7.8
Geben Sie den Wert fuer Monat 2 und Jahr 2000 ein: 9
Geben Sie den Wert fuer Monat 3 und Jahr 2000 ein: 12.2
Geben Sie den Wert fuer Monat 4 und Jahr 2000 ein: 3.6

                         Monat
                1          2          3          4
Jahr 1998       2       42.4      2.345         33
Jahr 1999      12        2.4        2.7        4.6
Jahr 2000     7.8          9       12.2        3.6
```

Die Definition des Vektors erfolgt durch die Angabe zweier Größenwerte, die jeweils in eckigen Klammern eingeschlossen werden:

```
float afStatistik[JAHRE][MONATE];
```

Eine Möglichkeit, dieses mehrdimensionale Array aufzulösen, besteht darin, es sich als Vektor von Vektoren vorzustellen. Es ist ein Vektor aus Monatswerten, wobei drei Monats-Vektoren den Jahres-Vektor darstellen.

Natürlich sind auch Vektoren möglich, die aus drei oder mehr Dimensionen bestehen. Ein dreidimensionaler Vektor kann als Vektor von Vektoren, die sich aus Vektoren zusammensetzen, begriffen werden. Die Anlage und der Zugriff erfolgen über drei Indizes:

```
iElement = aiDreiDimensional[i][j][k];
```

Doch noch einmal zurück zu den zweidimensionalen Vektoren. Der Zugriff erfordert die Angabe von zwei Indexwerten, die jeweils getrennt in eckige Klammern gesetzt werden müssen.

```
afStatistik[i][j]
```

Man darf nicht, wie es in anderen Sprachen möglich wäre,

```
afStatistik[i, j]
```

schreiben. Dies bewirkt, daß der Compiler eine Fehlermeldung ausgibt.

Das Beispielprogramm zeigt die angegebenen Werte in Tabellenform an. Sie werden rechtsbündig in einer zehn Zeichen breiten Zelle angezeigt, ansonsten findet keine Formatierung statt. Wünschenswert wäre es, wenn sie bündig untereinander stehen und auch die Nachkommastellen eine genau definierte Anzahl aufweisen würden. Zusätzlich sollen auch Nullen nach dem Komma mit ausgegeben werden. Die Tabelle würde übersichtlicher, so daß sie sehr viel schneller auszuwerten wäre.

Wie läßt sich das am besten bewerkstelligen? Sie müssen dazu den Ein-/Ausgabedatenstrom entsprechend anpassen. Ein Beispiel haben Sie ja bereits kennengelernt und der Manipulator *setw()* wird auch im Listing eingesetzt. Aber die weitere Ausrichtung und Formatierung der Daten erfordert noch mehr Arbeit.

Mit Hilfe der nachfolgenden Anweisung wird die Gleitkommazahl mit dem Namen *fZahl* in einem zehn Zeichen breiten Feld ausgegeben, wobei zwei Dezimalstellen hinter dem Komma (beziehungsweise dem Dezimalpunkt) verwendet werden.

```
cout << setiosflags(ios::fixed)         // Fester Wert, keine Exponential-
                                        // darstellung
     << setiosflags(ios::showpoint)     // Immer in Dezimalschreibweise
     << setprecision(2)                 // Zwei Dezimalstellen
     << setw(10)                        // Feld ist 10 Zeichen breit
       fZahl;                           // Auszugebender Wert
```

Das sieht zunächst einmal recht kompliziert aus, ist aber doch recht einfach zu verstehen. Die Steuerung erfolgt durch eine Reihe von Ein-Bit-Steuerzeichen in einer Variable vom Typ *long* int in der *ios*-Klasse. Zu diesem Zeitpunkt müssen wir noch nicht genau wissen, was man mit der Klasse alles anfangen kann. Es reicht, die Syntax des Manipulators zu kennen. Im Beispiel haben wir es mit zwei ios-Steuerzeichen zu tun, *fixed* und *showpoint*. Für den Zugriff auf diese Steuerzeichen ist die Angabe des Manipulators *setiosflags* erforderlich. Weiterhin muß man natürlich den Namen des Steuerzeichens als Argument angeben und den Namen der Klasse, zwischen denen der auflösende Gültigkeitsoperator (»::«) stehen muß.

In den ersten beiden Zeilen werden die ios-Steuerzeichen gesetzt, die auch für weitere Ausgaben gültig bleiben. Zurücksetzen lassen sich diese mit dem Manipulator *resetiosflags*. Das Steuerzeichen *fixed* verhindert, daß die Zahlen in Exponentialschreibweise ausgegeben werden. Mit Hilfe von *showpoint* legt man fest, daß immer ein Dezimalpunkt angezeigt wird, auch wenn er eigentlich nicht erforderlich wäre. Anstelle von 42 wird dann immer 42.00 angezeigt.

Die Anzahl der Nachkommastellen wird mit dem Manipulator *setprecision* gesetzt, wobei diese als Argument übergeben werden müssen. In diesem Fall sind es zwei, so daß eine genaue Ausrichtung möglich ist. Abschließend wird die Feldbreite auf zehn Zeichen gesetzt, was mit dem Manipulator *setw* erfolgt, den Sie bereits vorher kennengelernt haben. Baut man diese Sequenz in das Beispiel mit dem mehrdimensionalen Array ein, sähe der Dialog beispielsweise folgendermaßen aus:

```
Geben Sie den Wert fuer Monat 1 und Jahr 1998 ein: 12
Geben Sie den Wert fuer Monat 2 und Jahr 1998 ein: 1.2
Geben Sie den Wert fuer Monat 3 und Jahr 1998 ein: 2.345
Geben Sie den Wert fuer Monat 4 und Jahr 1998 ein: 4
Geben Sie den Wert fuer Monat 1 und Jahr 1999 ein: 33
Geben Sie den Wert fuer Monat 2 und Jahr 1999 ein: 1234.5
Geben Sie den Wert fuer Monat 3 und Jahr 1999 ein: 77
Geben Sie den Wert fuer Monat 4 und Jahr 1999 ein: 3.3
Geben Sie den Wert fuer Monat 1 und Jahr 2000 ein: 2.7
Geben Sie den Wert fuer Monat 2 und Jahr 2000 ein: 2.6
Geben Sie den Wert fuer Monat 3 und Jahr 2000 ein: 9.8
Geben Sie den Wert fuer Monat 4 und Jahr 2000 ein: 77


                           Monat
                   1          2          3          4
Jahr 1998      12.00       1.20       2.35       4.00
Jahr 1999      33.00    1234.50      77.00       3.30
Jahr 2000       2.70       2.60       9.80      77.00
```

Zusätzlich muß man dafür aber noch die folgende Zeile an den Anfang der Datei schreiben:

```
#include <iomanip.h>
```

Vergißt man dies, kann man beispielsweise die Klasse *ios* nicht nutzen, so daß der Compiler eine Fehlermeldung ausgibt.

Die Eingabe aller zwölf Werte im vorherigen Beispiel ist recht lästig. Man kann die Ausgabe auch überprüfen, indem man den Vektor zu Anfang gleich initialisiert, wie das auch bei den Strukturen und den eindimensionalen Vektoren der Fall ist. Das geht so:

```
// Statistik mit mehrdimensionalem Vektor
#include <iostream.h>
#include <iomanip.h>

const int JAHRE = 3;
const int MONATE = 4;

void main() {
  // zweidimensionaler Vektor:
  float  afStatistik[JAHRE][MONATE] = { { 22.2,  33.4, 2,   55},
                                        {102.3,   3,   5.7,  9},
                                        { 42,    56.3, 99,  23.5} };
  int  i;                              // 1. Schleife
  int  j;                              // 2. Schleife

  // Ausgabe:
  cout << endl;
  cout << "                          Monat";
  cout <<
    "\n           1         2         3         4";
  for (i = 0; i < JAHRE; i++) {
    cout << "\nJahr " << i + 1998;
    for (j = 0; j < MONATE; j++) {
      cout << setiosflags(ios::fixed)     // fester Wert, keine
                                          // Exponentialdarstellung
           << setiosflags(ios::showpoint) // Immer in Dezimalschreibweise
           << setprecision(2)             // Zwei Dezimalstellen
          << setw(10)                     // Feld ist 10 Zeichen breit
          << afStatistik[i][j];
    }
  }
  cout << endl;
}
```

Die Initialisierung deutet es schon an, daß ein zweidimensionales Array ein Vektor aus Vektoren ist. Daher befinden sich innerhalb der geschweiften Klammern weitere geschweifte Klammern, mit denen ein einzelner Vektor initialisiert wird. Nach der Angabe eines kompletten Vektors folgen ein Komma und der nächste Vektor. Beachten Sie in diesem Zusammenhang, daß immer die Werte der letzten Angabe in den eckigen Klammern bei der Initialisierung verwendet werden. Aus diesem Grund gibt es drei Zeilen (entsprechend der Konstante *JAHRE*) und vier Werte pro Zeile (entsprechend der Konstante *MONATE*).

Startet man das Programm, sieht die Ausgabe folgendermaßen aus:

```
                        Monat
             1          2          3          4
Jahr 1998     22.20      33.40       2.00      55.00
Jahr 1999    102.30       3.00       5.70       9.00
Jahr 2000     42.00      56.30      99.00      23.50
```

9.1.8 Übergabe von Vektoren

Ähnlich wie Strukturen lassen sich auch Vektoren als Argumente an Funktionen übergeben. Im folgenden Beispiel wird der Vektor an eine Funktion übergeben, die die Werte ausgibt.

```
// Vektor als Parameter
#include <iostream.h>
#include <iomanip.h>

const int JAHRE  = 3;
const int MONATE = 4;

void VektorAnzeigen(float[JAHRE][MONATE]); // Prototyp

void main() {
  // zweidimensionaler Vektor:
  float  afStatistik [JAHRE] [MONATE] = { { 22.2, 33.4,  2,    55},
                                          {102.3,  3,    5.7,  9},
                                          { 42,   56.3, 99,   23.5} };

  VektorAnzeigen(afStatistik);          // Ausgabe
}

// Programm zum Anzeigen:
void VektorAnzeigen(float afAusgabe[JAHRE][MONATE]) {
  int  i;                               // 1. Schleife
  int  j;                               // 2. Schleife
```

```
  // Ausgabe
  cout << endl;
  cout << "                          Monat";
  cout << "\n            1          2          3          4";
  for (i = 0; i < JAHRE; i++) {
    cout << "\nJahr " << i + 1998;
    for (j = 0; j < MONATE; j++) {
      cout << setiosflags(ios::fixed)      // Fester Wert, keine
                                           // Exponentialdarstellung
           << setiosflags(ios::showpoint) // Immer in Dezimalschreibweise
           << setprecision(2)             // Zwei Dezimalstellen
           << setw(10)                    // Feld ist 10 Zeichen breit
           << afAusgabe[i][j];
    }
  }
  cout << endl;
}
```

Die Ausgabe dieses Programms kennen Sie bereits, sie entspricht der des Beispiels im vorigen Programm. Sehen wir uns das Listing näher an. Da die Angabe der Funktion nach der Hauptfunktion erfolgt, steht davor wieder einen Prototyp.

```
void VektorAnzeigen(float[JAHRE][MONATE]);
```

In diesem werden die Elemente des Vektors durch den Datentyp und seine Größe gekennzeichnet. Aber man kann eine Größe weglassen, wie in der nachfolgenden Zeile:

```
void VektorAnzeigen(float[][MONATE]);
```

Doch warum wird die erste Größenangabe nicht benötigt? Das liegt daran, daß die übergebene Matrix ein Vektor aus Vektoren ist. Das Argument wird zunächst als ein Vektor von *JAHREN* behandelt. Dabei muß die Funktion zunächst nicht wissen, um wie viele Elemente es sich tatsächlich handelt. Allerdings muß sie wissen, wie groß ein Vektorelement ist, so daß die zweite Angabe erforderlich ist. Außerdem kann damit der Beginn eines jeden *JAHRE*-Vektorelements berechnet werden, wozu übrigens zusätzlich der Datentyp eingesetzt wird.

Daraus folgt, daß bei eindimensionalen Vektoren die Angabe der Größe entfallen kann. Die Berechnung des Anfangs eines Elementes kann unter Verwendung des Datentyps erfolgen.

```
void EineNeueFunktion(int aiVektor[]);
```

Beim Aufruf der Funktion wird nur der Name des Vektors als Argument verwendet, wie im Listing zu sehen.

```
VektorAnzeigen(afStatistik);
```

Durch den Namen wird tatsächlich die Speicheradresse des Vektors angegeben. Was das bedeutet, erfahren wir später noch. Vorweg schon einmal ein paar Bemerkungen. Die Verwendung der Adresse für den Vektor geschieht analog zum Einsatz eines Referenzarguments, da die Werte der Vektorelemente bei der Übergabe an die Funktion nicht kopiert werden. Sie benutzt statt dessen die Daten des Originalvektors, obwohl der Bezug darauf unter einem anderen Namen erfolgt. Daß dieses System angewendet wird, liegt daran, daß das Kopieren zu zeitaufwendig wäre und zu viel Speicherplatz verschwenden würde, insbesondere bei größeren Vektoren. Beachten Sie aber, daß eine Adresse keine Referenz ist. In der Deklaration der Funktion wird für Vektoren kein &-Zeichen verwendet wie bei Referenzen.

Im Deklarator der Funktion werden der Rückgabewert, der Name, der Datentyp und die Größe der Elemente angegeben.

```
void VektorAnzeigen(float afAusgabe[JAHRE][MONATE])
```

Der in der Funktion verwendete Name kann sich von dem unterscheiden, unter dem der Vektor definiert wurde. Tatsächlich sind es aber zwei Namen für ein- und denselben Vektor. Bei der Funktion muß man beide Dimensionen angeben, damit der Zugriff auf die einzelnen Elemente korrekt erfolgen kann. Dieser geschieht über den Namen, der im Deklarator festgelegt wird.

```
afAusgabe[i][j]
```

Das bedeutet aber auch, daß man im Prinzip den Vektor so verwenden kann, als ob man ihn erst in der Funktion definiert hätte.

9.1.9 Vektoren aus Strukturen

In Vektoren werden nicht nur einfache Datentypen zusammengefaßt, sondern auch Strukturen. Eine Anwendungsmöglichkeit finden Sie im nachfolgenden Beispiel. Darin wird wieder die schon bekannte Artikel-Struktur eingesetzt.

```
// Vektoren aus Strukturen
#include <iostream.h>

struct Artikel {
  long   lArtikelNummer;              // Nummer des Artikels
  float  fPreis;                      // Preis des Artikels
  int    iModellNummer;               // Kennzeichnung
};

const int GROESSE = 4;                // Groesse des Vektors

void main() {
  int      i;                         // Schleife
  Artikel  Teile[GROESSE];            // Vektor aus Strukturen

  for (i = 0; i < GROESSE; i++) {     // Schleife
    cout << "Teil " << i +1 << endl;  // Eingabe
    cout << "Geben Sie die Artikelnummer ein: ";
    cin >> Teile[i].lArtikelNummer;
    cout << "Geben Sie den Preis ein: ";
    cin >> Teile[i].fPreis;
    cout << "Geben Sie die Modellnummer ein: ";
    cin >> Teile[i].iModellNummer;
    cout << endl;
  }

  for (i = 0; i < GROESSE; i++) {     // Ausgabe
    cout << "Teil " << i + 1 << ": Artikel "
         << Teile[i].lArtikelNummer
         << "  Preis " << Teile[i].fPreis
         << "  Modell "
         << Teile[i].iModellNummer << endl;
  }
}
```

Wenn Sie dieses kleine Programm starten, werden Sie aufgefordert, die Artikelnummer, den Preis und die Modellnummer für vier Teile einzugeben. Alle Werte für ein Teil werden in einer Struktur gespeichert. Damit jetzt nicht vier Strukturen verwendet werden müssen, wird ein Vektor aus Strukturen eingesetzt, der wie folgt definiert ist:

```
Artikel  Teile[GROESSE];  // Vektor aus Strukturen
```

Das entspricht derselben Syntax wie bei den einfachen Datentypen. Nur der Name des Typs, *Artikel*, deutet darauf hin, daß es sich um eine Struktur handelt, aus der dann ein Vektor erzeugt wird. Der Zugriff auf eine Komponente der Struktur, die wieder ein Element des Vektors ist, geschieht mit der folgenden Sequenz:

```
Teile[i].fPreis
```

Hier wird die Komponente *fPreis* verwendet. Welches Element des Vektors eingesetzt wird, legt der erste Teil vor dem Punkt fest, *Teile [i]*. Besitzt beispielsweise *i* den Wert 0, wird die erste Struktur im Vektor verwendet und aus dieser Struktur die Komponente *fPreis*.

Insgesamt könnte der Dialog folgendermaßen aussehen:

```
Teil 1
Geben Sie die Artikelnummer ein: 12
Geben Sie den Preis ein: 3.4
Geben Sie die Modellnummer ein: 1

Teil 2
Geben Sie die Artikelnummer ein: 34342
Geben Sie den Preis ein: 55.3
Geben Sie die Modellnummer ein: 1

Teil 3
Geben Sie die Artikelnummer ein: 64221
Geben Sie den Preis ein: 0.7
Geben Sie die Modellnummer ein: 1

Teil 4
Geben Sie die Artikelnummer ein: 99
Geben Sie den Preis ein: 4.2
Geben Sie die Modellnummer ein: 3

Teil 1: Artikel 12  Preis 3.4  Modell 1
Teil 2: Artikel 34342  Preis 55.3  Modell 1
Teil 3: Artikel 64221  Preis 0.7  Modell 1
Teil 4: Artikel 99  Preis 4.2  Modell 3
```

Vektoren aus Strukturen werden relativ häufig eingesetzt. Sie sind immer dann besonders gefragt, wenn mehrere Elemente des Typs angeordnet werden sollen, wie beispielsweise bei der Speicherung von Personaldaten (Alter, Name, Geschlecht, Gehalt und so weiter) oder auch zur Sicherung der geographischen Daten von Orten (Name, Einwohnerzahl, Fläche und ähnliches).

9.2 Vektoren in Klassen

Wie jeder andere Datentyp lassen sich auch deren Gruppierungen, die als *Vektoren* bezeichnet werden, in Klassen einsetzen. Als Beispiel erzeugen wir eine Datenstruktur, die sehr häufig Verwendung findet: der *Stapelspeicher* oder auch *Stack*.

Dieser funktioniert beispielsweise wie ein Stapel aus Büchern. Legen Sie oben eines drauf, müssen Sie es erst wieder herunternehmen, bevor Sie an das darunter herankommen (dieses Verfahren wird auch als *last in, first out* bezeichnet). Versuchen Sie, ein Buch aus der Mitte herauszunehmen, bricht der Stapel vermutlich zusammen, so daß diese Operation möglichst vermieden werden sollte.

Dieses Prinzip wird auch in einem Programm verwendet, beispielsweise wenn man eine Funktion aufruft. In diesem Fall wird die Rücksprungadresse beim Aufruf der Funktion auf den Stapelspeicher gelegt, von dem sie nach Beenden wieder heruntergeholt wird. Auf diese Weise kann von der Funktion wieder zu dem Programmteil zurückgesprungen werden, von dem aus sie aufgerufen wurde.

```
// Stapelspeicher
#include <iostream.h>

const int MAXIMAL = 100;

class Stapel {
  private:
    int  iStapel[MAXIMAL];            // Stapel, Vektor aus Ganzzahlen
    int  iOben;                       // Oberstes Element
  public:
    Stapel() {                        // Konstruktor
      iOben = 0;
    }
    void push(int iWert);             // Element auf Stapel
    int pop();                        // Element vom Stapel
};

void Stapel::push(int iWert) {        // Element auf Stapel
  iOben++;                            // Zeiger erhoehen
  iStapel[iOben] = iWert;             // Wert speichern
}

int Stapel::pop() {                   // Element vom Stapel holen
  return(iStapel[iOben--]);
}
```

```
void main() {
  Stapel  Objekt1;                    // Stapel-Objekt

  Objekt1.push(42);                   // Werte auf Stack
  Objekt1.push(22);

  // Werte herunterholen und anzeigen:
  cout << "Element 1: " << Objekt1.pop() << endl;
  cout << "Element 2: " << Objekt1.pop() << endl;

  Objekt1.push(1);                    // Werte wieder auf Stack
  Objekt1.push(99);
  Objekt1.push(7);
  Objekt1.push(57);

  // und wieder zurueck;
  cout << "Element 3: " << Objekt1.pop() << endl;
  cout << "Element 4: " << Objekt1.pop() << endl;
  cout << "Element 5: " << Objekt1.pop() << endl;
  cout << "Element 6: " << Objekt1.pop() << endl;
}
```

Der Stapelspeicher besteht in diesem Beispiel aus dem Vektor *iStapel*, der sich in der Klasse *Stapel* befindet. An welcher Position der neue Wert geschrieben wird, legt die int-Variable *iOben* fest. Diese bestimmt auch, von welcher Position ein Wert vom Stapel geholt wird. Sie gibt also immer die Spitze des Stapelspeichers an.

Wird ein neues Element auf den Stapelspeicher geschoben, wird die Variable *iOben* inkrementiert, um den neuen obersten Punkt anzuzeigen (stellen Sie sich wieder den Bücherstapel vor). Bei der Entfernung eines Elements wird die Variable dekrementiert, so daß auch dann wieder das oberste Element angezeigt wird. Beachten Sie, daß die Inhalte des Vektors nicht gelöscht werden müssen, da sie beim nächsten Mal, wenn wieder etwas auf den Stapel geschoben wird, gleich überschrieben werden. Man kann sich also die Löschoperation sparen, da außerdem ein Zugriff auf die Elemente nicht möglich ist.

Um einen Wert auf dem Stapelspeicher abzulegen, was als *Schieben* bezeichnet wird, wird die Komponentenfunktion *push()* aufgerufen (wir verwenden hier die englischen Begriffe für die Funktionen, da sie für diese Operationen stehen). Den Wert übergeben wir der Funktion als Argument. Zur Abholung eines Elements wird die Komponentenfunktion *pop()* ausgeführt, die den Wert zurückliefert. Da es immer nur der oberste Wert im Stapelspeicher sein kann, benötigt sie kein Argument (beim Schieben auf den Stapelspeicher konnten Sie ja auch keine Position angeben).

Im Hauptprogramm *main()* wird zuerst ein Objekt mit dem Namen *Objekt1* der Klasse Stapel erzeugt. Danach werden zwei Werte auf den Stapel geschoben, was jeweils durch die Komponentenfunktionen *push()* erfolgt. Anschließend werden diese vom Stapel wieder heruntergeholt und ausgegeben. Ähnliches passiert danach, nur werden jetzt vier Werte auf den Stapel geschrieben und wieder gelesen. Damit sieht die Ausgabe folgendermaßen aus:

```
Element 1: 22
Element 2: 42
Element 3: 57
Element 4: 7
Element 5: 99
Element 6: 1
```

Die zuletzt auf den Stapel geschobenen Werte werden als erstes wieder heruntergeholt, man sieht die Analogie zum Bücherstapel.

Betrachten wir noch einmal die Komponentenfunktionen genauer. Dabei soll es zunächst um die Funktion zum Verschieben der Elemente auf den Stapel gehen:

```
void Stapel::push(int iWert) {
  iOben++;                          // Zeiger erhoehen
  iStapel[iOben] = iWert;           // Wert speichern
}
```

In dieser wird zuerst der Wert der Variable erhöht, bevor der übergebene Wert in den Vektor, der den Stapelspeicher darstellt, geschrieben wird. Das ist erforderlich, weil *iOben* immer die zuletzt belegte Speicherstelle im Stapel angibt. Sie hätten den Stapel aber auch anders auslesen können, so daß erst die Schreiboperation erfolgt und dann *iOben* erhöht würde. In diesem Fall müßte man nur die Lesefunktion auch entsprechend anpassen.

Die beiden Zeilen im Listing hätte man auch zusammenfassen können:

```
iStapel [++iOben] = iWert;          // Wert speichern
```

Beachten Sie, daß für die Erhöhung der Variable *iOben* die Präfix-Schreibweise notwendig ist. Denn wie wir gesehen haben, muß erst der Wert erhöht werden, bevor der Zugriff auf das Vektorelement erfolgt. Wenn man sich nicht sicher ist, sollte man die Anweisungen in zwei Zeilen aufteilen, wie auch hier. In diesem Fall spielt es dann keine Rolle mehr, ob man für die Erhöhung des Werts von *iOben* die Präfix- oder die Postfix-Schreibweise verwendet.

Ähnliches gilt übrigens auch für Komponentenfunktion zum Lesen der Daten auf dem Stapel.

```
int Stapel::pop() {
  return(iStapel[iOben--]);
}
```

Hier wurde mal alles in eine Zeile gepackt, da zuerst der Rückgabewert bestimmt werden muß und erst danach die Dekrementierung erfolgen darf, deshalb auch die Postfix-Schreibweise. Aber auch hier gilt: Ist man sich nicht sicher, schreibt man lieber mehrere Zeilen. In diesen Fall muß man aber eine zusätzliche Variable einführen, damit alles korrekt funktioniert.

```
int Stapel::pop() {
  int  iTemp;                        // Temporaere Variable

  iTemp = iStapel[iOben];            // Wert auslesen
  iOben--;                           // Zaehler dekrementieren
  return(iTemp);                     // Rueckgabe
}
```

Das bedeutet, daß man erst den Wert einer temporären Variable zuweist, dann die Variable *iOben* dekrementiert und abschließend die temporäre Variable zurückgibt. Damit ist sofort die Reihenfolge der Operationen klar und man muß sich nicht lange zwischen zwei Schreibweisen entscheiden.

Bei genauerem Nachdenken kann man sich auch den Einsatz der temporären Variable sparen:

```
int Stapel::pop() {
  iOben--;                           // Wert dekrementieren
  return(iStapel[iOben + 1]);        // Rueckgabe
}
```

In diesem Fall wird zuerst die Variable *iOben* wieder dekrementiert. Da sie jetzt aber um den Wert 1 zu klein ist, erfolgt der Zugriff auf den Vektor nach der Berechnung der richtigen Position. Diese wird berechnet, indem nur für diesen Schritt wieder der Wert 1 hinzugezählt wird.

Das funktioniert genauso wie die beiden vorigen Beispiele, steht aber eigentlich dem Sinn des Stapelspeichers entgegen. Denn wir hatten ja gesagt, daß nur auf das letzte Element zugegriffen werden kann, hier machen wir aber etwas völlig anderes. Wir greifen intern auf ein Element zu, das nicht ohne weiteres von *iOben* beschrieben wird. Außerdem funktioniert das nur, weil der Wert nicht gelöscht wurde, als *iOben* dekrementiert wurde. Aber letztendlich ist es völlig egal, denn nach außen hin verhält sich das Objekt wie gewünscht.

Sie haben damit gesehen, daß für den Zugriff auf einen Vektor auch eine Berechnung innerhalb der eckigen Klammern ausgeführt werden kann. Mit deren Ergebnis wird dann das Vektorelement gelesen oder geschrieben.

Die Klasse *Stapel* ist ein wichtiges Beispiel für den Einsatz objektorientierter Programmierung. Mit ihr wird ein bestimmtes Speicherkonzept verwirklicht. Es gibt noch eine Reihe weiterer Speicherkonzepte, die meist von Objekten in den sogenannten *Klassenbibliotheken* bereitgestellt werden. Sie setzen dann in Ihrem Programm die Klasse ein, erzeugen daraus ein Objekt und müssen nicht selbst darüber nachdenken, wie sie zu realisieren ist. Damit sparen die Bibliotheken eine Menge an Entwicklungszeit, wenn man denn die passenden Klassen findet.

9.3 Vektoren aus Objekten

Im letzten Beispiel haben Sie gesehen, daß Vektoren auch innerhalb von Klassen eingesetzt werden können. Analog zu den Strukturen sind aber auch Vektoren von Objekten möglich.

9.3.1 Das Beispiel

In diesem Beispiel kommt mal wieder die schon bekannte Euro-Klasse zum Einsatz. Aus ihr machen wir einen Vektor, so daß damit beispielsweise alle Münzen in einer Geldbörse beschrieben werden könnten.

```
// Vektor aus Objekten
#include <iostream.h>

const int MAXIMAL = 100;

class Euro {
  private:
    float  fEuro;                     // Betrag in Euro
    float  fDm;                       // Betrag in D-Mark
  public:
    void DatenEinlesen() {            // Daten einlesen
      cout << "Geben Sie einen Euro-Wert ein: ";
      cin >> fEuro;
      fDm = 1.95583 * fEuro;
    }
```

```
    void DatenAusgeben() {              // Daten anzeigen
      cout << fEuro << " Euro entsprechen ";
      cout << fDm << " DM" << endl;
    }
};

void main() {
  Euro  Muenzen[MAXIMAL];               // Vektor aus Objekten
  int   i;                              // Schleife
  char  cAbfrage;                       // Abfrage
  int   iAnzahl;                        // Anzahl der Elemente

  iAnzahl = 0;                          // Init

  do {                                  // Schleife zum Einlesen
    cout << "Muenze " << iAnzahl + 1 << ": ";
    Muenzen[iAnzahl].DatenEinlesen();
    iAnzahl++;                          // naechstes Element

    cout << "Weiteren Wert eingeben (j/n)? ";  // Schleife fortsetzen?
    cin >> cAbfrage;
  } while (cAbfrage != 'n');

  cout << endl;                         // Ausgabe
  for (i = 0; i < iAnzahl; i++) {
    cout << "Muenze " << i + 1 << " : ";
    Muenzen[i].DatenAusgeben();
  }
}
```

In diesem Programm können Sie soviele Euro-Werte eingeben wie gewünscht. Nach jeder Angabe werden Sie gefragt, ob Sie einen weiteren eingeben wollen. Wird verneint, gibt das Programm die Werte aus und wird beendet. Ein Dialog könnte folgendermaßen aussehen:

```
Muenze 1: Geben Sie einen Euro-Wert ein: 3.3
Weiteren Wert eingeben (j/n)? j
Muenze 2: Geben Sie einen Euro-Wert ein: 7.8
Weiteren Wert eingeben (j/n)? j
Muenze 3: Geben Sie einen Euro-Wert ein: 2.1
Weiteren Wert eingeben (j/n)? j
Muenze 4: Geben Sie einen Euro-Wert ein: 9
Weiteren Wert eingeben (j/n)? n

Muenze 1 : 3.3 Euro entsprechen 6.45424 DM
Muenze 2 : 7.8 Euro entsprechen 15.2555 DM
```

```
Muenze 3 : 2.1 Euro entsprechen 4.10724 DM
Muenze 4 : 9 Euro entsprechen 17.6025 DM
```

Die Festlegung der Klasse *Euro* entspricht der schon bekannten Klassenangabe, nur wird auf den Konstruktor und die Additionsfunktion verzichtet, da sie hier nicht benötigt werden. Der Vektor der Objekte wird folgendermaßen definiert:

```
Euro  Muenzen[MAXIMAL];                 // Vektor aus Objekten
```

Hier lautet der Datentyp *Euro* und er besteht aus maximal *MAXIMAL*-Elementen. Diese Konstante wurde zu Anfang auf den Wert 100 gesetzt.

Der Zugriff auf die Kompontenfunktion in einem Vektor erfolgt analog zum Zugriff auf eine Komponente einer Struktur in einem Vektor. Mit der nachfolgenden Sequenz ruft man beispielsweise die Funktion zum Einlesen der Daten auf:

```
Muenzen[iAnzahl].DatenEinlesen();
```

Diese Analogie ist nicht verwunderlich, schließlich sind beide ja auch ähnlich einzusetzen, wie wir gesehen haben. Man benötigt dazu den Namen des Vektors, dem der Index in eckigen Klammern folgt. Daran schließen sich der Punktoperator und die Komponentenfunktion mit den runden Klammern an.

Damit bei der nächsten Zuweisung wieder das richtige Array-Element verwendet wird, erfolgt nach dem Einlesen noch die Inkrementierung des Index. Diese muß einzeln behandelt werden, da es in einer *do..while*-Konstruktion keinen Zähler gibt wie in einer *for*-Schleife.

```
iAnzahl++;                              // naechstes Element
```

Auch diese beiden Anweisungen hätten wieder zu einer kombiniert werden können, die nachfolgend dargestellt ist.

```
Muenzen[iAnzahl++].DatenEinlesen();
```

Denken Sie aber wieder daran, daß hier die Postfix-Schreibweise nötig ist, damit *iAnzahl* erst nach der Zuweisung erhöht wird.

Da eine *do..while*-Konstruktion für die Schleife verwendet wird, könnte man im Prinzip beliebig viele Elemente eingeben. Doch was würde passieren, wenn man das tatsächlich tun würde? Solange man innerhalb der vorher festgelegten Vektorgrenzen bleibt, passiert gar nichts außergewöhnliches, denn Sie haben ja festgelegt, daß diese Anzahl möglich ist. Überschreitet man die Grenze aber, sind die Folgen unvorhersehbar, was im ungünstigsten Fall zum Absturz des Programms führt.

Versucht das Programm, etwas außerhalb der Vektorgrenzen einzufügen, reagieren darauf weder der Compiler noch der Linker. Auch das Laufzeitsystem bekommt davon nichts mit, denn sonst könnte es eine entsprechende Fehlermeldung ausgeben. Tatsächlich werden die Daten fortlaufend geschrieben und überschreiben damit weitere Bestandteile des Programms. Wie das Programm dann reagiert, hängt davon ab, welche Teile überschrieben werden, so daß eine Vorhersage fast unmöglich ist. Probieren Sie es selbst einmal aus. Setzen Sie dazu die Konstante *MAXIMAL* auf einen kleinen Wert, beispielsweise 3, und geben dann fünf oder sechs Werte ein. Lassen Sie sich dabei überraschen, was passiert. Wenn Sie Glück haben, läuft das Programm ohne Probleme, aber es kann auch anders sein.

Daher obliegt es ganz allein dem Programmierer, die Grenzen im Programm so zu setzen, daß sie entweder nicht erreicht werden können oder daß auf die Überschreitung passend reagiert wird. In unserem Beispiel wäre die erste Möglichkeit durch eine *for*-Schleife zu realisieren. Setzt man die Eckdaten der Schleife passend, wird der Index für den Zugriff auf den Vektor nicht überschritten, so daß keine Probleme auftauchen. Aber man muß dann dafür sorgen, daß die Schleife auch vorzeitig verlassen werden kann. Diese könnte dann wie folgt aussehen:

```
for (i = 0; i < MAXIMAL; i++) {
  cout << "Muenze " << i + 1 << ": ";
  Muenzen[i].DatenEinlesen();

  // Schleife fortsetzen?
  cout << "Weiteren Wert eingeben (j/n)? ";
  cin >> cAbfrage;

  // Schleife abbrechen:
  if (cAbfrage == 'n') break;           // ja
}
```

Damit muß man keine separate Index-Variable verwenden, sie wird durch die Schleifenvariable bereitgestellt.

Will man dennoch bei der *do..while*-Konstruktion bleiben, muß man die zweite Möglichkeit wählen und selbst die Grenzen überwachen. Daher ist eine Abfrage der Index-Variablen erforderlich:

```
do {
  cout << "Muenze " << iAnzahl + 1 << ": ";
  Muenzen[iAnzahl].DatenEinlesen();
  iAnzahl++;                          // naechstes Element

  // Schleife zwangsweise verlassen:
  if (iAnzahl >= MAXIMAL) {
    cout << endl << "Keine weitere Eingaben mehr moeglich !!" << endl;
    break; // raus aus Schleife
  }

  // Schleife fortsetzen?
  cout << "Weiteren Wert eingeben (j/n)? ";
  cin >> cAbfrage;
} while (cAbfrage != 'n');
```

Diese Abfrage erfolgt vor der Wahlmöglichkeit, die Schleife fortsetzen zu können, denn wenn der Index zu groß wird, muß die Schleife sofort beendet werden. Das geschieht durch den Einsatz der Anweisung *break*. Insgesamt wird damit ein Überlauf des Index des Vektors verhindert.

9.4 Zeichenketten

Nachdem wir nun einige Beispiele von Vektoren kennengelernt haben, wollen wir uns einem ganz speziellen Einsatzgebiet von Vektoren widmen, den Zeichenketten. Dabei handelt es sich um Arrays des Typs char. Wie auch bei den internen Datentypen sind sowohl Konstanten als auch Variablen möglich.

9.4.1 Variablen

Im nachfolgenden Beispiel wird eine einfache Zeichenkettenvariable definiert, in die man einen String eingeben kann. Abschließend wird die Zeichenkette auf dem Bildschirm ausgegeben.

```
// Zeichenkette
#include <iostream.h>

const int MAXIMAL = 100;

void main() {
  char  acZeichenkette[MAXIMAL];                 // Zeichenkette

  cout << "Geben Sie eine Zeichenkette ein: ";  // Eingabe
  cin >> acZeichenkette;
```

```
  // Ausgabe:
  cout << "Sie haben folgendes eingegeben: " << endl
       << acZeichenkette << endl;
}
```

Die Definition der Zeichenkettenvariablen mit dem Namen *acZeichenkette* sieht aus wie ein beliebiger Vektor des Typs char.

```
char  acZeichenkette[MAXIMAL];  // Zeichenkette
```

Zum Einlesen der Eingabe wird wieder der Einfügeoperator »>>« verwendet. Er kennt sich mit Zeichenketten aus, so daß die Eingabe im Vektor landet. Damit sieht die Ausgabe beispielsweise folgendermaßen aus:

```
Geben Sie eine Zeichenkette ein: Amadeus
Sie haben folgendes eingegeben:
Amadeus
```

Intern belegt jedes Zeichen ein Byte im Speicher, so daß in jedem Array-Element genau ein Zeichen zu finden ist. Allerdings wird genau ein Byte mehr im Vektor gespeichert, da eine Zeichenkette mit einem Nullbyte abgeschlossen wird, das auch als Nullzeichen bezeichnet wird. Die Ausgabe der Zeichen mit dem »<<«-Operator erfolgt übrigens solange, bis er auf ein Nullzeichen trifft. Damit begrenzt dieses Zeichen den String.

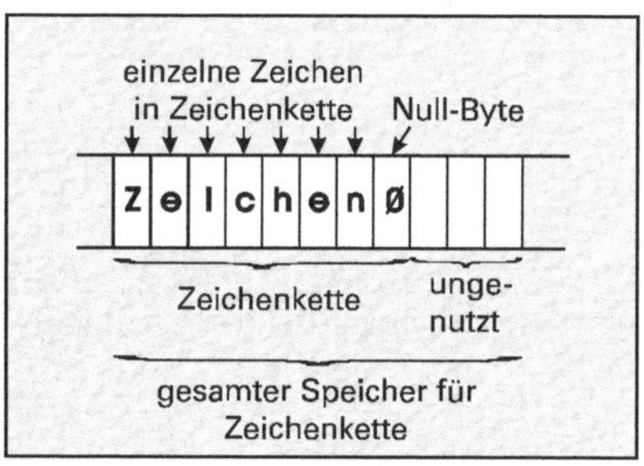

Bild 9.2:
Die Zeichenkette im Speicher

An das abschließende Nullzeichen muß man unbedingt denken, wenn man mit Strings arbeitet und die Größe der Zeichenketten dimensioniert. Denn häufig genug wird das Zeichen übersehen und das Programm verhält sich seltsam.

9.4.2 Überlauf verhindern

Die Zeichenkette, die man im vorherigen Beispiel eingeben kann, kann beliebig lang sein. Damit taucht wieder das Problem auf, daß die Anzahl der eingegebenen Zeichen unter Umständen zu groß sein kann. Da es keine interne Prüfung gibt, muß man wieder selbst dafür sorgen, daß nicht zu viele Zeichen eingegeben werden.

Wenn die Zeichen mit Hilfe des Operators »>>« eingelesen werden, setzt man zu diesem Zweck wieder den schon bekannten Manipulator *setw()* ein. Wie das funktioniert, sieht man im nachfolgenden Beispiel:

```
// Zeichenkette mit setw()
#include <iostream.h>

const int MAXIMAL = 12;

void main() {
  char  acZeichenkette[MAXIMAL];         // Zeichenkette

  // Eingabe:
  cout << "Geben Sie eine Zeichenkette ein: ";
  cin >> setw(MAXIMAL) >> acZeichenkette;

  // Ausgabe:
  cout << "Sie haben folgendes eingegeben: " << endl
       << acZeichenkette << endl;
}
```

Wenn man den Manipulator verwendet, kann man trotzdem eine beliebige Anzahl an Zeichen eingeben. Übernommen werden aber nur die im Manipulator festgelegte Zahl minus 1, da der Operator weiß, daß im Vektor zusätzlich noch ein Nullzeichen unterzubringen ist. Für die Überprüfung sollte man aber den Wert der Konstante heruntersetzen, da man sonst mindestens hundert Zeichen eingeben müßte, hier besitzt sie den Wert 12.

```
Geben Sie eine Zeichenkette ein: 12345678901234567890
Sie haben folgendes eingegeben:
12345678901
```

Sie haben also zwanzig Zeichen eingegeben, von denen aber nur elf im String landeten, wie Sie sehr leicht feststellen können. Damit ist die Zeichenkette komplett gefüllt, weil zum Abschluß noch das Nullzeichen mit gespeichert wird.

Wie Sie in den beiden vorherigen Beispielen gesehen haben, wird eine Zeichenkette durch ein Nullzeichen begrenzt. Was aber passiert, wenn man es wegläßt?

Zur Beantwortung dieser Frage sehen wir uns ein weiteres Beispiel an, in dem ein Vektor aus char-Werten eingesetzt wird. Dessen Elemente werden Schritt für Schritt initialisiert und anschließend ausgegeben.

```
// Zeichenketten ohne Nullzeichen
#include <iostream.h>

void main() {
  char  acString[4];                    // Zeichenkette

  // Init:
  acString[0] = 'n';
  acString[1] = 'A';
  acString[2] = 'c';
  acString[3] = 'E';

  // Ausgabe:
  cout << "Der String lautet " << acString << endl;
}
```

Startet man dieses kurze Programm, wird man bei der Ausgabe vermutlich nicht nur die vier Werte des Strings sehen, sondern auch noch andere Zeichen, wie beispielsweise

```
Der String lautet nAcE¦ ?
```

Die Ausgabe erfolgt also solange, bis irgendwo ein Nullzeichen im Programm auftritt, dann bricht sie ab. Man muß also sehr genau aufpassen, daß es auch tatsächlich am Ende des Strings auftaucht und es außerdem innerhalb der Vektorgrenzen liegt, denn sonst sieht man unter Umständen nur zusätzlichen Datenmüll auf dem Bildschirm.

Dies erreicht man, indem man immer das letzte Element des Vektors auf Null setzt. Dabei muß man aber aufpassen, daß es nicht versehentlich überschrieben wird. Mit der nachfolgenden Sequenz

```
acString[0] = 'n';
acString[1] = 'A';
acString[2] = 'c';
acString[3] = 0;
```

würde ein korrekter String ausgegeben:

```
Der String lautet nAc
```

9.4.3 Konstanten

Man kann nicht nur Variablen für Zeichenketten verwenden, sondern häufig ist im Programm ein Zeichenkette erforderlich, die nicht verändert werden braucht. Dafür bietet sich dann eine Konstante an, die genauso wie die Variable eingesetzt werden kann.

```
// Zeichenkettenkonstanten
#include <iostream.h>

void main() {                              // Konstante als String
  char  STRING[] = "Das ist eine Konstante";

  cout << STRING << endl;
}
```

Die Zeichenkettenkonstante wird hier in Anführungszeichen gesetzt und dann der Konstante *STRING* zugewiesen. Das ist aber eine Kurzschreibweise, denn eigentlich handelt es sich ja um einen Vektor aus Elementen des Datentyps *char*. Daher müßte die korrekte Schreibweise eigentlich wie folgt lauten:

```
char  STRING[] = { 'D', 'a', 's', ' ', 'i', 's', 't', ' ',
                   'e', 'i', 'n', 'e', ' ', 'K', 'o', 'n',
                   's', 't', 'a', 'n', 't', 'e' };
```

Aber wenn man versuchen sollte, auf diese Weise einen String zu initialisieren, wird man schnell verzweifeln, da diese Schreibweise doch recht kompliziert und unübersichtlich ist. Daher sollte man die vorige mit den Anführungszeichen nehmen, denn damit ist man zudem noch wesentlich schneller.

Damit die Ausgabe korrekt erfolgt, wird zusätzlich noch das abschließende Nullzeichen hinzugefügt. Aus diesen Zeichen wird dann ein entsprechender Vektor erzeugt, der im Programm abgelegt wird.

9.4.4 Einlesen von Zeichenketten mit Leerzeichen

Setzt man das Programm im vorletzten Abschnitt mit Zeichenketten ein, die Leerzeichen enthalten, erlebt man eine unangenehme Überraschung.

```
Geben Sie eine Zeichenkette ein: Das ist eine Zeichenkette
Sie haben folgendes eingegeben:
Das
```

Es wird nur der Teil bis zum ersten Leerzeichen übernommen. Alle anderen Eingaben gehen aber nicht verloren; sie werden für weitere Eingaben verwendet. Der darauffolgenden Eingabeanweisung werden die Zeichen bis zum nächsten Leerzeichen zugewiesen, die nächste erhält die nun folgenden Zeichen und so weiter. Die Zuweisungen werden erst beendet, wenn alle eingegebenen Zeichen verarbeitet worden sind. Das kann natürlich zu einiger Konfusion führen, wenn erwartete Eingabeanweisungen nicht wie gewünscht funktionieren.

Das bedeutet, daß der Einfügeoperator »>>« ein Leerzeichen als Eingabeende interpretiert. Es sind also nur Zeichenketten möglich, die aus einem Wort bestehen. Alles was danach eingegeben wird, bleibt in diesem String unberücksichtigt.

Deswegen müssen wir uns nach einer anderen Funktion umsehen, die dies leistet. Sie heißt *cin::get()* und ist eine Komponentenfunktion der Klasse *cin*. Im folgenden demonstriere ich ihren Einsatz.

```
// Zeichenkette mit cin::get()
#include <iostream.h>

const int MAXIMAL = 20;

void main() {
  char  acZeichenkette[MAXIMAL];               // Zeichenkette

  cout << "Geben Sie eine Zeichenkette ein: "; // Eingabe
  cin.get(acZeichenkette, MAXIMAL);

  // Ausgabe:
  cout << "Sie haben folgendes eingegeben: " << endl
      << acZeichenkette << endl;
}
```

Das erste Argument in der Komponentenfunktion *get()* ist die Adresse des Vektors, in den die Zeichenkette geschrieben werden soll. Im zweiten Argument wird die maximale Länge festgelegt. Damit wird außerdem der Überlauf des Pufferspeichers verhindert, wie man an der Ausgabe entnehmen kann. In diesem Fall werden zwanzig Zeichen übernommen.

```
Geben Sie eine Zeichenkette ein: Das ist eine Zeichenkette
Sie haben folgendes eingegeben:
Das ist eine Zeiche
```

Leerzeichen werden also nicht mehr als Endezeichen interpretiert, sondern im String gespeichert.

9.4.5 Mehrzeilige Zeichenketten

Jetzt können wir zwar Leerzeichen in einen String mit aufnehmen, aber mehrzeilige Zeichenketten mit Zeilenumbrüchen sind trotzdem nicht möglich. Auch für die Funktion *cin::get()* wird ein Zeilenende immer noch durch die Eingabetaste gekennzeichnet. Das ändert man, indem man der Funktion ein drittes Argument übergibt. Mit ihm legt man fest, welches Zeichen das Ende einer Eingabe markiert. Als Standard ist das Zeilentrenner-Zeichen (\n) vorgegeben. Man kann auch ein anderes angeben, im nachfolgenden Beispiel ist es das Zeichen »#«:

```
// Zeichenkette mit cin::get()
#include <iostream.h>

const int MAXIMAL = 50;

void main() {
  char  acZeichenkette[MAXIMAL];        // Zeichenkette

  // Eingabe:
  cout << "Geben Sie eine Zeichenkette ein: ";
  cin.get(acZeichenkette, MAXIMAL, '#');

  // Ausgabe:
  cout << "Sie haben folgendes eingegeben: " << endl
      << acZeichenkette << endl;
}
```

Nun kann man eine beliebige Anzahl an Zeichen eingeben, die sich auf mehrere Zeilen erstrecken. Allerdings muß man trotz der Eingabe des Endezeichens (#) noch immer die Eingabetaste zur Beendigung des Strings betätigen. Alternativ wird die Eingabe auch beendet, wenn die maximale Anzahl an Zeichen erreicht ist. Ein Beispiel:

```
Geben Sie eine Zeichenkette ein: Diese
Zeichen#
Sie haben folgendes eingegeben:
Diese
Zeichen
```

9.4.6 Bestimmung der Länge

Oft stellt sich die Aufgabe, die Länge eines Strings zu bestimmen. Da C++ standardmäßig keine Zeichenkettenoperationen beherrscht, muß man sich auf Bibliotheksfunktionen verlassen, wenn man nicht selbst eine entsprechende Routine schreiben möchte. In den Bibliotheken wird man meist fündig. Im folgenden Beispiel wird eine Stringlänge ermittelt und ausgegeben:

```
// Stringlaenge bestimmen
#include <iostream.h>
#include <string.h>                    // fuer strlen

void main() {
  // zwei Zeichenketten, eine davon initialisiert:
  char  acString1[] = { "Diese Zeichenkette wird kopiert" };

  // Ausgabe:
  cout << "Die Laenge der Zeichenkette betraegt "
       << strlen(acString1) << endl;
}
```

Die Funktion *strlen()* bestimmt die Länge eines Strings. Sie ist in der Include-Datei *string.h* angegeben, die zu Anfang mit eingebunden werden muß. Sie liefert die Anzahl der Zeichen zurück, ohne dabei das abschließende Nullzeichen zu berücksichtigen. Damit sieht die Ausgabe wie folgt aus:

```
Die Laenge der Zeichenkette betraegt 31
```

Würde man den Aufbau der Strings kennen, hätte man diese Funktion auch leicht selbst schreiben können. Denn sie sucht im übergebenen Array nur nach dem Nullzeichen und gibt dessen Position zurück. In unserem Fall könnte sie so aussehen wie die Funktion *StringLaenge()*.

```
// Stringlaenge bestimmen
#include <iostream.h>

const int MAXIMAL = 100;

int StringLaenge(char acString[]) {
  int  i;                              // Schleife
```

```
  for (i = 0; i < MAXIMAL; i++) {        // Schleife, String lesen
    if (acString[i] == 0)
      return(i);                         // Position zurueckgeben
  }
  return(-1);                            // kein Nullzeichen gefunden
}

void main() {
  // zwei Zeichenketten, eine davon initialisiert:
  char  acString1[] = { "Diese Zeichenkette wird kopiert" };

  // Ausgabe:
  cout << "Die Laenge der Zeichenkette betraegt "
       << StringLaenge(acString1) << endl;
}
```

Setzt man statt der Bibliotheksfunktion die eigene ein, sieht die Ausgabe genauso aus:

```
Die Laenge der Zeichenkette betraegt 31
```

Das bedeutet, sie liefert den korrekten Wert zurück. Tatsächlich gibt sie die Position an, an der sich das Nullzeichen im String befindet. Durch die *return*-Anweisung wird die Schleife beendet und aus der Funktion herausgesprungen.

Allerdings kann die Funktion nur Strings bis zu einer bestimmten Länge verarbeiten, die durch die Konstante *MAXIMAL* angegeben wird. Das ist eine eine Einschränkung, denn die Bibliotheksfunktion ist darauf nicht beschränkt.

Wird in den *MAXIMAL*-Zeichen eines Strings kein Nullzeichen gefunden, gibt die Funktion den Wert -1 zurück. Im Hauptprogramm kann dann überprüft werden, ob das Nullzeichen gefunden wurde oder nicht.

9.4.7 Kopieren einer Zeichenkette

Will man eine Zeichenkette kopieren, liest man sie Zeichen für Zeichen aus dem einen Vektor und schreibt sie in den anderen. Das geht folgendermaßen:

```
// String kopieren
#include <iostream.h>
#include <string.h>                  // fuer strlen

const int MAXIMAL = 80;

void main() {
  // zwei Zeichenketten, eine davon initialisiert:
  char  acString1[] = { "Diese Zeichenkette wird kopiert" };
  char  acString2[MAXIMAL];
  int   i;                           // Schleife

  // ... und kopieren:
  for (i = 0; i < strlen(acString1); i++) {
    acString2[i] = acString1 [i];
  }

  acString2[j] = 0;                  // String abschliessen

  // Ausgabe:
  cout << endl;
  cout << "Der kopierte String lautet : " << acString2;
}
```

In diesem Programm wird eine Zeichenkettenkonstante verwendet, die den Namen *acString1* besitzt. Außerdem wird eine Zeichenkettenvariable mit dem Namen *acString2* erzeugt. Danach erfolgt das Kopieren der Zeichenkette mit Hilfe einer *for*-Schleife. Dabei wird jeweils ein Zeichen zur Zeit aus dem einen Vektor gelesen und in den anderen Vektor an dieselbe Position geschrieben.

```
acString2[i] = acString1[i];
```

Zur Bestimmung der Länge des zu kopierenden Strings kommt wieder die Bibliotheksfunktion *strlen()* zur Anwendung. Sie gibt das Ende der Schleife vor, da ja nur soviele Zeichen kopiert werden müssen, wie im String vorhanden sind.

Beachten Sie, daß das Ende des Strings mit einem Nullzeichen abgeschlossen werden muß. Dies geschieht durch die Anweisung

```
acString2[j] = 0;
```

Da die Schleife erst dann abgebrochen wird, wenn alle Zeichen kopiert sind und die Schleifen-Bedingung eine falsche Aussage liefert, besitzt die Variable *i* danach den Wert *strlen (acString1)*. Außerdem beginnt die

Zählung der Index-Elemente bei 0, so daß die Buchstabenfolge von 0 bis *strlen (acString1) - 1* reicht. Damit schreibt die Anweisung das Nullzeichen genau an die richtige Stelle.

In der Praxis wird man sich aber auch für das Kopieren einer Zeichenkette einer Bibliotheksfunktion aus *string.h* bedienen. Damit wird das Listing noch kürzer, weil zum Kopieren nur ein Funktionsaufruf erforderlich ist.

```
// String kopieren
#include <iostream.h>
#include <string.h>                    // Fuer strlen

const int MAXIMAL = 80;

void main() {
  // zwei Zeichenketten, eine davon initialisiert
  char  acString1[] = { "Diese Zeichenkette wird kopiert" };
  char  acString2[MAXIMAL];

  // ... und kopieren:
  strcpy(String2, String1);

  // Ausgabe:
  cout << endl;
  cout << "Der kopierte String lautet : " << acString2;
}
```

Beachten Sie die Reihenfolge der Argumente bei Aufruf der Bibliotheksfunktion. Zuerst muß immer der Name des Strings angegeben werden, in den der andere kopiert werden soll. Also könnte man auch schreiben

```
strcpy(Ziel, Quelle)
```

was wesentlich kürzer ist als die Schleifenversion.

9.4.8 Vektoren aus Zeichenketten

Da eine Zeichenkette an sich schon ein Vektor ist, ist der Vektor aus Zeichenketten gleich ein zweidimensionales Array. Diese Konstruktion ist nützlich, wenn man beispielsweise die Monate eines Jahres in einem Vektor speichern möchte.

```
// Vektor aus Zeichenketten
#include <iostream.h>

const int MONATE = 12;                    // Anzahl der Monate
const int LAENGE = 11;                    // Maximale Laenge der Monate

void main() {
  // Monate:
  char  acMonate[MONATE][LAENGE] = {
          "Januar", "Februar", "Maerz", "April", "Mai", "Juni", "Juli",
          "August", "September", "Oktober", "November", "Dezember"};
  int  i;   // Schleife

  // Ausgabe:
  for (i = 0; i < MONATE; i++) {
    cout << acMonate [i] << endl;
  }
}
```

Mit diesem Programm läßt sich jede Zeichenkette des Vektors anzeigen.

```
Januar
Februar
Maerz
April
Mai
Juni
Juli
August
September
Oktober
November
Dezember
```

Die erste Dimension des Vektors *acMonate* gibt an, wieviele Zeichenketten enthalten sind. Mit der zweiten wird festgelegt, wie lang jede Zeichenkette sein darf. Denken Sie aber daran, daß das abschließende Nullzeichen auch noch mit in den Vektor passen muß! Deshalb muß man ihn so dimensionieren, daß die längste Zeichenkette gerade noch hineinpaßt. Das bedeutet andererseits aber auch, daß bei kürzeren Strings Platz im Vektor verschwendet wird, da alle dieselbe Länge besitzen.

Beim Zugriff auf einen Vektor wird nur die erste Dimension verwendet.

```
acMonate [i]
```

Aber wo ist hier der Index für die zweite Dimension? Da es sich um einen Vektor aus Vektoren handelt, wird mit der vorigen Syntax gezielt ein Vektor ausgewählt. Daher ist die Angabe der zweiten Dimension nicht erforderlich.

Wenn man sie trotzdem angibt, erhält man keinen Vektor, sondern ein einzelnes Zeichen aus dem char-Array. Die Angabe von

```
acMonate[0][0]
```

würde beispielsweise das Zeichen »J« zurückliefern.

9.4.9 Zeichenketten in einer Klasse

Mit Hilfe von Zeichenketten in einer Klasse wird das daraus erzeugte Objekt näher beschrieben. Unser Beispiel sei wieder die *Artikel*-Klasse, die entsprechend erweitert wird.

```
// Zeichenkette in Klasse
#include <iostream.h>
#include <string.h>

class Artikel {
  private:
    long   lArtikelNummer;            // Nummer des Artikels
    float  fPreis;                    // Preis des Artikels
    int    iModellNummer;             // Kennzeichnung
    char   acBeschreibung[25];        // Beschreibung des Objekts
  public:
    // Daten setzen:
    void DatenSetzen(long lArt, float fPr, int iMod, char acName[]) {
      lArtikelNummer = lArt;
      fPreis         = fPr;
      iModellNummer  = iMod;
      strcpy(acBeschreibung, acName);
    }

    // Daten ausgeben:
    void DatenAnzeigen() {
      cout << endl << "Artikelnummer: " << lArtikelNummer;
      cout << "  Preis: " << fPreis;
      cout << "  Modellnummer: " << iModellNummer << endl;
      cout << "Beschreibung: " << acBeschreibung << endl;
    }
};
```

```
void main() {
  Artikel  Artikel1;                   // Erster Artikel
  Artikel  Artikel2;                   // Zweiter Artikel

  // Daten setzen:
  Artikel1.DatenSetzen(4234, 2.34, 1, "Maus");
  Artikel2.DatenSetzen(5446, 5.50, 1, "Kabel");

  // Ausgeben:
  cout << "Erster Artikel: ";
  Artikel1.DatenAnzeigen();
  cout << "Zweiter Artikel: ";
  Artikel2.DatenAnzeigen();
}
```

Im Programm werden zwei Objekte der Klasse *Artikel* mit den Namen *Artikel1* und *Artikel2* definiert. Anschließend werden diese Objekte mit Hilfe der Komponentenfunktion *DatenSetzen()* initialisiert (wozu auch ein Konstruktor verwendet werden könnte). Abschließend erfolgt die Ausgabe durch Aufruf der Komponentenfunktion *DatenAnzeigen()*. Die Ausgabe könnte folgendermaßen aussehen:

```
Erster Artikel:
Artikelnummer: 4234  Preis: 2.34  Modellnummer: 1
Beschreibung: Maus
Zweiter Artikel:
Artikelnummer: 5446  Preis: 5.5  Modellnummer: 1
Beschreibung: Kabel
```

Das Kopieren der übergebenen Beschreibung in die interne Variable erfolgt mit Hilfe der Bibliotheksfunktion *strcpy()*. Das entspricht der Zuweisung bei einfachen Datentypen.

Wenn Sie sich mit der Dokumentation Ihres Compilers beziehungsweise der zur Include-Datei *string.h* näher beschäftigen, werden Sie noch eine Reihe weiterer Funktionen zur String-Behandlung finden. Dazu gehören beispielsweise die, die eine Zeichenkette an eine andere anfügen oder zwei Zeichenketten vergleichen.

9.4.10 Eine String-Klasse

Im abschließenden Beispiel befindet sich eine String-Klasse, mit der es beispielsweise erlaubt ist, das »=«-Zeichen zum Gleichsetzen zweier Strings zu verwenden. Bei normalen Zeichenketten wäre das nicht so einfach möglich.

```
// String-Klasse
#include <iostream.h>

const int MAXIMAL = 100;

class String {
  private:
    char  acString[MAXIMAL];
  public:
    String() {                          // Konstruktor
      acString[0] = 0;                  // Laenge 0
    }
    String(char acStr[]) {              // Konstruktor
      strcpy(acString, acStr);          // kopieren
    }
    void Anzeige() {                    // Ausgeben
      cout << acString;
    }
    void Verkettung(String Str) {       // String an anderen anfügen
      // Laenge ueberpruefen:
      if (strlen(acString) + strlen(Str.acString) < MAXIMAL) {
        strcat(acString, Str.acString);
      } else {
        cout << endl << "Zeichenketten sind zu lang" << endl;
      }
    }
};

void main() {
  String  String1("Guten Morgen ");     // Strings definieren
  String  String2("Liebe Sorgen");
  String  String3;

  cout << "String1 : ";                 // Alle ausgeben
  String1.Anzeige();
  cout << endl << "String2 : ";
  String2.Anzeige();
  cout << endl << "String3 : ";
  String3.Anzeige();
  String3 = String1;                    // Zuweisen
  cout << endl << "String3 : ";
  String3.Anzeige();
  String3.Verkettung(String2);          // Verketten
  cout << endl << "String3 : ";
  String3.Anzeige();
}
```

In der Klasse *String* befindet sich nur ein einzelnes Datenelement, der Vektor *acString* mit Elementen des Typs *char*. Dieser nimmt den String auf, der den Zeichenketten-Vektor ersetzen soll. Da es sich jetzt aber um ein Objekt handelt, ergeben sich daraus einige Vorteile. Denn wie Sie zuvor gesehen haben, lassen sich Objekte anderen Objekten desselben Typs zuweisen.

```
String3 = String1;
```

Außerdem sind zusätzliche Komponentenfunktionen zur Handhabung von Strings möglich.

In der Klasse *String* besitzen alle Zeichenketten dieselbe Länge, nämlich *MAXIMAL*-Zeichen (ist hier auf 100 gesetzt). Außerdem sind zwei Konstruktoren vorhanden, wobei der Standardkonstruktor ohne Argumente einen leeren String erzeugt. Das bedeutet, daß das erste Zeichen ein Nullzeichen ist. Dieser wird immer dann aufgerufen, wenn man das Objekt nur definiert, wie beispielsweise *String3* im Hauptprogramm.

```
String  String3;
```

Mit dem zweiten Konstruktor wird das Objekt gleich noch initialisiert. Dazu wird der übergebene String mit Hilfe der Bibliotheksfunktion *strcpy()* in die interne Variable *acString* der Klasse kopiert. Dies erfolgt mit Anweisungen wie

```
String String1("Guten Morgen ");
```

Alternativ wäre auch die folgende Schreibweise zugelassen:

```
String  String1 = "Guten Morgen ";
```

Sie funktioniert mit jedem Konstruktor, der nur ein Argument aufweist. Unabhängig davon wird die Zeichenkette aber in ein String-Objekt umgewandelt.

Mit Hilfe einer weiteren Komponentenfunktion *Verkettung()* können zwei Zeichenketten miteinander verkettet werden. Dabei wird der der Funktion übergebene String an den internen angehängt. Damit bewirkt die Anweisung

```
String3.Verkettung(String2);
```

daß der String mit dem Namen *String2* an den des Objekts *String3* angehängt wird. Intern verwendet die Komponentenfunktion die Bibliotheksfunktion *strcat()* zur Ausführung der Verkettung.

```
strcat(acString, Str.acString);
```

Diese hängt die Zeichenkette im zweiten Parameter an die des ersten Parameters. Das Ergebnis des Funktionsaufrufs befindet sich also im ersten Parameter.

Damit die Verkettung nicht zu einem Überlauf im internen Vektor des Objekts führt, wird zuvor aber noch eine Überprüfung der Längen durchgeführt. Ist die Summe beider Strings zu groß, werden eine entsprechende Fehlermeldung ausgegeben und die Verkettung nicht ausgeführt.

Startet man das Programm, sieht man folgende Ausgabe auf dem Bildschirm.

```
String1 : Guten Morgen
String2 : Liebe Sorgen
String3 :
String3 : Guten Morgen
String3 : Guten Morgen Liebe Sorgen
```

Die letzte Zeile entspricht dabei dem verketteten String.

9.5 Zusammenfassung

In diesem Kapitel befaßten wir uns mit Vektoren. Mit ihnen werden eine Reihe von Datenelementen eines bestimmten Typs zu einer Einheit zusammengefaßt. Dabei kann es sich um Elemente aus einfachen Datentypen, Strukturen oder auch Objekten handeln. Wichtig ist nur, daß sie alle einen bestimmten Typ aufweisen.

Der Zugriff auf ein einzelnes Element in diesem Vektor kann mit einem Index erfolgen. Dabei spielt es keine Rolle, ob Sie dafür eine Konstante oder den Wert einer Variable verwenden. Das macht den Zugriff flexibel, da beispielsweise die Daten von Vektoren jetzt auch bequem mit Schleifen ausgelesen werden können.

Vektoren können nicht nur eindimensional sein, das heißt, es ist nicht nur ein Index für den Zugriff vorhanden, sondern es sind auch mehrere Dimensionen möglich. Dann werden sie auch als *Matrizen* bezeichnet. Bei einem zweidimensionalen Vektor läßt sich dies beispielsweise als Vektor aus Vektoren interpretieren.

Der Einsatz von Vektoren erfolgt genauso wie bei anderen Datentypen, was bedeutet, daß sie sich als Parameter an Funktionen übergeben lassen oder auch in Objekten verwendet werden können. Wichtig ist nur, daß das Programm sicherstellen muß, daß die Grenzen eines Vektor nicht überschritten werden. Passiert das einmal, kann es zu unvorhersagbaren Auswirkungen kommen.

Einen Spezialfall von Vektoren stellen die Zeichenketten dar. Bei ihnen handelt es sich um Vektoren mit Elementen des Typs char. Zur Behandlung solcher Zeichenketten steht eine Vielzahl von Bibliotheksfunktionen bereit, so daß das Rad nicht zweimal erfunden werden muß. Beachten Sie, daß Zeichenketten mit einem Nullzeichen abgeschlossen sein müssen, damit sie korrekt eingesetzt werden können.

Im nächsten Kapitel widmen wir uns der Überlagerung von Operatoren. Dann ist es endlich möglich, beispielsweise das Pluszeichen auch zur Addition zweier Objekte einzusetzen.

9.6 Aufgaben

1. Schreiben Sie eine Zeichenkettenvariable, die Sie mit folgenden String initialisieren: »Objektorientierte Programmierung«.

2. Erzeugen Sie eine Funktion mit dem Namen *Revers*, die die Reihenfolge der Zeichen in einem Vektor vertauscht. Verwenden Sie zum Vertauschen eine *for*-Schleife, in der das erste Element mit dem letzten, das zweite mit dem vorletzten und so weiter vertauscht wird.
   Im Hauptprogramm können Sie einen String eingeben, der auch Leerzeichen enthalten darf. Sie müssen also eine entsprechende Eingabemethode wählen. Abschließend geben Sie den eingegebenen und den bearbeiteten String aus.

3. Stellen Sie sich eine Klasse mit dem Namen *Entfernung* vor, in der Sie Enfernungsangaben ablegen möchten. Sie enthält ein Element mit einem *double*-Datentyp, das durch einen Konstruktor mit dem Wert 0 initialisiert wird. Außerdem gibt es eine Komponentenfunktion, mit der der Wert eines Objekts desselben Typs hinzuaddiert werden kann, und eine, mit eine Durchschnittsberechnung möglich ist. Eine weitere Komponentenfunktion dient der Eingabe eines neuen Werts.

   In der Hauptfunktion erzeugen Sie einen Vektor aus diesen Klassen und geben in einer Schleife die Werte ein. Nach Beenden der Schleife geben Sie den Durchschnitt aus.

10 Überlagerung von Operatoren

Die Überlagerung von Operatoren ist eines der wichtigsten Merkmale objektorientierter Programmiersprachen. Damit ist es möglich, sehr komplizierte Sachverhalte simpel auszudrücken. So läßt sich beispielweise eine Anweisung wie

```
Objekt3.Addieren(Objekt1, Objekt2);
```

in eine Form bringen, die sofort klarstellt, was damit gemeint ist

```
Objekt3 = Objekt1 + Objekt2;
```

Sie sehen sofort, daß die beiden Objekte (beziehungsweise deren Werte) addiert und einem anderen Objekt zugewiesen werden sollen. Der Begriff *Operatorüberlagerung* bezieht sich übrigens darauf, daß die internen Operatoren +, -, *, /, = und so weiter um zusätzliche Bedeutungen erweitert werden. Denn standardmäßig funktionieren sie nur mit den eingebauten Datentypen (wie sollten sie auch wissen, wie sie mit benutzerdefinierten umgehen sollen?). Damit ist der Ausdruck

```
c = a + b;
```

nur für Standardtypen wie long oder double gültig. Sind dagegen *a*, *b* und *c* Objekte oder Strukturen, wird beim Übersetzen eine Fehlermeldung angegeben. Der Compiler kann in diesem Fall mit der Anweisung nichts anfangen. Mit dem Überlagerungsprinzip, das Sie bereits bei den Funktionen kennengelernt haben, läßt sich dies aber entsprechend ändern.

So haben Sie die Gelegenheit, die Sprache C++ um Ihre eigenen Befürfnisse zu erweitern und entsprechend anzupassen. Sie können beispielsweise die Operatoren so ändern, daß Sie genau das tun, was Sie wollen. Setzen Sie Klassen ein, läßt sich mit diesem Prinzip der Einsatz der Objekte oftmals viel verständlicher machen.

Auch die Umwandlung der Datentypen ist eng mit der Operatorüberlagerung verbunden. Die Umformung einfacher Datentypen wie *int* oder *float* geschieht automatisch, aber was passiert, wenn Sie zwei Objekte ineinander umwandeln wollen?

Diese Frage und auch die Fehlerquellen beim Einsatz von überlagerten Operatoren werden zum Schluß dieses Kapitels geklärt.

10.1 Unäre Operatoren

Die Beschreibung überlagerter Operatoren beginnen wir mit den unären Operatoren. Wie Sie sich sicherlich noch erinnern, benötigen diese nur einen Operanden, also ein Variable, auf die der Operator angewendet wird. Beispiele für solche Operatoren sind die Inkrement- (++) und Dekrement-Operatoren (--) oder das Minuszeichen zur Kennzeichnung einer negativen Zahl (aber nicht die Subtraktion!).

10.1.1 Das Beispiel

In einem vorherigen Beispiel haben wir ein Objekt des Typs *Zaehler* definiert, mit dem eine Zählervariable realisiert werden kann. Um den Zähler zu erhöhen, wurde eine Komponentenfunktion *ZaehlerErhoehen()* aufgerufen, in der zum Wert der Variable *uiZaehler* eine 1 hinzuaddiert wurde.

```
Zaehler1.ZaehlerErhoehen();
```

Damit wird die Aufgabe zwar erledigt, aber eleganter wäre es natürlich, wenn man dafür den Inkrementoperator ++ verwenden könnte.

```
++Zaehler1;
```

Diese Anweisung macht deutlich, daß ein Wert inkrementiert werden soll. Und so wird sie für unser Beispiel eingesetzt:

```
// Zaehler mit ++-Operator
#include <iostream.h>

class Zaehler {
  private:
    unsigned int   uiZaehler;                  // Zaehlvariable
  public:
    Zaehler() {                                // Konstruktor
      uiZaehler = 0;
    }
    unsigned int ZaehlerZurueckliefern() {  // Zurueckliefern
      return(uiZaehler);
    }
    void operator ++ () {                      // Zurueckliefern
      uiZaehler++;
    }
};
```

```
void main() {
  Zaehler    Zaehler1;                  // Definieren und
  Zaehler    Zaehler2;                  // initialisieren

  // Werte ausgeben:
  cout << "Zaehler 1 = " << Zaehler1.ZaehlerZurueckliefern() << endl;
  cout << "Zaehler 2 = " << Zaehler2.ZaehlerZurueckliefern() << endl;

  // Zaehler erhoehen:
  Zaehler1++;                           // Postfix-Schreibweise
  Zaehler2++;                           // Postfix-Schreibweise

  // Ausgeben
  cout << "Zaehler 1 = " << Zaehler1.ZaehlerZurueckliefern() << endl;
  cout << "Zaehler 2 = " << Zaehler2.ZaehlerZurueckliefern() << endl;

  // Wieder erhoehen
  ++Zaehler1;                           // Praefix-Schreibweise

  // Werte erneut ausgeben
  cout << "Zaehler 1 = " << Zaehler1.ZaehlerZurueckliefern() << endl;
  cout << "Zaehler 2 = " << Zaehler2.ZaehlerZurueckliefern() << endl;
}
```

Im Programm werden zwei Objekte der Klasse *Zaehler* erzeugt, *Zaehler1* und *Zaehler2*. Als nächstes werden im Hauptprogramm die Zählerstände angezeigt, die jeweils den Anfangswert 0 besitzen. Danach werden die Objekte mit dem überlagerten Inkrementoperator jeweils erhöht, was ebenfalls an der Ausgabe ersichtlich ist. Danach erfolgt eine weitere Inkrementierung des Objekts *Zaehler1*, was abschließend wieder angezeigt wird.

```
Zaehler 1 = 0
Zaehler 2 = 0
Zaehler 1 = 1
Zaehler 2 = 1
Zaehler 1 = 2
Zaehler 2 = 1
```

Die Inkrementoperatoren werden sowohl in der Postfix- als auch in der Präfix-Schreibweise notiert.

```
  Zaehler1++;                           // Postfix-Schreibweise
  Zaehler2++;                           // Postfix-Schreibweise

  ++Zaehler1;                           // Praefix-Schreibweise
```

10.1.2 Das Schlüsselwort »operator«

Einen Operator zu überreden, etwas anderes zu tun als das, was er standardmäßig kann, ist nicht schwierig. Dies geschieht mit dem Schlüsselwort *operator*, wie man in der Angabe der Klasse sieht:

```
void operator ++ ()
```

Der Deklarator sieht fast aus wie der einer normalen Funktion. Er beginnt mit dem Rückgabetyp, dem das Schlüsselwort *operator* folgt. Danach steht der Operator (++) selbst und abschließend findet sich eine in runden Klammern eingeschlossene Argumentliste, die hier leer ist. Der Compiler ruft immer diese Funktion auf, wenn er auf den ++-Operator in Zusammenhang mit einem Objekt des Typs *Zaehler* trifft.

Die Unterscheidung, welche Funktionalität der Operator hat, trifft der Compiler anhand des Datentyps. Diese Vorgehensweise haben wir ja bereits im Zusammenhang mit den überlagerten Funktionen kennengelernt. Trifft er beispielsweise auf eine Anweisung wie

```
uiZaehler++;
```

wird der Wert der Variable *uiZaehler*, die vom Typ *unsigned int* ist, wie man am Namen erkennt, um 1 erhöht. Er verwendet also seine eingebaute Routine, um die Zeile auszuführen. Trifft er dagegen auf eine Anweisung wie

```
++Zaehler1;                         // Praefix-Schreibweise
```

und ist Zaehler1 vom Typ *Zaehler*, wird der überlagerte Operator verwendet und die interne Variable um Eins erhöht.

10.1.3 Argumente des Operators

Die Anwendung des Inkrement-Operators ++ erfolgt in der Hauptfunktion *main()* immer auf ein bestimmtes Objekt, wie in

```
++Zaehler1;                         // Praefix-Schreibweise
```

In der Angabe der Klasse werden dem Operator aber keine Argumente übergeben, so daß man sich fragt, was er denn eigentlich macht. Wenn man das Listing einsieht, wird das sofort klar: er inkrementiert die Daten in dem Objekt, dessen Komponentenfunktion er ist. Da eine solche Funktion immer auf das bestimmte Objekt zugreift, für das sie aufgerufen wird, sind in diesem Fall keine Argumente erforderlich.

10.1.4 Rückgabewerte von Operatoren

Übersetzt man das Beispiel, wird man vermutlich eine Reihe von Warnungen sehen, daß der überladene Präfix-Operator als Postfix-Operator verwendet wird. Aber das Programm funktioniert wie erwartet. Eine Fehlermeldung würde nur erscheinen, wenn eine Zeile wie die folgende übersetzt würde.

```
Zaehler1 = Zaehler2++;                    // Postfix-Schreibweise
```

Dies liegt daran, weil der Rückgabetyp des Operators ++ in der Funktion *operator++()* keinen Rückgabetyp zurückliefert (*void*). In der Zuweisungsanordnung wird aber an das Objekt *Zaehler2* die Anordnung erteilt, einen Wert zurückzuliefern. Das bedeutet, daß das Objekt auf jeden Fall einen Wert des Typs *Zaehler* zurückliefern muß, unabhängig davon, wie der Wert nach der Ausführung des Operators auch sein mag. Aus diesem Grund kann man die Funktion so nicht einsetzen, wie sie bisher im Listing angegeben wurde. Sie kann nur mit Objekten verwendet werden, die alleine stehen. Erinnern wir uns an die Vorstellung des Inkrement-Operators: da gab es keine Einschränkungen bei Standardtypen wie *int* oder *long*.

Daher muß man einen Weg finden, daß der überladene Operator einen Wert zurückgeben kann. Wie das funktioniert, verdeutlicht das folgende Beispiel.

```
// Zaehler mit ++-Operator, 2
#include <iostream.h>

class Zaehler {
  private:
    unsigned int  uiZaehler;              // Zaehlvariable
  public:
    Zaehler() {                           // Konstruktor
      uiZaehler = 0;
    }

    // Zurueckliefern
    unsigned int ZaehlerZurueckliefern() {
      return(uiZaehler);
    }

    // ++-Operator
    Zaehler operator ++ () {
      Zaehler      Temp;                // Temporaeres Objekt
      uiZaehler++;                      // ++-Operator
```

```
      Temp.uiZaehler = uiZaehler;        // Temporaere Zuweisung
      return(Temp);                      // Zurueckgeben
    }
};

void main() {
  Zaehler      Zaehler1;                 // Definieren und
  Zaehler      Zaehler2;                 // initialisieren

  // Werte ausgeben:
  cout << "Zaehler 1 = " << Zaehler1.ZaehlerZurueckliefern() << endl;
  cout << "Zaehler 2 = " << Zaehler2.ZaehlerZurueckliefern() << endl;
  // Zaehler erhoehen:
  Zaehler1++;                            // Postfix-Schreibweise
  Zaehler2 = Zaehler1++;                 // Postfix-Schreibweise

  // Ausgeben:
  cout << "Zaehler 1 = " << Zaehler1.ZaehlerZurueckliefern() << endl;
  cout << "Zaehler 2 = " << Zaehler2.ZaehlerZurueckliefern() << endl;
}
```

In der Funktion *operator ++()* wird ein temporäres Objekt erzeugt, das vom Datentyp *Zaehler* ist und den Namen *Temp* besitzt. Dieses wird als Rückgabewert verwendet. Die interne Variable *uiZaehler* wird dann wie zuvor inkrementiert und der Variablen des temporären Objekts zugewiesen. Abschließend gibt die Funktion das temporäre Objekt zurück. Damit geben Ausdrücke wie

```
Zaehler1++;
```

einen Wert zurück, so daß auch die Anweisung

```
Zaehler2 = Zaehler1++;
```

gültig ist und vom Compiler nicht mehr bemängelt wird.

Baut man in den Konstruktor noch eine Ausgabe darüber ein, daß er gerade aufgerufen wird, wie in der folgenden Sequenz

```
Zaehler() {                              // Konstruktor
  uiZaehler = 0;
  cout << "Das ist der Konstruktor !\n";
}
```

sieht die Ausgabe wie folgt aus:

```
Das ist der Konstruktor !
Das ist der Konstruktor !
Zaehler 1 = 0
Zaehler 2 = 0
Das ist der Konstruktor !
Das ist der Konstruktor !
Zaehler 1 = 2
Zaehler 2 = 2
```

Die ersten beiden Ausgaben stammen von der Definition der Objekte, was man an den Werten 0 und 0 sieht. Die nachfolgenden kommen von den temporären Objekten, die in der Funktion zur Festlegung des überladenen Operators angelegt wurden. Zu beachten ist, daß die Inkrementoperation des zweiten Zählers vor der eigentlichen Zuweisung der Objekte erfolgt.

10.1.5 Temporäre Objekte ohne Namen

In der Funktion *operator ++()* wird ein temporäres Objekt mit dem Namen *Temp* des Typs *Zaehler* erzeugt. Dessen Zweck ist es, einen Rückgabewert für den Inkrementoperator bereitzustellen. Dazu waren die nachfolgenden Anweisungen erforderlich:

```
Zaehler          Temp;                  // Temporaeres Objekt

uiZaehler++;                            // Internen Zaehler erhoehen
Temp.uiZaehler = uiZaehler;             // Temporaere Zuweisung
return(Temp);                           // Zurueckgeben
```

Doch es gibt noch einfachere Wege, um Objekte von Funktionen und überlagerten Operatoren zurückgeben zu lassen. Diesem Zweck dient nachfolgendes Programm:

```
// Zaehler mit ++-Operator, 3
#include <iostream.h>

class Zaehler {
  private:
    unsigned int   uiZaehler;           // Zaehlvariable
  public:
    Zaehler() {                         // Konstruktor
      uiZaehler = 0;
    }
```

```
    Zaehler(unsigned int uiWert) {        // Konstruktor
      uiZaehler = uiWert;
    }

    unsigned int ZaehlerZurueckliefern() {  // Zurueckliefern
      return(uiZaehler);
    }

    Zaehler operator ++ () {               // ++-Operator
      uiZaehler++;                         // Internen Zaehler erhoehen
      return(Zaehler(uiZaehler));          // Zurueckgeben
    }
};

void main() {
  Zaehler      Zaehler1;                   // Definieren und
  Zaehler      Zaehler2;                   // initialisieren

  // Werte ausgeben:
  cout << "Zaehler 1 = " << Zaehler1.ZaehlerZurueckliefern() << endl;
  cout << "Zaehler 2 = " << Zaehler2.ZaehlerZurueckliefern() << endl;

  // Zaehler erhoehen:
  Zaehler1++;                              // Postfix-Schreibweise
  Zaehler2 = Zaehler1++;                   // Postfix-Schreibweise

  // Ausgeben:
  cout << "Zaehler 1 = " << Zaehler1.ZaehlerZurueckliefern() << endl;
  cout << "Zaehler 2 = " << Zaehler2.ZaehlerZurueckliefern() << endl;
}
```

In diesem Programm wird der Rückgabewert durch eine einzelne Anweisung generiert.

```
return(Zaehler(uiZaehler));
```

Damit werden mehrere Anweisungen gespart, doch wie funktioniert das? Es wird ein Objekt des Typs *Zaehler* erzeugt, das aber keinen Namen besitzt. Es ist nur für die *return*-Anweisung gültig, sodaß die Vergabe eines Namens überfüssig wäre. Dieses Objekt wird nun mit dem Wert des Zaehlers *uiZaehler* unter Verwendung eines Konstruktors initialisiert, so daß der korrekte Wert zurückgeliefert werden kann. Der entsprechende Konstruktor muß natürlich noch hinzugefügt werden, was im Listing bereits geschehen ist.

```
Zaehler(unsigned int uiWert) {          // Konstruktor
  uiZaehler = uiWert;
}
```

In allen vorgestellten Ansätzen wird ein temporäres Objekt erzeugt, das eine Kopie der Originaldaten enthält. Dieses Objekt wird dann zurückgegeben. Daß es auch anders geht, demonstriere ich in einem späteren Kapitel, in dem der *this*-Zeiger erklärt wird.

10.1.6 Beschränkungen

Im ersten Abschnitt dieses Kapitels haben wir beim Einsatz der Operatoren sowohl die Postfix- als auch die Präfix-Schreibweise verwendet, *Zaehler1++* und *++Zaehler1*. Werden die Operatoren auf Standarddatentypen angewendet, hat das unterschiedliche Auswirkungen. Bei der Präfix-Schreibweise, also wenn der Operator vor der Variable steht, wird zuerst deren Wert erhöht, bevor weitere Aktionen ausgeführt werden. Bei der Postfix-Schreibweise werden dagegen erst die anderen Aktionen durchgeführt, bevor der Operator wirksam wird.

Leider hat dieser feine Unterschied bei überlagerten Operatoren aber keine Gültigkeit mehr. Bei den Anweisungen

```
Zaehler2 = Zaehler1++;
```

und

```
Zaehler2 = ++Zaehler1;
```

wird jedesmal die Präfix-Version des Operators ausgeführt, auch wenn der Operator nach dem Objektnamen angegeben wird.

Doch es gibt auch für dieses Problem eine Lösung: eine zweite überlagerte Funktion für den Postfix-Operator, wie im nachfolgenden Listing gezeigt. Allerdings wird diese Version nicht von allen Compilern unterstützt, man muß sie also mit der eigenen Entwicklungsumgebung ausprobieren.

```
// Zaehler mit ++-Operator, 4
#include <iostream.h>

class Zaehler {
  private:
    unsigned int    uiZaehler;          // Zaehlvariable
```

```
  public:
    Zaehler() {                          // Konstruktor
      uiZaehler = 0;
    }

    Zaehler(unsigned int uiWert) {       // Konstruktor
      uiZaehler = uiWert;
    }

    unsigned int ZaehlerZurueckliefern() {  // Zurueckliefern
      return(uiZaehler);
    }

    Zaehler operator ++ () {             // ++-Operator, Praefix
      uiZaehler++;                       // Internen Zaehler erhoehen
      return(Zaehler(uiZaehler));        // Zurueckgeben
    }

    Zaehler operator ++ (int iTemp) {    // ++-Operator, Postfix
      uiZaehler++;                       // Internen Zaehler erhoehen
      return(Zaehler(uiZaehler));        // Zurueckgeben
    }
};

void main() {
  Zaehler       Zaehler1;                // Definieren und
  Zaehler       Zaehler2;                // initialisieren

  // Werte ausgeben:
  cout << "Zaehler 1 = " << Zaehler1.ZaehlerZurueckliefern() << endl;
  cout << "Zaehler 2 = " << Zaehler2.ZaehlerZurueckliefern() << endl;

  // Zaehler erhoehen:
  Zaehler1++;                            // Postfix-Schreibweise
  Zaehler2 = Zaehler1++;                 // Postfix-Schreibweise

  // Ausgeben:
  cout << "Zaehler 1 = " << Zaehler1.ZaehlerZurueckliefern() << endl;
  cout << "Zaehler 2 = " << Zaehler2.ZaehlerZurueckliefern() << endl;
}
```

In diesem Fall wird sowohl für den Präfix- als auch für den Postfix-Operator eine entsprechende Funktion in die Klasse aufgenommen. Wie kann der Compiler die beiden unterscheiden? Ganz einfach: indem die Postfix-Version zusätzlich ein (Schein-) Argument des Typs *int* erhält, das automatisch auf 0 gesetzt wird.

Ob Ihr Compiler das tatsächlich unterstützt, müssen Sie gegebenenfalls ausprobieren. In jedem Fall funktioniert die Präfix-Version.

10.2 Binäre Operatoren

Operatoren, die zwei Argumente benötigen, wie beispielsweise arithmetische Operatoren oder Vergleichsoperatoren, können genausogut überlagert werden. Im folgenden befassen wir uns mit diesem Thema. Beginnen wir mit der Überlagerung arithmetischer Operatoren.

10.2.1 Arithmetische Operatoren

Im Zusammenhang mit der Euro-Klasse wurde gezeigt, wie man zwei Objekte, die einen Euro-Wert enthalten, mit Hilfe der Komponentenfunktion *DatenAddieren()* addiert.

```
Objekt3.DatenAddieren(Objekt1, Objekt2);
```

Allerdings wäre es natürlich wünschenswert, wenn es mit der Sequenz

```
Objekt3 = Objekt1 + Objekt2;
```

genauso funktionieren würde, denn das Programm würde damit lesbarer. Wie Sie sich denken können, geht das mit der Überlagerung des +-Operators:

```
// Euro-Addition mit +-Operator
#include <iostream.h>

class Euro {
  private:
    float       fEuro;              // Betrag in Euro
    float       fDm;                // Betrag in D-Mark
  public:
    Euro() {                        // Konstruktor ohne Argumente
      fEuro = 0;
      fDm   = 0;
    }

    Euro(float fWert) {             // Konstruktor mit einem Argument
      fEuro = fWert;
      fDm   = 1.95583 * fWert;
    }
```

```
    void DatenEinlesen() {           // Daten einlesen
      cout << "Geben Sie einen Euro-Wert ein: ";
      cin >> fEuro;
      fDm = 1.95583 * fEuro;
    }

    void DatenAusgeben() {           // Daten anzeigen
      cout << fEuro << " Euro entsprechen ";
      cout << fDm << " DM" << endl;
    }

    Euro operator + (Euro);          // Werte addieren, nur Deklaration
};

Euro Euro::operator + (Euro Wert) { // Ueberlagerter +-Operator
  float     fEuroTemp;               // Temporaere Werte
  fEuroTemp = fEuro + Wert.fEuro;    // Addition in temporaere Variable
  return Euro(fEuroTemp);            // Rueckgabe eines temporaeren Objekts
}

void main() {
  Euro     Objekt1;                  // Euro-Objekte
  Euro     Objekt2(2.5);
  Euro     Objekt3;
  Euro     Objekt4;

  Objekt1.DatenEinlesen();                      // Daten von Objekt 1 einlesen
  Objekt3 = Objekt1 + Objekt2;                  // Addition in Objekt 3 speichern
  Objekt4 = Objekt1 + Objekt2 + Objekt3;  // Mehrere Additionen

  // Ausgeben:
  cout << "Objekt 1: ";
  Objekt1.DatenAusgeben();
  cout << "Objekt 2: ";
  Objekt2.DatenAusgeben();
  cout << "Objekt 3: ";
  Objekt3.DatenAusgeben();
  cout << "Objekt 4: ";
  Objekt4.DatenAusgeben();
}
```

Dieses Programm führt die gewünschte Addition der Euro-Werte durch, wie man an der Ausgabe sieht:

```
Geben Sie einen Euro-Wert ein: 1.2
Objekt 1: 1.2 Euro entsprechen 2.347 DM
Objekt 2: 2.5 Euro entsprechen 4.88958 DM
Objekt 3: 3.7 Euro entsprechen 7.23657 DM
Objekt 4: 7.4 Euro entsprechen 14.4731 DM
```

Damit wird bewiesen, daß die Addition zweier Werte, wie sie zur Bildung des Werts in *Objekt3* durchgeführt wird, erfolgreich war. Aber dies funktioniert nicht nur mit zwei Objekten, sondern es sind auch weitere Additionen in einer Kette möglich.

```
Objekt4 = Objekt1 + Objekt2 + Objekt3;
```

Die Deklaration des überlagerten Operators in der Klasse *Euro* sieht folgendermaßen aus:

```
Euro operator + (Euro);
```

Die entsprechende Funktion übernimmt ein Argument des Typs *Euro* und gibt ein solches ebenfalls zurück. Zu beachten ist in Zeilen wie

```
Objekt3 = Objekt1 + Objekt2;
```

die Reihenfolge und in welcher Beziehung die Rückgabewerte und Argumente des Operators zu den Objekten stehen. Kommt der Compiler zu dieser Zeile, stellt er fest, daß es sich nur um Objekte des Typs *Euro* handelt. Konsquenterweise verwendet er den überlagerten +-Operator, um die Addition durchzuführen. Aber welches Objekt wird dabei als Argument verwendet und sind nicht eigentlich zwei Argumente erforderlich, schließlich sollen ja zwei Objekte addiert werden?

Die Antwort auf diese Fragen ist recht einfach, denn der Compiler verwendet das Objekt auf der linken Seite des +-Operators als dasjenige, dem der überlagerte Operator als Komponentenfunktion angehören muß. Das auf der rechten Seite wird dann als Argument der Operator-Funktion übergeben. Der zurückgegebene Wert des Operators kann dann für die Zuweisung verwendet werden.

Mit anderen Worten: Es wird die Komponentenfunktion für den überlagerten Operator von *Objekt1* aufgerufen. Dieser wird *Objekt2* als Parameter übergeben. Der Rückgabewert der Komponentenfunktion wird dann dem Objekt mit dem Namen *Objekt3* zugewiesen.

In der Komponentenfunktion für den überlagerten Operator kann auf die Objektdaten direkt zugegriffen werden, was durch Angabe von *fEuro* auch passiert. Der Zugriff auf den rechten Operanden erfolgt unter Verwendung des Arguments der Funktion, also über *Wert.fEuro*.

Anhand dieses und des vorherigen Beispiels läßt sich vermuten, daß ein Operator immer ein Argument weniger benötigt als die Anzahl der zu verknüpfenden Operanden. Das liegt daran, weil ein Operand immer das Objekt ist, zu dem der Operator gehört. Aus diesem Grund besitzen unäre Operatorfunktionen keine Argumente. Allerdings gilt auch hier: Keine Regel ohne Ausnahme. Denn für eine bestimmte Gruppe von Funktionen, die sogenannten *friend-Funktionen*, ist diese Regel außer Kraft gesetzt. Was friend-Funktionen sind und wie sie eingesetzt werden, erfahren Sie weiter hinten im Buch.

Doch noch einmal zur Funktion des überlagerten +-Operators. In dieser werden der Euro-Wert des Objekts, zu der die Funktion gehört, und der Wert des übergebenen Objekts addiert und einer temporären Variable zugewiesen. Sie wird dazu verwendet, bei der Rückgabe ein namenloses temporäres Objekt zu initialisieren.

```
return Euro(fEuroTemp);
```

Der Wert des namenlosen Objekts wird dann dem Objekt mit dem Namen *Objekt3* zugewiesen. Damit kann man den +-Operator wie gewohnt einsetzen, wobei die Überlagerung nicht nur auf diesen beschränkt ist. Sie können auch Funktionen für den Subtraktions- oder Divisions-Operator erzeugen, so man diese Art von Objekten (fast) wie Variablen von eingebauten Datentypen handhaben kann.

10.2.2 Verkettung von Zeichenketten

Der +-Operator kann nicht für die Verkettung von Zeichenketten verwendet werden, da die Unterstützung hierfür sehr rudimentär ausgefallen ist und diese nur über Bibliotheksfunktionen realisiert wird, wie gezeigt wurde.

Wünschenswert wäre es auch in diesem Fall, eine Anweisung wie

```
String3 = String1 + String2;
```

im Programm geben zu können, um die beiden Strings miteinander zu verketten. Das funktioniert leider nur mit der weiter vorne festgelegten Klasse *String*, nicht aber mit den ursprünglichen Zeichenketten, bei denen es sich ja Vektoren des Typs *char* handelt.

Für die Klasse *String* ist es aber natürlich möglich, den +-Operator entsprechend zu überlagern, so daß die vorherige Sequenz gültig wird. Man muß die Klasse nur entsprechend ergänzen, womit man im Prinzip die Sprache C++ um eigene Möglichkeiten erweitert.

```
// String-Klasse mit +-Operator
#include <iostream.h>
#include <string.h>

const int MAXIMAL = 100;

class String {
  private:
    char    acString[MAXIMAL];
  public:
    String() {                          // Konstruktor
      acString [0] = 0;                 // Laenge 0
    }
    String(char acStr[]) {              // Konstruktor
      strcpy(acString, acStr);          // Kopieren
    }
    void Anzeige() {
      cout << acString;                 // Ausgeben
    }
    String operator + (String Str) {    // String an anderen anfügen
      // Laenge ueberpruefen:
      if (strlen(acString) + strlen(Str.acString) < MAXIMAL) {
        String  Temp;                   // Temporaeres Objekt

        // Internen String in temporaeres Objekt kopieren:
        strcpy(Temp.acString, acString);

        // Argument-String anhaengen:
        strcat(Temp.acString, Str.acString);

        return(Temp);                   // Rueckgabe
      } else {
        cout << endl << "Zeichenketten sind zu lang" << endl;
      }
    }
};
```

```
void main() {
  // Strings definieren:
  String     String1("Guten Morgen ");
  String     String2("Liebe Sorgen");
  String     String3;

  // Alle ausgeben:
  cout << "String1 : ";
  String1.Anzeige();
  cout << endl << "String2 : ";
  String2.Anzeige();
  cout << endl << "String3 : ";
  String3.Anzeige();

  // Verketten:
  String3 = String1 + String2;
  cout << endl << "String3 : ";
  String3.Anzeige();
}
```

Nach dem Übersetzen und Starten des Programms werden drei Zeichenketten auf dem Bildschirm ausgegeben, wobei die von *String3* leer ist. Danach werden die ersten beiden verkettet und der dritten (*String3*) zugewiesen, die dann noch einmal angezeigt wird. Damit lautet die Ausgabe:

```
String1 : Guten Morgen
String2 : Liebe Sorgen
String3 :
String3 : Guten Morgen Liebe Sorgen
```

Sieht man sich den Deklarator näher an, dürfte dieser bekannt vorkommen, nur werden jetzt andere Klassen für den Rückgabewert und das Argument eingesetzt.

```
String operator +(String Str)
```

In diesem Fall ist es natürlich die String-Klasse. Für die Verkettung wird ein temporäres Objekt des Typs *String* mit dem Namen *Temp* erzeugt, in das die Zeichenkette des aktuellen Objekts kopiert wird. Anschließend erfolgt die Verkettung der Zeichenkette des temporären Objekts mit der des übergebenen Objekts unter Verwendung der Bibliotheksfunktion *strcat()*. Abschließend wird das temporäre Objekt zurückgegeben. Zu beachten ist, daß die Verwendung eines namenlosen Objekts in einer Sequenz wie

```
return(String(acZeichenkette));
```

in diesem Fall nicht möglich ist, da auf die temporäre Zeichenkette für die Verkettung noch zugegriffen werden muß.

Die Rückgabe des temporären Objekts passiert natürlich nur, wenn die Länge der beiden Strings die maximale Größe des Vektors nicht überschreitet. Ansonsten sieht man wieder eine Fehlermeldung auf dem Bildschirm. In diesem Zweig meckert allerdings der Compiler durch Ausgabe einer Warnung, da jetzt keine Rückgabe mehr erfolgt. Allerdings kann man die Warnung erst einmal ignorieren, doch wenn man sie beseitigen will, müßte man den Code etwas umschreiben, wie beispielsweise im folgenden:

```
String operator + (String Str) {
  String    Temp;                          // Temporaeres Objekt

  // Laenge ueberpruefen:
  if (strlen(acString) + strlen(Str.acString) < MAXIMAL) {
    // Internen String in temporaeres Objekt kopieren:
    strcpy(Temp.acString, acString);

    strcat(Temp.acString, Str.acString);  // Argument-String anhaengen
  } else {
    cout << endl << "Zeichenketten sind zu lang" << endl;
  }
  return(Temp);                            // Rueckgabe
}
```

In diesem Fall wird immer das temporäre Objekt *Temp* zurückgegeben. Bei einer fehlerfreien Ausführung enthält es die entsprechenden Daten, sind die beiden Strings dagegen zu lang, wird die Fehlermeldung angezeigt und der zurückgegebene String ist leer.

Damit unterbleibt die Warnmeldung des Compilers und man kann anhand des zurückgegebenen Objekts erkennen, ob die Strings nicht zu lang waren. Man hat auf diese Weise sozusagen zwei Probleme gleichzeitig erledigt, denn die Fehlerbehandlung in Programmen darf nicht unterschätzt und vernachlässigt werden.

10.2.3 Mehrfache Überlagerung

In den beiden vorherigen Beispielen wurde jedesmal die Überlagerung eines +-Operators demonstriert. Was passiert, wenn man beide Klassen in ein Programm aufnehmen würde?

Die Antwort lautet: Nichts. Denn beide Überlagerungen sind möglich. Sowohl die eine als auch die andere Überlagerung wird entsprechend des eingesetzten Datentyps ausgewählt, so daß keine Probleme auftreten. Wenn das nicht so wäre, würde es schon Schwierigkeiten bei einer einfachen Überlagerung geben, da die Operatoren für die internen Datentypen ja auch noch immer funktionieren.

10.2.4 Vergleiche

Bis jetzt haben wir uns nur um die Überlagerung arithmetischer Operatoren gekümmert. Nun kommen wir zu einer anderen Gruppe, den Vergleichsoperatoren. Dazu überlagern wir als erstes Beispiel den >-Operator in der Klasse *Euro*, so daß man zwei Objekte miteinander vergleichen kann.

```
// Euro Klasse mit >-Operator
#include <iostream.h>

class Euro {
  private:
    float   fEuro;                    // Betrag in Euro
    float   fDm;                      // Betrag in D-Mark
  public:
    Euro() {                          // Konstruktor ohne Argumente
      fEuro = 0;
      fDm = 0;
    }

    Euro(float fWert) {               // Konstruktor mit einem Argument
      fEuro = fWert;
      fDm = 1.95583 * fWert;
    }

    void DatenEinlesen() {            // Daten einlesen
      cout << "Geben Sie einen Euro-Wert ein: ";
      cin >> fEuro;
      fDm = 1.95583 * fEuro;
    }

    void DatenAusgeben() {            // Daten anzeigen
      cout << fEuro << " Euro entsprechen ";
      cout << fDm << " DM" << endl;
    }

    int operator > (Euro); // Werte vergleichen, nur Deklaration
};
```

```
int Euro::operator > (Euro Wert) {         // Ueberlagerter >-Operator
  // Vergleich:
  if (fEuro > Wert.fEuro)                   // Vergleich ist wahr
    return(1);
  else
    return(0);
}

void main() {
  Euro      Objekt1;                        // Euro-Objekte
  Euro      Objekt2(2.5);

  Objekt1.DatenEinlesen();                  // Daten von Objekt 1 einlesen

  // Vergleich und ausgeben:
  cout << "Objekt 1: ";
  Objekt1.DatenAusgeben();
  cout << "Objekt 2: ";
  Objekt2.DatenAusgeben();
  if (Objekt1 > Objekt2)
    cout << "Objekt 1 ist groesser";
  else
    cout << "Objekt 2 ist groesser ";
  cout << endl;
}
```

In diesem Programm wird man aufgefordert, zunächst einen Wert einzugeben. Er wird mit dem Wert 2.5 verglichen, mit dem das zweite Objekt initialisiert wurde. Danach werden beide Werte noch einmal angezeigt und der Vergleich findet statt. Entsprechend zum Resultat sieht man die Ausgabe mit der Angabe, daß entweder *Objekt1* oder *Objekt2* größer ist.

```
Geben Sie einen Euro-Wert ein: 3.5
Objekt 1: 3.5 Euro entsprechen 6.84541 DM
Objekt 2: 2.5 Euro entsprechen 4.88958 DM
Objekt 1 ist groesser
```

Die Funktion entspricht in etwa der des überlagerten +-Operators, nur wird hier der Typ *int* zurückgegeben. Ist die Vergleichsoperation wahr, liefert die Funktion eine 1 zurück, entsprechend einer wahren Aussage, im anderen Fall eine 0, entsprechend einer unwahren Aussage.

Der eigentliche Vergleich wird zwischen dem internen Euro-Wert und dem übergebenen mit dem Operator > durchgeführt. Dieser funktioniert wie gewohnt, da ja zwei Variablen mit eingebauten Datentypen (*float*) miteinander verglichen werden.

Noch eine Bemerkung zur *if..else*-Konstruktion am Ende der Funktion. Man hätte sie auch als

```
return(fEuro > Wert.fEuro) ? 1 : 0
```

schreiben können, aber meines Erachtens wird aus der anderen Konstruktion sofort klar, was gemeint ist.

Noch ein weiteres Beispiel für einen Vergleichsoperator, der Zeichenketten miteinander vergleicht. In diesem Fall wird der Wert 1 zurückgeliefert, wenn sie gleich sind, andernfalls eine 0. Daraus kann man schließen, daß hier der ==-Operator überlagert werden soll.

```
// String-Klasse mit ==-Operator
#include <iostream.h>
#include <string.h>


const int MAXIMAL = 100;

class String {
  private:
    char        acString[MAXIMAL];
  public:
    String() {                          // Konstruktor
      acString [0] = 0;                 // Laenge 0
    }
    String(char acStr[]) {              // Konstruktor
      strcpy(acString, acStr);          // Kopieren
    }

    void Anzeige() {                    // Anzeige des Strings
      cout << acString;                 // Ausgeben
    }

    int operator == (String Str) {      // ==-Operator
      int  iRueckgabe;                  // Temporaere Variable

      // Strings vergleichen:
      iRueckgabe = strcmp(acString, Str.acString);
      if (iRueckgabe == 0)              // Entscheidung
        return(1);                      // Strings sind gleich
      else
        return(0);
    }
};
```

```
void main() {
  // Strings definieren:
  String    String1("Guten Morgen ");
  String    String2("Liebe Sorgen");
  String    String3;

  // Alle ausgeben:
  cout << "String1 : ";
  String1.Anzeige();
  cout << endl << "String2 : ";
  String2.Anzeige();
  cout << endl << "String3 : ";
  String3.Anzeige();

  // Vergleichen:
  if (String1 == String2)
    cout << endl << "Die Strings sind gleich";
  else
    cout << endl << "Die Strings sind nicht gleich";

  // Zuweisung:
  String3 = String1;

  // Noch einmal vergleichen:
  if (String1 == String3)
    cout << endl << "Die Strings sind gleich";
  else
    cout << endl << "Die Strings sind nicht gleich";
}
```

In diesem Programm werden drei Objekte des Typs *String* erzeugt, *String1*, *String2* und *String3*. Die ersten beiden werden mit einem String initialisiert, der String des letzten ist leer. Danach werden alle Strings ausgegeben und anschließend findet ein Vergleich statt, ob *String1* gleich *String2* ist, entsprechend erfolgt die Anzeige.

Im folgenden wird *String1* dem Objekt mit dem Namen *String3* zugewiesen und der Vergleich wird wiederholt. Auch hier ist die Ausgabe abhängig vom Ergebnis. Damit sollte man folgendes auf dem Bildschirm sehen:

```
String1 : Guten Morgen
String2 : Liebe Sorgen
String3 :
Die Strings sind nicht gleich
Die Strings sind gleich
```

Wie man leicht erkennen kann, sind *String1* und *String2* nicht gleich, wohl aber nach(!) der Zuweisung ist *String3* gleich zu *String1*.

In der Funktion *operator == ()* wird die Bibliotheksfunktion *strcmp()* verwendet, die die beiden Strings miteinander vergleicht. Sie gibt einen Wert von 0 zurück, wenn die beiden übergebenen Strings gleich sind. Ist der erste String im lexikographischen Sinne kleiner als der zweite, ist der Rückgabewert negativ, ansonsten ist er positiv. Lexikographisch bedeutet, daß die eine Zeichenkette in einer alpabetischen Ordnung vor oder nach der anderen eingeordnet würde.

Damit die Vergleichsfunktion nicht zweimal aufgerufen werden muß, wird deren Rückgabewert in einer temporären Variable gespeichert. Anhand dieses Werts wird dann entweder eine 1 oder eine 0 zurückgegeben. Beachten Sie, daß die Zuordnung genau anders herum erfolgt. Gibt die Bibliotheksfunktion den Wert 0 zurück, muß die Operatorfunktion den Wert 1 zurückgeben, da die beiden Strings gleich sind.

Die Operatorfunktion hätte wieder in einer Zeile Platz gehabt, wie nachfolgend zu sehen ist:

```
return(strcmp(acString, Str.acString) == 0) ? 1 : 0;
```

oder

```
return(!strcmp(acString, Str.acString)) ? 1 : 0;
```

Damit spart man zwar Platz im Listing, aber wahrscheinlich muß man längere Zeit nachdenken, bis man begreift, was mit der letzten *return*-Zeile gemeint ist.

Der Vergleich von Strings muß nicht auf den Gleichheitsoperator beschränkt bleiben. Man hat es selbst in der Hand, die <- und >-Operatoren so zu überlagern, wie man es möchte. Der Phantasie sind keine Grenzen gesetzt, wobei eine Verkettung beispielsweise auch mit dem <-Operator zu realisieren wäre. Man kann letztendlich selbst entscheiden, was passieren soll.

10.2.5 Zuweisungsoperatoren

Der Abschluß des Kapitels zur Überlagerung binärer Operatoren ist den arithmetischen Zuweisungsoperatoren gewidmet. Wie bereits gezeigt wurde, wird mit »+=« eine Addition und eine Zuweisung in einem Operator vereint.

Im folgenden passen wir die Euro-Klasse so an, daß mit ihr der Zuweisungsoperator verwendet werden kann. Hier das Listing:

```
// Euro-Klasse mit +=-Operator
#include <iostream.h>

class Euro {
  private:
    float     fEuro;                    // Betrag in Euro
    float     fDm;                      // Betrag in D-Mark
  public:
    Euro() {                            // Konstruktor ohne Argumente
      fEuro = 0;
      fDm = 0;
    }

    Euro(float fWert) {                 // Konstruktor mit einem Argument
      fEuro = fWert;
      fDm = 1.95583 * fWert;
    }

    void DatenEinlesen() {              // Daten einlesen
      cout << "Geben Sie einen Euro-Wert ein: ";
      cin >> fEuro;
      fDm = 1.95583 * fEuro;
    }

    void DatenAusgeben() {              // Daten anzeigen
      cout << fEuro << " Euro entsprechen ";
      cout << fDm << " DM" << endl;
    }

    void operator += (Euro);            // Zuweisungsoperator, nur
                                        // Deklaration
};

void Euro::operator += (Euro Wert) {   // Ueberlagerter +=-Operator
  fEuro += Wert.fEuro;                  // Wert erhöhen
  fDm = 1.95583 * fEuro;
}

void main() {
  Euro    Objekt1;                      // Euro-Objekte
  Euro    Objekt2(2.5);

  Objekt1.DatenEinlesen();              // Daten von Objekt 1 einlesen
```

```
  // Ausgeben:
  cout << "Objekt 1: ";
  Objekt1.DatenAusgeben();
  cout << "Objekt 2: ";
  Objekt2.DatenAusgeben();

  // Zuweisung und ausgeben:
  cout << "Zuweisung\n";
  Objekt1 += Objekt2;
  cout << "Objekt 1: ";
  Objekt1.DatenAusgeben();
  cout << endl;
}
```

Startet man das Programm, wird man als erstes aufgefordert, einen Wert einzugeben. Danach wird das zweite Objekt initialisiert und die Daten von beiden werden ausgegeben. Anschließend erfolgt die arithmetische Zuweisung, wonach ebenfalls eine Ausgabe erfolgt.

```
Geben Sie einen Euro-Wert ein: 1.2
Objekt 1: 1.2 Euro entsprechen 2.347 DM
Objekt 2: 2.5 Euro entsprechen 4.88958 DM
Zuweisung
Objekt 1: 3.7 Euro entsprechen 7.23657 DM
```

Die eigentliche Zuweisung wird mit der Zeile

```
Objekt1 += Objekt2;
```

durchgeführt. Damit wird der Wert von *Objekt1* um den des Objekts mit dem Namen *Objekt2* erhöht.

Beachten Sie den Unterschied zum normalen +-Operator. Bei diesem wurde ein temporäres Objekt erzeugt, dessen Wert zurückgegeben wurde. Hier wird aber der Wert im aktuellen Objekt gespeichert, so daß der Rückgabewert entfallen kann. In der Regel wird der +=-Operator auch nur in Zeilen wie

```
Objekt1 += Objekt2;
```

eingesetzt, in der zwei Objekte beteiligt sind. Anders würde es aussehen, wenn man komplexere Konstruktionen verwenden will, wie beispielsweise

```
Objekt1 = Objekt3 += Objekt2;
```

In diesem Fall müßte auch der +=-Operator einen Wert zurückliefern, ein Objekt des Typs Euro. Man kann ihn wie folgt erweitern:

```
Euro Euro::operator += (Euro Wert) {
  fEuro += Wert.fEuro;               // Wert erhöhen
  fDm = 1.95583 * fEuro;
  return(Euro(fEuro));               // Rueckgabe
}
```

Damit wird ein temporäres Objekt erzeugt, das nur der Rückgabe dient. Es erhält den Wert des Objekts, zu der der +=-Operator gehört.

In der Regel werden solche Konstruktionen aber selten eingesetzt, denn sie machen das Programm recht unübersichtlich. Die Zeile läßt sich auch auf zwei Zeilen aufteilen:

```
Objekt3 += Objekt2
Objekt1 = Objekt3;
```

In diesem Fall wird der Rückgabewert des +=-Operators nicht benötigt und das Programm wird übersichtlicher, so daß ich dem Leser wärmstens obige Konstruktion ans Herz lege.

10.3 Umwandlung von Daten

Wir haben in den letzten Kapiteln anhand von Beispielen gesehen, wie Operatoren überlagert werden. Dabei wurde noch nicht der einfache Zuweisungsoperator »=« behandelt, denn er weist eine Fülle komplexer Eigenschaften auf.

Per Definitionem weist der =-Operator den Wert einer Variable einer anderen zu, wie in der Zeile

```
iVariable1 = iVariable2;
```

Dabei handelt es sich um Ganzzahlvariablen, wie am Beginn des Namens erkenntlich ist. Außerdem kann mit = der Wert eines benutzerdefinierten Objekts einem anderen zugewiesen werden. Voraussetzung dafür ist aber, daß beide denselben Typ besitzen.

```
Objekt1 = Objekt2;
```

Normalerweise werden bei dieser Zuweisung die Werte der Datenelemente des einen Objekts in das andere kopiert. Der Übersetzer benötigt für diesen Vorgang keine besonderen Befehle, denn diese Funktionalität entspricht der Spezifikation der Sprache C++, sofern es sich um Variablen oder Objekte desselben Typs handelt.

Was passiert, wenn auf der einen Seite des Gleichheitszeichens ein anderer Typ steht als auf der anderen? Einen Teil der Antwort auf diese heikle Frage kennen Sie bereits. Denn wenn es sich um eingebaute Datentypen handelt, findet eine automatische Typumwandlung statt, wie wir sie zu Anfang des Buchs besprochen hatten. Aber bei Objekten bedarf es natürlich noch etwas an Klärung des Sachverhalts, weswegen sich der Rest dieses Abschnitts mit der Beantwortung dieser Frage beschäftigt. Sie werden sehen, wie Sie den Übersetzer zwingen, eine Umformung vorzunehmen, die er sonst nicht automatisch ausführen würde. Außerdem werden wir Umwandlungen zwischen eingebauten und benutzerdefinierten Datentypen und zwischen verschiedenen benutzerdefinierten Typen kennenlernen.

Sollte man sein Programm grundsätzlich nicht so gestalten, daß es keine Umformungen benötigt? Das ist in der Tat richtig, aber mitunter kommt man einer Umformung nicht vorbei. Im Gegensatz zu Sprachen wie Pascal sind in C++ diese Umwandlungen aber wesentlich leichter zu bewerkstelligen, so daß sie einem Programmierer mehr Flexibilität bieten. Trotzdem gilt, daß man wenn möglich die Umwandlung von Datentypen vermeiden sollte.

10.3.1 Interne Datentypen

Wenn man in einem Listing auf eine Anweisung wie

```
iVariable = fVariable;
```

stößt, gehen wir davon aus, daß der Übersetzer eine Funktion aufruft, die den Gleitkommatyp von *fVariable* in den Ganzzahlentyp von *iVariable* umwandelt, so daß die Zuweisung erfolgen kann. Tatsächlich gibt es eine große Anzahl solcher Zuweisungen, wie von *unsigned int* nach *long* oder von *float* nach *double* oder... Bei jeder dieser Umwandlungen wird eine eigene Routine aufgerufen, die im Übersetzer eingebaut ist. Sie wird entsprechend aufgerufen, wenn die Datentypen auf beiden Seiten des Gleichheitszeichen unterschiedlich sind und dies erforderlich machen. Diese Art der Umformung wird als *implizit* bezeichnet, da sie nicht im Listing auftaucht und automatisch vorgenommen wird.

Mitunter kann es vorkommen, daß man den Übersetzer zwingen muß, einen Typ in einen anderen umzuwandeln. Zu diesem Zweck wird der Umwandlungsoperator eingesetzt. Wenn man den Typ *float* nach *int* wandeln möchte, könnte man auch folgendes schreiben:

```
iVariable = (int) fVariable;
```

beziehungsweise

```
iVariable = int(fVariable);
```

Diese Art wird als *explizite Umformung* bezeichnet, da aus dem Listing sofort ersichtlich ist, wie sie zu erfolgen hat (in diesem Fall von *float* nach *int*). Dabei werden dieselben eingebauten Routinen wie bei den impliziten Wandlungen verwendet, alles andere würde keinen Sinn machen und den Übersetzer nur unnötig vergrößern. Explizite Umformungen von eingebauten Datentypen sind beispielsweise dann nützlich, wenn Sie bei überlagerten Funktionen eine ganz spezielle auswählen wollen oder wenn Sie den Wert vor dem Komma einer Gleitkommazahl bestimmen möchten.

10.3.2 Objekte und interne Datentypen

Soll eine Umwandlung zwischen den einfachen und den benutzerdefinierten Datentypen stattfinden, scheiden die internen Umformungsroutinen aus, da der Compiler nichts über die benutzerdefinierten Typen weiß. Er kennt nur das, was in der *class*-Angabe zu finden ist. Deswegen müssen wir die Umwandlungsroutinen selbst schreiben.

Im nächsten Beispiel sieht man eine Umwandlung zwischen einem elementaren und einem benutzerdefinierten Typ. Es handelt sich dabei wieder um die Euro-Klasse, die Sie ja schon ausführlich kennengelernt haben. Der elementare Datentyp ist ein *float*, in den der Euro-Wert geschrieben wird. Im Beispiel wird sowohl die Umwandlung der Klasse in den float-Wert als auch der umgekehrte Weg beschrieben.

```
// Euro-Klasse mit Datentypumwandlung
#include <iostream.h>

class Euro {
  private:
    float    fEuro;                    // Betrag in Euro
    float    fDm;                      // Betrag in D-Mark
  public:
    Euro() {                           // Konstruktor ohne Argumente
      fEuro = 0;
      fDm = 0;
    }

    Euro(float fWert)  {               // Konstruktor mit einem Argument
      fEuro = fWert;
      fDm = 1.95583 * fWert;
      cout << "Konstruktor" << endl;
    }
```

```
    void DatenEinlesen() {              // Daten einlesen
      cout << "Geben Sie einen Euro-Wert ein: ";
      cin >> fEuro;
      fDm = 1.95583 * fEuro;
    }

    void DatenAusgeben() {              // Daten anzeigen
      cout << fEuro << " Euro entsprechen ";
      cout << fDm << " DM" << endl;
    }

    operator float() {
      return(fEuro);
    }
};

void main() {
  Euro    Objekt1 = 3.4;                // Euro-Objekte mit ...
  Euro    Objekt2(2.5);                 // ... Konstruktor-Aufrufen
  float   fWert;                        // Wert aus Objekt

  // Ausgeben:
  cout << "Objekt 1: ";
  Objekt1.DatenAusgeben();
  cout << "Objekt 2: ";
  Objekt2.DatenAusgeben();

  // Normale Zuweisung(float -> Objekt):
  Objekt1 = 42.3;
  cout << "Objekt 1: ";
  Objekt1.DatenAusgeben();

  // Umwandlung (Objekt -> float):
  fWert = float(Objekt2);
  cout << "Wert : " << fWert << "  Objekt 2: ";
  Objekt2.DatenAusgeben();
  fWert = Objekt1;
  cout << "Wert : " << fWert << "  Objekt 1: ";
  Objekt1.DatenAusgeben();
  cout << endl;
}
```

In der Hauptfunktion *main()* des Programms werden zwei Objekte erzeugt, die jedesmal mit einem float-Wert initialisiert werden. Dabei kommen die beiden möglichen Schreibweisen zum Einsatz, wobei jedesmal der Konstruktor mit einem Argument aufgerufen wird.

```
Euro      Objekt1 = 3.4;                // Euro-Objekte mit ...
Euro      Objekt2(2.5);                 // ... Konstruktor-Aufrufen
```

Allerdings kann es bei einigen Compilern der Fall sein, daß die erste Zeile nicht korrekt übersetzt wird. Dann muß man die Klammer-Variante verwenden, die immer korrekt übersetzt wird.

In die andere Richtung findet eine Umwandlung mit den folgenden Ausdrücken statt:

```
fWert = float(Objekt2);
fWert = Objekt1;
```

Damit ergibt sich folgende Ausgabe für dieses Beispiel:

```
Konstruktor
Konstruktor
Objekt 1: 3.4 Euro entsprechen 6.64982 DM
Objekt 2: 2.5 Euro entsprechen 4.88958 DM
Konstruktor
Objekt 1: 42.3 Euro entsprechen 82.7316 DM
Wert : 2.5  Objekt 2: 2.5 Euro entsprechen 4.88958 DM
Wert : 42.3  Objekt 1: 42.3 Euro entsprechen 82.7316 DM
```

Die Ausgabe *Konstruktor* verdeutlicht, wann er aufgerufen wird. Werfen wir einen Blick hinter die Kulissen, wie dieses Beispiel funktioniert.

Die Umwandlung eines benutzerdefinierten Typs in einen einfachen Datentyp erfordert einen etwas anderen Ansatz als der umgekehrte Weg. Wir beschäftigen uns zuerst mit der Umwandlung eines elementaren Typs in einen benutzerdefinierten. Dazu wird der Konstruktor aufgerufen, wie man an der Ausgabe des Programms erkennt.

```
Euro(float fWert) {
  fEuro = fWert;
  fDm = 1.95583 * fWert;
  cout << "Konstruktor" << endl;
}
```

Denn jedesmal, wenn er aufgerufen wird, erfolgt die Ausgabe des Worts *Konstruktor*. In der Regel erfolgt der Aufruf des Konstruktors, wenn ein Objekt erzeugt wird und man diesem ein Argument übergibt, wie in den nachfolgenden Zeilen.

```
Euro    Objekt1 = 3.4;                // Euro-Objekte mit ...
Euro    Objekt2(2.5);                 // ... Konstruktor-Aufrufen
```

Es gibt noch einen anderen Weg, diesem Objekt einen Wert zuzuweisen. Im Programm gibt man nach der Erzeugung die Werte der beiden Objekte aus. Danach findet man die Anweisung

```
Objekt1 = 42.3;
```

im Programm. Nun stellt sich die Frage, was der Übersetzer daraus macht. Die Zeile wird ohne Fehlermeldung übersetzt, so daß sie gültig ist. Es findet eine Umwandlung eines float-Werts in den benutzerdefinierten Wert *Euro* statt.

Kommt der Compiler während der Übersetzung zu dieser Zeile, sucht er nach einer Funktion, die genau diese Umwandlung ausführt. In diesem Fall findet er einen Konstruktor, der zu diesem Zweck eingesetzt werden kann. Und mit diesem löst der Compiler die Zuweisung auf. Daß dem tatsächlich so ist, erkennt man an der Augabe *Konstruktor*, die nach den Werten angezeigt wird. Damit wird der angebene Wert 42.3 dem Objekt mit dem Namen *Objekt1* zugewiesen, so daß auf diese Weise eine Typumwandlung möglich ist. Sie findet sozusagen durch die Hintertür statt.

Vom Übersetzer wird dabei kein Unterschied mehr zwischen einer Definition und einer Zuweisung gemacht. Das könnte man im Prinzip durch die Überlagerung des »=«-Operators ändern, aber der Weg über den Konstruktor ist sicherlich der bequemere.

Der andere Weg, dieUmwandlung eines benutzerdefinierten Typs in einen elementaren Datentyp, erfordert etwas mehr Arbeit. Dafür wird der Umwandlungsoperator überlagert, so daß im Bedarfsfall eine Umwandlungsfunktion aufgerufen werden kann. Die Angabe erfolgt mit der nachfolgenden Sequenz:

```
operator float() {
  return(fEuro);
}
```

In dieser Funktion wird der Wert der Variable *fEuro* zurückgegeben. Die entsprechende Variable stammt aus dem Objekt, zu dem auch die Umwandlungsfunktion gehört. Der Operator kann beispielsweise in einer expliziten Umwandlung aufgerufen werden:

```
fWert = float(Objekt2);
```

Doch man muß ihn gar nicht explizit angeben, denn er wird auch aufgerufen, wenn man folgendes schreibt:

```
fWert = Objekt1;
```

Das liegt daran, daß der Compiler beim Untersuchen der Zeile die unterschiedlichen Datentypen erkennt und zuerst nachsieht, ob es dafür eine geeignete, überlagerte =-Operatorfunktion *Funktion* gibt. Ist das nicht der Fall, schaut er sich die Umwandlungsfunktionen an und wird dort fündig. Statt der überlagerten Operatorfunktion führt er die Umwandlungsfunktion aus und hat dann zwei float-Werte, die zugewiesen werden. Wie er mit diesen umgehen muß, weiß er natürlich, da es sich um elementare Datentypen handelt. Damit ist auch der Rest der Ausgabe erklärt, denn die Umwandlung funktioniert auf diese Weise problemlos, was man an den gleichen Euro-Werten erkennt.

In einem weiteren Beispiel soll die Klasse *String* noch so erweitert werden, daß ihr bequem Zeichenketten zugewiesen und diese auch ausgegeben werden können.

```
// String-Klasse mit Umformungsfunktion
#include <iostream.h>
#include <string.h>

const int MAXIMAL = 100;

class String {
  private:
    char   acString[MAXIMAL];
  public:
    String() {                          // Konstruktor
      acString[0] = 0;                  // Laenge 0
    }
    String(char acStr[]) {              // Konstruktor
      strcpy(acString, acStr);          // Kopieren
    }
    void Anzeige() {                    // Anzeige des Strings
      cout << acString;                 // Ausgeben
    }
    operator char* () {                 // Umformungsfunktion
      return(acString);
    }
};
```

```
void main() {
  String  String1;                        // Strings definieren
  String  String2[] = "Liebe Sorgen";
  char    acString  = "Guten Morgen "; // Normaler String
  String1 = acString;                     // Zuweisung

  cout << "String1 : ";                   // Alle ausgeben
  String1.Anzeige();
  cout << endl << "String2 : " << String2;
  cout << endl;
}
```

Die Umwandlung einer Zeichenkette beziehungsweise eines Vektors aus char-Elementen in den Typ *String* erfolgt wieder mit einem Konstruktor, dem ein Argument übergeben wird.

```
String(char acStr[]) {                    // Konstruktor
  strcpy(acString, acStr);                // Kopieren
}
```

Das eigentliche Kopieren der übergebenen Zeichenkette *acStr* in die Komponeten *acString* erfolgt wieder mit Hilfe der Bibliotheksfunktion *strcpy()*. Deswegen muß zu Anfang die include-Datei *string.h* mit eingebunden werden.

Der Konstruktor wird angewendet, wenn ein String-Objekt definiert wird

```
String   String1;
```

oder wenn eine Zuweisung wie

```
String1 = acString;
```

im Listing auftaucht. Dabei müssen allerdings *String1* vom Typ *String* und *acString* eine normale Zeichenkette sein, denn sonst kann der Compiler damit nichts anfangen.

Die Umformungsfunktion wird immer dann verwendet, wenn ein Objekt des Typs *String* in eine Zeichenkette umgewandelt werden soll.

```
operator char*() {
  return(acString);
}
```

Damit wird der Datentyp *char** überschrieben, wobei wir das Sternchen, das einen Zeiger kennzeichnet, erst später kennenlernen werden. Mit Hilfe dieses Typs wird ein Zeiger auf ein char-Element gekennzeichnet, was an den Vektor vom Typ *char* erinnert. Somit ist *char** dem Ausdruck *char []* ähnlich. Er stellt einen anderen Weg dar, Zeichenketten festzulegen.

Diese Umformungsfunktion wird vom Compiler in der Zeile

```
cout << endl << "String2 : " << String2;
```

aufgerufen. In diesem Fall ist *String2* ein Argument, das dem überlagerten Operator »<<« übergeben wird. Da er nichts vom String-Datentyp weiß, wird er eine Möglichkeit suchen, den Ausdruck doch noch auswerten zu können. Dabei findet er die Umformungsfunktion des Objekts, die den Typ *String* in eine normale Zeichenkette wandelt. Mit einer Zeichenkette kann der <<-Operator aber etwas anfangen, so daß sie bequem ausgegeben wird. Dies entspricht in der Wirkung der Komponentenfunktion *Anzeige()*, sie kann also prinzipiell entfernt werden. Außerdem läßt sich das Objekt mit der Umwandlungsfunktion wie jeder elementare Datentyp ausgeben, was wiederum der Lesbarkeit zugute kommt.

Damit sieht die Ausgabe des Programms folgendermaßen aus:

```
String1 : Guten Morgen
String2 : Liebe Sorgen
```

In diesem Beispiel sieht man, daß Umwandlungen nicht nur bei Zuweisungen auftreten müssen, sondern auch an anderen Stellen vorgenommen werden, beispielsweise bei der Ausgabe. Es wird automatisch nach einer Kombination gesucht, mit der ein Ausdruck so gewandelt werden kann, daß er doch noch übersetzt wird.

Abschließend noch ein weiteres Beispiel für die Umwandlung von einem benutzerdefinierten in einen elementaren Datentyp. Stellen Sie sich dazu vor, Sie benötigen in Ihrem Programm Bruchzahlen. Diese werden nur als Gleitkommawerte vom System unterstützt, nicht aber als separate Zahlen für Zähler und Nenner. Zu diesem Zweck wird eine Klasse mit dem Namen *BruchZahl* angegeben, die sowohl den Nenner als auch den Zähler in getrennten Werten speichert. Natürlich müßten für diese auch noch die arithmetischen Operationen durch Überlagerung der entsprechenden Operatoren spezifiziert werden, wir wollen uns hier aber nur auf die Typumwandlung beschränken, so daß man dem entsprechenden Objekt einen Gleitkommawert zuweisen kann und dieses daraus eine Bruchzahl zurückliefert.

```
// Bruchzahlen
#include <iostream.h>
#include <math.h>

class BruchZahl {
  private:
    long      lZaehler;                   // Zaehler der Zahl
    long      lNenner;                    // Nenner der Zahl
  public:
    BruchZahl() {                         // Konstruktor
      lZaehler = 0;
      lNenner  = 1;                       // Keine 0, sonst Fehler!
    }

    // float in Bruch umwandeln:
    BruchZahl(float fWert) {              // Konstruktor
      long    lWert;                      // Ganzzahl-Anteil
      long    lZehner = 1;                // Zehnerpotenz
      int     i;                          // Schleife

      lZaehler = 0;                       // Init
      lNenner  = 1;

      // Wert solange verschieben, bis der Nachkommaanteil verschwindet:
      for (i= 1; i < 8; i++) {
        lWert = long(fWert);                // Ganzzahl-Anteil bestimmen

        // Hat die Zahl noch Nachkommastellen?
        if (fWert - float(lWert) == 0) {  // keine Nachkommastellen mehr
          lZaehler = lWert;
          lNenner = lZehner;
          break;
        }
        lZehner = pow(10, i );              // Zehnerpotenz bestimmen
        fWert  *= 10;                       // Dezimalpunkt nach links
      }
    }

    BruchZahl(long lWert1, long lWert2) { // Konstruktor, zwei Argumente
      lZaehler = lWert1;                    // Zuweisung

      if (lWert2 != 0)                      // Nenner darf nicht Null werden
        lNenner = lWert2;
      else
        lNenner = 1;
    }
```

```
    void Anzeigen() {                    // Ausgabe
      cout << "Zaehler : " << lZaehler << endl;
      cout << "Nenner : "  << lNenner  << endl;
    }
    operator float() {                   // Umwandlungsoperator
      return(float(lZaehler) / float(lNenner));
    }
};

void main() {
  // Brueche erzeugen und initialisieren:
//BruchZahl Bruch1(1, 3);    // Fehler!!!
  BruchZahl    Bruch1(1L, 3L); // Initialisieren, Zaehler und Nenner
                               // getrennt
  BruchZahl    Bruch2(0.357);  // Initialisieren mit Gleitkommawert
  BruchZahl    Bruch3;         // Standardinitialisierung
  float        fWert;          // Umgewandelter Wert

  cout << "Bruch1 : " << endl; // Daten ausgeben
  Bruch1.Anzeigen();
  cout << "Bruch2 : " << endl;
  Bruch2.Anzeigen();
  cout << "Bruch3 : " << endl;
  Bruch3.Anzeigen();

  Bruch3 = 42.3;                // Zuweisung
  cout << "Bruch3 : " << endl;
  Bruch3.Anzeigen();

  fWert = Bruch3;               // ... und wieder zurueck
  cout << "Wert : " << fWert << endl;

  cout << "Bruch2 : " << Bruch2 << endl;  // Bruch2 anzeigen
}
```

In der Klasse *BruchZahl* gibt es zwei Variablen, *lZaehler* und *lNenner*, die die Bestandteile einer Bruchzahl repräsentieren. Zusätzlich gibt es drei verschiedene Konstruktoren, mit denen das Objekt initialisiert wird. Wird es nur definiert, wird derjenige ohne Argumente aufgerufen.

```
BruchZahl() {                          // Konstruktor
  lZaehler = 0;
  lNenner  = 1;                        // keine 0, sonst Fehler !
}
```

Dieser setzt den Zähler auf 0 und den Nenner auf 1. Da das Objekt bei einer Typumwandlung den Zählerwert durch den Nennerwert teilt, darf *lNenner* nicht den Wert 0 annehmen. Wäre das der Fall, könnte das Programm abstürzen, da das Teilen durch 0 nicht zugelassen ist.

Der Konstruktor, dem ein Argument übergeben wird, erwartet in ihm einen Gleitkommawert. Er wandelt ihn in eine Bruchzahl um. Wie funktioniert diese Umwandlung? Dazu nachfolgendes Listing.

```
BruchZahl(float fWert) {                // Konstruktor
  long    lWert;                        // Ganzzahl-Anteil
  long    lZehner = 1;                  // Zehnerpotenz
  int     i;                            // Schleife

  // Init:
  lZaehler = 0;
  lNenner  = 1;

  // Wert solange verschieben, bis Nachkommaanteil verschwindet:
  for (i= 1; i < 8; i++) {
    lWert = long(fWert);                // Ganzzahl-Anteil bestimmen

    // Hat die Zahl noch Nachkommastellen?
    if (fWert - float(lWert) == 0) {    // keine Nachkommastellen mehr
      lZaehler = lWert;
      lNenner  = lZehner;
      break;
    }
    lZehner = pow(10, i);               // Zehnerpotenz bestimmen
    fWert *= 10;                        // Dezimalpunkt nach links
  }
}
```

Die Funktion versucht, bei einer Gleitkommazahl den Dezimalpunkt soweit nach rechts zu verschieben, daß eine ganze Zahl dadurch entsteht. Zusätzlich merkt es sich, um wieviele Stellen diese Verschiebung erfolgte. Damit wird aus einer 0.357 eine 357 mit dreifacher Verschiebung des Dezimalpunkts.

Diese Verschiebung geschieht, indem der Wert jeweils mit dem Faktor 10 multipliziert wird. Betrachten wir das Programm im einzelnen. Zu Anfang werden drei Variablen definiert, die den Ganzzahl-Anteil des zu untersuchenden Wertes darstellen (*lWert*) und angeben, um welchen Faktor die Gesamtverschiebung erfolgte (*lZehner*). Außerdem wird sie noch mit dem Wert 1 initialisiert, um einen definierten Startpunkt zu haben. Die dritte Variable ist eine Schleifenvariable, die im folgenden für die Verschiebung benutzt wird.

Danach werden die internen Variablen des Objekts mit dem Gleitkommawert 0.0 initialisiert, wobei man auch hier daran denken muß, daß *lNenner* niemals den Wert 0 annehmen darf. In der Schleife selbst wird als erstes der Ganzzahlanteil der zu überprüfenden Zahl bestimmt. Dies läßt sich sehr einfach durch eine Typumwandlung realisieren, die hier explizit vorgenommen wird. Man hätte sie auch weglassen können, aber der Übersichtlichkeit halber wurde sie hier mit angegeben.

Anschließend wird überprüft, ob es noch Nachkommastellen gibt, indem der Ganzzahl-Anteil von der zu überprüfenden Zahl abgezogen wird.

```
if (fWert - float(lWert) == 0)
```

Auch hier wird wieder eine explizite Typumwandlung ausgeführt, wobei man sie wieder weglassen kann, aber auf diese Weise ist die Anweisung eindeutiger. Ist das Ergebnis 0, wird der Wert der internen Variable *lZaehler* zugewiesen und der Nenner erhält den Wert, der mit der ursprünglichen Zahl multipliziert werden muß, um eine ganze Zahl zu erhalten. Danach wird die Schleife verlassen.

Ist noch ein Nachkommaanteil vorhanden, wird *lZehner* ein neuer Wert zugewiesen und der Dezimalpunkt um eine Stelle nach rechts verschoben, so daß die erneute Überprüfung stattfinden kann. Zu beachten ist, daß dabei wieder eine Bibliotheksfunktion eingesetzt wird, die die Zehnerpotenzen bestimmt. Die Angabe von

```
pow(10, 2)
```

liefert den Wert 100 zurück, bei

```
pow(10, 3)
```

sind es 1000 und so weiter. Damit die Funktion genutzt werden kann, muß die Include-Datei *math.h* zum Anfang des Programm mit der Anweisung

```
#include <math.h>
```

in den Quelltext eingebunden werden.

Da hier eine *for*-Schleife zum Einsatz kommt, kann der Dezimalpunkt nur eine bestimmte Anzahl an Stellen verschoben werden. Das ist aber nicht unbedingt ein Problem, da float-Variablen nur eine bestimmte Genauigkeit aufweisen wegen der endlichen Anzahl an Bits zur Speicherung.

Die Routine wandelt zwar eine Gleitkomma in eine Bruchzahl um, aber sie kürzt beispielsweise das Ergebnis nicht. Damit wird aus 0.25 der Bruch 25/100, nicht aber 1/8, was dasselbe wäre. Diese Routine kann man zwar noch hinzufügen, aber sie ist für unsere Zwecke hier nicht erforderlich. Außerdem ließe sich gegebenenfalls die Routine zur Umwandlung in eine Bruchzahl noch optimieren, probieren Sie das selbst einmal aus.

In der Klasse *BruchZahl* initialisiert der Konstruktor mit zwei Argumenten den Bruch direkt, was bedeutet, daß man sowohl den Wert im Zähler als auch den im Nenner angeben kann.

```
BruchZahl(long lWert1, long lWert2) {
  lZaehler = lWert1;                   // Zuweisung
  if (lWert2 != 0)                     // Nenner darf nicht Null werden
    lNenner = lWert2;
  else
    lNenner = 1;
}
```

Auch hier darf der Wert des Nenners nicht Null werden, weil das bei einer Umwandlung zu einer Fehlermeldung führen würde.

Nach den Konstruktoren befindet sich im Quelltext eine spezielle Ausgabefunktion, die den Wert des Zählers und des Nenners jeweils getrennt ausgibt.

```
void Anzeigen() {
  cout << "Zaehler : " << lZaehler << endl;
  cout << "Nenner : " << lNenner << endl;
}
```

Diese beiden Werte werden jeweils getrennt in einer Zeile ausgegeben. Danach folgt (endlich) die Funktion zur Umwandlung, bei der das Standardverhalten des Umformungsoperators *float()* überschrieben wird.

```
operator float() {
  return(float(lZaehler) / float(lNenner));
}
```

In diesem Fall wird nur die Bruchzahl als Gleitkommazahl berechnet und zurückgegeben. Vor der Division muß man die Ganzzahlwerte in Gleitkommazahlen umwandeln, um ein korrektes Ergebnis zu erhalten. Würde zuerst die Division ausgeführt, würde man anschließend einen long-Wert in eine Gleitkommazahl umwandeln, was natürlich nicht gewollt ist, weil dabei die Nachkommastellen verloren gehen.

Soweit zurAngabe der Klasse, die – wie schon angedeutet – noch um weitere Funktionen erweitert werden könnte. Beginnen wir nun mit der Untersuchung des Hauptprogramms *main()*. In ihm erfolgt zuerst eine Definition des Objekts mit dem Namen *Bruch1*, die den Übersetzer zur Ausgabe einer Fehlermeldung veranlaßt.

```
// BruchZahl   Bruch1(1, 3);        // Fehler!!!
```

In diesem Fall werden die beiden int-Werte 1 und 3 dem Objekt übergeben. Damit sollte eigentlich der zugehörige Konstruktor aufgerufen werden, doch stattdessen kann der Übersetzer die Zeile nicht übersetzen. Das liegt daran, daß der Konstruktor Werte vom Typ *long* erwartet, die Zahlen aber integer-Werte sind. Das ändert man, indem man den Buchstaben *L* an die Zahl setzt, was in der nächsten Befehlszeile geschehen ist, oder man führt eine explizite Typumwandlung aus, denn dann meckert der Compiler auch nicht mehr.

Außerdem werden noch zwei Objekte mit den Namen *Bruch2* und *Bruch3* initialisiert, wobei dem ersten eine Gleitkommazahl übergeben wird. Die weitere Variable *fWert* dient nur dazu, später den Wert der Typumwandlung aufzunehmen.

Damit man weiß, ob alles korrekt funktioniert hat, werden die Daten der Objekte mit den folgenden Funktionen ausgegeben:

```
cout << "Bruch1 : " << endl;
Bruch1.Anzeigen();
cout << "Bruch2 : " << endl;
Bruch2.Anzeigen();
cout << "Bruch3 : " << endl;
Bruch3.Anzeigen();
```

Damit sieht man sowohl den Wert des Zählers als auch den des Nenners. Wie schon in den letzten Beispielen ersichtlich, kann man einem solchen Objekt auch einen Wert zuweisen. Daß dies funktioniert, kann man wieder an der Ausgabe überprüfen.

Natürlich ist auch der umgekerte Weg möglich. In diesem Fall weist man einer float-Variable das Objekt zu. Dabei wird der definierte Umwandlungsoperator ausgeführt, der einen float-Wert zurückliefert. Dieser wird wieder angezeigt.

Daß man das Objekt auch direkt bei einer Ausgabe angeben kann, sieht man in der letzten Zeile des Listings.

```
cout << "Bruch2 : " << Bruch2 << endl;
```

Dort wird das Objekt mit dem Namen *Bruch2* direkt zwischen zwei <<-Operatoren eingesetzt. Damit ist die Ausgabe dieses Programms wie folgt:

```
Bruch1 :
Zaehler : 1
Nenner : 3
Bruch2 :
Zaehler : 357
Nenner : 1000
Bruch3 :
Zaehler : 0
Nenner : 1
Bruch3 :
Zaehler : 423
Nenner : 10
Wert : 42.3
Bruch2 : 0.357
```

Wie ersichtlich, wird beispielsweise die Zahl 0.357 in den Zählerwert 357 und den Nennerwert 1000 umgewandelt. Entsprechend sehen die Zähler- und Nenneranteile der Zahl 42.3 aus, 423 und 10. Also funktioniert die Routine zur Umwandlung einer Gleitkommazahl in einen Bruch und auch der umgekehrte Weg ist problemlos möglich.

10.3.3 Objekte unterschiedlicher Typen

Die vorherigen Beispielen zeigten, wie Umformungen zwischen Objekten und elementaren Datentypen ausgeführt werden. Doch was passiert, wenn man zwei Objekte unterschiedlicher Typen ineinander umwandeln will? Wie vermutet, funktionieren die gerade angewendeten Methoden genauso. Das bedeutet, daß in der einen Richtung ein Konstruktor mit einem Argument verwendet wird, und in der anderen Richtung muß man eine Umwandlungsfunktion schreiben. Dabei hängt es vo Programmierer ab, ob er die Umformungsfunktion im Quell- oder im Zielobjekt unterbringen will.

Will man beispielsweise eine Anweisung wie

```
Objekt1 = Objekt2;
```

einsetzen, wobei *Objekt1* einer anderen Klasse als *Objekt2* angehört, muß man entscheiden, ob die Umwandlungsfunktion in *Objekt1* oder *Objekt2* beziehungsweise den entsprechenden Klassen plaziert werden soll.

Im ersten Beispiel werden wir die Umwandlungsfunktion in die Quellklasse einfügen. In diesem Fall wird sie tatsächlich als das interpretiert, was wir von ihr erwarten – eine Funktion zur Umwandlung von Datentypen. Zu diesem Zweck werden wir zwei Klassen einführen, die einmal einen Punkt in Polarkoordinaten und zum anderen in kartesischen Koordinaten repräsentieren.

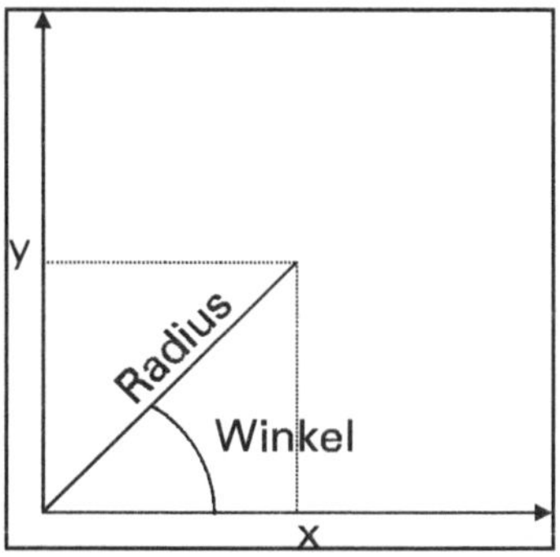

Bild 10.1:
Der Vergleich zwischen kartesischen und Polarkoordinaten

Im ersten Fall wird ein zylindrisches Koordinatensystem verwendet, bei dem ein Punkt durch eine Entfernung und einen Winkel angegeben wird. Im zweiten Fall wird ein rechtwinkliges System verwendet, bei dem ein Punkt durch die beiden Koordinaten x und y beschrieben wird. Die beiden lassen sich mit den nachfolgenden Formeln ineinander umrechnen:

$$x = Radius * cos(Winkel)$$

$$y = Radius * sin(Winkel)$$

und

$$Winkel = \arctan\left(\frac{x}{y}\right)$$

$$Radius = \sqrt{x^2 + y^2}$$

Dabei wird der Arcustanges durch die Bibliotheksfunktion *atan()* und die Wurzel durch die Funktion *sqrt()* berechnet. Diese und die Bibliotheksfunktionen *cos()* und *sin()* werden in der Datei *math.h* deklariert, man muß also die Headerdatei in den Quelltext mit einbinden.

Die Berechnung des Radius erfolgt unter Verwendung des Satz des Phytagoras, der hier angewendet werden kann, weil das zugrunde liegende Koordinatensystem rechtwinklig ist und man so ein Dreieck bestimmt, in dem es einen rechten Winkel gibt. Der Winkel ist dann der Arcustangens des Verhältnisses der x- und y-Seiten.

```
// Umwandlung von Polar- in kartesische Koordinaten
#include <iostream.h>
#include <math.h>

class Kartesisch {                  // Klasse fuer kartesische Koordinaten
  private:
    double     dX;
    double     dY;
  public:
    Kartesisch() {                  // Konstruktor ohne Argumente
      dX = 0.0;
      dY = 0.0;
    }

    Kartesisch(double dXWert, double dYWert) {  // Konstruktor, zwei
                                                // Argumente
      dX = dXWert;
      dY = dYWert;
    }

    void Anzeigen() {                    // Anzeigen
      cout << "X : " << dX << endl;
      cout << "Y : " << dY << endl;
    }
};

class Polar {                            // Klasse fuer Polarkoordinaten
  private:
    // Polarkoordinaten:
    double    dRadius;                   // Radius
    double    dWinkel;                   // Winkel

    double XBestimmen() {                // Funktion zur Bestimmung von x
      return(dRadius * cos(dWinkel));
    }

    double YBestimmen() {                // Funktion zur Bestimmung von y
      return(dRadius * sin(dWinkel));
    }

  public:
    Polar() {                            // Konstruktor, kein Argument
      // Initialisierung mit 0:
      dRadius = 0.0;
      dWinkel = 0.0;
    }
```

```
    Polar(double dR, double dW) {       // Konstruktor, zwei Argumente
      dRadius = dR;
      dWinkel = dW;
    }

    void Anzeigen() {                   // Anzeige
      // Ausgabe der Daten:
      cout << "Radius : " << dRadius << endl;
      cout << "Winkel : " << dWinkel << endl;
    }

    operator Kartesisch() {             // Umformungsfunktion
      double    dX;                     // Temporaere Variablen
      double    dY;

      // Werte fuer x und y bestimmen:
      dX = XBestimmen();
      dY = YBestimmen();

      return(Kartesisch(dX, dY));       // Rueckgabe mit temporaerem Objekt
    }
};

void main() {
  // Objekte der unterschiedlichen Typen:
  Kartesisch    Koordinaten1;
  Polar         Koordinaten2(23.3, 1.0472);

  Koordinaten1 = Koordinaten2;          // Zuweisung

  // Ausgabe:
  cout << "Polarkoordinaten" << endl;
  Koordinaten2.Anzeigen();
  cout << "Kartesische Koordinaten" << endl;
  Koordinaten1.Anzeigen();
}
```

In der Hauptfunktion *main()* definieren wir zwei Objekte der unterschiedlichen Koordinatentypen. Dabei wird das Objekt mit dem Namen *Koordinaten1*, das die kartesischen Koordinaten enthält, nicht initialisiert. Das Objekt mit den Polarkoordinaten dagegen wird mit einem Radius von 23.3 und einem Winkel von 1.0472 (60°) initialisiert.

Damit führen wir die Zuweisung

```
Koordinaten1 = Koordinaten2;
```

aus. Da diese Objekte unterschiedlichen Typs sind, muß für die Zuweisung eine Umformung geschehen. Dabei findet sich die Umwandlungsfunktion in der Klasse *Polar* wieder.

```
operator Kartesisch() {
  double    dX;                          // Temporaere Variablen
  double    dY;

  // Werte fuer x und y bestimmen:
  dX = XBestimmen();
  dY = YBestimmen();

  return(Kartesisch(dX, dY));            // Rueckgabe mit temporaerem Objekt
}
```

Die Daten, die zum gleichen Objekt gehören wie die Umwandlungsfunktion, werden in ihr passend aufbereitet. Dazu werden zwei temporäre Variablen definiert, die die berechneten kartesischen Koordinaten enthalten, wozu zwei interne Funktionen aufgerufen werden. Diese beiden, *XBestimmen()* und *YBestimmern()*, sind von außen nicht sichtbar, da sie als *private* deklariert werden. Die berechneten Werte werden einem namenlosen temporären Objekt zugewiesen, das dann zurückgegeben wird.

Das bedeutet also, daß die Polarkoordinaten vor der Zuweisung erst in kartesische Koordinaten umgewandelt werden. Erst danach erfolgt die Ausführung der Funktion, die durch das Gleichheitszeichen repräsentiert wird. Damit sieht die Ausgabe so aus:

```
Polarkoordinaten
Radius : 23.3
Winkel : 1.0472
Kartesische Koordinaten
X : 11.65
Y : 20.1784
```

Wie bereits angedeutet, muß die Umwandlung nicht unbedingt in der Quellklasse erfolgen. Stattdessen kann sie sich auch in der Zielklasse befinden, wobei hier wieder ein Konstruktor mit einem Argument zum Einsatz kommt. Allerdings ergibt sich dabei gleich ein Problem, denn der Konstruktor der Zielklasse kann nicht auf private Daten des Quellobjekts zugreifen. Das bedeutet, daß man besondere Funktionen zum Zugriff auf die Daten bereitstellen muß, damit die Umwandlung erfolgen kann.

```
// Umwandlung von Polar- in kartesische Koordinaten, 2
#include <iostream.h>
#include <math.h>

class Polar {                     // Klasse fuer Polarkoordinaten
  private:
    // Polarkoordinaten:
    double    dRadius;            // Radius
    double    dWinkel;            // Winkel
  public:
    Polar() {                     // Konstruktor, kein Argument
      // Initialisierung mit 0:
      dRadius = 0.0;
      dWinkel = 0.0;
    }

    Polar(double dR, double dW) { // Konstruktor, zwei Argumente
      dRadius = dR;
      dWinkel = dW;
    }

    void Anzeigen() {             // Anzeige
      // Ausgabe der Daten:
      cout << "Radius : " << dRadius << endl;
      cout << "Winkel : " << dWinkel << endl;
    }

    double RadiusBestimmen() {    // Radius zureckliefern
      return(dRadius);
    }

    double WinkelBestimmen() {    // Winkel zurueckliefern
      return(dWinkel);
    }
};

class Kartesisch {                // Klasse fuer kartesische Koordinaten
  private:
    double    dX;
    double    dY;
  public:
    Kartesisch() {                // Konstruktor ohne Argumente
      dX = 0.0;
      dY = 0.0;
    }
```

```
    Kartesisch(Polar Koordinaten) {     // Konstruktor, ein Argument
      double    dR;                     // Radius
      double    dW;                     // Winkel

      // Werte bestimmen:
      dR = Koordinaten.RadiusBestimmen();
      dW = Koordinaten.WinkelBestimmen();

      // Kartesische Koordinaten bestimmen:
      dX = dR * cos(dW);
      dY = dR * sin(dW);
    }

    // Konstruktor, zwei Argumente:
    Kartesisch(double dXWert, double dYWert) {
      dX = dXWert;
      dY = dYWert;
    }

    void Anzeigen() {                   // Anzeigen
      cout << "X : " << dX << endl;
      cout << "Y : " << dY << endl;
    }
};

void main() {
  // Objekte der unterschiedlichen Typen:
  Kartesisch    Koordinaten1;
  Polar         Koordinaten2(23.3, 1.0472);

  // Zuweisung
  Koordinaten1 = Koordinaten2;

  // Ausgabe
  cout << "Polarkoordinaten" << endl;
  Koordinaten2.Anzeigen();
  cout << "Kartesische Koordinaten" << endl;
  Koordinaten1.Anzeigen();
}
```

Die eigentliche Umformungsroutine befindet sich im Konstruktor der Klasse *Kartesisch*.

```
Kartesisch(Polar Koordinaten) {
  double     dR;                        // Radius
  double     dW;                        // Winkel
```

```
    // Werte bestimmen:
    dR = Koordinaten.RadiusBestimmen();
    dW = Koordinaten.WinkelBestimmen();

    // Kartesische Koordinaten bestimmen:
    dX = dR * cos(dW);
    dY = dR * sin(dW);
}
```

Damit werden die rechtwinkligen Koordinaten des aktuellen Objekts gesetzt. Als Grundlage werden die Polarkoordinaten des übergebenen Objekts verwendet. Damit das funktioniert, muß es einen Weg geben, auf die privaten Daten des übergebenen Objekts zuzugreifen. Dies geschieht mit Hilfe zweier Komponentenfunktionen, die öffentlich zugänglich sind und die bei einem Aufruf das tun, was wir erwarten.

```
// Radius zureckliefern:
double RadiusBestimmen() {
  return(dRadius);
}

// Winkel zurueckliefern:
double WinkelBestimmen() {
  return(dWinkel);
}
```

Die Klasse *Polar* muß auf jeden Fall vor der Klasse *Kartesisch* angegeben werden, sonst meldet der Compiler beim Übersetzen eine Reihe von Fehlern. Das liegt daran, daß die Klasse *Kartesisch* ein Bezug auf die Polar-Klasse enthält, der nicht aufgelöst werden könnte.

In der Hauptfunktion hat sich nichts verändert, die Ausgabe entspricht der im vorigen Beispiel.

```
Polarkoordinaten
Radius : 23.3
Winkel : 1.0472
Kartesische Koordinaten
X : 11.65
Y : 20.1784
```

Da sich an der Hauptfunktion *main()* nichts geändert hat, blieb auch die Zuweisung

```
Koordinaten1 = Koordinaten2;
```

erhalten. Jetzt funktioniert sie aber ganz anders, denn es wird auf der linken Seite des Gleichheitszeichens ein Objekt des Typs *Polar* zugewiesen. Dieses wird dann vom Konstruktor des Objekts *Koordinaten1* passend umgewandelt.

Damit stellt sich unweigerlich die Frage, ob es günstiger ist, die Umwandlungsfunktion in der Zielklasse unterzubringen, oder ob das doch lieber in der Quellklasse passieren soll. Mitunter wird dem Entwickler diese Entscheidung abgenommen, denn wenn man auf den Quelltext der einen Klasse nicht zugreifen kann, was bei Klassenbibliotheken meistens der Fall ist, muß man wohl oder übel die Klasse entsprechend anpassen. Je nachdem, wie die Zuordnung erfolgen soll, muß man dann einen Konstruktor schreiben oder eine Umwandlungsfunktion. Oder gleich beides, denn dann ist eine Zuordnung in beiden Richtungen möglich.

10.4 Weitere Anmerkungen

Mit Hilfe der Überlagerung von Operatoren und dem Einsatz von Typumwandlungen kann man grundsätzlich die Sprache so erweitern, daß die ursprünglich eingebauten Möglichkeiten wenig sind im Vergleich mit den neu erzeugten. Dabei kann es sich bei einer Anweisung wie

```
x = y +z
```

um etwas ganz anderes handeln, wenn Objekte eingesetzt werden, als bei elementaren Datentypen. Man hat damit die Gelegenheit, den Quelltext lesbarer und verständlicher zu strukturieren. Dennoch kann es auch passieren, das das Ganze ins Gegenteil umschlägt, wenn man sich beispielsweise verzettelt und sich nicht mehr aufs Wesentliche konzentriert. Deswegen nachfolgend ein paar Anmerkungen, was man in diesem Zusammenhang beachten sollte.

10.4.1 Verwendung entsprechender Bedeutungen

Setzt man überlagerte Operatoren für die Durchführung von bestimmten Operationen ein, sollte man für eine Addition möglichst den »+«-Operator verwenden. Man kann sich dabei an den eingebauten Datentypen orientieren, obwohl es dem Entwickler natürlich völlig freisteht, etwas anderes zu machen (die Kollegen werden es danken).

Außerdem sollte die Überlagerung Sinn machen. Überlagert man den Additions-Operator für eine bestimmte Klasse, sollten in ihr Elemente enthalten sein, die von der Addition zweier gleicher Objekte etwas haben. Auch außerhalb der Klasse sollte es möglich sein, mit dieser Addition etwas anzufangen, man sollte auf den ersten Blick sehen, was sie bewirkt.

Werden beispielsweise Objekte für Längenangaben benutzt, macht die Addition natürlich Sinn. Auch bei Strings kann sie eine Bedeutung haben. Allerdings würde es vermutlich keinen Sinn machen, zwei Objekte zu addieren, in denen nur Daten gespeichert werden.

10.4.2 Verwendung ähnlicher Syntax

Man sollte überlagerte Operatoren möglichst so einsetzen, wie man es auch bei elementaren Typen tun würde. Handelt es sich bei *x* und *y* um elementare Datentypen, würde eine Anweisung wie

```
x *= y;
```

den Wert *x* auf das Produkt von *x* und *y* setzen. Jede überlagerte Version sollte ebenfalls eine Operation ausführen, die etwas bewirkt wie

```
x = x * y;
```

in der der »*«-Operator überlagert ist. Aber auch hier hat man natürlich wieder alle Freiheiten.

Allerdings lassen sich einige Merkmale von Operatoren nicht verändern. So läßt sich aus einem unären Operator kein binärer machen und auch der umgekehrte Fall ist nicht möglich. Damit sind die Überlagerungsmöglichkeiten natürlich etwas eingeschränkt, aber im praktischen Einsatz dürfte das kein großer Hinderungsgrund sein.

10.4.3 Zurückhaltung üben

Wenn man einen Operator überlagert und lange Zeit das Listing nicht mehr angeschaut hat, muß man wahrscheinlich lange überlegen oder suchen, bis man Stellen wie

```
Objekt1 = Objekt2 + Objekt3;
```

versteht. Verwendet man eine große Anzahl von Objekten und werden die Operatoren auch für ungewöhnliche Operationen eingesetzt, wird der Quelltext vermutlich nicht einfacher zu verstehen sein, sondern eher schwerer. Daher sollte man überlagerte Operatoren möglichst nur dann verwenden, wenn deren Funktion sofort ersichtlich ist. Im Zweifelsfall setzt man eine Funktion statt eines Operators ein, denn durch deren Namen könnte man die Funktion ziemlich genau beschreiben. Außerdem läßt sich die Funktion einfacher schreiben.

10.4.4 Unklarheiten vermeiden

Stellen Sie sich vor, Sie haben in beiden Objekten sowohl den Konstruktor als auch die entsprechende Umwandlungsfunktion vorgesehen. Woher weiß dann der Übersetzer, welche Variante er verwenden soll? Die Antwort kann nur lauten, daß er keine Ahnung hat. In diesem Fall wird er beim Übersetzen eine Fehlermeldung ausgeben. Abhilfe läßt sich nur durch eine explizite Typumwandlung schaffen. Man gibt damit vor, was er zu tun und zu lassen hat. Oder man vermeidet es, diese Unklarheiten erst zu generieren, indem man die entsprechenden Routinen nur in eine Klasse einbaut.

10.4.5 Nicht überlagerbare Operatoren

Es gibt auch einige Operatoren, die nicht überlagert werden können. Dazu gehören der Operator zum Zugriff auf die Komponenten beziehungsweise der Punktoperator (.), der Gültigkeitsbereichsoperator (::) und der Bedingungsoperator (?:). Außerdem kann der Operator für den Zeiger auf eine Komponente (.*) nicht überlagert werden. Er begegnet uns noch in einem der nachfolgenden Kapitel.

10.5 Zusammenfassung

In diesem Kapitel haben wir erfahren, wie den C++-Operatoren neue Bedeutungen gegeben werden können, wenn sie mit benutzerdefinierten Datentypen verwendet werden. Die Neudefinition wird mit dem Schlüsselwort *operator* begonnen und die Bedeutung wird dem Operator vom Programmierer verliehen.

Eng damit verbunden ist der Bereich der Umwandlung von Datentypen. Kommt dabei ein Objekt zum Einsatz, kann entweder ein Konstruktor für Umformung verwendet werden, oder das Objekt enthält eine separate Umwandlungsfunktion, die bei Bedarf aufgerufen wird. Alle möglichen Umformungen werden in der nachfolgenden Tabelle dargestellt, wobei auch elementare Datentypen bei einer Umformung verwendet werden.

Datentypen	Option im Quellobjekt	Option im Zielobjekt
Elementar in elementar	Eingebaute Umwandlungsfunktionen	Eingebaute Umwandlungsfunktionen
Elementar in Klasse	Nicht verfügbar	Konstruktor
Klasse in elementar	Umwandlungsfunktion	Nicht verfügbar
Klasse in Klasse	Umwandlungsfunktion	Konstruktor

Im nächsten Kapitel sehen wir uns ein weiteres Merkmal objektorientierter Programmiersprachen an: die Vererbung. Mit ihrer Hilfe erzeugt man neue Klassen, die dieselben Eigenschaften besitzen wie die vererbte Klasse. Zusätzlich können diese Eigenschaften erweitert werden.

10.6 Aufgaben

1. Programmieren Sie die Definition eines überlagerten ++-Operators für die Klasse *Euro*, mit dessen Hilfe der Wert um jeweils 1 Euro erhöht wird.

2. Erzeugen Sie eine Klasse mit dem Namen *String1*, die einen String aufnimmt, der durch den Konstruktor mit einem Null-Byte initialisiert wird. In dieser Klasse schreiben Sie einen überlagerten ++-Operator, mit dem kleine Zeichen in große umgewandelt werden. Die Differenz zwischen großen und kleinen Zeichen beträgt 32, wobei ein kleines *a* durch den Dezimalwert 97 und ein großes Wert durch 65 gekennzeichnet wird. Im Hauptprogramm testen Sie die Klasse durch Eingabe eines Strings und Aufruf des Operators.

3. Verwenden Sie die Klasse *Preis* aus den Aufgaben zu Kapitel 8 und ersetzen Sie die Funktion zum Addieren durch einen überlagerten +-Operator. Testen Sie anschließend diesen neuen Operator.

11 Vererbung

Die Vererbung ist ein sehr leistungsfähiges Merkmal objektorientierter Programmiersprachen. Damit lassen sich neue Klassen, die als *abgeleitete Klassen* bezeichnet werden, von sogenannten *Basisklassen* erzeugen. Eine abgeleitete Klasse besitzt alle Merkmale der Basisklasse, kann aber zusätzlich Eigenschaften einführen oder bestehende überschreiben. Die Basisklasse bleibt dabei so bestehen, wie sie angegeben wurde.

Durch die Vererbung hat man entscheidende Vorteile, denn man kann den Code wiederverwenden und bei Bedarf anpassen. Nachdem die Basisklasse geschrieben und ausgetestet ist, kann man von ihr eine Klasse ableiten und auf die eigenen Bedürfnisse zuschneiden. Damit werden sowohl Zeit als auch Geld gespart und außerdem die Zuverlässigkeit des Programms erhöht. Außerdem wird dadurch die Gesamtstruktur übersichtlicher, wenn man die Klassen entsprechend auslegt.

Bestes Beispiel für die Wiederverwendbarkeit sind die käuflichen Klassenbibliotheken, mit denen man bequem ein Programm generiert und deren Einsatz die Arbeit erleichtert. Die davon abgeleiteten Klassen lassen sich dann bequem anpassen, ohne daß man die Basisklasse verändern muß.

11.1 Basisklassen und davon abgeleitete Klassen

Weiter vorn im Buch haben wir eine Klasse kennengelernt, mit der ein Zähler realisiert wurde. Dieser wird mit Hilfe von Konstruktoren initialisiert und mit dem »++«-Operator erhöht. Außerdem gibt es eine Komponentenfunktion (*ZaehlerZurueckliefern()*) zur Ausgabe des Zählerstands.

11.1.1 Das Beispiel

Nehmen wir in diesem Zusammenhang an, daß die Klasse zwar funktioniert, sie aber noch um eine Funktion erweitert werden soll, mit der der Zähler dekrementiert wird. Es sollen damit Menschen gezählt werden, die einen Raum betreten und die dann später wieder herauskommen. Mit der Erweiterung repräsentiert der Zähler dann immer die Anzahl der sich in einem Raum befindenden Personen.

Als erstes würde es sich natürlich anbieten, die entsprechende Dekrementroutine in den Quelltext der Klasse einzufügen. Aber mehrere Gründe sprechen dagegen. Wenn die Klasse umfangreicher ist und man sehr lange zum Testen benötigt, kann eine Änderung bewirken, daß die Klasse nicht mehr so arbeitet, wie es zuvor der Fall war. Also muß man sie erst wieder testen und den Fehler suchen, was recht aufwendig sein kann. Der schwerwiegendste Grund ist aber, daß man in dem meisten Fällen nicht auf den Quelltext der Klasse zugreifen kann. Das gilt besonders dann, wenn sie Teil einer Klassenbibliothek ist.

Zur Vermeidung dieser Probleme kann man die Klasse, der etwas hinzugefügt werden soll, vererben beziehungsweise als Basisklasse verwenden. Die daraus resultierende Klasse verändert nicht die Basisklasse, aber in ihr kann die neue Funktion angegeben werden. Die Vererbung sieht im Listing folgendendermaßen aus:

```
// Vererbung
#include <iostream.h>

class Zaehler {
  protected:                            // kein privates Element!!!
    unsigned int      uiZaehler;        // Zaehlvariable
  public:
    Zaehler() {                         // Konstruktor
      uiZaehler = 0;
    }

    Zaehler(unsigned int uiWert) {      // Konstruktor, ein Argument
      uiZaehler = uiWert;
    }

    unsigned int ZaehlerZurueckliefern() {  // Zurueckliefern
      return(uiZaehler);
    }

    Zaehler operator ++() {             // ++-Operator
      uiZaehler++;

      return(Zaehler(uiZaehler));       // Zurueckgeben
    }
};

class HerunterZaehlen : public Zaehler {
  public:
    Zaehler operator -- () {            // Operator -- ueberlagern
      uiZaehler --;

      return(Zaehler(uiZaehler));       // Zurueckgeben
    }
};

void main() {
  HerunterZaehlen    Zaehler1;          // Definieren
  HerunterZaehlen    Zaehler2;
```

```
    // Werte ausgeben:
    cout << "Zaehler 1 = " << Zaehler1.ZaehlerZurueckliefern() << endl;
    cout << "Zaehler 2 = " << Zaehler2.ZaehlerZurueckliefern() << endl;

    // Zaehler erhoehen:
    Zaehler1++;
    Zaehler1++;

    // Zaehler verringern:
    Zaehler2 = Zaehler1;
    Zaehler2--;
    Zaehler2--;

    // Ausgeben:
    cout << "Zaehler 1 = " << Zaehler1.ZaehlerZurueckliefern() << endl;
    cout << "Zaehler 2 = " << Zaehler2.ZaehlerZurueckliefern() << endl;
}
```

Der Quelltext beginnt mit der Klasse *Zaehler*, die wir ja bereits kennen. Daran hat sich fast nichts geändert, bis auf die Angabe vor der Variable. Warum jetzt hier etwas anderes steht, erfahren Sie in einem späteren Abschnitt.

11.1.2 Angabe der abgeleiteten Klasse

Nach der Klasse *Zaehler* findet man im Quelltext den Festlegungsteil der abgeleiteten Klasse mit dem Namen *HerunterZaehlen*. In ihr wird eine neue Funktion spezifiziert, mit deren Hilfe der Operator »--« überlagert wird. Die neue Klasse erbt dabei alle Merkmale der Klasse *Zaehler*. Deswegen benötigt die neue Klasse keinen Konstruktor oder die Funktionen zum Zurückliefern des Zählerelements. Auch der überlagerte Operator wird vererbt, so daß er mit der neuen Klasse verwendet werden kann.

Die erste Zeile gibt an, daß die neue Klasse *HerunterZaehlen* von der Klasse mit dem Namen *Zaehler* abgeleitet wird.

```
class HerunterZaehlen : public Zaehler
```

Die Vererbung wird durch den einfachen Doppelpunkt symbolisiert, dem das Wort *public* und der Name der Basisklasse folgen. An dieser Stelle darf man nicht den auflösenden Gültigkeitsbereichoperator »::« verwenden, denn das würde eine Fehlermeldung des Compilers bewirken!

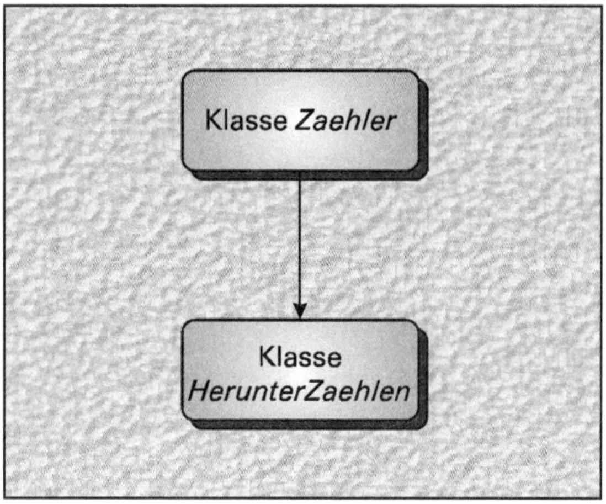

Bild 11.1:
Die Ableitung einer Klasse

11.1.3 Zugriff auf Komponenten der Basisklasse

Leitet man eine Klasse ab, kommt es häufig vor, daß man eine Komponentenfunktion der Basisklasse in Objekten der abgeleiteten Klasse einsetzen will. Allerdings wird der Zugriff auf sie durch unterschiedliche Mechanismen eingeschränkt. Die Frage, ob man die Funktion verwenden kann, wird auch als *Erreichbarkeit* bezeichnet.

In der Hauptfunktion *main()* des Programms werden zwei Objekte des neuen Typs *HerunterZaehlen* definiert.

```
HerunterZaehlen    Zaehler1;          // Definieren
HerunterZaehlen    Zaehler2;
```

Dadurch werden die beiden Objekte *Zaehler1* und *Zaehler2* erzeugt, deren Zähler jeweils mit dem Wert 0 initialisiert wird. Aber warum funktioniert das denn, es gibt doch keinen Konstruktor in der Klasse *HerunterZaehlen*? In unserem Fall verwendet die neue Klasse einen geeigneten Konstruktor der Basisklasse. Allerdings geht das nur unter bestimmten Umständen, wie wir noch sehen werden (diese Flexibilität wird im Vererbungsfall häufig in Anspruch genommen).

```
cout << "Zaehler 1 = " << Zaehler1.ZaehlerZurueckliefern() << endl;
```

Danach wird der Zählerstand durch Aufruf der Komponentenfunktion *ZaehlerZurueckliefern()* ausgegeben. Sie entstammt der Basisklasse, wie auch der überlagerte Operator »++«, der im folgenden verwendet wird.

```
Zaehler1++;
```

Damit wird der Zählerstand um den Wert 1 erhöht. Der Grund für den Aufruf einer Funktion aus der Basisklasse ist, daß sie in der eigenen Klasse nicht zu finden ist.

Das gilt aber nicht für den überlagerten Operator »--«, denn er ist in der neuen Klasse enthalten.

```
Zaehler2--;
```

Aus diesem Grund wird die Version genommen, die mit der neuen Klasse angegeben wurde.

Da die Inkrementierung zweimal ausgeführt wird, besitzt das Objekt *Zaehler1* den Wert 2. Danach erfolgt eine Zuweisung des Werts von *Zaehler1* an *Zaehler2*, dessen Wert dann zweimal dekrementiert wird. Damit ergibt sich die folgende Ausgabe des Programms:

```
Zaehler 1 = 0
Zaehler 2 = 0
Zaehler 1 = 2
Zaehler 2 = 0
```

11.1.4 Die Zugriffsangabe »protected«

Mit der Vererbung lassen sich die Einsatzmöglichkeiten von Klassen erweitern, ohne daß sie verändert werden müssen. Aber es müssen dazu bestimmte Voraussetzungen gegeben sein.

Betrachten wir die Änderung, die an der Klasse *Zaehler* vorgenommen wurde. Dabei wurde das Wort *private*, das normalerweise in Klassen für die Zugriffsbeschränkung verwendet wird, durch das Wort *protected* ersetzt. Warum geschah das?

Analysieren wir zunächst, was die Zugriffsangaben *private* (privat) und *public* (öffentlich) bewirken. Die Komponenten einer Klasse sind immer für alle Funktionen erreichbar, unabhängig davon, ob sie als *private* oder *public* bezeichnet werden. Von außerhalb erfolgt der Zugriff aber nur auf Komponenten, die als öffentlich (*public*) gekennzeichnet sind.

Diese Erkenntnisse reichen aus, wenn eine Vererbung von Objekten nicht eingesetzt werden soll. Soll die Vererbung zum Tragen kommen, ergibt sich eine Reihe weiterer Möglichkeiten. Kann eine Komponentenfunktion in der abgeleiteten Klasse auf die Komponenten in der Basisklasse zugreifen? Die Antwort darauf lautet, daß das nur möglich ist, wenn die entsprechenden Komponenten als *public* oder als *protected* (geschützt) gekennzeichnet sind. Man kann aber nicht auf solche zugreifen, die privat sind.

In unserem Fall soll der Zähler nicht öffentlich (*public*) zugänglich sein, da damit die Vorteile des Verbergens verloren gehen. Auf alle mit *protected* (geschützt) gekennzeichneten Komponenten kann hingegen innerhalb der Klasse problemlos zugegriffen werden, nur von außerhalb funktioniert das nicht. Außerdem sind solche Komponenten auch in abgeleiteten Klassen sichtbar; wir haben also den Zustand, den wir wollen. In der folgenden Tabelle sind die Zusammenhänge noch einmal dargestellt.

	Erreichbarkeit		
Zugriffsangabe	Aus der eigenen Klasse	Aus der abgeleiteten Klasse	Von außerhalb
public (öffentlich)	Ja	Ja	Ja
protected (geschützt)	Ja	Ja	Nein
private (privat)	Ja	Nein	Nein

Beim Schreiben eigener Klassen, die später wiederverwendet werden sollen, muß man also darauf achten, daß die Daten nicht als *private* (privat) gekennzeichnet werden, da man dann in den abgeleiteten nicht darauf zugreifen kann. Man muß stattdessen das Schlüsselwort *protected* (geschützt) angeben. Zu beachten ist, daß es trotzdem auch private Daten in solchen Klassen geben kann. Entwirft man eine Klasse selbst, hat man die volle Kontrolle darüber, wie man die Daten schützen will.

Wird eine Klasse von einer Basisklasse abgeleitet, bedeutet das natürlich nicht, daß man auf den Einsatz der Basisklasse im Programm verzichten muß. Werden Objekte dieser Klasse definiert, verhalten sie sich so, als wenn es die Vererbung nicht geben würde, was auch nicht weiter verwunderlich ist, da die Basisklasse ja nicht verändert wird.

Jedoch erhält die Basisklasse keine Informationen über die abgeleiteten Klassen, der Informationsfluß findet also nur in einer Richtung statt. Das bedeutet auch, daß die Objekte der Basisklasse nicht auf Funktionen zugreifen können, die in der abgeleiteten Klasse angegeben werden.

11.2 Konstruktoren in abgeleiteten Klassen

Die Zähler der im vorigen Beispiel definierten Objekte wurden mit dem Wert 0 initialisiert, da der Konstruktor der Basisklasse dafür verwendet wird. Da sich dort auch ein Konstruktor befindet, dem ein Argument übergeben werden kann, besteht Hoffnung, daß sich damit auch das Objekt der abgeleiteten Klasse initialisieren ließe. Doch leider führt eine Anweisung wie

```
HerunterZaehlen Zaehler2(2);
```

nur zu einer Fehlermeldung. Damit ist klar, daß die abgeleitete Klasse einen eigenen Satz von Konstruktoren benötigt. Diese werden im nachfolgenden Beispiel angegeben.

```
// Vererbung mit Konstruktoren in abgeleiteter Klasse
#include <iostream.h>

class Zaehler {
  protected:                          // Kein privates Element!!!
    unsigned int    uiZaehler;        // Zaehlvariable
  public:
    Zaehler() {                       // Konstruktor
      uiZaehler = 0;
    }

    Zaehler(unsigned int uiWert) {    // Konstruktor, ein Argument
      uiZaehler = uiWert;
    }

    unsigned int ZaehlerZurueckliefern() {  // Zurueckliefern
      return(uiZaehler);
    }

    Zaehler operator ++() {                 // ++-Operator
      uiZaehler++;

      return(Zaehler(uiZaehler));           // Zurueckgeben
    }
};

class HerunterZaehlen : public Zaehler {
  public:
    HerunterZaehlen() : Zaehler() { }       // Konstruktor

    // Konstruktor, ein Argument:
    HerunterZaehlen(unsigned int uiWert) : Zaehler(uiWert) { }

    Zaehler operator -- () {                // Operator -- ueberlagern
      uiZaehler --;

      return(Zaehler(uiZaehler));           // Zurueckgeben
    }
};
```

```
void main() {
  HerunterZaehlen    Zaehler1(1);        // Definieren und
  HerunterZaehlen    Zaehler2(5);        // initialisieren

  // Werte ausgeben:
  cout << "Zaehler 1 = " << Zaehler1.ZaehlerZurueckliefern() << endl;
  cout << "Zaehler 2 = " << Zaehler2.ZaehlerZurueckliefern() << endl;

  // Zaehler erhoehen:
  Zaehler1++;
  Zaehler1++;

  // Zaehler verringern:
  Zaehler2--;
  Zaehler2--;

  // Ausgeben:
  cout << "Zaehler 1 = " << Zaehler1.ZaehlerZurueckliefern() << endl;
  cout << "Zaehler 2 = " << Zaehler2.ZaehlerZurueckliefern() << endl;
}
```

In diesem Beispiel werden zwei Konstruktoren in der abgeleiteten Klasse angegeben. Derjenige, der kein Argument benötigt, wird dabei wie folgt definiert:

```
HerunterZaehlen() : Zaehler() { }
```

Neu daran ist der Doppelpunkt, gefolgt von einem Funktionsnamen. Das bewirkt, daß der Konstruktor der Klasse *HerunterZaehlen()* den Konstruktor *Zaehler()* der Basisklasse aufruft. Setzt man in der Hauptfunktion *main()* eine Zeile wie

```
HerunterZaehlen    Zaehler1;
```

wird vom Compiler der Konstruktor der Klasse *HerunterZaehlen* für die Initialisierung aufgerufen. Dieser ruft wiederum den Konstruktor der Klasse *Zaehler* auf, um das Objekt dann endgültig zu initialisieren. Der Konstruktor der Klasse *HerunterZaehlen* führt keinen Code aus, wie an den leeren geschweiften Klammern ersichtlich ist, aber man hätte hier auch noch eigene Anweisungen unterbringen können.

Mit dem Befehl

```
HerunterZaehlen  Zaehler2(5);
```

soll das Objekt mit dem Wert 5 initialisiert werden. Dazu wird der Konstruktor mit einem Argument benötigt, der dann wieder den in der Basisklasse aufruft.

```
HerunterZaehlen(unsigned int uiWert) : Zaehler(uiWert) { }
```

Damit kann das Argument *uiWert*, das der Konstruktor der Klasse *HerunterZaehlen* enthält, an den Konstruktor der Klasse *Zaehler* weitergereicht werden. Dieser benötigt es, um den Wert der Zählervariable setzen zu können. Ein solcher Konstruktor würde übrigens auch verwendet, wenn im Programm eine Zuweisungsoperation wie beispielsweise

```
Zaehler2 = ++Zaehler1;
```

eingebaut wäre. Daß diese Vorgehensweise erfolgreich war, sieht man an der Ausgabe des Programms. Beide Objekte werden mit bestimmten Werten initialisiert, die zweimal inkrementiert beziehungsweise zweimal dekrementiert werden. Damit besitzen beide zum Schluß der Anweisungen den Wert 3.

```
Zaehler 1 = 1
Zaehler 2 = 5
Zaehler 1 = 3
Zaehler 2 = 3
```

11.3 Komponentenfunktionen überschreiben

In einer abgeleiteten Klasse kann man Komponentenfunktionen verwenden, die denselben Namen besitzen wie in der Basisklasse. Also können Objekte der abgeleiteten Klasse beispielsweise auch so reagieren wie die der Basisklasse oder sie reagieren alternativ vollkommen anders.

Zur Verdeutlichung dieses Sachverhalts kramen wir wieder die Nachbildung eines Stapelspeichers hervor. Mit ihm werden Werte auf einen Stapel gelegt und wieder heruntergeholt. Das Beispiel hat einen ganz entscheidenden Mangel: Wenn man versucht, zu viele Elemente auf den Stapel zu legen oder davon herunterzuholen, werden die Grenzen des Vektors überschritten, der zur Speicherung dient.

Will man diese Probleme beseitigen, könnte man natürlich daran gehen, die entsprechende Klasse zu modifizieren. Aber diese stellt nur die Grundfunktionalität bereit, so daß man im folgenden eine neue Klasse davon ableiten sollte. Diese verhält sich genauso wie die Stapelspeicherklasse, nur daß man an den entsprechenden Stellen jetzt eine Warnung sieht. Sie wird ausgegeben, wenn zu viele Elemente vom Stapel entfernt oder wenn zu viele Elemente auf den Stapel geschrieben werden.

```
// Stapelspeicher, mit Ueberpruefung
#include <iostream.h>

const int MAXIMAL = 100;

class Stapel {
  protected:
    int     iStapel[MAXIMAL];           // Stapel, Vektor aus Ganzzahlen
    int     iOben;                      // Oberstes Element
  public:
    Stapel() {                          // Konstruktor
      iOben = 0;
    }
    void push(int iWert);               // Element auf Stapel
    int pop();                          // Element vom Stapel
};

void Stapel::push(int iWert) {          // Element auf Stapel
  iOben++;                              // Zeiger erhoehen
  iStapel[iOben] = iWert;               // Wert speichern
}

int Stapel::pop() {                     // Element vom Stapel holen
  return(iStapel[iOben--]);
}

class Stapel2 : public Stapel {
  public:
    void push(int iWert);               // Element auf Stapel

    int pop();                          // Element vom Stapel
};

void Stapel2::push(int iWert) {         // Element auf Stapel

  if (iOben < MAXIMAL) {                // Ueberpruefung
    Stapel::push(iWert);                // Funktion aus Basisklasse
  } else {
    cout << "Fehler! Stapel ist voll! " << endl; // Fehlermeldung
    exit(1);                            // Programm beenden
  }
}
```

```
int Stapel2::pop() {                    // Element vom Stapel holen
  if (iOben > 0)                        // Ueberpruefung
    return Stapel::pop();               // Funktion aus Basisklasse
  else {
    cout << "Fehler! Der Stapel ist leer! " << endl; // Fehler
    exit(1);                            // Programm beenden
  }
}

void main() {
  Stapel2    Objekt1;                   // Stapel-Objekt

  // Werte auf Stapel:
  Objekt1.push(42);
  Objekt1.push(22);

  // Werte herunterholen und anzeigen:
  cout << "Element 1: " << Objekt1.pop() << endl;
  cout << "Element 2: " << Objekt1.pop() << endl;

  // Werte wieder auf Stapel:
  Objekt1.push(1);
  Objekt1.push(99);
  Objekt1.push(7);
  Objekt1.push(57);

  // ... und wieder zurueck:
  cout << "Element 3: " << Objekt1.pop() << endl;
  cout << "Element 4: " << Objekt1.pop() << endl;
  cout << "Element 5: " << Objekt1.pop() << endl;
  cout << "Element 6: " << Objekt1.pop() << endl;
  // eins zuviel ...
  cout << "Element 7: " << Objekt1.pop() << endl;
}
```

Die in diesem Beispiel verwendete Klasse mit dem Namen *Stapel* ist bereits bekannt, es wurden die Daten wieder als *protected* (geschützt) statt als *private* (privat) gekennzeichnet. Vergißt man das, wartet der Compiler mit einer Reihe von Fehlermeldungen auf, beispielsweise daß er auf die Komponenten *iOben* nicht zugreifen kann.

Die Klasse *Stapel2* enthält zwei Komponentenfunktionen *push()* und *pop()*, die genauso wie die aus der Basisklasse wirken sollen. Sie besitzen auch dieselben Argumente, womit sich die Frage stellt, welche bei einer Zeile wie

```
Objekt1.push(1);
```

aufgerufen werden. Die Antwort auf die Frage ist relativ simpel, da bei vollständiger Gleichheit im Namen und den Parametern immer erst die Argumente der abgeleiteten Klasse, die ja die aktuelle ist, aufgerufen werden. Hat man ein Objekt der Basisklasse vor sich, hat es keine Kenntnis vom abgeleiteten Objekt und es wird die eigene Funktion aufgerufen, die der Klasse angehört.

Ansonsten überschreibt die Funktion in der abgeleiteten Klasse die der Basisklasse. Deshalb wird die Funktion der Klasse *Stapel2* ausgeführt und nicht die von *Stapel*, zumindest zum gegebenen Zeitpunkt.

```
void Stapel2::push(int iWert) {
  if (iOben < MAXIMAL) {               // Ueberpruefung
    Stapel::push(iWert);               // Funktion aus Basisklasse
  } else {
    cout << "Fehler! Stapel ist voll! " << endl; // Fehlermeldung
    exit(1);                           // Programm beenden
  }
}
```

Legt man einen Wert auf den Stapel, ruft man die Komponentenfunktion *push()* auf. Sie überprüft den Stapel, um herauszufinden, ob er schon voll ist. Ist das der Fall, wird eine entsprechende Fehlermeldung ausgegeben. Außerdem wird das Programm in diesem Fall beendet, wofür die Funktion *exit()* sorgt. Können aber auf dem Stack noch Werte abgelegt werden, könnte die Funktionalität der Basisklasse zum Einsatz kommen, da sie genau das tut, was wir wollen. Das erfolgt durch die Angabe des Namens, des Gültigkeitsbereichoperators »::« und des Namens der Funktion.

```
Stapel::push(iWert);
```

Man gibt damit also an, welche Komponentenfunktion aus der Basisklasse ausgeführt werden soll. In diesem Fall ist es die Funktion *push()*, die den Wert auf dem Stapel ablegt. Ohne diesen Operator würde der Übersetzer annehmen, daß sich die Funktion selbst aufrufen würde, was natürlich komplett fehlschlägt.

Im Hauptprogramm *main()* werden zunächst zwei Werte auf dem Stack abgelegt und wieder heruntergeholt. Anschließend werden vier Werte auf den Stapelspeicher geschrieben. Danach holt das Programm fünf Werte ab, so daß die Ausgabe der Fehlermeldung provoziert wird.

```
Element 1: 22
Element 1: 42
Element 3: 57
Element 4: 7
Element 5: 99
Element 6: 1
Fehler! Der Stapel ist leer!
```

Vergleicht man das Programm und die Ausgabe, stellt man fest, daß man in der letzten Zeile nur die Fehlermeldung sieht, nicht aber die Ausgabe der Zeichenkette *Element 7*. Das heißt, daß die Abarbeitung der Ausgabeanwesisung von rechts nach links erfolgt.

11.4 Hierarchie von Klassen

Bei den in diesem Kapitel vorgestellten Beispielen wird meist eine allgemeine Klasse verwendet, aus der dann eine Klasse abgeleitet wird, mit der eine bestimmte Aufgabe gelöst werden soll. Damit wird die bestehenden Klasse auf die jeweilige Situation angepaßt. Im nachfolgenden Beispiel stellt die Basisklasse nur das Grundgerüst, also den kleinsten gemeinsamen Nenner dar.

Es handelt sich um eine Datenbank für die Angestellten eines Unternehmens. Die Aufgabe wurde soweit vereinfacht, daß es nur noch drei unterschiedliche Arten von Angestellten gibt. Dabei handelt es sich um Manager, die die Firma leiten, um Wissenschaftler, die die Forschung betreiben, und um Arbeiter, die die Produkte herstellen, die von der Firma vertrieben werden.

In der Datenbank sind der Name und die persönliche Firmenkennzahl eingegeben, die einen Angestellten eindeutig identifiziert. Für einen Manager werden zusätzlich noch der Titel und für einen Wissenschaftler die Anzahl der Veröffentlichungen angegeben. Bei den Arbeitern werden keine zusätzliche Daten gespeichert.

Der nachfolgende Quelltext beginnt mit der Klasse *Angestellter*, in der die Basisdaten gesichert werden. In den davon abgeleiteten Klassen hält das Programm die Daten für die Manager, Wissenschaftler und die Arbeiter fest.

```
// Personaldatenbank
#include <iostream.h>

const int MAXIMAL = 80;

class Angestellter {
  private:
    char      acName[MAXIMAL];          // Name der Person
    unsigned int   uiKennzahl;          // Kennzahl der Person
  public:
    void DatenEinlesen() {              // Daten einlesen
      cout << "   Geben Sie den Namen ein: ";
      cin >> acName;
      cout << "   Geben Sie die Kennzahl ein: ";
      cin >> uiKennzahl;
    }

    void DatenAnzeigen() {              // Daten anzeigen
      cout << "   Name : " << acName << endl;
      cout << "   Kennzahl : " << uiKennzahl << endl;
    }
};

class Manager : public Angestellter {  // Manager
  private:
    char     acTitel[MAXIMAL];         // Titel
  public:
    void DatenEinlesen() {             // Daten einlesen
      Angestellter::DatenEinlesen();   // Erst allgemeine Daten

      // Zusaetzliche Daten:
      cout << "   Geben Sie den Titel ein : ";
      cin >> acTitel;
    }

    void DatenAnzeigen() {             // Daten ausgeben
      Angestellter::DatenAnzeigen();   // Erst allgemeine

      // Zusaetzliche:
      cout << "   Titel : " << acTitel << endl;
    }
};
```

```
class Wissenschaftler : public Angestellter {     // Wissenschaftler
  private:
    int    iArtikel;                    // Anzahl der Veroeffentlichungen
  public:
    void DatenEinlesen() {              // Daten einlesen
      Angestellter::DatenEinlesen();    // Erst allgemeine Daten

      // Zusaetzliche Daten:
      cout << "   Geben Sie die Zahl der Veroeffentlichungen ein : ";
      cin >> iArtikel;
    }

    void DatenAnzeigen() {              // Daten ausgeben
      Angestellter::DatenAnzeigen();    // Erst allgemeine

      // Zusaetzliche:
      cout << "   Veroeffentlichungen : " << iArtikel << endl;
    }
};

class Arbeiter : public Angestellter { };         // Arbeiter

void main() {
  // Daten von drei Personen der Firma:
  Manager          Person1;
  Wissenschaftler  Person2;
  Arbeiter         Person3;

  // Daten eingeben:
  cout << "Geben Sie die Daten des Manager an" << endl;
  Person1.DatenEinlesen();
  cout << "Geben Sie die Daten des Wissenschaftlers an" << endl;
  Person2.DatenEinlesen();
  cout << "Geben Sie die Daten des Arbeiters an" << endl;
  Person3.DatenEinlesen();

  // ... und wieder ausgeben:
  cout << endl;
  cout << "Daten des Managers " << endl;
  Person1.DatenAnzeigen();
  cout << "Daten des Wissenschaftlers " << endl;
  Person2.DatenAnzeigen();
  cout << "Daten des Arbeiters " << endl;
  Person3.DatenAnzeigen();
}
```

In der Hauptfunktion *main()* werden drei Objekte definiert, die die Angestellten der Firma repräsentieren, einen Manager, einen Wissenschaftler und einen Arbeiter. Dann wird für jeden die Komponentenfunktion *DatenEinlesen()* aufgerufen, damit man die entsprechenden Daten eingeben kann. Abschließend wird für jeden Mitarbeiter die Funktion *DatenAnzeigen()* ausgeführt, damit sie wieder angezeigt werden. Also könnte ein Dialog fogendermaßen aussehen:

```
Geben Sie die Daten des Manager an
   Geben Sie den Namen ein: Meier
   Geben Sie die Kennzahl ein: 1234
   Geben Sie den Titel ein : Chef
Geben Sie die Daten des Wissenschaftlers an
   Geben Sie den Namen ein: Müller
   Geben Sie die Kennzahl ein: 3233
   Geben Sie die Zahl der Veroeffentlichungen ein : 42
Geben Sie die Daten des Arbeiters an
   Geben Sie den Namen ein: Schulze
Geben Sie die Kennzahl ein: 9999

Daten des Managers
   Name : Meier
   Kennzahl : 1234
   Titel : Chef
Daten des Wissenschaftlers
   Name : Müller
   Kennzahl : 3233
   Veroeffentlichungen : 42
Daten des Arbeiters
   Name : Schulze
   Kennzahl : 9999
```

Natürlich kann man das Programm noch erweitern, indem beispielsweise Vektoren für die einzelnen Gruppen verwendet werden, um jeweils mehr als einen Angestellten speichern zu können.

Die in diesem Beispiel angegebene Basisklasse stellt nur den kleinsten gemeinsamen Nenner aller Angestellten dar. Deswegen findet man auch kein Objekt der Basisklasse im Listing. Auch das Arbeiter-Objekt ist abgeleitet, selbst wenn keine neuen Eigenschaften gegenüber der Basisklasse hinzugefügt werden. Werden neue benötigt, fügt man diese einfach der Klasse hinzu, die Basisklasse muß man nicht verändern.

Schreibt man eine Klasse, die nur als Grundlage für die weiteren dient, läßt sich diese als *abstrakte Basisklasse* bezeichnen. Das bedeutet, daß keine Objekte von ihr im Listing auftauchen. Daraus ergibt sich zwangsläufig eine Hierarchie der Klassen, die momentan aus zwei Ebenen besteht. Die untere Ebene ist die Basisklasse, eine Ebene darüber befinden sich die abgeleiteten Klassen.

Noch eine weitere Bemerkung zum Listing: In allen Klassen wird kein Konstruktor angegeben, so daß der Übersetzer die Objekte automatisch erstellt, wenn er auf Definitionen wie

```
Arbeiter    Person3;
```

trifft. Außerdem sind alle Daten privat, so daß selbst die der Basisklasse nicht so ohne weiteres gelesen und geschrieben werden können. Dafür gibt es in jeder Klasse Komponentenfunktionen mit den Namen *DatenEinlesen()* zum Einlesen und *DatenAnzeigen()* zum Ausgeben der Daten. Nur über sie kann von außen auf die Daten zugegriffen werden.

11.5 Arten der Vererbung

Wie wir bereits gesehen haben, kann man den Zugriff auf die Daten und Funktionen einer Klasse bei der Vererbung genauer steuern, als wenn man nur die simple Klasse vor sich habt. Außerdem gibt es noch den Weg über die Art und Weise, wie die abgeleiteten Klassen angegeben werden. In den vorigen Beispielen wurden sie immer als öffentlich (*public*) deklariert.

```
class Wissenschaftler : public Angestellter
```

Mit Hilfe des Schlüsselworts *public* (öffentlich) legt man fest, daß Objekte in der abgeleiteten Klasse auf öffentliche Komponentenfunktionen in der Basisklasse zugreifen dürfen.

Wie man sich sicherlich denken kann, ist die Alternative das Schlüsselwort *private* (privat). Ist es angegeben, dürfen Objekte der öffentlichen Klasse nicht mehr auf öffentliche Komponentenfunktionen der Basisklasse zugreifen. Da der Zugriff auf private (*private*) und geschützte (*protected*) Komponentenfunktionen sowieso nicht möglich ist, sind in diesem Fall keine Komponenten der Basisklasse erreichbar.

11.5.1 Zugriffsmöglichkeiten

Durch die Verwendung der Schlüsselwörter sowohl beim Schützen von Komponenten als auch bei der Vererbung sind unterschiedliche Kombinationen möglich. Welche davon einsetzbar sind und welche nicht, klärt das folgende Beispiel:

```
// Kombinationen
#include <iostream.h>

class Eins {
  private:
    int    iPrivat1;                  // Private Daten
  protected:
    int    iGeschuetzt1;              // Geschuetzte Daten
  public:
    int    iOeffentlich1;             // Oeffentliche Daten
};

class Zwei : public Eins {            // Oeffentliche Vererbung
  public:
    void Funktion2() {
      int iA;                         // Variable

      // Zugriff
      iA = iPrivat1;                  // Kein Zugriff -> Fehler!
      iA = iGeschuetzt1;              // Erlaubt
      iA = iOeffentlich1;             // Erlaubt
    }
};

class Drei : private Eins {           // Private Vererbung
  public:
    void Funktion3() {
      int    iA;                      // Variable

      // Zugriff:
      iA = iPrivat1;                  // Kein Zugriff -> Fehler!
      iA = iGeschuetzt1;              // Erlaubt
      iA = iOeffentlich1;             // Erlaubt
    }
};

void main() {
  int    iA;                          // Variable
  Zwei   ObjektZwei;                  // Oeffentlich abgeleitet
  Drei   ObjektDrei;                  // Privat abgeleitet
```

```
  // Zugriff:
  iA = ObjektZwei.iPrivat1;            // Kein Zugriff -> Fehler!
  iA = ObjektZwei.iGeschuetzt1;        // Kein Zugriff -> Fehler!
  iA = ObjektZwei.iOeffentlich1;       // Erlaubt
  iA = ObjektDrei.iPrivat1;            // Kein Zugriff -> Fehler!
  iA = ObjektDrei.iGeschuetzt1;        // Kein Zugriff -> Fehler!
  iA = ObjektDrei.iOeffentlich1;       // Kein Zugriff -> Fehler!
}
```

In diesem Beispiel, das sich nicht ohne Fehlermeldungen übersetzen läßt, werden in der Basisklasse nur Daten verwendet, um die Zugriffsmöglichkeiten vorzustellen. Tatsächlich sind sie aber auch auf Funktionen übertragbar, was bedeutet, daß auch auf Komponentenfunktionen die Einschränkungen wie bei den Variablen zutreffen.

In der Klasse *Eins* werden drei Elemente angegeben, wobei jeweils eine andere Zugriffsart verwendet wird. Danach werden die Klassen *Zwei* und *Drei* von Klasse *Eins* abgeleitet, wobei die Vererbung einmal öffentlich und einmal privat ist.

Damit können Funktionen in den abgeleiteten Klassen auf geschützte und öffentliche Elemente zugreifen, unabhängig davon, ob die Vererbung öffentlich oder privat erfolgt. Erzeugt man jetzt aber Objekte aus diesen Klassen, kann ein Zugriff nur auf die öffentlichen (*public*) Komponenten der Basisklasse erfolgen, wenn die Vererbung öffentlich (*public*) war. Ansonsten sind auch diese wie die anderen Komponenten nicht sichtbar. Aus diesem Grund führt die letzte Zeile

```
iA = ObjektDrei.iOeffentlich1;
```

auch zu einem Fehler. Zu beachten ist, daß der Vorgabewert für die Vererbung *private* (privat) ist, so daß eine öffentliche Vererbung explizit angegeben werden muß.

11.5.2 Klassen und Strukturen

Außerdem sollte man nicht vergessen, daß man statt der Klassen auch Strukturen einsetzen kann, obwohl diese standardmäßig nur für Variablen in Frage kommen. Der einzige Unterschied liegt in der Vorgabe für die Zugriffsbeschränkung, bei Strukturen wie

```
struct Vier : Eins {
  // ...
}
```

ist sie *public* (öffentlich), bei Klassen hingegen:

```
class Vier : Eins {
  // ...
}
```

ist sie *private* (privat).

Es stellt sich die Frage, ob es Kriterien gibt, die den Entwickler bei der Entscheidung zugunsten einer bestimmten Zugriffsart unterstützen. Eine private Vererbung sollte immer dann vorgezogen werden, wenn beispielsweise eine Komponente nur für die Basisklasse erreichbar bleiben soll, nicht aber für Objekte der abgeleiteten Klasse. Das kann beispielsweise der Fall sein, wenn eine Funktion nur in der Basisklasse vernünftig funktioniert, nicht aber im Zusammenhang mit der abgeleiteten Klasse.

In diesem Fall kann man zwar die Funktion in der abgeleiteten Klasse mit einer eigenen überschreiben, aber die elegantere Methode ist die private Vererbung. Das gilt aber nur solange, wie man sich damit nicht neue Probleme ins Haus holt, denn jetzt ist auch die anderen Funktion der Basisklasse nicht mehr erreichbar. Ändern kann man dies nur, indem man diese über Funktionen in der abgeleiteten Klasse aufruft, wie mit *Funktion3()* in der Klasse mit dem Namen *Drei*.

11.6 Weitere Vererbung

Da Klassen sich von Klassen ableiten können, können wir auch Klassen von Klassen ableiten, die selbst abgeleitet wurden. Klingt irgendwie kompliziert, ist es aber gar nicht. Schauen wir uns dazu folgendes Beispiel an:

```
class Eins {                    // Erste Klasse
  // ...
};

class Zwei : public Eins {      // Zweite Klasse, von Eins abgeleitet
  // ...
};

class Drei : public Zwei {      // Dritte Klasse, von Zwei abgeleitet
  // ...
};
```

Hier ist Klasse *Eins* die Basisklasse und Klasse *Zwei* ist von *Eins* abgeleitet. Die Klasse mit dem Namen *Drei* ist von *Zwei* abgeleitet (die ja wiederum auf *Eins* basiert). Dieser Vorgang kann natürlich beliebig erweitert werden, wenn es denn erforderlich ist, womit sich immer neue Ebenen in der Hierarchie ergeben würden.

Nehmen wir zur Verdeutlichung wieder das Programm mit den Angestellten, das als Beispiel für die Vererbung diente. In einer Fabrik gibt es neben Arbeitern auch die sogenannten Vorarbeiter, die meist Aufsichts- und Kontrollaufgaben wahrnehmen. Die Fähigkeit eines Vorarbeiters wird daran gemessen, wie gut der Produktionsprozeß läuft, was in einer Prozentangabe verdeutlich wird. Die Klasse für die Vorarbeiter wird von der der Arbeiter abgeleitet, da sie weder einen Titel haben noch wissenschaftliche Arbeiten veröffentlichen. Hier nun der komplette Quelltext dazu:

```
// Personaldatenbank mit Vorarbeitern
#include <iostream.h>

const int MAXIMAL = 80;

class Angestellter {
  private:
    char          acName [MAXIMAL];     // Name der Person
    unsigned int  uiKennzahl;           // Kennzahl der Person

  public:
    void DatenEinlesen() {              // Daten einlesen
      cout << "  Geben Sie den Namen ein: ";
      cin >> acName;
      cout << "  Geben Sie die Kennzahl ein: ";
      cin >> uiKennzahl;
    }

    void DatenAnzeigen() {              // Daten anzeigen
      cout << "  Name : " << acName << endl;
      cout << "  Kennzahl : " << uiKennzahl << endl;
    }
};

class Manager : public Angestellter {  // Manager
  private:
    char     acTitel[MAXIMAL];          // Titel
  public:
    void DatenEinlesen()  {             // Daten Einlesen
      Angestellter::DatenEinlesen();    // Erst allgemeine Daten

      // Zusaetzliche Daten:
      cout << "  Geben Sie den Titel ein : ";
      cin >> acTitel;
    }
```

```
    void DatenAnzeigen() {              // Daten ausgeben
      Angestellter::DatenAnzeigen();    // Erst allgemeine

      // Zusaetzliche:
      cout << "   Titel : " << acTitel << endl;
    }
};

class Wissenschaftler : public Angestellter {     // Wissenschaftler
  private:
    int      iArtikel;                  // Anzahl der Veroeffentlichungen
  public:
    void DatenEinlesen() {              // Daten einlesen
      Angestellter::DatenEinlesen();    // Erst allgemeine Daten

      // Zusaetzliche Daten:
      cout << "   Geben Sie die Zahl der Veroeffentlichungen ein : ";
      cin >> iArtikel;
    }

    void DatenAnzeigen() {              // Daten ausgeben
      Angestellter::DatenAnzeigen();    // Erst allgemeine

      // Zusaetzliche:
      cout << "   Veroeffentlichungen : " << iArtikel << endl;
    }
};

class Arbeiter : public Angestellter { };    // Arbeiter

class Vorarbeiter : public Arbeiter {        // Vorarbeiter
  private:
    float    fQualitaet;                     // Qualitaet der Arbeit
  public:
    void DatenEinlesen() {                   // Daten einlesen
      Arbeiter::DatenEinlesen();             // Erst allgemeine Daten

      // Zusaetzliche Daten:
      cout << "   Geben Sie die Prozentzahl ein : ";
      cin >> fQualitaet;
    }

    void DatenAnzeigen() {                   // Daten ausgeben
      Arbeiter::DatenAnzeigen();             // Erst allgemeine
```

```
      // Zusaetzliche:
      cout << "   Qualitaet : " << fQualitaet << endl;
    }
};

void main() {
  // Daten von zwei Personen der Firma:
  Arbeiter      Person3;
  Vorarbeiter   Person4;

  // Daten eingeben:
  cout << "Geben Sie die Daten des Arbeiters an" << endl;
  Person3.DatenEinlesen();
  cout << "Geben Sie die Daten des Vorarbeiters an" << endl;
  Person4.DatenEinlesen();

  // ... und wieder ausgeben:
  cout << endl;
  cout << "Daten des Arbeiters " << endl;
  Person3.DatenAnzeigen();
  cout << "Daten des Vorarbeiters " << endl;
  Person4.DatenAnzeigen();
}
```

Mit der Klasse der Vorarbeiter ist die Hierarchie wieder um eine Ebene erweitert, sie besteht jetzt aus drei Ebenen. Damit ist aber auch klar, daß ein Arbeiter allgemeiner gefaßt ist als ein Vorarbeiter, der ja nur ganz spezielle Aufgaben übernimmt.

Zu beachten ist bei der Festlegung der Klassen, daß die für den Vorarbeiter erst nach der für den Arbeiter angegeben werden darf. Da sich Vorarbeiter auf Arbeiter bezieht, ist diese Reihenfolge wichtig, weil sonst der Compiler beim Übersetzen meckern würde, da er dann noch nicht wüßte, wie die Klasse *Arbeiter* beschaffen ist.

Der Dialog mit dem Programm könnte so aussehen:

```
Geben Sie die Daten des Arbeiters an
   Geben Sie den Namen ein: Müller
   Geben Sie die Kennzahl ein: 99332
Geben Sie die Daten des Vorarbeiters an
   Geben Sie den Namen ein: Heine
   Geben Sie die Kennzahl ein: 7435
   Geben Sie die Prozentzahl ein : 95.7
Daten des Arbeiters
   Name : Müller
   Kennzahl : 99332
```

```
Daten des Vorarbeiters
   Name : Heine
   Kennzahl : 7435
   Qualitaet : 95.7
```

11.7 Mehrfachvererbung

Es gibt keine Beschränkung, daß eine Klasse nur von einer anderen abgeleitet sein darf. Stattdessen könnte man eine Klasse auch so schreiben, daß sie die Eigenschaften von beispielsweise zwei Klassen in sich vereint. Dieser Vorgang wird *Mehrfachvererbung* genannt. Ein Beispiel:

```
class Eins {                              // Erste Klasse
  // ...
};

class Zwei {                              // Zweite Klasse
  // ...
};

class Drei : public Eins, public Zwei { // Dritte Klasse, von Eins
                                          // und Zwei abgeleitet
  // ...
};
```

In diesem Fall ist die Klasse mit dem Namen *Drei* von zwei Basisklassen abgeleitet, *Eins* und *Zwei*. Sie stehen hinter dem Doppelpunkt und werden durch Kommata voneinander getrennt, wobei unterschiedliche Zugriffsarten auf jede Klasse möglich sind.

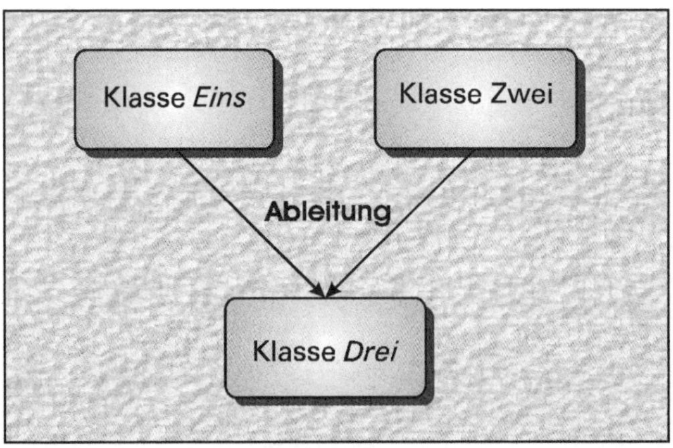

Bild 11.2: Mehrfachvererbung

11.7.1 Komponentenfunktionen bei mehrfacher Vererbung

Im folgenden Beispiel wollen wir das einfache Beispiel mit den Arbeitern, Wissenschaftlern und Managern noch etwas erweitern. In der Regel wird es so sein, daß diese beiden Gruppen an einer Universität studiert haben. Deswegen wird eine neue Klasse generiert, in der die Daten über den Werdegang gespeichert werden. Wir nennen Sie allgemein *Hochschule*. In ihr werden der höchste erreichte Abschluß und der Name der Bildungseinrichtung gespeichert, was über Zeichenketten geschieht.

Diese Klasse wird zusätzlich verwendet, um beispielsweise die Klasse *Manager* auch von ihr abzuleiten, wie in der nachfolgenden Zeile.

```
class Manager : public Angestellter, public Hochschule
```

Damit ergibt sich das nachfolgende Gesamtlisting:

```
// Personaldatenbank mit mehrfacher Vererbung
#include <iostream.h>

const int MAXIMAL = 80;

class Angestellter {
  private:
    char          acName[MAXIMAL];     // Name der Person
    unsigned int  uiKennzahl;          // Kennzahl der Person
  public:
    void DatenEinlesen() {             // Daten einlesen
      cout << "  Geben Sie den Namen ein: ";    cin >> acName;
      cout << "  Geben Sie die Kennzahl ein: "; cin >> uiKennzahl;
    }
    void DatenAnzeigen()               // Daten anzeigen
    {
      cout << "  Name : " << acName << endl;
      cout << "  Kennzahl : " << uiKennzahl
          << endl;
    }
};

class Hochschule {                     // Abschluss und Name
  private:
    char    acHochschule[MAXIMAL];     // Name der Hochschule
    char    acAbschluss[MAXIMAL];      // Erreichter Abschluss
  public:
    void HochschulDatenEinlesen() {    // Einlesen der Daten
      cout << "  Geben Sie den Namen der Hochschule ein: ";
      cin >> acHochschule;
```

```
      cout << "   Geben Sie den Abschluss ein: ";
      cin >> acAbschluss;
    }

    void HochschulDatenAnzeigen() {     // Daten anzeigen
      cout << "   Hochschule : " << acHochschule << endl;
      cout << "   Abschluss : "  << acAbschluss  << endl;
    }
};

class Manager : private Angestellter, private Hochschule { // Manager
  private:
    char    acTitel[MAXIMAL];           // Titel
  public:
    void DatenEinlesen() {              // Daten einlesen
      Angestellter::DatenEinlesen();    // Erst allgemeine Daten

      // Zusaetzliche Daten:
      cout << "   Geben Sie den Titel ein : ";
      cin >> acTitel;

      Hochschule::HochschulDatenEinlesen();     // Hochschuldaten
    }

   void DatenAnzeigen() {                        // Daten ausgeben
      Angestellter::DatenAnzeigen();             // Erst allgemeine
      cout << "   Titel : " << acTitel << endl; // Zusaetzliche
      Hochschule::HochschulDatenAnzeigen();      // Hochschuldaten
    }
};

// Wissenschaftler:
class Wissenschaftler : private Angestellter, private Hochschule {
  private:
    int    iArtikel;                    // Anzahl der Veroeffentlichungen
  public:
    void DatenEinlesen() {              // Daten einlesen
      Angestellter::DatenEinlesen();    // Erst allgemeine Daten

      // Zusaetzliche Daten:
      cout << "   Geben Sie die Zahl der Veroeffentlichungen ein : ";
      cin >> iArtikel;

      // Hochschuldaten:
      Hochschule::HochschulDatenEinlesen();
    }
```

```
    void DatenAnzeigen() {              // Daten ausgeben
      Angestellter::DatenAnzeigen();    // Erst allgemeine

      // Zusaetzliche:
      cout << "   Veroeffentlichungen : " << iArtikel << endl;

      // Hochschuldaten:
      Hochschule::HochschulDatenAnzeigen();
    }
};

class Arbeiter : public Angestellter { }; // Arbeiter


void main() {
  // Daten von drei Personen der Firma:
  Manager             Person1;
  Wissenschaftler     Person2;
  Arbeiter            Person3;

  // Daten eingeben:
  cout << "Geben Sie die Daten des Manager an" << endl;
  Person1.DatenEinlesen();
  cout << "Geben Sie die Daten des Wissenschaftlers an" << endl;
  Person2.DatenEinlesen();
  cout << "Geben Sie die Daten des Arbeiters an" << endl;
  Person3.DatenEinlesen();

  // ... und wieder ausgeben:
  cout << endl;
  cout << "Daten des Managers " << endl;
  Person1.DatenAnzeigen();
  cout << "Daten des Wissenschaftlers " << endl;
  Person2.DatenAnzeigen();
  cout << "Daten des Arbeiters " << endl;
  Person3.DatenAnzeigen();
}
```

In den Komponentenfunktionen *DatenEinlesen()* und *DatenAnzeigen()* der Klassen *Manager* und *Wissenschaftler* sind sowohl Aufrufe von Funktionen der Klasse *Angestellter* sowie welche aus der Klasse *Hochschule* zu finden. Diese erfolgen wieder unter Verwendung des Gültigkeitsbereichsoperators »::«:

```
Angestellter::DatenAnzeigen();
```

oder

```
Hochschule::HochschulDatenAnzeigen();
```

so daß sofort klar ist, auf welche Klasse der Bezug erfolgt (im ersten Fall auf die Klasse *Angestellter*, im zweiten auf die Klasse *Hochschule*). Beide sind in den Klassen *Manager* oder *Wissenschaftler* ausführbar, da sie den Basisklassen entstammen. Allerdings können sie nicht vom Objekt aus auf die Funktionen zugreifen, da für die beiden Klassen die Vererbung privat ist, sie sind somit nur intern verfügbar. Aber das ist kein Problem, denn im Hauptprogramm *main()* werden nur Komponentenfunktionen der abgeleiteten Klassen verwendet. Nur die Klasse *Arbeiter* muß öffentlich abgeleitet werden, da sie keine eigenen Komponentenfunktionen besitzt und somit auf die der Basisklasse zurückgreifen muß.

Ein Dialog mit dem übersetzten und gestarteten Programm könnte wie folgt aussehen:

```
Geben Sie die Daten des Managers an
   Geben Sie den Namen ein: Meier
   Geben Sie die Kennzahl ein: 12
   Geben Sie den Titel ein : Chef
   Geben Sie den Namen der Hochschule ein: Uni
   Geben Sie den Abschluss ein: Dr
Geben Sie die Daten des Wissenschaftlers an
   Geben Sie den Namen ein: Gaertner
   Geben Sie die Kennzahl ein: 2324
   Geben Sie die Zahl der Veroeffentlichungen ein : 3
   Geben Sie den Namen der Hochschule ein: FH
   Geben Sie den Abschluss ein: Dipl.Ing.
Geben Sie die Daten des Arbeiters an
   Geben Sie den Namen ein: Krause
Geben Sie die Kennzahl ein: 9977

Daten des Managers
   Name : Meier
   Kennzahl : 12
   Titel : Chef
   Hochschule : Uni
   Abschluss : Dr
Daten des Wissenschaftlers
   Name : Gaertner
   Kennzahl : 2324
   Veroeffentlichungen : 3
   Hochschule : FH
   Abschluss : Dipl.Ing.
```

```
Daten des Arbeiters
   Name : Krause
   Kennzahl : 9977
```

Einen Großteil der Ein- und Ausgaben kennen Sie bereits, sie entsprechen denen der vorherigen Beispiele. Neu sind die Fragen zum Abschluß und zum Namen der Hochschule beim Manager und beim Wissenschaftler. Das sind diejenigen, die in der Klasse *Hochschule* bereitgestellt werden.

11.7.2 Konstruktoren

In unserem Beispiel haben wir keine Konstruktoren verwendet, da die Objekte durch die entsprechenden Komponentenfunktionen mit dem Namen *DatenEinlesen()* initialisiert wurden. Häufig jedoch müssen Konstruktoren zur Initialisierung der Daten eingesetzt werden, damit der Entwickler nicht versehentlich falsche Angaben erhält.

Stellen wir uns vor, daß wir bestimmte Artikel an bestimmte Händler ausliefern wollen. Dabei müssen wir wissen, um welche Artikel es sich handelt und an wen die Lieferung erfolgen soll. Zur Speicherung der Artikeldaten verwenden wir die Klasse *Artikel*, die leicht modifiziert wird und daher dann *LieferArtikel* heißt. Außerdem benötigen wir eine neue Klasse, in der die Daten des Händlers gespeichert werden, hier exemplarisch an der Händlernummer und an der Stadt dargestellt.

Aus diesen beiden Klassen leiten wir eine neue Klasse ab, die beispielsweise einem Auslieferungsfahrer angibt, welcher Artikel wohin soll. Außerdem legen wir fest, wie viele Artikel geliefert werden sollen und welchen Gesamtpreis diese haben.

```
// Lieferung
#include <iostream.h>
#include <string.h>

const int MAXIMAL = 80;                   // Maximale Laenge der Strings

class LieferArtikel {                     // Beschreibung eines Artikels
  private:
    long    lArtikelNummer;               // Nummer des Artikels
    float   fPreis;                       // Preis des Artikels
    int     iModellNummer;                // Kennzeichnung
    char    acBeschreibung[25];           // Beschreibung des Objekts
  protected:
    float PreisLiefern() {                // Preis zurueckliefern
      return(fPreis);
    }
```

```
  public:
    LieferArtikel() {                   // Konstruktor, keine Argumente
      lArtikelNummer    = 0L;
      fPreis            = 0.0;
      iModellNummer     = 0;
      acBeschreibung[0] = 0;
    }

    // Konstruktor zum Setzen der Daten:
    LieferArtikel(long lArt, float fPr, int iMod, char acName[]) {
      lArtikelNummer = lArt;
      fPreis         = fPr;
      iModellNummer  = iMod;
      strcpy(acBeschreibung, acName);
    }

    void DatenEinlesen() {              // Daten einlesen
      cout << "Geben Sie die Artikelnummer ein : ";
      cin >> lArtikelNummer;
      cout << "Geben Sie den Preis ein : ";
      cin >> fPreis;
      cout << "Geben Sie die Modellnummer ein : ";
      cin >> iModellNummer;
      cout << "Geben Sie die Beschreibung ein : ";
      cin >> acBeschreibung;
    }

    void DatenAnzeigen() {              // Daten ausgeben
      cout << endl << "Artikelnummer: " << lArtikelNummer;
      cout << "  Preis: " << fPreis;
      cout << "  Modellnummer: " << iModellNummer  << endl;
      cout << "Beschreibung: "   << acBeschreibung << endl;
    }
};

class Haendler {                        // Beschreibung des Haendlers
  private:
    long    lHaendlerNummer;            // Nummer des Haendlers
    char    acStadt[MAXIMAL];           // Stadt, in der er sich befindet
  public:
    Haendler() {                        // Konstruktor, keine Argumente
      lHaendlerNummer = 0L;
      acStadt[0] = 0;
    }
```

```
    Haendler(long lHaendler, char acStd[]) { // Konstruktor, zwei
                                             // Argumente
      lHaendlerNummer = lHaendler;
      strcpy(acStadt, acStd);
    }

    void DatenEinlesen() {              // Daten einlesen
      cout << "Geben Sie die Haendlernummer an : ";
      cin >> lHaendlerNummer;
      cout << "Geben Sie die Stadt ein : ";
      cin >> acStadt;
    }

    void DatenAnzeigen() {              // Daten anzeigen
      cout << endl << "Haendlernummer: " << lHaendlerNummer;
      cout << "  Stadt: " << acStadt << endl;
    }
};

// Was soll wohin ...
class Lieferung : public LieferArtikel, public Haendler {
  private:
    long    lAnzahl;                    // Anzahl der Artikel
    float   fGesamtPreis;               // Gesamtpreis
  public:
    // Konstruktor ohne Argumente:
    Lieferung() : LieferArtikel(), Haendler() {
      lAnzahl = 0L;
      fGesamtPreis = 0.0;
    }

    // Konstruktor, sieben Argumente:
    Lieferung(long lArt, float fPr, int iMod, char acName[],
              long lHaendler, char acStd[], long lAnz) :
              LieferArtikel(lArt, fPr, iMod, acName),
              Haendler(lHaendler, acStd) {
      lAnzahl = lAnz;
      fGesamtPreis = fPr * lAnz;        // Berechnen
    }

    void DatenEinlesen() {              // Einlesen der Daten
      LieferArtikel::DatenEinlesen();   // Artikeldaten
      Haendler::DatenEinlesen();        // Haendlerdaten
```

```
      // Eigene Daten:
      cout << "Geben Sie die Anzahl ein : ";
      cin >> lAnzahl;

      // Gesamtpreis berechnen:
      // fGesamtPreis = fPreis * lAnzahl;
      // -> Fehler !!!
      fGesamtPreis = LieferArtikel::PreisLiefern() * lAnzahl;
      // Alternative : fPreis wird protected!!!
    }

    void DatenAnzeigen() {              // Ausgabe der Daten
      LieferArtikel::DatenAnzeigen();   // Haendlerdaten
      Haendler::DatenAnzeigen();        // Haendlerdaten

      // Eigene Daten:
      cout << endl << "Anzahl: " << lAnzahl << endl;
      cout << "Gesamtpreis: " << fGesamtPreis << endl;
    }
};

void main() {
  // Initialisiertes Objekt:
  Lieferung Objekt73(23424, 3.57, 0, "Waschmittel", 42, "Mettmann", 100);

  Lieferung Objekt42;                   // Leeres Objekt

  // Daten eingeben:
  cout << "Geben Sie die Lieferdaten ein : " << endl;
  cout << "------------------------------" << endl;
  Objekt42.DatenEinlesen();

  // Daten ausgeben:
  cout << "------------------------------";
  Objekt73.DatenAnzeigen();
  cout << "------------------------------";
  Objekt42.DatenAnzeigen();
  cout << "------------------------------" << endl;
}
```

Die wichtigste Neuerung in diesem Programm ist der Einsatz von Konstruktoren in der abgeleiteten Klasse. Diese rufen die Konstruktoren der Basisklassen *LieferArtikel* und *Haendler* auf. Beim Konstruktor ohne Argument sieht die entsprechende Zeile folgendermaßen aus:

```
Lieferung() : LieferArtikel(), Haendler()
```

Dieser Konstruktor initialisiert die eigenen Elemente mit 0.

```
lAnzahl = 0L;
fGesamtPreis = 0.0;
```

Damit überprüft man im Programm, ob Daten im Objekt gesetzt sind oder nicht. Auch alle Konstruktoren initialisieren ihre eigenen Elemente mit dem Wert 0 beziehungsweise setzen die Zeichenketten auf die Länge 0.

Wird der Konstruktor *Lieferung()* aufgerufen, ruft er die Basiskonstruktoren der Reihe nach auf, die nach einem Doppelpunkt folgen. Sind es mehrere Konstruktoren, werden sie jeweils durch Kommata voneinander getrennt. Will man die Reihenfolge genau anschauen, trägt man eine *cout*-Anweisung ein und läßt sie sich ausgeben, wie beispielsweise

```
Lieferung() : LieferArtikel(), Haendler() {
  lAnzahl      = 0L;
  fGesamtPreis = 0.0;
  cout << "  Lieferung  ";
}
```

Macht man das auch bei den anderen beiden Konstruktoren, stellt man fest, daß erst der Konstruktor der Basisklasse *LieferArtikel* und dann der Konstruktor der Basisklasse *Haendler* aufgerufen wird. Erst danach wird der Konstruktor der abgeleiteten Klasse ausgeführt. Benötigt man eine bestimmte Reihenfolge bei der Initialisierung, heißt es also aufpassen.

Mit Hilfe eines weiteren Konstruktors wird das abgeleitete Objekt komplett initialisiert. Dazu werden ihm sieben Argumente übergeben, die er dann teilweise an die Konstruktoren der Basisklassen weiterreicht.

```
Lieferung(long lArt, float fPr, int iMod, char acName[],
          long lHaendler, char acStd[], long lAnz) :
          LieferArtikel(lArt, fPr, iMod, acName),
          Haendler(lHaendler, acStd)
```

Das sieht komplizierter aus als es tatsächlich ist. Nach den Argumenten folgt wieder der Doppelpunkt und der Aufruf der der Konstruktoren der Basisklassen, wobei diese durch ein Komma voneinander getrennt sind. Die Konstruktoren der Basisklassen besitzen natürlich eine andere Anzahl an Argumenten, da sie ja nur auf ihre eigenen Datenkomponenten zugreifen können.

Werden dem Konstruktor diese sieben Argumente übergeben, kann er alle davon selbst einsetzen, wenn er sie benötigt. Außerdem kann er sie für den Aufruf der anderen Konstruktoren verwenden, wie dies hier der Fall ist. Die Konstruktoren der Basisklassen werden wie normale Funktionen aufgerufen, so daß nur den Namen der Variable angegeben werden darf. Werden zusätzlich den Datentyp oder die eckigen Klammern bei Vektoren angegeben, meldet der Übersetzer einen Fehler!

Mit Hilfe der Namen der Variablen wird festgelegt, welche der übergebenen Werte den Basisklassen-Konstruktoren weitergereicht werden. Damit sollte sich eine Übereinstimmung zwischen den Namen beim Aufruf der Basisklassen und den Namen der übergebenen Variablen ergeben.

Der Konstruktor der Klasse *LieferArtikel* benötigt vier der sieben Argumente, wobei es sich um die ersten handelt. Dazu gehören die Artikelnummer (*lArt*), der Preis (*fPr*), die Modellnummer (*iMod*) und die Beschreibung (*acName*). Die nächsten beiden Argumente (*lHaendler* und *acStd*) werden gleich an den Konstruktor der Klasse *Haendler* weitergereicht. Bleibt schließlich noch der letzte Parameter *lAnz* in der Liste. Dieser gibt die Anzahl der auszuliefernden Artikel in der abgeleiteten Klasse an. Mit dieser Anzahl und dem übergebenen Preis wird der Gesamtpreis berechnet und in der Variable *fGesamtPreis* gespeichert.

Dieser Gesamtpreis wird auch nach der Eingabe der Daten in der abgeleiteten Klasse berechnet. Da der Gesamtpreis aus dem Einzelpreis und der Anzahl der Artikel berechnet wird, ergibt sich daraus aber ein Problem. In der Klasse *LieferArtikel* wurde die Variable, die den Einzelpreis enthält, als privat (*private*) angegeben. Daraus ergibt sich, daß auf sie in der abgeleiteten Klasse nicht zugegriffen werden kann. Sie wird aber in der Klasse *Lieferung* in der Komponentenfunktion *DatenEinlesen()* benötigt, um den Gesamtpreis bestimmen zu können.

Die Lösung ist, eine weitere Komponentenfunktion zu schreiben, die den Wert der Variable zurückgibt. Damit sie von außerhalb nicht sichtbar ist, wird sie als *protected* angegeben. Mit dieser Funktion kann dann der Gesamtpreis berechnet werden. Damit bleibt die Variable weiterhin geschützt. Die Alternative wäre, die Variable selbst als *protected* anzugeben, so daß der Anfang der Klassenangabe wie folgt aussähe:

```
class LieferArtikel {                  // Beschreibung eines Artikels
  private:
    long   lArtikelNummer;             // Nummer des Artikels
    int    iModellNummer;              // Kennzeichnung
    char   acBeschreibung[25];         // Beschreibung des Objekts
  protected:
    float  fPreis;                     // Preis des Artikels
  public:
```

Damit könnte die abgeleitete Klasse problemlos auf die Variable zugreifen, so daß die Berechnung mit der Zeile

```
fGesamtPreis = fPreis * lAnzahl;
```

erfolgen würde. Für welche Lösung sich der Programmierer in einer ähnlichen Situation in einem Programm entscheidet, hängt noch von weiteren Faktoren ab, so daß man im Einzelfall eine Entscheidung treffen muß.

Die im Quelltext vorgestellte Version läßt sich ohne Probleme übersetzen und starten. Ein Dialog mit dem Programm kann wie folgt aussehen:

```
Geben Sie die Lieferdaten ein :
------------------------------
Geben Sie die Artikelnummer ein : 42353
Geben Sie den Preis ein : 4.78
Geben Sie die Modellnummer ein : 0
Geben Sie die Beschreibung ein : Bananen
Geben Sie die Haendlernummer an : 32423
Geben Sie die Stadt ein : Gotha
Geben Sie die Anzahl ein : 50
------------------------------
Artikelnummer: 23424  Preis: 3.57  Modellnummer: 0
Beschreibung: Waschmittel

Haendlernummer: 42  Stadt: Mettmann

Anzahl: 100
Gesamtpreis: 357
------------------------------
Artikelnummer: 42353  Preis: 4.78  Modellnummer: 0
Beschreibung: Bananen

Haendlernummer: 32423  Stadt: Gotha

Anzahl: 50
Gesamtpreis: 239
------------------------------
```

11.8 Mehrdeutigkeit bei mehrfacher Vererbung

Manchmal kommt es beim Einsatz der mehrfachen Vererbung zu unerwarteten Problemen. Das häufigste ist, daß beide Basisklassen Komponentenfunktionen mit demselben Namen besitzen. Die Klasse, die von diesen beiden Basisklassen abgeleitet wurde, besitzt keine Funktion mit diesem Namen, so daß die anderen beiden nicht überschrieben werden. Doch wie funktioniert dann ein Zugriff auf die Komponentenfunktion? Der Name allein reicht nicht aus, da er in beiden Klassen vorhanden ist.

Dazu das nächste Beispiel:

```
// Mehrdeutigkeit
#include <iostream.h>

class Mehrdeutig1 {
  public:
    void Anzeigen() {
      cout << "Klasse 1" << endl;
    }
};

class Mehrdeutig2 {
  public:
    void Anzeigen() {
      cout << "Klasse 2" << endl;
    }
};

class Mehrdeutig : public Mehrdeutig1, public Mehrdeutig2 {
  // keine Funktionen ...
};

void main() {
  // Objekt erzeugen:
  Mehrdeutig  Objekt;                  // Klasse mehrdeutig

  // Zugriffe:
//Objekt.Anzeigen();                   // Mehrdeutig -> Fehler!
  Objekt.Mehrdeutig1::Anzeigen();      // Funktion aus Mehrdeutig1
  Objekt.Mehrdeutig2::Anzeigen();      // Funktion aus Mehrdeutig2
}
```

In diesem Beispiel führt die Zeile

```
Objekt.Anzeigen();                     // Mehrdeutig -> Fehler!
```

zu einer Fehlermeldung des Compilers, da er nicht weiß, welche Komponentenfunktion er aufrufen soll. Den Knoten wird gelöst, indem der auflösenden Gültigkeitsoperator eingesetzt wird. Daher wird bei der Angabe von

```
Objekt.Mehrdeutig1::Anzeigen();
```

die Funktion *Anzeigen()* aus der Klasse *Mehrdeutig1* verwendet. Alternativ hätte man die Funktionen durch eine Komponentenfunktion in der abgeleiteten Klasse mit demselben Namen ersetzen können.

```
class Mehrdeutig : public Mehrdeutig1, public Mehrdeutig2 {
  public:
    void Anzeigen() {
      cout << "Klasse 3" << endl;
    }
};
```

In diesem Fall würde der Übersetzer keinen Fehler melden, wobei der Gebrauch des auflösenden Gültigkeitsoperators trotzdem gültig bleibt. Man hat damit also die Gelegenheit, die Funktionen aller Klassen getrennt aufrufen zu können, wenn man das denn benötigt.

11.9 Klassen in Klassen

Bislang haben wir die Vererbungsmethode kennengelernt, bei der eine Klasse von einer anderen abgeleitet ist. Anders ausgedrückt könnte man sagen, daß die eine Klasse eine Art der anderen Klasse ist. Es gibt noch eine weitere Möglichkeit, Klassen zu gruppieren, die wir bereits bei den Strukturen kennengelernt haben.

In diesem Fall wird eine Klasse in eine andere eingebettet, die eine enthält also die andere. Sie haben eine Beziehung zueinander. Wie das funktioniert, sieht man im nachfolgenden kleinen Beispiel:

```
class Eins {                        // Erste Klasse
};

class Zwei {                        // Zweite Klasse
  Eins  Objekt1;                    // Objekt1 gehoert zur Klasse Eins
};
```

In manchen Situationen kann es sein, daß Vererbung und Beziehungen zu ähnlichen Zwecken eingesetzt werden. Das letzte Beispiel mit der Personaldatenbank läßt sich so umschreiben, daß es sich nicht um abgeleitete Klassen handelt, sondern daß die Basisklassen in die der Manager und so weiter eingefügt werden, wie in den folgenden Zeilen:

```
class manager {
  Angestellter  Mitarbeiter;        // Grunddaten
  Hochschule    Abschluss;          //
}
```

Es wurden die Basisklassen in die Hauptklasse eingefügt. Das komplette Listing:

```
// Personaldatenbank mit eingebetteten Klassen
#include <iostream.h>

const int MAXIMAL = 80;

class Angestellter {
  private:
    char          acName [MAXIMAL];    // Name der Person
    unsigned int  uiKennzahl;          // Kennzahl der Person
  public:
    void DatenEinlesen() {             // Daten einlesen
      cout << "   Geben Sie den Namen ein: ";
      cin >> acName;
      cout << "   Geben Sie die Kennzahl ein: ";
      cin >> uiKennzahl;
    }

    void DatenAnzeigen()  {            // Daten anzeigen
      cout << "   Name : " << acName << endl;
      cout << "   Kennzahl : " << uiKennzahl
          << endl;
    }
};

class Hochschule {                     // Abschluss und Name
  private:
    char    acHochschule[MAXIMAL];     // Name der Hochschule
    char    acAbschluss[MAXIMAL];      // Erreichter Abschluss
  public:
    void HochschulDatenEinlesen() {    // Einlesen der Daten
      cout << "   Geben Sie den Namen der Hochschule ein: ";
      cin >> acHochschule;
      cout << "   Geben Sie den Abschluss ein: ";
      cin >> acAbschluss;
    }

    void HochschulDatenAnzeigen() {    // Daten anzeigen
      cout << "   Hochschule : " << acHochschule << endl;
      cout << "   Abschluss : "  << acAbschluss  << endl;
    }
};
```

```
class Manager {                          // Manager
  private:
    char          acTitel[MAXIMAL];      // Titel
    Angestellter  Person;                // Personendaten
    Hochschule    Abschluss;             // Abschlussdaten
  public:
    void DatenEinlesen() {               // Daten einlesen
      // Erst allgemeine Daten:
      Person.DatenEinlesen();

      // Zusaetzliche Daten:
      cout << "   Geben Sie den Titel ein : ";
      cin >> acTitel;

      // Hochschuldaten:
      Abschluss.DatenEinlesen();
    }

    void DatenAnzeigen() {               // Daten ausgeben
      // Erst allgemeine:
      Person.DatenAnzeigen();

      // Zusaetzliche:
      cout << "   Titel : " << acTitel << endl;

      // Abschlussdaten:
      Abschluss.DatenAnzeigen();
    }
};

class Wissenschaftler {                  // Wissenschaftler
  private:
    int           iArtikel;              // Anzahl der Veroeffentlichungen
    Angestellter  Person;                // Personendaten
    Hochschule    Abschluss;             // Abschlussdaten
  public:
    void DatenEinlesen() {               // Daten einlesen
      // Erst allgemeine Daten:
      Person.DatenEinlesen();

      // Zusaetzliche Daten:
      cout <<  "   Geben Sie die Zahl der Veroeffentlichungen ein : ";
      cin >> iArtikel;

      // Abschlussdaten:
      Abschluss.DatenEinlesen();
    }
```

```
    void DatenAnzeigen() {              // Daten ausgeben
      // Erst allgemeine:
      Person.DatenAnzeigen();

      // Zusaetzliche:
      cout << "   Veroeffentlichungen : " << iArtikel << endl;

      // Abschlussdaten:
      Abschluss.DatenAnzeigen();
    }
};

class Arbeiter {                        // Arbeiter
  private:
    Angestellter  Person;               // Personendaten
  public:
    void DatenEinlesen() {              // Daten einlesen
      Person.DatenEinlesen();
    }

    void DatenAnzeigen() {              // Daten ausgeben
      Person.DatenAnzeigen();
    }
};

class Vorarbeiter {                     // Vorarbeiter
  private:
    float         fQualitaet;           // Qualitaet der Arbeit
    Angestellter  Person;               // Personendaten
  public:
    void DatenEinlesen() {              // Daten einlesen
      // Erst allgemeine Daten:
      Person.DatenEinlesen();

      // Zusaetzliche Daten:
      cout << "   Geben Sie die Prozentzahl ein : ";
      cin >> fQualitaet;
    }

    void DatenAnzeigen() {              // Daten ausgeben
      // Erst allgemeine:
      Person.DatenAnzeigen();

      // Zusaetzliche:
      cout << "   Qualitaet : " << fQualitaet << endl;
    }
};
```

```
void main() {
  // Daten von vier Personen der Firma:
  Manager         Person1;
  Wissenschaftler Person2;
  Arbeiter        Person3;
  Vorarbeiter     Person4;

  // Daten eingeben:
  cout << "Geben Sie die Daten des Managers an" << endl;
  Person1.DatenEinlesen();
  cout << "Geben Sie die Daten des Wissenschaftlers an" << endl;
  Person2.DatenEinlesen();
  cout << "Geben Sie die Daten des Arbeiters an" << endl;
  Person3.DatenEinlesen();
  cout << "Geben Sie die Daten des Vorarbeiters an" << endl;
  Person4.DatenEinlesen();

  // ... und wieder ausgeben:
  cout << endl;
  cout << "Daten des Managers " << endl;
  Person1.DatenAnzeigen();
  cout << "Daten des Wissenschaftlers " << endl;
  Person2.DatenAnzeigen();
  cout << "Daten des Arbeiters " << endl;
  Person3.DatenAnzeigen();
  cout << "Daten des Vorarbeiters " << endl;
  Person4.DatenAnzeigen();
}
```

Wie im Quelltext ersichtlich, hat sich an den Klassen mit den Namen *Angestellter* und *Hochschule* nichts verändert. Nur die Klassen, die die Personen symbolisieren, haben sich geändert. In diesem Fall werden die Basisklassen (die jetzt eigentlich nicht mehr so heißen) wie normale Variablen verwendet. Die Klassen werden also nicht abgeleitet, sondern stehen für sich allein.

Für den Anwender spielt es keine Rolle, wie die Klassen aufgebaut sind. Die Ausgaben sind gleich, wie nachfolgend zu sehen ist.

```
Geben Sie die Daten des Managers an
   Geben Sie den Namen ein: Meiser
   Geben Sie die Kennzahl ein: 123
   Geben Sie den Titel ein : Dr.
   Geben Sie den Namen der Hochschule ein: Uni
   Geben Sie den Abschluss ein: Dr,
```

```
Geben Sie die Daten des Wissenschaftlers an
   Geben Sie den Namen ein: Hoffmann
   Geben Sie die Kennzahl ein: 324324
   Geben Sie die Zahl der Veroeffentlichungen ein : 4
   Geben Sie den Namen der Hochschule ein: FH
   Geben Sie den Abschluss ein: Diplom
Geben Sie die Daten des Arbeiters an
   Geben Sie den Namen ein: Müller
   Geben Sie die Kennzahl ein: 88789
Geben Sie die Daten des Vorarbeiters an
   Geben Sie den Namen ein: Krause
   Geben Sie die Kennzahl ein: 56547
   Geben Sie die Prozentzahl ein : 95.5

Daten des Managers
   Name : Meiser
   Kennzahl : 123
   Titel : Dr.
   Hochschule : Uni
   Abschluss : Dr,
Daten des Wissenschaftlers
   Name : Hoffmann
   Kennzahl : 324324
   Veroeffentlichungen : 4
   Hochschule : FH
   Abschluss : Diplom
Daten des Arbeiters
   Name : Müller
   Kennzahl : 88789
Daten des Vorarbeiters
   Name : Krause
   Kennzahl : 56547
   Qualitaet : 95.5
```

Man muß wieder von Fall zu Fall entscheiden, wie das Programm aussehen soll. Der Ansatz mit den abgeleiteten Klassen entspricht eher der Sichtweise der objektorientierten Programmierung, das Einbetten von Klassen in Klassen eher der prozeduralen Programmierung. In dieser würde man wahrscheinlich Strukturen innerhalb von Strukturen verwenden, was auch zum Ziel führen würde. Generell gilt, daß man ein Problem sorgfältig untersuchen muß und erst dann festlegen sollte, welche Variante die geeignete ist.

11.10 Programmentwicklung

Durch die objektorientierte Programmierung änderte sich der Vorgang des Entwickelns von Programmen grundlegend. Der Hauptteil des Programms steckt jetzt in den Klassen und nicht mehr in der Haupt- oder einer Vielzahl von separaten Unterfunktionen. Außerdem lassen sich beispielsweise durch die Vererbung völlig neue Sachverhalte realisieren.

Stellen Sie sich vor, daß der Programmierer mit dem Namen X eine Klasse erzeugt, die beispielsweise die Klasse *Bruchzahl* sein könnte. Der nächste Programmierer, Y, möchte die Klasse verwenden, jedoch an seine individuelle Aufgabenstellung anpassen, beispielsweise durch Erweiterung mit einem Vorzeichen. Das ist problemlos möglich, denn durch die Vererbung wird eine neue Klasse erzeugt, die angepaßt und eingesetzt werden kann. Diese neue Klasse kann auch bei Frau Y zum Einsatz kommen, wenn sie eine Lösung für ihr spezielles Problem darstellt.

Dieses funktioniert sogar dann, wenn Herr Z keinen Zugriff auf den Quelltext der Ursprungsklasse hat (wobei das dann auch für Frau Y gilt). Dennoch kann Herr Z die Arbeit von Herrn X anpassen, da der Code wiederverwendbar ist. Außerdem lassen sich beide Klassen von Frau Y benutzen. Der eigentliche Quelltext muß also nicht verteilt werden, es reicht eine dem Compiler verständliche Binärform und eine passende Beschreibung der von außen sichtbaren Komponentenfunktionen und Elemente.

Auf diese Weise wachsen die Arbeitsgebiete der eigentliche Entwickler der Software und der Anwendungsprogrammierer immer weiter zusammen. Die Grenzen zwischen ihnen werden fließend, da jeder Anwendungsprogrammierer die entwickelten Komponenten für seine Zwecke modifizieren kann.

11.11 Zusammenfassung

In diesem Kapitel haben wir uns mit der Vererbung beschäftigt. Dabei werden die Eigenschaften einer Klasse, die als Basisklasse bezeichnet wird, an die abgeleitete Klasse weitergereicht (vererbt). Es ergibt sich ein leistungsfähiges Verfahren, um Klassen den eigenen Gegebenheiten anzupassen.

Der Zugriff auf die Komponenten von abgeleiteten und Basisklassen wird mit Hilfe von Schlüselwörten wie *public*, *protected* und *private* kontrolliert. Außerdem wird mit *public* und *private* auch die Art und Weise der Vererbung beeinflußt. Den restriktivsten Schutz bietet das Wort *private*, den geringsten die Verwendung von *public*.

Die Vererbung ist nicht auf nur eine Klasse beschränkt, sondern eine Klasse kann auch von mehreren abgeleitet werden. Außerdem ist es möglich, daß eine Klasse in einer anderen enthalten sein kann, in einem solchen Fall wird sie wie eine normale Variable behandelt.

Durch die Vererbung wird eine Klasse wiederverwendbar. Das funktioniert sogar dann, wenn der Quelltext der Ursprungsklasse nicht bekannt ist. Damit wird dem Programmierer größere Flexibilität bei der Entwicklung seiner Anwendungen gegeben, denn er kann auf vordefinierte Klassen zurückgreifen. Diese werden oft in Klassenbibliotheken zusammengefaßt und sind mittlerweile sehr häufig im Einsatz.

Im folgenden Kapitel lernen wir (endlich) Zeiger kennen. Durch sie ergibt sich eine Reihe neuer Möglichkeiten, aber sie bergen auch eine großes Risiko. Lesen Sie, wofür man sie benötigt und wie sie funktionieren.

11.12 Aufgaben

1. Angenommen, die Klasse *Abgeleitet* sei von der Klasse *Basis* abgeleitet. Programmieren Sie den Deklarator für einen Konstruktor mit zwei Argumenten, der das erste Argument an den Konstruktor der Basisklasse übergibt.

2. Stellen Sie sich vor, daß Ihre Arbeit als Buch mit einer Audio-Cassette vermarktet werden soll. Erstellen Sie dazu eine Klasse mit dem Namen *Publikation*, in der der Name (als Zeichenkette) und der Preis jeder Veröffentlichung gespeichert wird. Von dieser werden zwei Klassen abgeleitet. In der einen mit dem Namen *Buch* wird eine Seitenzahl hinzugefügt, in der anderen mit dem Namen *Band* ist die Laufzeit enthalten. In jeder Klasse soll eine Funktion zum Einlesen und zum Ausgeben der Daten enthalten sein. In der Hauptfunktion testen Sie die Klassen, indem Sie Daten ein- und ausgeben.

3. Ergänzen Sie das vorige Beispiel um eine weitere Basisklasse mit dem Namen *Verkaufszahl*, in der die Verkaufszahlen gespeichert werden. Passen Sie die Funktionen zur Ein- und Ausgabe entsprechend an.

12 Zeiger

Zeiger werden sehr häufig eingesetzt. Ihre Verwendung ist zwar fehlerträchtig, bietet aber große Flexibilität. Zeiger sind zwar auch in anderen Sprachen verfügbar, kommen dort dort aber wesentlich weniger zum Einsatz als in C++.

Auch in C++ kommt man ohne sie aus, viele Probleme können auch ohne sie gelöst werden, indem man beispielsweise Vektoren oder Referenzargumente verwendet. Dennoch erhöhen Zeiger die Leistungsfähigkeit von C++.

Zeiger werden verwendet

- für den Zugriff auf die Elemente eines Vektors,
- für die Anforderung von Speicher,
- zur Übergabe von Argumenten an Funktionen, wenn diese verändert werden sollen,
- zur Erzeugung spezieller Datenstrukturen, wie beispielsweise verketteter Listen.

Außerdem lassen sich wichtige Eigenschaften der Sprache C++, auf die wir noch zu sprechen kommen werden, nur mit Hilfe von Zeigern realisieren. Dazu gehören beispielsweise der *this*-Zeiger und die virtuellen Funktionen. Auch wenn Sie bisher ohne Zeiger ausgekommen sind, lassen sich viele Probleme mit ihnen einfacher und eleganter lösen.

Beginnen wir mit den grundsätzlichen Konzepten, die im weiteren Verlauf des Kapitels verfeinert werden.

12.1 Adressen und Zeiger

Das Konzept, das hinter der Verwendung von Zeigern steht, ist recht einfach zu verstehen. Wie Sie vielleicht schon wissen, ist jedem Byte im Speicher eine Adresse zugeordnet. Mit Hilfe dieser Adresse läßt sich anders herum jedes Byte im Speicher eindeutig identifizieren. Die Adressen beginnen mit 0 und werden fortlaufend hochgezählt. Bei 1 Mbyte lautet die Adresse beispielsweise 1048575 in dezimaler Schreibweise.

Wird ein Programm in den Speicher gelden, belegt es einen bestimmten Bereich dieses Adreßraums. Damit beginnen alle Variablen und Funktionen an einer bestimmten Adresse. Das bedeutet aber bei Multitasking-Betriebssystemen nicht, daß bei jedem Ladevorgang die Adressen identisch sind. Stattdessen wird das Programm in einen Bereich geladen, der gerade frei ist. Deswegen kann man in einem Programm nicht von statischen Adressen ausgehen, sondern sie müssen jedesmal neu initialisiert werden.

12.1.1 Der Adreßoperator »&«

Die Adresse einer Variable bestimmt man mit dem Adreßoperator »&«. Wie das geht, zeigt folgendes kleines Programm.

```
// Adresse
#include <iostream.h>

void main() {
  int     iVariable1;
  int     iVariable2;
  int     iVariable3;

  // Init:
  iVariable1 = 42;
  iVariable2 = 34;
  iVariable3 = 99;

  // Adressen der Variablen ausgeben:
  cout << "Adresse von Variable1 : " << &iVariable1 << endl;
  cout << "Adresse von Variable2 : " << &iVariable2 << endl;
  cout << "Adresse von Variable3 : " << &iVariable3 << endl;
}
```

Es werden drei Variablen definiert, denen Werte zugewiesen werden. Anschließend erfolgt die Ausgabe der zugehörigen Adressen.

```
Adresse von Variable1 : 0012FF64
Adresse von Variable2 : 0012FF60
Adresse von Variable3 : 0012FF5C
```

Wie bereits angedeutet, ist das nur eine Momentaufnahme. Tatsächlich hängt die ausgegebene Adresse von vielen Faktoren ab. Dazu gehören die Art des Rechners, der Speicherausbau und das verwendete Betriebssystem.

Zu beachten ist, daß hier die Adresse der Variable ausgegeben wird, nicht aber ihr Inhalt. Würde man den Inhalt sehen, müßten die Zahlen 42, 34 und 99 angezeigt werden.

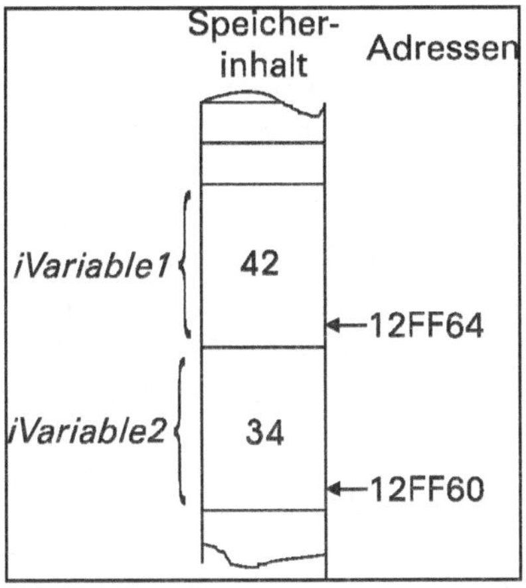

Bild 12.1:
Die Adressen der Variablen

Die ausgegebene Adresse wird in hexadezimaler Form dargestellt, wobei aber nicht das »0x« für die Kennzeichnung angezeigt wird. Befindet sich beispielsweise ein »F« in der Zahl, zeigt dies, daß es sich nicht um eine dezimale Zahl handeln kann. Die hexadezimale Form wird durch den »<<«-Operator vorgegeben.

Sieht man sich die Adressen genauer an, sieht man, daß alle drei Adressen eng zusammenhängen. Tatsächlich liegen Sie um je vier Bytes auseinander, so daß man annehmen kann, daß Variablen des Typs *int* auf diesem System vier Byte belegen. Wäre für die Variablen ein anderer Typ verwendet worden, sähen die Ergebnisse anders aus. Handelte es sich beispielsweise um eine char-Variable, lägen sie um jeweils ein Byte auseinander, bei double-Variablen um jeweils acht Byte.

Die Adressen der Variablen erscheinen in absteigender Reihenfolge, da automatisch Variablen auf den Stack geschrieben werden. Der Stapelspeicher wächst abwärts in den Speicher, was bedeutet, daß mit weiteren Elementen auf dem Stack die Adresse immer kleiner wird. Beim Überlaufen des Stacks werden deswegen auch andere Bereiche im Speicher überschrieben. Würden globale Variablen verwendet werden, würden diese in einen anderen Bereich im Speicher (Heap) geschrieben. In diesem Fall würden Adressen angegeben, deren Werte größer würden. Probieren Sie das selbst aus. In der Regel muß man sich über so etwas keine Gedanken machen, weil der Compiler die Variablen automatisch an die richtige Position schreibt.

Der Adreßoperator »&«, der vor dem Namen einer Variable steht, darf nicht mit dem Referenzoperator »&«, den man nach dem Variablennamen angibt, verwechselt werden! Tatsächlich funktionieren sie ähnlich, da auch bei den Referenzen Adressen mit im Spiel sind. Aus diesem Grund wurde vermutlich auch das gleiche Zeichen verwendet.

12.1.2 Zeigervariablen

Durch die Verwendung von Adressen im Programm ist aber noch nichts gewonnen. Man kann jetzt zwar bestimmen, an welchen Stellen im Speicher sich bestimmte Teile des Programms befinden, aber mehr hat man davon erst einmal nicht. Das ändert sich erst, wenn Variablen zum Einsatz kommen, in denen Adressen gespeichert werden können. Kennengelernt haben wir bereits Variablen zur Speicherung ganzer Zahlen, Zeichen oder Gleitkommawerte. Auch Adressen werden auf ähnliche Weise gespeichert. In diesem Fall wird die Variable als *Zeigervariable* oder kurz *Zeiger* bezeichnet.

Wie wird ein Zeiger im Quelltext angegeben? Und welcher Typ wird dazu verwendet? Die Antworten sind etwas komplizierter, da eine Zeigervariable nicht den gleichen Typ besitzt wie die Variable, deren Adresse sie speichert. Daher besitzt ein Zeiger auf eine Variable des Typs *int* nicht den Typ *int*. Sie besitzt auch nicht den allgemeinen Typ Zeiger, weil der Compiler wissen muß, auf welche Art von Daten die Zeigervariable weist.

Im Quelltext wird eine Zeigervariable wie nachfolgend zu sehen definiert:

```
// Adresse und Zeiger
#include <iostream.h>

void main() {
  int    iVariable1;
  int    iVariable2;
  int    *piZeiger;                    // Zeigervariable

  // Init:
  iVariable1 = 42;
  iVariable2 = 34;

  // Adressen der Variablen ausgeben:
  cout << "Adresse von Variable1 : " << &iVariable1 << endl;
  cout << "Adresse von Variable2 : " << &iVariable2 << endl;

  // Zeiger initialisieren:
  piZeiger = &iVariable1;
  cout << "Adresse von Variable1 : " << piZeiger << endl;
  piZeiger = &iVariable2;
  cout << "Adresse von Variable2 : " << piZeiger << endl;
}
```

In diesem Programm werden wieder zwei Variablen definiert, denen später Werte zugewiesen werden. Anschließend werden die Adressen der Variablen ausgegeben. Außerdem wird eine Zeigervariable in der Zeile

```
int     *piZeiger;                          // Zeigervariable
```

angegegeben. Durch den Stern wird angedeutet, daß es sich um einen Zeiger handelt. Daher wird in der Zeile ein Zeiger auf einen *int* definiert. Anders ausgedrückt, die Variable *piZeiger* nimmt einen Zeiger auf Variablen des Typs *int* auf. Es lassen sich auch Zeiger auf andere Typen definieren, wie beispielsweise

```
char     *pcZeiger;
```

oder

```
Manager    pPerson;
```

Der Stern muß sich nicht notwendigerweise am Variablennamen befinden, sondern er kann auch am Typ spezifiziert werden, wie in der nachfolgenden Zeile:

```
char *      pcZeiger;
```

Für den Compiler macht es keinen Unterschied, an welche Stelle der Stern gesetzt ist, er könnte auch in die Mitte zwischen Datentyp und Variablennamen gesetzt werden. Wird der Stern näher an den Typ geschrieben, wird sofort klar, daß es sich um einen Zeiger auf eine Variable des entsprechenden Typs handelt. Dennoch hat es sich eingebürgert, das Sternchen vor den Variablennamen zu setzen.

Will man mehrere Zeiger auf denselben Datentyp deklarieren, reicht es, diesen nur einmal pro Zeile zu spezifizieren:

```
char *pcZeiger1, *pcZeiger2, *pcZeiger3;
```

oder

```
char* pcZeiger1, * pcZeiger2, * pcZeiger3;
```

Eine Adresse läßt sich auch als *Zeigerkonstante* bezeichnen. Genauso wie eine Variable mit einem Wert initialisiert werden kann, läßt sich auch ein Zeiger mit einer Adresse initialisieren. Definiert man eine (automatische) Variable, besitzt sie zu Anfang keinen festgelegten Wert, außer wenn sie gleich initialisiert wird. Der Wert in ihr ist zufällig und macht keinen Sinn. Das gilt auch für einen Zeiger, nur zeigt der Wert jetzt auf irgend etwas im Hauptspeicher. Deshalb sollte ein Zeiger vor seiner ersten Verwendung immer initialisiert werden, damit nicht versehentlich Bereiche überschrieben werden. Aus diesem Grund wird dem Zeiger *piZeiger* die Adresse der Variable *iVariable1* zugewiesen.

```
piZeiger = &iVariable1;
```

Nach der Zuweisung wird der Wert der Zeigervariable angezeigt. Das ist dieselbe Adresse, die schon für die Variable gültig war. Dasselbe wird auch mit der zweiten Variablen ausgeführt, wie man an der nachfolgenden Ausgabe sieht:

```
Adresse von Variable1 : 0012FF64
Adresse von Variable2 : 0012FF60
Adresse von Variable1 : 0012FF64
Adresse von Variable2 : 0012FF60
```

Also kann eine Zeigervariable die Adresse einer Variable eines bestimmten Typs enthalten. Außerdem sollte ein Zeiger vor seinem ersten Gebrauch immer initialisiert werden, da er sonst auf beliebige Bereiche im Speicher weisen kann. Greift man dann auf diese Adresse zu, kommt es zu undefinierbaren Effekten. Die fehlerhafte Initialisierung von Zeigern ist meist auch die Ursache von Programmabstürzen oder anderer merkwürdiger Effekte. Die Ursache solcher Fehler ist sehr schwer zu ermitteln, da der Compiler keine Meldung ausgibt, da es sich eigentlich um eine korrekte Syntax handelt.

12.1.3 Zugriff auf die Speicherstelle(n)

Bis jetzt können wir Zeiger mit Adressen initialisieren und die Adressen ausgeben. Doch häufig genug möchte man sich den Inhalt der Adresse ansehen. Weiterhin kann es vorkommen, daß man nur die Adresse kennt und nicht den Namen der Variable, man aber dennoch den Inhalt lesen möchte.

In beiden Fällen wird eine spezielle Schreibweise verwendet, um auf den Inhalt der Adresse zuzugreifen:

```
// Inhalt der Adresse
#include <iostream.h>

void main() {
  int    iVariable1;
  int    iVariable2;
  int    *piZeiger;                    // Zeigervariable
```

```
    // Init:
    iVariable1 = 42;
    iVariable2 = 34;

    // Adressen der Variablen ausgeben:
    cout << "Wert von Variable1 : " << iVariable1 << endl;
    cout << "Wert von Variable2 : " << iVariable2 << endl;

    // Zeiger initialisieren:
    piZeiger = &iVariable1;
    cout << "Wert von Variable1 : " << *piZeiger << endl;
    piZeiger = &iVariable2;
    cout << "Wert von Variable2 : " << *piZeiger << endl;
}
```

Dieses Beispiel ist dem vorherigen sehr ähnlich. In ihm werden nicht die Adressen ausgegeben, wohl aber die Inhalte der Speicherstellen. Damit sieht die Anzeige wie folgt aus:

```
Wert von Variable1 : 42
Wert von Variable2 : 34
Wert von Variable1 : 42
Wert von Variable2 : 34
```

In diesen Fall wird der Stern als Inhaltsoperator eingesetzt.

```
*piZeiger
```

Zu beachten ist in diesem Fall, daß der als Inhaltsoperator verwendete Stern eine andere Bedeutung besitzt als der bei der Deklaration. In der Deklaration steht er für »Zeiger auf«, im Inhaltsoperator wird damit auf den Inhalt der Adresse zugegriffen. Häufig spricht man in diesem Zusammenhang auch von einer *indirekten Adressierung* oder von der *Dereferenzierung* eines Zeigers.

Der Inhaltsoperator kann auch für die Zuweisung eines Wertes verwendet werden, wie in der nachfolgenden Zeile:

```
*piZeiger = 99;
```

Bei einer normalen Variable würde in einem solchen Fall die Zeile

```
iVariable = 99;
```

stehen. In diesem Fall greift man direkt auf die Variable zu, über einen Zeiger erfolgt der Zugriff indirekt. Das bedeutet, es wird erst die Adresse bestimmt und dann der Wert hineingeschrieben.

12.1.4 Zeiger auf void

Im vorigen Beispiel haben wir gesehen, daß ein Zeiger immer auf eine Variable eines bestimmten Typs weisen muß. Das bedeutet, daß man die Adresse eines Zeigers auf den Typ *double* nicht einer Zeigervariable auf den Typ *char* zuweisen kann. Jedoch gibt es eine Besonderheit bei den Zeigervariablen, einen speziellen Typ, der auf einen beliebigen Datentyp weisen kann. Er ist ein Zeiger auf *void* und kommt wie folgt zum Einsatz:

```
void    *pZeiger;                    // Zeiger auf void
```

Auf diese Weise lassen sich beispielsweise Zeiger an Funktionen übergeben und auch Funktionen können so Zeiger zurückgeben. Das folgende Beispiel enthält eine Reihe von Kombinationen, wie sich Zeiger zuweisen lassen und wie nicht.

```
// Zeiger auf void
#include <iostream.h>

void main() {
  int    iVariable;                  // Ganzzahl-Variable
  float  fVariable;                  // Gleitkomma-Variable
  int    *piZeiger;                  // Zeiger auf int
  float  *pfZeiger;                  // Zeiger auf float
  void   *pZeiger;                   // Zeiger auf void

  // Zuweisungen:
  piZeiger = &iVariable;  // Adresse von int auf int * -> OK
//piZeiger = &fVariable;  // Adresse von float auf int * -> Fehler!
//pfZeiger = &iVariable;  // Adresse von int auf float * -> Fehler!
  pfZeiger = &fVariable;  // Adresse von float auf float * -> OK
  pZeiger = &iVariable;   // Adresse von int auf void * -> OK
  pZeiger = &fVariable;   // Adresse von float auf int * -> OK
}
```

Sie können also die Adresse einer int-Variable einem Zeiger auf *int* zuweisen, nicht aber einem Zeiger auf *float*. Genauso ist auch die Adresse einer float-Variable nur einem Zeiger auf *float*, nicht aber einem Zeiger auf int zuweisbar. Nur Zeiger auf *void* können sowohl Adressen von float- als auch von int-Variblen aufnehmen.

12.2 Vektoren und Zeiger

Zwischen Zeigern und Vektoren besteht eine enge Verwandschaft. Rekapitulieren wir, wie auf die Elemente eines Vektors zugegriffen werden kann:

```
// Zugriff auf Vektorelemente
#include <iostream.h>

void main() {
  int    aiVektor[5] = {32, 65, 99, 1, 42};    // Vektor
  int    i;                                    // Schleife

  // Zugriff:
  for (i = 0; i < 5; i++) {
    cout << "Wert " << i << " : " << aiVektor[i];
    cout << endl;
  }
}
```

Mit Hilfe des *cout*-Befehls werden nacheinander alle Elemente des Vektors ausgegeben. Der erste Wert lautet 32, der zweite 65 und so weiter. Damit wird folgendes angezeigt:

```
Wert 0 : 32
Wert 1 : 65
Wert 2 : 99
Wert 3 : 1
Wert 4 : 42
```

Statt des Zugriffs mit Hilfe der Vektorschreibweise können auch Zeiger dafür verwendet werden. Wie das funktioniert, zeigt das folgende Beispiel, das nur wenig abgeändert wird.

```
// Zugriff auf Vektorelemente, 2
#include <iostream.h>

void main() {
  int   aiVektor[5] = {32, 65, 99, 1, 42}; // Vektor
  int   i;                                 // Schleife

  // Zugriff:
  for (i = 0; i < 5; i++) {
    cout << "Wert " << i << " : " << *(aiVektor + i);
    cout << endl;
  }
}
```

Überraschenderweise ist

```
*(aiVektor + i)
```

ein gültiger Ausdruck, der dieselbe Wirkung wie

```
aiVektor[i]
```

hat. Das sieht man an der Ausgabe, die sich nicht geändert hat. Was passiert eigentlich beim Zeigerausdruck? Nimmt man für *i* eine Zahl an, wird daraus beispielsweise **(aiVektor+2)*. Dies soll für den Inhalt des dritten Vektorelements stehen (die Zählung beginnt bei 0), oder?

Wie wir bereits wissen, steht der Name eines Vektors für seine Adresse. Damit entspricht der Ausdruck

```
aiVektor + i
```

einer Adresse, der etwas hinzuaddiert wird. Wenn man jetzt für *i* den Wert 2 setzt, könnte man meinen, daß zwei Byte hinzugefügt werden, doch das passiert nicht. Da *aiVektor* ein Vektor aus int-Elementen ist, werden jetzt nicht zwei Byte, sondern soviele Byte hinzugefügt, wie zwei int-Elemente belegen. Der Übersetzer erkennt damit selbständig, wie groß das Array ist und wie viele Byte zur Adresse hinzugefügt werden müssen. Die Variable *i* gibt also nicht die Anzahl der zusätzlichen Byte an, sondern spezifiziert den Index des entsprechenden Elements (des Arrays).

Mit dem Ausdruck bestimmen wir die Adresse des entsprechenden Elements. Tatsächlich wollen wir aber nicht die Adresse haben, sondern den Wert des zugehörigen Elements. Aus diesem Grund bemühen wir den Inhaltsoperator »*«, mit dessen Hilfe wir den Inhalt der gerade gebildeten Adresse lesen. Da zuerst die Adresse berechnet werden muß, sind um diese Berechnung Klammern gesetzt.

Für die Berechnung des entsprechenden Elements muß der Übersetzer wissen, wie groß ein Element ist, damit die notwendigen arithmetischen Operationen korrekte Werte liefern. Wenn es sich um ein Array handelt, ist das natürlich kein Problem, denn hier ist der Datentyp bekannt.

Doch nehmen wir einmal an, man will statt mit der Variable *i* mit dem Inkrementoperator auf die Elemente zugreifen. Damit stellt sich die Frage, ob man mit einen Ausdruck wie

```
*(aiVektor++)
```

auf die Elemente zugreifen kann.

In diesem Fall lautet die Antwort nein, denn durch *aiVektor* wird eine Konstante spezifiziert. Diese Konstante kann nicht erhöht oder verändert werden. Die durch *aiVektor* beschriebene Adresse bleibt solange erhalten, bis das Programm beendet wird. Aus diesem Grund ist auch der Ausdruck

```
aiVektor++
```

nicht möglich.

Dieses Problem kann man aber mit einem Zeiger umgehen. Er kann beliebig manipuliert werden, so daß auch eine Ausdruck wie

```
piZeiger++
```

möglich ist. Wie man ihn anwendet, zeigt das folgende Beispiel:

```
// Zugriff auf Vektorelemente, 3
#include <iostream.h>

void main() {
  int  aiVektor[] = {32, 65, 99, 1, 42}; // Vektor
  int  *piZeiger;                        // Zeigervariable
  int  i;                                // Schleife

  // Init, Adresse des Vektors zuweisen:
  piZeiger = aiVektor;

  // Zugriff:
  for (i = 0; i < 5; i++) {
    cout << "Wert " << i << " : " << *(piZeiger++);
    cout << endl;
  }
}
```

In diesem Beispiel wird zusätzlich ein Zeiger auf eine int-Variable definiert, in der die Adresse des Vektors gespeichert wird.

In der Schleife wird dann mit dem Ausdruck

```
*(piZeiger++)
```

auf die Elemente des Vektors zugegriffen. Nach dem Start zeigt die Variable *piZeiger* auf die Anfangsadresse des Vektors. Mit Hilfe des Inhaltsoperators »*« wird der zugehörige Wert gelesen. Anschließend wird die Adresse der Variable erhöht, wobei dies nicht um ein Byte geschieht, sondern wieder um die Byteanzahl des zugehörigen Datentyps. Damit kann im folgenden Schleifendurchgang das nächste Element gelesen werden, wobei danach wieder die Erhöhung der Adresse erfolgt und so weiter. Insgesamt werden auf diese Weise alle Elemente des Vektors gelesen.

12.3 Funktionen und Zeiger

Es gibt mehrere Möglichkeiten zur Übergabe von Adressen an eine Funktion. Zwei davon haben Sie bereits kennengelernt, die Wertübergabe und die Adreßübergabe unter Verwendung von Referenzen. Die dritte Möglichkeit, die Verwendung von Zeigern, wird im folgenden erklärt. Zu beachten ist, daß bei der Wertübergabe eine Kopie des Variableninhalts an die Funktion übergeben wird, so daß der Ursprungswert unverändert bleibt. Bei Verwendung von Referenzen oder von Zeigern kann auch in der Funktion der Wert der Variablen verändert werden, da Adressen auf die Ursprungsvariable übergeben werden.

12.3.1 Aufrufe mit einfachen Variablen

Um die Referenzübergabe und die Verwendung von Zeigern besser vergleichen zu können, rufen wir uns zunächst diese Form der Übergabe im nächsten Beispiel noch einmal ins Gedächtnis:

```
// Referenzuebergabe
#include <iostream.h>

void Umrechnung(float& fWert);                  // Prototyp

void main() {
  float   fBerechnung;                          // Berechnung des Werts

  fBerechnung = 10.0;                           // Init
  cout << "Euro : "<< fBerechnung << endl;      // Ausgabe
  Umrechnung(fBerechnung);                      // Umrechnung
  cout << "DM : " << fBerechnung << endl;       // Ausgabe
}

void Umrechnung(float& fWert) {
  fWert *= 1.95583;
}
```

In diesem kleinen Programm wird die float-Variable *fBerechnung* mit dem Wert 10.0 initialisiert und anschließend ausgegeben. Danach wird sie per Referenzübergabe an die Funktion *Umrechnung()* übergeben. Daß es sich um eine Adreßübergabe handelt, erkennt man am »&«-Zeichen nach dem Datentyp. In der Funktion wird der Wert *fWert* mit dem Faktor 1.95583 multipliziert. Im Hauptptogramm sieht man dann das Ergebnis. Denken Sie daran, daß es sich bei *fWert* in der Unterfunktion und bei *fBerechnung* um ein- und dieselbe Variable handelt. Es handelt sich lediglich um zwei unterschiedliche Namen, über die der Zugriff erfolgt. Die Ausgabe sieht wie folgt aus:

```
Euro : 10
DM : 19.5583
```

Das nachfolgende Listing codiert statt der Referenzübergabe Zeiger, ansonsten sieht das Programm ähnlich aus:

```
// Zeiger
#include <iostream.h>

void Umrechnung(float *pfWert);                // Prototyp

void main() {
  float    fBerechnung;                        // Berechnung des Werts
  fBerechnung = 10.0;                          // Init
  cout << "Euro : "<< fBerechnung << endl;     // Ausgabe
  Umrechnung(&fBerechnung);                    // Umrechnung
  cout << "DM : " << fBerechnung << endl;      // Ausgabe
}

void Umrechnung(float *pfWert) {
  *pfWert *= 1.95583;
}
```

Startet man dieses Programm, sieht man dieselbe Ausgabe wie in der vorherigen Version. Die Funktion hat sich verändert, denn sie erwartet jetzt einen Zeiger auf eine float-Variable.

```
void Umrechnung(float *)
```

Aus diesem Grund muß der Funktion beim Aufruf eine Adresse als Argument übergeben werden.

```
Umrechnung(&fBerechnung);
```

Man übergibt also nicht die Variable selbst, sondern deren Adresse, was durch »&« gekennzeichnet wird.

Will man in der Funktion auf den Inhalt des Zeigers zugreifen, kommt wieder der Inhaltsoperator »*« zu Ehren. Man greift damit auf den Inhalt der Adresse zu, die der Variable *pfWert* übergeben wurde.

```
*pfWert *= 1.95583;
```

Diese Kurzform würde übrigens der Zeile

```
*pfWert = *pfWert * 1.95583
```

entsprechen. Vorsicht: In dieser Zeile ist aber nicht der Inhalts- mit dem Multiplikationsoperator zu verwechseln! Der Stern vor dem Namen der Variable kennzeichnet den Inhaltsoperator und der einzelne Stern beschreibt die Multiplikation.

Da in der Variable *pfWert* die Adresse von *fBerechnung* aus dem Hauptprogramm steht, beziehen sich alle Berechnungen mit **pfWert* tatsächlich auf die Variable im Hauptprogramm. Deswegen wird deren Wert direkt verändert und nicht eine beliebige Kopie, die für die Funktion erzeugt wurde.

Sieht man sich die Beispiele genauer an und vergleicht man sie, erkennt man, daß die beiden Varianten sich sehr ähnlich sind. In beiden Fällen kann die Variable im Hauptprogramm aus einer Funktion heraus verändert werden. Beim Einsatz der Adreßübergabe wird die ursprüngliche Variable unter einem anderen Namen angesprochen, bei der Verwendung von Zeigern erfolgt dies indirekt über die Adresse der Variable.

12.3.2 Vektoren als Aufrufparameter

Auch Vektoren kann man als Argumente an Funktionen übergeben, dies wurde bereits demonstriert. Innerhalb der Funktion war es einfach möglich, auf die Argumente eines Vektors zuzugreifen:

```
// Uebergabe von Vektoren
#include <iostream.h>

const int  MAXIMAL = 5;

void ArrayAusgabe(int aiWert[]);         // Prototyp

void main() {
  // Vektor aus MAXIMAL-Elementen:
  int aiVektor[MAXIMAL] = {32, 65, 99, 1, 42};
  ArrayAusgabe(aiVektor);                // Ausgabe
}
```

```
void ArrayAusgabe(int aiWert[]) {
  int  i;                              // Schleife

  // Zugriff und Anzeige:
  for (i = 0; i < MAXIMAL; i++) {
    cout << "Wert " << i << " : " << aiWert[i];
    cout << endl;
  }
}
```

In der Hauptfunktion *main()* dieses Programms wird ein Array mit *MAXIMAL* Elementen (5) definiert. Dieses Array wird der Funktion *ArrayAusgabe()* übergeben, in der die Werte auf dem Bildschirm angezeigt werden.

```
Wert 0 : 32
Wert 1 : 65
Wert 2 : 99
Wert 3 : 1
Wert 4 : 42
```

Meist wird statt der Vektorschreibweise die Zeigerschreibweise angewendet. Das Listing in diesem Fall sieht ähnlich aus:

```
// Uebergabe von Vektoren
#include <iostream.h>

const int     MAXIMAL = 5;

void ZeigerAusgabe(int *piWert);       // Prototyp

void main() {
  // Vektor aus MAXIMAL-Elementen:
  int aiVektor[MAXIMAL] = {32, 65, 99, 1, 42};

  ZeigerAusgabe(aiVektor);             // Ausgabe
}

void ZeigerAusgabe(int *piWert) {
  int  i;                              // Schleifenzaehler
  for (i = 0; i < MAXIMAL; i++) {      // Zugriff und Anzeige
    cout << "Wert " << i << " : " << *piWert++;
    cout << endl;
  }
}
```

Auch der Prototyp der Ausgabefunktion sieht ähnlich aus. Statt der Zeile

```
void ArrayAusgabe(int aiWert[]);        // Prototyp
```

steht die Zeile

```
void ZeigerAusgabe(int *piWert);        // Prototyp
```

Der Ausdruck *aiWert []* entspricht der Angabe **piWert*. Zusätzlich wird der Zugriff auf den Vektor in die Zeigerschreibweise geändert, was im Ausdruck

```
*piWert++
```

resultiert. Zuerst wird der Inhalt der Adresse gelesen, auf die die Variable *piWert* zeigt. Erst danach wird die Adresse mit dem ++-Operator erhöht. Man könnte auch auf die Idee kommen, daß mit dem ++-Operator der gerade gelesene Wert erhöht wird. Oder anders gesagt, wird der Ausdruck als *(*piWert)++* oder als **(piWert++)* interpretiert.

Die Operatoren »*« (Inhaltsoperator) und »++« stehen bei der Bewertung der Reihenfolge auf derselben Stufe. In diesem Fall wird danach entschieden, ob die Auswertung des Ausdrucks von rechts oder links beginnt. Dies wird als *Assoziativität* bezeichnet. Ist eine Gruppe von Operatoren rechtsassoziativ, werden zuerst die Operationen auf der rechten Seite ausgeführt, erst danach die auf der linken Seite. Alle unären Operatoren gehören zu dieser Gruppe, so daß der Ausdruck von rechts nach links gelesen wird. Allerdings gilt für den Postinkrement-Operator, daß erst der Ausdruck vor dem Operator berechnet wird, bevor die Erhöhung stattfindet. Es wird zuerst der Inhalt gelesen, erst dann erfolgt die Erhöhung der Adresse des Zeigers. Somit ließe sich die Zeile eindeutiger auf die folgenden beiden aufteilen:

```
cout << "Wert " << i << " : " << *piWert;
piWert++;
```

In der Klammer-Schreibweise würde das der Anweisung

```
*(piWert++)
```

entsprechen, die etwas befremdlich aussehen mag. Der *-Operator verwendet den Ausdruck in Klammern, um den Inhalt der Adresse zu bestimmen. Erst danach erfolgt die Ausführung des Inkrementoperators, der als Operanden *piWert* verwendet.

Hätte man die Klammern anders gesetzt

```
(*piWert)++
```

würde tatsächlich erst der Inhalt der Adresse gelesen und danach dieser Inhalt erhöht. Der Zeiger verbleibt auf der Adresse und wird folglich nicht erhöht. Wie aus diesen Beispielen zu sehen ist, sollte man eindeutige Schreibweisen verwenden, um später keine bösen Überraschungen zu überleben.

Da der Name eines Vektor für seine Adresse steht, muß beim Aufruf der Funktion nicht der Adreßoperator »&« angegeben werden.

```
ZeigerAusgabe(aiVektor);
```

12.3.3 Sortieren von Vektoren

Ein klassisches Beispiel für die Programmierung mit Zeigern zum Zugriff auf Vektoren ist eine Sortierfunktion. Dazu zwei Beispiele, wobei das zweite eine Erweiterung des ersten ist.

Im ersten Teil werden Zeiger eingesetzt, um zwei Zahlen in einer Funktion zu vertauschen. Sie werden der Funktion als Argumente übergeben. Deren Reihenfolge wird verändert, wenn die erste Zahl kleiner als die zweite ist.

```
// Sortieren
#include <iostream.h>

void Reihenfolge(int *piWert1, int *piWert2); // Prototyp

void main() {
  int  iZahl1;                        // Variablen
  int  iZahl2;
  int  iZahl3;
  int  iZahl4;

  iZahl1 = 42;                         // Init
  iZahl2 = 55;
  iZahl3 = 34;
  iZahl4 = 27;

  Reihenfolge(&iZahl1, &iZahl2);  // Reihenfolge ueberpruefen
  Reihenfolge(&iZahl3, &iZahl4);  // und ggf. aendern
```

```
  // Ausgabe:
  cout << "Zahl1 = " << iZahl1 << endl;
  cout << "Zahl2 = " << iZahl2 << endl;
  cout << "Zahl3 = " << iZahl3 << endl;
  cout << "Zahl4 = " << iZahl4 << endl;
}

void Reihenfolge(int *piWert1, int *piWert2) {   // Vergleich
  int  iTemp;                                    // Temporaere Variable

  // Vergleich:
  if (*piWert2 < *piWert1) {
    // 2. ist kleiner als 1. -> vertauschen:
    iTemp    = *piWert1;
    *piWert1 = *piWert2;
    *piWert2 = iTemp;
  }
}
```

In der Hauptfunktion *main()* werden vier int-Variablen definiert, denen anschließend Werte zugewiesen werden. Dabei erfolgt ein Aufruf der Funktion *Reihenfolge()*, in der überprüft wird, ob die erste Zahl kleiner als die zweite ist. Diese erwartet zwei Zeiger als Argumente, so daß beim Aufruf der Adreßoperator »&« verwendet werden muß.

```
Reihenfolge(&iZahl1, &iZahl2);
```

Die Funktion wird zweimal aufgerufen, wobei jeweils ein Variablenpaar übergeben wird. Anschließend werden die Resultate ausgegeben. Damit sieht man folgendes auf dem Bildschirm:

```
Zahl1 = 42
Zahl2 = 55
Zahl3 = 27
Zahl4 = 34
```

In der Funktion *Reihenfolge()* wird zuerst überprüft, ob der Inhalt der zweiten übergebenen Adresse kleiner als der Inhalt der ersten übergebenen Adresse ist. Ist das der Fall, findet eine zyklische Vertauschung der Inhalte statt. Dabei kommen die Originalvariablen zum Einsatz, da der Funktion deren Adressen übergeben wurden.

Diese Funktion findet man auch im nächsten Beispiel wieder, in dem ein Vektor aus beliebigen Zahlen sortiert werden soll.

```
// Sortieren, 2
#include <iostream.h>

const int MAXIMAL = 10;                // Anzahl der Vektorelemente

void Reihenfolge(int *piWert1, int *piWert2);    // Prototypen
void Sortierung(int *piWert, int iAnzahl);

void main() {
  // Vektordefinition und Initialisierung:
  int  aiVektor[MAXIMAL] = { 33, 21, 56, 2, 88, 9, 34, 42, 12, 77 };
  int  i;                              // Schleife

  Sortierung(aiVektor, MAXIMAL);       // Sortierung

  for (i = 0; i < MAXIMAL; i++) {      // Ausgabe
    cout << "Zahl " << i << " : " << aiVektor [i];
    cout << endl;
  }
}

void Sortierung(int *piWert, int iAnzahl) { // Sortierfunktion
  int  i;                                   // Schleifen
  int  j;

  // Schleifen:
  for (i = 0; i < iAnzahl -1; i++) {        // Aeussere Schleife
    for (j = i + 1; j < iAnzahl; j++) {     // Innere Schleife
      // Reihenfolge gegebenenfalls aendern ...
      Reihenfolge(piWert + i, piWert + j);
    }
  }
}

void Reihenfolge(int *piWert1, int *piWert2) {   // Vergleich
  int  iTemp;                          // Temporaere Variable

  if (*piWert2 < *piWert1)  {          // Vergleich
    // 2. ist kleiner als 1. -> vertauschen
    iTemp    = *piWert1;
    *piWert1 = *piWert2;
    *piWert2 = iTemp;
  }
}
```

In der Hauptfunktion *main()* wird der Vektor mit dem Namen *aiVektor* definiert und gleich mit unsortierten Werten initialisiert. Danach wird die Funktion *Sortierung()* aufgerufen, der der Adresse des Vektors und die Anzahl der Elemente übergeben wird.

Daß die Sortierung tatsächlich erfolgreich war, sieht man an der Ausgabe des Programms.

```
Zahl 0 : 2
Zahl 1 : 9
Zahl 2 : 12
Zahl 3 : 21
Zahl 4 : 33
Zahl 5 : 34
Zahl 6 : 42
Zahl 7 : 56
Zahl 8 : 77
Zahl 9 : 88
```

Zu beachten ist, daß die sortierten Zahlen im Vektor stehen, Das bedeutet, daß sich das kleinste Element am Anfang des Vektors befindet (mit dem Index 0) und das größte am Ende (mit dem Index 9).

Wie funktioniert die Sortierung eigentlich? Eine einfache, aber relativ langsame Methode wird als »Bubble-Sort« bezeichnet. Sie funktioniert nach dem folgenden Prinzip:

Zunächst wird das erste Element des Vektors *aiVektor[0]* mit den anderen Elementen verglichen. Soll in aufsteigender Reihenfolge sortiert werden, wandert das kleinste Element systematisch an die erste Position des Vektors. Dabei wird Element für Element mit dem ersten verglichen, bis das letzte Element des Vektors erreicht ist. Da sich jetzt im ersten das kleinste befindet, wird das zweite Element genommen und dann wieder mit den restlichen Elementen verglichen. Auf diese Weise wird jetzt wieder das kleinste Element bestimmt und in das zweite Element des Vektors geschrieben. Dieser Prozeß wird so lange durchgeführt, bis alle Elemente sortiert sind, wobei der eigentliche Vergleich bis zum vorletzten Element des Vektors stattfindet.

Wenn Sie sich den Vektor anschauen, enthält das erste Element den Wert 33. Er wird mit dem zweiten (21) verglichen. Da dieser kleiner ist, wird jetzt mit der 21 der folgende Vergleich mit der 56 ausgeführt. Dabei passiert nichts, so daß das nächste Element (2) zum Vergleich herangezogen wird. Da dieses kleiner ist, erfolgt eine Vertauschung, jetzt steht die 2 an erster Stelle. Bei den nachfolgenden Vergleichen passiert nichts, da alle Zahlen größer als 2 sind. Damit bleibt die 2 an erster Stelle stehen und es wird mit dem nächsten Element weitergemacht, in dem jetzt die 21 zu finden ist. Mit dieser werden jetzt wieder die restlichen Zahlen verglichen, wobei eine Vertauschung mit der 9 stattfindet. Da die darauffolgenden Zahlen wieder alle größer sind, bleibt die 9 an der zweiten Position, wie am an der Ausgabe erkennt. Auf diese Weise wird der komplette Vektor sortiert.

Die Realisierung dieser Sortierroutine geschieht über zwei ineinander verschachtelte Schleifen. In der äußeren Schleife kommt die Variable *i* zum Einsatz, in der inneren die mit dem Namen *j*. Abhängig von den Werten von *i* und *j* zeigen die Ausdrücke

```
piWert + i
```

und

```
piWert + j
```

auf verschiedene Positionen innerhalb des Vektors. Der erste Ausdruck gibt das Element an, das als Grundlage des Vergleichs dient, wobei das erste bis zum vorletzten Element darüber angesprochen werden. Der zweite Ausdruck beginnt beim folgenden Element des ersten Ausdrucks und reicht bis zum letzten Element des Vektors. Bei jedem Durchgang der inneren Schleife werden die Elemente, auf die die beiden Ausdrücke zeigen, miteinander verglichen. Ist das erste größer als das zweite, werden sie in der Unterfunktion *Reihenfolge()* vertauscht.

Damit greift man unter Verwendung von Zeigern sehr effizient auf Vektorelemente und andere Variablen zu, vorausgesetzt, man kennt deren Adresse. Was man dazu allerdings nicht benötigt, ist der Name der entsprechenden Variablen.

12.4 Zeichenketten und Zeiger

Sie haben bereits im Vektorkapitel erfahren, daß Zeichenketten aus Vektoren des Typs char bestehen. Und Sie wissen, daß man auf Vektorelemente auch mit Zeigern zugreifen kann. Wird beides zusammengepackt, kann man auch mit Zeigern auf Zeichenketten zugreifen.

12.4.1 Zeichenkettenkonstanten

Im nachfolgenden Beispiel werden zwei Zeichenkettenkonstanten definiert, wobei einmal die Vektor- und einmal die Zeigerschreibweise zum Einsatz kommen.

```
// Zeichenkettenkonstanten
#include <iostream.h>

void main() {
  // Definition der Zeichenketten:
  char    acString[] = "Vektor";
  char    *pcString  = "Zeiger";

  // Ausgabe:
  cout << acString << endl;
  cout << pcString << endl;

  // Weitere Operationen:
//acString++;                 // Fehler, da acString eine Konstante ist
  pcString++;                 // Erlaubt, da pcString ein Zeiger ist

  cout << pcString << endl;
}
```

Die beiden Schreibweisen sind sich sehr ähnlich, so daß beispielsweise die Strings ausgegeben werden können. Auch lassen sich diese als Argumente an Funktionen übergeben. Dennoch gibt es einen entscheidenden Unterschied. Mit *acString* wird eine Adresse beschrieben, die nicht verändert werden kann (Zeigerkonstante), *pcString* dagegen ist ein Zeiger, in dem eine Adresse abgelegt wird. Ein Zeiger kann verändert werden, so daß ein Ausdruck wie

```
pcString++;
```

gültig ist. Doch nach der Erhöhung um ein char-Element zeigt *pcString* nicht mehr auf den Anfang des Strings, sondern auf dessen zweiten Buchstaben, wie man an der Ausgabe sieht:

```
Vektor
Zeiger
eiger
```

Damit ist man flexibler, wenn man eine Zeichenkette in Zeigerform definiert. Allerdings gibt es in diesem Zusammenhang ein paar Haken, auf die wir später noch zu sprechen kommen werden.

12.4.2 Argumente von Funktionen

Das folgende Beispiel zeigt, wie man eine Zeichenkette als Argument an eine Funktion übergibt. In der Funktion wird sie lediglich ausgegeben.

```
// Zeichenkette als Funktionsargument
#include <iostream.h>

void Anzeigen(char *);                   // Prototyp

void main() {
  // Definition:
  char    *pcString  = "Das ist eine Zeichenkette fuer die Ausgabe";
  char    acString[] = "Auch das ist eine Zeichenkette";

  // Anzeige:
  Anzeigen(pcString);
  Anzeigen(acString);
}

void Anzeigen(char *pcKette) {
  cout << pcKette << endl;
}
```

Die Übergabe eines Zeigers und eines Vektors sind identisch, in beiden Fällen wird die jeweilige Zeichenkette ausgegeben.

```
Das ist eine Zeichenkette fuer die Ausgabe
Auch das ist eine Zeichenkette
```

Beide Male erhält die Funktion die Adresse des jeweiligen Strings und kann sie ausgeben. Aber was geschieht, wenn wir für die Ausgabe folgende Änderung vornehmen:

```
void Anzeigen2(char *pcKette) {
  while (*pcKette != 0)
    cout << *pcKette++;
  cout << endl;
}
```

Übergibt man der Funktion einen Zeiger, dürfte es keine Probleme geben, da Zeiger veränderlich sind. Aber die Adresse des Arrays ist eine Konstante und kann nicht verändert werden, so daß der Aufruf der Funktion *Anzeigen2()* eigentlich zu einem Fehler führen müßte.

Leider (oder vielleicht zum Glück) ist dem aber nicht so, denn in diesem Fall wird eine Kopie der Adresse des Arrays erzeugt, die dann dem Zeiger *pcKette* übergeben wird. Und mit dieser Kopie kann der Zeiger jetzt seine Operationen durchführen, so daß die Funktion genau das macht, was wir von ihr erwarten: die Ausgabe der Zeichen des Strings.

Die *while*-Schleife in der Funktion wird solange ausgeführt, bis der Inhalt der Adresse des Zeigers *pcKette* ein Nullzeichen ist (der Abbruch erfolgt bei einer unwahren Bedingung). Dies schließt ja den String ab. Durch den Ausdruck

```
*pcKette++
```

wird zuerst wieder der Inhalt an der aktuellen Adresse gelesen und danach erfolgt das Erhöhen der Adresse.

12.4.3 Zeichenketten kopieren

Bei der Einführung von Vektoren wurde bereits erläutert, wie man Zeichenketten kopiert. Dafür wurden sowohl eine eigene Funktion entwickelt als auch von der Bibliotheksfunktion *strcpy()* Gebrauch gemacht. In diesem Beispiel soll die eigene Funktion so verändert werden, daß sie Zeiger verwendet und daß die Länge der maximal kopierbaren Zeichen rein theoretisch nicht begrenzt ist.

```
// Zeichenketten mit Zeigern kopieren
#include <iostream.h>

void ZeigerKopieren(char *pcZiel, char *pcQuelle);     // Prototyp

void main() {
  // Definition der Zeichenkette und eines Vektors:
  char   *pcString = "Das ist eine Zeichenkette fuer die Ausgabe";
  char    acString [80];

  // Kopieren:
  ZeigerKopieren(acString, pcString);

  // ... und ausgeben:
  cout << pcString << endl;
  cout << acString << endl;
}
```

```
void ZeigerKopieren(char *pcZiel, char *pcQuelle) {
  while (*pcQuelle != 0) {
    *pcZiel = *pcQuelle;              // Kopieren
    // Adressen erhoehen:
    pcZiel++;
    pcQuelle++;
  }
}
```

In der Hauptfunktion *main()* wird eine Zeichenkette durch einen Zeiger definiert, außerdem erfolgt noch die Angabe eines Vektors mit einer Länge von achtzig Zeichen. Danach wird mit diesen beiden Elementen die Kopierfunktion *ZeigerKopieren()* aufgerufen, wobei zuerst der Ziel-String und anschließend der Quell-String übergeben werden.

In der Funktion selbst wird zuerst der Inhalt der Quelladresse in die Zieladresse kopiert, was in der nachfolgenden Zeile passiert.

```
*pcZiel = *pcQuelle;
```

Anschließend werden die Adressen beider Zeiger erhöht. Diese Zeilen hätte man natürlich auch wieder in einer zusammenfassen können, aber die längere Version ist wesentlich leichter zu verstehen.

```
*pcZiel++ = *pcQuelle++;
```

Nach der Erhöhung der Adresse beginnt ein neuer Schleifendurchlauf, wobei zuerst überprüft wird, ob sich an der Quelladresse ein Nullzeichen befindet. Ist das der Fall, ist die Schleifenbedingung wahr und es erfolgt ein Abbruch. Sonst wird ein weiteres Zeichen kopiert und der Zeiger wird wieder erhöht, damit im nächsten Durchgang erneut die Schleifenbedingung überprüft werden kann und so weiter.

Nachdem der Kopiervorgang abgeschlossen wurde, werden der Zeiger und der Vektor ausgegeben. Da jetzt im Vektor eine Kopie enthalten ist, sieht man die Zeichenkette doppelt auf dem Bildschirm.

```
Das ist eine Zeichenkette fuer die Ausgabe
Das ist eine Zeichenkette fuer die Ausgabe
```

Zu beachten ist, daß das Ziel der Kopieraktion in diesem Fall ein Vektor ist. Hätte man stattdessen einen Zeiger angegeben, wie beispielsweise

```
char    *pcString2;
```

würde der Compiler keinen Fehler melden, aber das Verhalten des Programms wäre nicht vorhersagbar. Das liegt daran, daß der Zeiger nach seiner Definition nicht initialisiert wird, bevor er der Kopierfunktion übergeben wird. Da es sich um eine automatische Variable handelt, besitzt sie einen unbestimmten Inhalt. Das hat zur Folge, daß ein vorher nicht festlegbarer Speicherbereich beim Kopieren überschrieben wird. Somit kann das Programm durchlaufen, es kann aber auch abstürzen, abhängig davon, welchen zufälligen Anfangswert der Zeiger besitzt. Dieses Problem ist nur lösbar, indem der Zeiger vor dem Aufruf der Kopierfunktion initialisiert wird. Mit einem Vektor tritt dieses Problem nicht auf, da dessen Anfangsadresse eindeutig festgelegt ist.

12.4.4 Bibliotheksfunktionen für Zeichenketten

In den bisherigen Beispielen wurden schon einige Bibliotheksfunktionen gezeigt, die im Zusammenhang mit Zeichenketten eingesetzt werden. Sie sind alle in der Headerdatei *string.h* angegeben. Dazu gehören beispielsweise die Funktion *strlen()*, die die Länge einer Zeichenkette bestimmt, oder die Funktion *strcpy()*, die eine Zeichenkette kopiert.

In den Standardbibliotheken ist die Funktion *strcpy()*, die in etwa unserer Kopierfunktion entspricht, folgendermaßen definiert:

```
char * strcpy(char * dest, const char * src);
```

Sie übernimmt zwei Argumente des Typs *char **. Was bedeutet das Schlüsselwort *const* in diesem Zusammenhang? Damit wird die Zeichenkette, auf die das Element *src* zeigt, nicht verändert. Sie wird sozusagen als Konstante angesehen. Das bedeutet aber nicht, daß der Zeiger *src* nicht verändert werden kann. Dieser kann wie gewünscht zum Lesen der Elemente eingesetzt werden.

Der Rückgabewert der Bibliotheksfunktion *strcpy()* ist ebenfalls ein Zeiger auf eine char-Variable. In diesem Fall liefert sie ebenfalls den Zeiger auf die Zieladresse zurück. Ansonsten entspricht sie aber unserer Version einer Kopierfunktion für Strings.

Wenn man eigene Programme schreibt, wird man vermutlich so oft wie möglich Bibliotheksfunktionen verwenden, damit das Rad nicht zweimal erfunden werden muß. Benötigt man allerdings spezielle Eigenschaften, bleibt vermutlich nichts anderes übrig als die Funktion nachzuempfinden.

12.4.5 Vektoren aus Zeigern

Auf dieselbe Weise, wie Vektoren aus int- oder char-Variablen gebildet werden können, sind auch Vektoren aus Zeigern möglich. Diese werden häufig im Zusammenhang mit Zeichenketten verwendet. In einem vorherigen Beispiel wurde bereits einen Vektor aus Zeichenketten definiert, wobei dies dann ein zweidimensionales Array wurde.

```
char acMonate[MONATE][LAENGE] = {
     "Januar", "Februar", "Maerz", "April", "Mai", "Juni",
     "Juli", "August", "September", "Oktober", "November", "Dezember" };
```

Diese Form der Definition hat aber den Nachteil, daß alle Elemente des Vektors dieselbe Länge haben, wobei Speicherplatz verschwendet wird.

Will man die Strings hingegen so platzsparend wie möglich im Speicher ablegen, setzt man Zeiger auf die entsprechenden Zeichenketten. Da es sich um mehrere Zeichenketten handelt, wird daraus ein Vektor erzeugt:

```
// Vektor aus Zeigern
#include <iostream.h>

const int MONATE = 12;

void main() {
  char *pacMonate[MONATE] = {
       "Januar", "Februar", "Maerz", "April", "Mai", "Juni",
       "Juli", "August", "September", "Oktober", "November", "Dezember" };
  int  i;                               // Schleife

  // Ausgabe:
  for (i = 0; i < MONATE; i++) {
    cout << pacMonate[i] << endl;
  }
}
```

Ansonsten hat sich am Rest des Beispiels aber nicht viel verändert, man muß nur den Namen der Variable bei der Ausgabe entsprechend anpassen. Die Ausgabe sieht wie folgt aus:

```
Januar
Februar
Maerz
April
Mai
Juni
```

```
Juli
August
September
Oktober
November
Dezember
```

Definiert man Zeichenketten auf diese Weise, werden sie vom Compiler nacheinander im Speicher abgelegt. So geht kein Speicherplatz verloren. Für den Zugriff wird ein Vektor definiert, über den die jeweilige Zeichenkette ausgewählt wird. Dieser Vektor enthält die Zeiger auf die entsprechende Zeichenkette. Man muß nur daran denken, daß eine Zeichenkette durch eine einzige Adresse definiert wird, die ihres ersten Zeichens. Diese Adresse wird in den Vektor geschrieben. Die Zeichenkette reicht dann soweit, bis das erste Nullzeichen im Speicher gefunden wird.

12.5 Die Speicherverwaltung

Die im Vektor-Kapitel vorgestellten Beispiele verwenden die Array-Definition, um entsprechenden Speicherplatz zu reservieren. Mit einer Anweisung wie

```
char acArray [80];
```

wird Speicherplatz für achtzig char-Werte, also 80 Byte, reserviert. Auf diese Weise läßt sich bequem Speicherplatz belegen. Dieses Verfahren hat aber einen entscheidenden Nachteil: Es muß vorher bekannt sein, wieviel Speicherplatz benötigt wird. Will man also eine Variable einsetzen, entsprechend den nachfolgenden Zeilen

```
int     iWert;

  cout << "Geben Sie einen Wert ein : ";
  cin >> iWert;
  char   acArray[iWert];
```

gibt der Parser eine Fehlermeldung aus, da er eine Konstante bei der Definition des Vektors erwartet.

Sehr häufig tritt der Fall ein, daß man erst zur Laufzeit weiß, wieviel Speicherplatz tatsächlich benötigt wird. In diesem Fall kann man zwar einen Vektor erzeugen, der groß genug ist für alle Eventualitäten, aber auf diese Weise wird viel Speicherplatz verschwendet. Im folgenden Erläuterungen dazu, wie der Speicher auch auf andere Art und Weise reserviert und wieder freigegeben wird.

12.5.1 Der Operator »new«

Es gibt in C++ noch einen anderen Weg, um Speicher für eine Anwendung zu belegen: über den Operator mit dem Namen *new*. Er fordert vom System einen Bereich an und liefert einen Zeiger auf den Anfang des Speicherbereichs zurück. Im folgenden Beispiel ist dieser Operator im Einsatz:

```
// new-Operator
#include <iostream.h>
#include <string.h>

void main() {
  char  *pcString = "Der String zum Kopieren";   // Quell-String
  int   iLaenge;                            // Laenge des Strings
  char  *pcSpeicher;                        // Zeiger auf Speicherbereich

  iLaenge = strlen(pcString);               // Init
  pcSpeicher = new char[iLaenge + 1];       // Speicher anfordern
  strcpy(pcSpeicher, pcString);             // Kopieren

  // Ausgabe:
  cout << "String : " << pcString << endl;
  cout << "Speicher : " << pcSpeicher << endl;
  delete pcSpeicher;                        // Speicher freigeben
}
```

Der Anfang dieses kurzen Programms hat nichts geheimnisvolles mehr. Dort werden eine Zeigerkonstante definiert, eine int-Variable und ein Zeiger. Danach wird mit der Funktion *strlen()* die Länge des Strings bestimmt, die der Variable mit dem Namen *iLaenge* zugewiesen wird.

Die nächste Zeile

```
pcSpeicher = new char[iLaenge + 1];
```

ist neu, befindet sich darin doch der *new*-Operator. Das Ergebnis ist ein Zeiger auf einen Speicherbereich, der der Variable *pcSpeicher* zugewiesen wird. Dieser Speicherbereich ist so groß, daß er den String und ein extra Zeichen aufnimmt. Das zusätzliche Zeichen ist übrigens das Nullzeichen, mit dem der String abgeschlossen wird. Es wird bei der Berechnung der Länge durch die Funktion *strlen()* nicht berücksichtigt. Würde man es bei der Dimensionierung des Speicherbereichs vergessen, wäre der Bereich zu klein, was zu den merkwürdigsten Effekten führen würde. Wird zu einem späteren Zeitpunkt der String in diesen Bereich kopiert, wird das Nullzeichen automatisch angefügt. Da Speichergrenzen zur Laufzeit nicht überwacht werden, würde dies zu einem schwer zu findenden Fehler führen.

Nutzt man den *new*-Operator, muß man danach einen Datentyp angeben, der beschreibt, welche Elemente in den Speicher geschrieben werden sollen. Deswegen sollte der hier angegebene Typ mit dem übereinstimmen, auf den der Zeiger weist. Die Anzahl der Elemente gibt die Variable in den eckigen Klammern an, die danach folgt. Beachten Sie, daß es zwingend eckige Klammern sein müssen, wie bei der Definition eine Vektors. Runde Klammern würden zwar nicht zu einem Fehler des Übersetzers führen, wohl würde aber das Programm nicht so funktionieren wie erwartet.

Das eigentliche Kopieren geschieht mit der Bibliotheksfunktion *strcpy()*, der als erstes Argument der Zeiger auf den Zielbereich und als zweites der Zeiger auf den Quellbereich übergeben werden muß. Da der String genau hineinpaßt und auch das abschließende Nullzeichen mit berücksichtigt wurde, läuft das Programm fehlerfrei und liefert folgende Ausgabe:

```
String : Der String zum Kopieren
Speicher : Der String zum Kopieren
```

Abschließend wird der Speicher mit dem *delete*-Operator wieder freigegeben.

12.5.2 Der Operator »delete«

Sind in einem Programm viele Speicherbereiche angefordert, kann es vorkommen, daß einmal der Speicher nicht mehr ausreicht und das Programm deswegen stehenbleibt oder abstürzt. Daher gibt es eine Möglichkeit, einen nicht mehr genutzten Speicherbereich wieder freizugeben. Der dafür eingesetzte Operator mit dem Namen *delete* ist im Prinzip das Gegenstück zum Operator *new*. Man findet ihn im vorigen Listing zum Ende des Programms.

```
delete pcSpeicher;
```

Damit wird der Bereich, auf den die Variable *pcSpeicher* zeigt, wieder freigegeben.

Die Verwendung dieses Operators im vorigen Beispiel ist eigentlich nicht nötig, da beim Beenden des Programms alle angeforderten Bereiche automatisch wieder freigegeben werden. Allerdings sollte man automatisch auf einen Aufruf von *new* einen des Operators *delete* folgen lassen, damit nicht versehentlich einmal ein Bereich nicht freigegeben wird, was zu einem schwer lokalisierbaren Fehler führen würde.

Stellen Sie sich vor, Sie verwenden den *new*-Operator innerhalb einer Funktion und initialisieren damit eine lokale Zeigervariable. Nach dem Beenden der Funktion ist die Zeigervariable nicht mehr gültig, so daß auch der Zeiger auf den Speicherbereich damit verloren geht. Da der Bereich aber nicht freigegeben wurde und man jetzt nicht mehr auf ihn zugreifen kann, bleibt er erhalten, bis das Programm beendet wird. Ruft das Programm die Funktion mehrfach auf, kommen immer neue Bereich hinzu, bis kein Speicher mehr verfügbar ist und das Programm bestenfalls einfach stehenbleibt.

Geändert wird das, indem der angeforderte Bereich vor dem Verlassen der Funktion wieder freigegeben wird. Gibt es einen vorzeitigen Ausstieg aus der Funktion, muß man auch an diesen Stellen den Bereich wieder freigeben, weil man sonst wieder das zuvor geschilderte Problem hat, nur daß es jetzt vermutlich nicht immer auftritt.

Zu beachten ist, daß die Adresse, die in der dem Operator *delete* übergebenen Variable steht, nicht gelöscht wird. Sie bleibt also gleich, nur darf sie jetzt nicht mehr verwendet werden, da der Speicherbereich zu einer anderen Nutzung freigegeben ist. Will man den Zeiger wiederverwenden, muß man ihn erst wieder neu initialisieren. Versäumt man das, überschreibt man unter Umständen andere wichtige Daten, die jetzt dort abgelegt sind, was so wahrscheinlich nicht gewollt ist.

12.5.3 »new« in Objekten

Häufig wird der Operator *new* in Objekten dazu eingesetzt, Speicherbereiche zu reservieren. Der beste Ort dafür ist ein Konstruktor, wie im folgenden Beispiel gezeigt wird. Der Speicherbereich bleibt dann solange wie das Objekt bestehen. Deswegen bietet es sich an, ihn in einem Destruktor wieder freizugeben, der bekanntlich beim Löschen des Objekts aufgerufen wird.

Für das Beispiel wird unsere eigene Zeichenkettenklasse *String* verwendet. Diese hatte ja den Nachteil, daß alle Zeichenketten dieselbe Länge besaßen, da wir zu diesem Zeitpunkt einen Vektor zur Speicherung verwendeten. Jetzt wird der benötigte Speicherbereich dynamisch reserviert, so daß nur soviel Platz wie nötig für die Zeichenkette verwendet wird.

```
// Zeichenkette mit dynamischer Speicherverwaltung
#include <iostream.h>
#include <string.h>

class String2 {
  private:
    char    *pcString;          // Zeiger auf Speicherbereich
  public:
    String2(char *pcStr) {   // Konstruktor, ein Argument
```

```
    int   iLaenge;          // Laenge des Strings,
                            // iLaenge ist nur im Konstruktor gueltig!
    iLaenge = strlen(pcStr);            // Init
    pcString = new char [iLaenge + 1]; // Speicher anfordern
    strcpy(pcString, pcStr);            // Kopieren
  }

  ~String2() {                          // Destruktor
    delete pcString;                    // Speicher freigeben
  }

  void Anzeige() {                      // String ausgeben
    cout << pcString;                   // Ausgeben
  }
};

void main() {
  // Definition des Strings, Aufruf des Konstruktors mit einem Argument:
  String2    Init = "Ich weiss, dass ich nichts weiss";

  // Ausgabe:
  cout << "String2 = ";
  Init.Anzeige();
  cout << endl;
}
```

Diese geänderte String-Klasse besitzt wieder nur ein Element, einen Zeiger auf den Typ *char* (an Stelle eines *char*-Vektors). Dieser Zeiger soll auf die Zeichenkette zeigen, die das Objekt der Klasse *String2* aufnimmt. Da es keinen Vektor gibt, muß die Zeichenkette woanders gespeichert werden. Dabei gibt der Zeiger, der das einzige Datenelement der Klasse ist, an, wo die Zeichenkette zu finden ist.

Dem Konstruktor wird ein Zeiger auf einen *char*-Typ übergeben. Er dient dazu, die Adresse der Zeichenkette aufzunehmen, mit der der Konstruktor aufgerufen wird. Anschließend wird deren Länge bestimmt und der Variable *iLaenge* zugewiesen. Zu beachten ist, daß diese Variable nur innerhalb des Konstruktors gültig ist.

Ist die Länge bekannt, kann wieder mit dem *new*-Operator ein Speicherbereich angefordert werden, der groß genug ist, um den String und das abschließende Nullzeichen aufzunehmen. Die Anfangsadresse wird dem Zeiger *pcString* übergeben, so daß der als Argument spezifizierte String mit der Bibliotheksfunktion *strcpy()* in den Speicherbereich kopiert wird.

Bleibt nur noch die Freigabe des Speicherbereichs zu diskutieren, die in den Destruktor geschrieben wird, der beim Entfernen eines Objekts aus dem Speicher aufgerufen wird. Definierte man beispielsweise ein Objekt in einer Funktion, ist es nach dem Verlassen der Funktion nicht mehr gültig. Es wurde aus dem Speicher gelöscht:

```
~String2() {
  delete pcString;                    // Speicher freigeben
}
```

Bisher wurde der Destruktor selten benötigt, da Variablen fast nie auf bestimmte Werte gesetzt werden müssen, bevor sie sowieso nicht mehr gültig sind. Bei der Belegung von Speicherbereichen ist das natürlich etwas anderes, dort ist der Destruktor viel wichtiger. Damit stellt man sicher, daß von einem Objekt reservierte Speicherbereiche auch korrekt wieder verfügbar gemacht werden.

Die eigentliche Ausgabe des Programms dürfte keine Überraschung sein:

```
String2 = Ich weiss, dass ich nichts weiss
```

Das Programm stürzt nicht ab oder führt anderweitig zu Problemen, so daß es korrekt zu sein scheint (das ist es auch!). Zu beachten ist, daß die Klasse keinen Konstruktor ohne Argumente aufweist. Aber was hätte man mit diesem auch initialisieren sollen, da es keinen String gibt, für den Speicherplatz benötigt würde?

Überlegen könnte man, ob es Vorteile bringen würde, wenn man die Variable *iLaenge* nicht lokal im Konstruktor definieren, sondern daraus eine Komponentenvariable machen würde. In diesem Fall wäre sofort ersichtlich, wie lang der String ist, ohne jedesmal dessen Länge bestimmen zu müssen.

```
private:
  char    *pcString;                  // Zeiger auf Speicherbereich
  int     iLaenge;                    // Laenge des Strings
public:
```

Das setzt aber voraus, daß der String und die Variable immer zusammen verändert werden, so daß sie immer zueinander passen. In unserem Fall würde die Änderung sicherlich keine Vorteile bringen, aber vielleicht wäre sie bei umfangreicheren Programmen sinnvoll. Letztendlich muß der Entwickler das wieder selbst entscheiden, wenn ein konkretes Problem mit dieser Klasse zu lösen ist.

12.6 Zeiger auf Objekte

Anhand der Klasse *String2* wurde demonstriert, daß Zeigervariablen auch in Objekten möglich sind. Es gibt auch eine Alternative: die Definition von Zeigern auf Objekte.

In den vorigen Beispielen wurden Objekte in der Form

```
Euro    Objekt2;
```

angegeben. In diesem Fall wird ein neues Objekt mit dem Namen *Objekt2* der Klasse *Euro* definiert.

12.6.1 Das Beispiel

Mitunter kann es vorkommen, daß zum Zeitpunkt der Programmierung noch nicht ganz klar ist, wieviele Objekte einer Klasse überhaupt benötigt werden. In in einem solchen Fall sollte man mit dem Operator *new* einen entsprechenden Speicherbereich reservieren. In ihm werden dann zur Laufzeit die neuen Objekte erzeugt.

new liefert als Rückgabewert einen Zeiger auf ein neues Objekt ohne Namen. Untersuchen wir zuerst, wie Objekte erzeugt werden und wie der Zugriff darauf erfolgt.

```
// Zeiger auf Objekte
#include <iostream.h>

class Euro {
  private:
    float  fEuro;                        // Betrag in Euro
    float  fDm;                          // Betrag in D-Mark
  public:
    void DatenEinlesen() {               // Daten einlesen
      cout << "Geben Sie einen Euro-Wert ein: ";
      cin >> fEuro;
      fDm = 1.95583 * fEuro;
    }

    void DatenAusgeben() {               // Daten anzeigen
      cout << fEuro << " Euro entsprechen ";
      cout << fDm << " DM" << endl;
    }
};

void main() {
  Euro   Objekt1;                        // Objekt definieren
```

```
    Euro    *pObjekt2;                   // Zeiger auf Objekt
    Objekt1.DatenEinlesen();             // Daten einlesen, Objekt 1
    Objekt1.DatenAusgeben();             // Daten ausgeben, Objekt1
    pObjekt2 = new Euro;                 // Speicher für Objekt2 reservieren
    pObjekt2->DatenEinlesen();           // Daten einlesen, Objekt2
    pObjekt2->DatenAusgeben();           // Daten ausgeben, Objekt2
    delete pObjekt2;                     // Speicher freigeben
}
```

12.6.2 Zugriff auf die Komponenten

Betrachtet man die Klasse *Euro* genauer, stellt man fest, daß es sich in diesem Listing um eine abgespeckte Version handelt, da wir für unsere Zwecke nur die Komponentenfunktionen zur Ein- und Ausgabe benötigen.

In der Hauptfunktion *main()* wird zuerst ein Objekt des Typs *Euro* mit dem Namen *Euro1* definiert. Danach werden die Komponentenfunktionen zum Einlesen der Daten, *DatenEinlesen()*, und zum Ausgeben der Daten, *DatenAusgeben()*, aufgerufen.

Aber halt, eine Zeile wurde dabei übersprungen: In ihr wird ein Zeiger auf ein Objekt des Typs *Euro* definiert.

```
Euro    *pObjekt2;                   // Zeiger auf Objekt
```

Da es sich hierbei um einen Zeiger handelt, muß das Objekt noch explizit erzeugt werden. Das geschieht wieder über den *new*-Operator

```
pObjekt2 = new Euro;
```

wobei das Ergebnis, die Adresse des Objekts, dem Zeiger *pObjekt2* zugewiesen wird.

Damit stellt sich die Frage, wie auf die Komponentenfunktionen innerhalb des Objekts zugegriffen wird. Als erste Antwort bietet sich an, daß man einfach den Punktoperator verwendet:

```
pObjekt2.DatenEinlesen();
```

was leider nicht funktioniert. Der Operator verlangt auf der linken Seite nach einer Variable und kann mit einem Zeiger nichts anfangen. Es ist also eine andere Syntax angesagt.

Da *pObjekt2* ein Zeiger ist und man damit die Adresse des Objekts kennt, könnte der Inhaltsoperator auf das Objekt zugreifen:

```
*pObjekt2
```

Doch damit hat man Zugriff auf das komplette Objekt, nicht aber auf eine der Komponentenfunktionen. Wenn man das mit der ersten Variante der Definition vergleicht, *Objekt1*, sind die beiden ungefähr gleichwertig. Also müßte man jetzt mit dem Punktoperator auf eine Komponentenfunktion zugreifen. Damit aber nicht gleich wieder eine Fehlermeldung ausgegeben wird, muß man Klammern setzen, so daß der Übersetzer eine eindeutige Reihenfolge der Operationen herstellt.

```
(*pObjekt2).DatenEinlesen()
```

Es wird erst der Inhalt des Zeigers bestimmt und anschließend wird die Komponentenfunktion aufgerufen. Diese Schreibweise ist zwar korrekt, aber in gewisser Weise auch ziemlich umständlich. Aus diesem Grund wurde der Komponentenzugriffsoperator »->« eingeführt. Er wird auch im Listing verwendet, um auf die Komponentenfunktionen zuzugreifen. Er besteht aus einem Bindestrich und einem Größer-Zeichen.

Da der Operator »->« bei Zeigern auf Objekten dieselbe Wirkung hat wie der Punktoperator bei Objekten, könnte die Ausgabe folgendermaßen aussehen:

```
Geben Sie einen Euro-Wert ein: 1.2
1.2 Euro entsprechen 2.347 DM
Geben Sie einen Euro-Wert ein: 4.7
4.7 Euro entsprechen 9.1924 DM
```

12.6.3 Weiterer Einsatz von »new«

Es gibt noch einen anderen Einsatz für den new-Operator. Allerdings ist er ein wenig umständlicher, so daß er selten gebraucht wird. Durch *new* wird ein Zeiger auf den belegten Speicherbereich zurückgeliefert, in dem das Objekt gespeichert wird. Der Zugriff erfolgt durch die Dereferenzierung des Zeigers. Wie das funktioniert, zeigt das nachfolgende Beispiel:

```
// Dereferenzierung eines new-Zeigers
#include <iostream.h>

class Euro {
  private:
    float    fEuro;                    // Betrag in Euro
    float    fDm;                      // Betrag in D-Mark
```

```
  public:
    void DatenEinlesen() {                  // Daten einlesen
      cout << "Geben Sie einen Euro-Wert ein: ";
      cin >> fEuro;
      fDm = 1.95583 * fEuro;
    }

    void DatenAusgeben() {                  // Daten anzeigen
      cout << fEuro << " Euro entsprechen ";
      cout << fDm << " DM" << endl;
    }
};

void main() {
  Euro&    Objekt1 = *(new Euro);          // Objekt erzeugen mit Referenz

  Objekt1.DatenEinlesen();                 // Daten eingeben ...
  Objekt1.DatenAusgeben();                 // ... und wieder ausgeben
}
```

Die Klasse *Euro* ist ja bereits aus dem vorherigen Beispiel bekannt. Neu ist hier der Ausdruck, mit dem das Objekt erzeugt wird. Mit

```
new Euro
```

wird ein Zeiger auf einen Speicherbereich zurückgegeben, in dem das Objekt des Typs *Euro* gespeichert wird. Auf dieses Objekt könnte dann mit dem Ausdruck

```
*(new Euro)
```

zugegriffen werden, da man den Inhalt der Adresse ausliest. Anders ausgedrückt: das ist das Objekt, auf das der Zeiger zeigt. Der Ausdruck

```
Euro&  Objekt1
```

gibt eine Referenz auf ein Objekt der Klasse *Euro* an. Da es sich um ein Objekt handelt, ist die Gleichsetzung in Ordnung, weil zuvor ja bewiesen wurde, daß es sich bei **(new Euro)* auch um ein Objekt handelt. Die Zuordnung erfolgt somit von Objekt zu Objekt, man kann also später mit dem Punktoperator auf dieses Objekt zugreifen. Auf diese Weise läßt sich die Verwendung des Operators »->« umgehen.

Allerdings ist diese Art der Definition eines Objekts nicht so üblich, weil meist entweder ein Objekt direkt oder über einen Zeiger definiert wird.

Dennoch funktioniert sie, so daß man sie in einem eigenen Programm einsetzen kann. Zu beachten ist dabei, daß man die Zeile

```
Euro&  Objekt1 = *(new Euro);             // Objekt erzeugen
```

nicht in zwei aufspalten kann, da der Compiler sonst eine Fehlermeldung liefert. In diesem Fall könnte er die Adresse des Objekts nicht festlegen, wenn man das Gleichheitszeichen vergessen würde.

12.6.4 Vektor aus Zeigern auf Objekte

Einen Vektor aus Zeigern haben wir ja bereits kennengelernt, mit dem verschieden lange Zeichenketten gespeichert werden. In diesem Fall werden aber keine Zeichenketten gespeichert, sondern Objekte. Mit dieser Konstruktion kann ein einfacher Zugriff realisiert werden und die Speicherung bietet mehr Möglichkeiten als die in einem Vektor.

Wie man diese Konstruktion in einem Programm einsetzt, erfährt man im nachfolgenden Beispiel.

```
// Vektor aus Zeigern auf Objekte
#include <iostream.h>

const int MAXIMAL = 100;

class Person {
  private:
    char    acName[80];                   // Name der Person
    int     iAlter;                       // Alter der Person
  public:
    void DatenEinlesen() {                // Daten einlesen
      cout << "Geben Sie einen Namen ein: ";
      cin >> acName;
      cout << "Geben Sie das Alter ein: ";
      cin >> iAlter;
    }

    void DatenAusgeben() {                // Daten anzeigen
      cout << "Der Name lautet " << acName << endl;
      cout << "Das Alter betraegt " << iAlter << " Jahre" << endl;
    }
};
```

```
void main() {
  Person  *pDaten [MAXIMAL];          // Vektor aus Zeiger auf Typ Person
  int     i;                          // Schleife
  int     iAnzahl;                    // Anzahl der Elemente
  char    cEingabe;                   // Zeichen, um Schleife fortzusetzen

  // Schleife, um Daten fuer Personen einzugeben:
  for (i = 0; i < MAXIMAL; i++) {
    pDaten[i] = new Person;             // ... und wieder ausgeben
    pDaten[i] -> DatenEinlesen();       // Daten eingeben

    // Schleife fortsetzen?
    cout << "Weitere Daten eingeben (j/n) ";
    cin >> cEingabe;
    if (cEingabe == 'n') {              // Schleife beenden
      i++;                              // Zaehler erhoehen
      break;
    }
  }

  iAnzahl = i;                          // Anzahl merken
  for (i = 0; i < iAnzahl; i++) {       // Daten wieder ausgeben
    cout << "Person " << i + 1 << " : ";
    pDaten [i] -> DatenAusgeben();
  }
}
```

Die Klasse mit dem Namen *Person* enthält zwei Datenelemente: einen Vektor, in dem ein Name gespeichert wird, und eine int-Variable, die das Alter der Person aufnimmt. Zusätzlich gibt es zwei Komponentenfunktionen, mit denen die Daten eingegeben werden (*DatenEinlesen()*) und eine zur Ausgabe der Daten (*DatenAusgeben()*).

In der Hauptfunktion *main()* wird ein Vektor aus *MAXIMAL* Zeigern auf Elemente des Typs *Person* definiert. Dieser wird dann in einer *for*-Schleife mit Adressen initialisiert. Dafür wird jedesmal der Operator *new* aufgerufen, um Speicherbereich für die Objekte zu reservieren und sie darin zu erzeugen. Anschließend wird die Adresse des Anfangs des Speicherbereichs in den Vektor geschrieben.

Die Initialisierung der Objektdaten erfolgt durch Aufruf der Komponentenfunktion *DatenEinlesen()*. Der Zugriff geschieht übe den »->«-Operator, da *pDaten* ja ein Zeiger auf das entsprechende Objekt ist. Nach jeder Eingabe, wobei insgesamt *MAXIMAL* möglich sind, fragt das Programm den Anwender, ob er weitere Daten spezifizieren möchte. Ist das der Fall, beginnt die Schleife von vorne. Gibt man den Buchstaben *n* an, wird die Schleife abgebrochen.

Nach der Schleife wird in der Variable *iAnzahl* gemerkt, wie viele Elemente im Vektor tatsächlich initialisiert sind. Damit dieser Wert auch beim Abbruch der Schleife korrekt gesetzt ist, muß er in diesem Fall aber noch erhöht werden. Angenommen, man hat vier Werte eingegeben, dann enthält die Variable *i* den Wert 3, da die Schleife mit dem Wert 0 beginnt. Aus diesem Grund ist die Anweisung

```
i++;
```

erforderlich, um den Wert entsprechend hochzusetzen. Anders sieht es aus, wenn *MAXIMAL* Elemente eingegeben wurden und man noch ein weiteres eingeben will. In diesem Fall besitzt *i* den Wert *MAXIMAL*, so daß die Anzahl korrekt angegeben werden kann. Allerdings ist diese Abfrage auch ein Schwachpunkt des Hauptprogramms, denn im letzten Schleifendurchgang könnte sie eigentlich entfallen.

Der Grund, warum hier eine *for*-Schleife und keine andere verwendet wird, ist, daß so der Vektor mit einer maximalen Anzahl an Elementen initialisiert werden kann. Damit werden automatisch die Grenzen des Vektors gewahrt, es dürfte zu keinen unvorhersehbaren Effekten kommen. Bei einer anderen Schleifenkonstruktion müßte man aus diesem Grund zusätzlich die Grenzen überprüfen und die Schleife gegebenfalls zwangsweise abbrechen.

Zum Abschluß dieses kleinen Programms werden die gerade eingegebenen Daten wieder angezeigt. So erkennt man, wie einfach der Zugriff auf die Komponentenfunktion *DatenAusgeben()* ist. Zu beachten ist, daß der Index des Vektors in den eckigen Klammern vor den Komponentenzugriffsoperator »->« geschrieben werden muß, um das entsprechende Element auszuwählen. Denken Sie daran, daß die einzelnen Elemente des Vektors Zeiger auf Objekte der Klasse *Person* sind.

```
pDaten [i] -> DatenAusgeben();
```

Alternativ dazu wäre auch die Zeigerschreibweise

```
(*(pDaten + i)) -> DatenAusgeben();
```

für den Zugriff gültig. Damit wird das i-te Element des Vektors *pDaten* ausgewählt. Zu beachten ist, daß die doppelten Klammern bei der Zeigerschreibweise zwingend erforderlich sind, weil sonst der Compiler eine Fehlermeldung anzeigt. Er würde den Zeiger falsch interpretieren, so daß auf der linken Seite kein Zeiger mehr steht, der aber für den Operator »->« zwingend erforderlich ist.

Zum Abschluß noch eine Beispielausgabe für vier Datensätze.

```
Geben Sie einen Namen ein: Mueller
Geben Sie das Alter ein: 23
Weitere Daten eingeben (j/n) j
Geben Sie einen Namen ein: Schulze
Geben Sie das Alter ein: 66
Weitere Daten eingeben (j/n) j
Geben Sie einen Namen ein: Walter
Geben Sie das Alter ein: 42
Weitere Daten eingeben (j/n) j
Geben Sie einen Namen ein: Gonzo
Geben Sie das Alter ein: 99
Weitere Daten eingeben (j/n) n
Person 1 : Der Name lautet Mueller
Das Alter betraegt 23 Jahre
Person 2 : Der Name lautet Schulze
Das Alter betraegt 66 Jahre
Person 3 : Der Name lautet Walter
Das Alter betraegt 42 Jahre
Person 4 : Der Name lautet Gonzo
Das Alter betraegt 99 Jahre
```

12.7 Verkettete Listen

Ein weiteres Beispiel für den Einsatz von Zeigern ist eine Datenstruktur, die als *verkettete Liste* bezeichnet wird. In ihr werden Daten gespeichert, wie dies auch bei einem Stapelspeicher der Fall war, aber sie besitzt andere Eigenschaften als ein Stapel. Andere Datenstrukturen sind beispielsweise einfache Vektoren oder auch Zeiger auf Vektoren, aber sie haben den Nachteil, daß vorher wieder bekannt sein muß, wie groß die zu speichernden Daten sind. Dieses Problem tritt auf, weil Vektoren zum Einsatz kommen.

12.7.1 Kette aus Zeigern

In einer verketteten Liste dagegen sind keine Vektoren notwendig, die einzelnen Elemente können Daten beliebieger Größe aufnehmen. Statt dessen wird für jedes Element der Liste mit Hilfe des *new*-Operators ein entsprechender Speicherbereich reserviert, in dem die Daten abgelegt werden. Die auf diese Weise erzeugten Elemente werden unter Verwendung eines Zeigers mit dem nächsten Element verbunden beziehungsweise verkettet (daher der Name). Bildlich stellt man sich das am besten so vor, daß alle Elemente auf einer Schnur aufgereiht und jeweils die benachbarten miteinander verbunden sind. Allerdings muß die Schnur nicht gerade sein, sie kann auch in Bögen oder ähnlichem liegen. Übertragen bedeutet dies, daß sich die Elemente nicht hintereinander im Speicher befinden müssen, sondern an beliebigen Positionen liegen können.

Im nachfolgenden Beispiel ist die komplette verkettete Liste ein Objekt des Typs *VerketteteListe*. Die einzelnen Elemente in dieser Liste sind Strukturen mit dem Namen *DatenElement*. Diese Struktur besteht aus dem Datenelement und einem Zeiger, der die Verbindung zum nächsten Element beschreibt. In der kompletten Liste wird nur ein Zeiger auf das erste Element gespeichert, alle anderen ergeben sich durch die Verfolgung der Zeiger in den Elementen der Liste.

```
// Verkettete Liste
#include <iostream.h>

// Element in einer verketteten Liste:
struct DatenElement {
  int          iDatum;                   // Das zu speichernde Datum
  DatenElement *pNaechstes;              // Zeiger auf naechstes Element
};

class VerketteteListe {                  // Die komplette Liste
  private:
    DatenElement    *pErstes;            // Zeiger auf erstes Element
  public:
    VerketteteListe() {                    // Konstruktor ohne Argumente
      pErstes = NULL;
    }

    void ElementHinzufuegen(int iWert);  // Element hinzufuegen

    void Anzeige();                        // Alle Elemente anzeigen
};

void VerketteteListe::ElementHinzufuegen(int iWert) {
  DatenElement    *pNeuesElement;          // Zeiger auf neues Element

  pNeuesElement = new DatenElement;        // Zeiger auf neues Element

  // Daten setzen:
  pNeuesElement -> iDatum = iWert;         // Wert setzen
  pNeuesElement -> pNaechstes = pErstes; // Zeiger auf naechstes Element
  pErstes = pNeuesElement;                 // Erstes Element ist aktuelles
}
```

```
void VerketteteListe::Anzeige() {
  DatenElement   *pAktuelles;    // Zeiger auf auszugebendes Element

  pAktuelles = pErstes;          // Beginnen wir mit dem ersten

  // Schleife zur Ausgabe, Abbruch wenn Zeiger auf naechstes
  // Element NULL ist:
  while (pAktuelles != NULL) {
    cout << pAktuelles->iDatum << endl;     // Ausgabe des Werts
    pAktuelles = pAktuelles -> pNaechstes;  // Zeiger auf naechstes
                                            // Element setzen
  }
}

void main() {
  // Objekt mit verketteter Liste erzeugen:
  VerketteteListe   Liste;

  // Fuenf Elemente in Liste schreiben:
  Liste.ElementHinzufuegen(33);
  Liste.ElementHinzufuegen(2);
  Liste.ElementHinzufuegen(42);
  Liste.ElementHinzufuegen(76);
  Liste.ElementHinzufuegen(99);

  // Elemente wieder ausgeben:
  Liste.Anzeige();
}
```

In der Klasse mit dem Namen *VerketteteListe* befindet sich nur ein Datenelement, ein Zeiger auf eine Struktur des Typs *DatenElement*. Dieser beschreibt den Anfang der Liste. Der Zeiger wird beim Erzeugen des Objekts durch den Konstruktor auf NULL gesetzt. Die Konstante NULL ist prinzipiell das Äquivalent zum Wert 0 (beziehungsweise 0.0), der bei normalen Datentypen Verwendung findet. In diesem Fall zeigt der Wert das Ende der verketteten Liste an. Zu beachten ist, daß man an die Adresse NULL auf keinen Fall schreiben darf, denn sonst würde es zu einem schwerwiegenden Fehler im System kommen.

12.7.2 Element hinzufügen

Die Komponentenfunktion mit dem Namen *ElementHinzufügen()* wird dazu verwendet, ein Element in der Liste einzufügen. Dabei wird eine neue Verbindung mit dem ersten Element in der Liste hergestellt, so daß das neue Element jetzt das erste in der Liste darstellt. Alternativ wäre natürlich auch das Anfügen am Ende möglich, dafür müßte man aber wissen, wo sich das Ende befindet. Dazu kann man natürlich jedesmal die komplette Liste durchgehen, was aber bei vielen Elementen jedes mal sehr viel Zeit kosten würde. Einfacher wäre es, sich zusätzlich zum Anfang auch das Ende der Liste zu merken, was insgesamt aber den Programmieraufwand erhöht.

Aus diesem Grund wurde die etwas einfachere Variante gewählt, die aber für unsere Betrachtungen völlig ausreicht. Will man ein neues Element einfügen, wird zuerst der Zeiger auf ein neues Datenelement definiert.

```
DatenElement    *pNeuesElement;
```

Anschließend wird dafür durch Aufruf des Operators *new* Speicher reserviert, der über den zuvor definierten Zeiger angesprochen wird.

```
pNeuesElement = new DatenElement;
```

Danach wird mit dem Zeiger auf die Daten zugegriffen. Das geschieht wieder mit dem Komponentenzugriffsoperator »->«, als erstes wird der der Funktion übergebene Wert in den Speicherbereich geschrieben.

```
pNeuesElement -> iDatum = iWert;        // Wert setzen
```

Aber halt, hier wird doch eine Struktur und keine Klasse verwendet, ist auch in diesem Fall der Operator gültig? Klare Antwort: ja. Da sich Klassen und Strukturen ähnlich verhalten, ist auch bei einer Struktur, die über einen Zeiger angesprochen wird, diesen Operator anwendbar.

Danach wird der Zeiger auf das nächste Element gesetzt. Da das neue an den Anfang der Liste gesetzt wird, muß der Zeiger des aktuellen Elements auf das alte erste Element zeigen.

```
pNeuesElement -> pNaechstes = pErstes;
```

Klingt kompliziert, ist aber ganz einfach. Nehmen wir an, ein Element in der Liste wurde bereits erzeugt und man möchte nun ein neues hinzufügen. Als die Liste nur aus dem einen Element bestand, wies der Zeiger *pErstes* in der Klasse *VerketteteListe* auf genau dieses Element. Nun wird das neue am Anfang hinzugefügt. In diesem Fall wird es zum ersten Element und das alte wird zum letzten Element in der Liste. Daher muß in dem gerade hinzugefügten Element eine Verbindung zum alten Element der Liste hergestellt werden, was mit der vorigen Zeile passiert. Da die Funktion *ElementHinzufügen()* eine Komponente der Klasse *VerketteteListe* ist, kann man auf die Komponente *pErstes* direkt zugreifen.

Damit ist zwar die Verbindung zwischen den beiden Objekten, aber es muß jetzt noch angegeben werden, wo die Liste beginnt. Zu diesem Zweck wird abschließend in der Funktion die folgende Zeile ausgeführt:

```
pErstes = pNeuesElement;
```

Damit wird der Komponente *pErstes* gesagt, wo sich nun das erste Element in der Liste befindet. Es ist natürlich das gerade eben hinzugefügte Element, das den Namen *pNeuesElement* besitzt. Da es sich in beiden Fällen um Zeiger auf denselben Datentyp handelt, ist eine Zuweisung problemlos möglich.

12.7.3 Ausgabe der Liste

Nachdem Sie nun wissen, wie Sie die Liste erzeugen, wäre es natürlich wünschenswert, wenn sich die Elemente der Liste auch wieder ausgeben ließen. Dies macht die Komponentenfunktion *Anzeige()*, die alle Elemente der verketteten Liste durchläuft und den jeweils gespeicherten Wert auf dem Bildschirm ausgibt. Sie endet, wenn sie den Wert NULL für das nächste Element findet.

In der Funktion wird als erstes wieder ein Zeiger auf ein Element des Typs *DatenElement* definiert. Anschließend wird dieser mit der Adresse des Elements initialisiert, mit dem die Liste beginnt. Der entsprechende Zeiger befindet sich in der Komponente *pErstes*.

```
pAktuelles = pErstes;
```

Danach beginnt die Schleife, wobei als Abbruchbedingung überprüft wird, ob der Zeiger auf das aktuell auszugebende Element den Wert NULL besitzt.

```
pAktuelles != NULL
```

Da diese Bedingung nur dann falsch ist, wenn das Ende der Liste erreicht ist, werden so alle Elemente ausgegeben. Die Überprüfung erfolgt am Anfang, damit auch eine verkettete Liste, in der kein Element enthalten ist, nicht zu merkwürdigen Meldungen auf dem Bildschirm führt.

Die eigentliche Ausgabe des Werts eines Elements erfolgt mit der Zeile

```
cout << pAktuelles->iDatum << endl;
```

Dabei wird mit dem Komponentenzugriffsoperator »->« auf die Variable mit dem Namen *iDatum* innerhalb der Struktur zugegriffen. Nach der Ausgabe wird der Zeiger, der das aktuelle Element beschreibt, auf das nächste in der Liste weitergesetzt.

```
pAktuelles = pAktuelles -> pNaechstes;
```

Der zugehörige Zeiger befindet sich in der Struktur, auf die der Zeiger *pAktuelles* zeigt, im Element *pNaechstes*. Diesen Zeiger übergibt man jetzt dem Zeiger, der das aktuelle Element beschreibt. Damit wird das nächste Element in der Liste ausgegeben. Die ganze Konstruktion sieht zugegebenermassen so aus, als ob man sich selbst an den Haaren aus dem Sumpf ziehen würde, aber sie funktioniert tadellos.

12.7.4 Sich selbst enthaltende Klassen

Die Struktur *DatenElement*, die im Beispiel für die Speicherung der Daten eines Elements verwendet wird, weist einen Besonderheit auf: einen Zeiger auf eine Struktur eben dieses Typs, wie man bei genauerem Hinsehen feststellt.

```
struct DatenElement {
  int          iDatum;        // Das zu speichernde Datum
  DatenElement *pNaechstes;   // Zeiger auf naechstes Element
};
```

Für den Compiler ist eine solche Konstruktion in Ordnung, da er in diesem Fall eine Zeigervariable anlegt, nicht aber die Struktur selbst. Würde man statt des Zeigers die Struktur selbst verwenden wollen, wie in den folgenden Zeilen

```
struct DatenElement {
  int          iDatum;                   // Das zu speichernde Datum
  // naechstes Element:
//DatenElement  Naechstes;              // Fehler!!!
};
```

müßte der Compiler eine Fehlermeldung ausgeben, da man in diesem Fall eine Rekursion programmiert hat. In der Struktur des Typs *DatenElement* ist wieder eine Struktur des Typs *DatenElement* enthalten, in der wieder...

Das würde eine unendlich lange Kette ergeben. Aus diesem Grund kann dafür natürlich auch kein Code erzeugt werden, so daß man zu Testzwekken eine entsprechende Fehlermeldung sieht.

Dieses Beispiel lebt zwar von Strukturen, aber wegen der engen Verwandtschaft von Klassen und Strukturen gelten die vorherigen Aussagen sinngemäß auch für Klassen.

12.7.5 Die Hauptfunktion

In der Hauptfunktion *main()* definieren wir ein Objekt des Typs *VerketteteListe*, das die komplette verkettete Liste beschreibt. Anschließend fügen wir fünf Elemente in die Liste ein, wofür jedesmal die Komponentenfunktion *ElementHinzufuegen()* aufgerufen wird.

Zum Abschluß werden diese Werte ausgegeben. Damit sieht die Anzeige auf dem Bildschirm wie folgt aus:

```
99
76
42
2
33
```

Die zuletzt hinzugefügten Werte werden als erstes ausgegeben. Das ist kein Wunder, denn sie werden ja an den Anfang der Liste geschrieben. Damit ist das letzte das erste in der Liste, so daß es auch zuerst in der Ausgabe zu sehen ist.

Eine verkettete Liste wird häufig zur Speicherung von Daten eingesetzt, um die Verschwendung von Speicher zu vermeiden, wie dies bei Vektoren passieren würde. Allerdings hat eine solche Liste einen Nachteil: Bei der Suche nach einem bestimmten Element müssen die Elemente vom Anfang an solange durchlaufen werden, bis das Element gefunden ist. Hier würde ein Vektor einen Vorteil bieten, da er einen direkten Zugriff auf ein bestimmtes Element erlaubt. Allerdings benötigt man dazu den Index des Elements. Kennt man ihn nicht, müssen auch in diesem Fall alle Elemente durchsucht werden, bis das gewünschte gefunden ist.

12.7.6 Erweiterungen

Die Klasse *VerketteteListe* ist nur die Grundform einer verketteten Liste. Sie kann bei Bedarf noch beliebig erweitert werden und es können weitere Datenelemente gespeichert werden, wie beispielsweise weitere Ganzzahlen oder auch Zeiger auf beliebige Objekte. Der Phantasie sind keine Grenzen gesetzt.

Außerdem hat sie den Schwachpunkt, daß nur Elemente hinzugefügt, aber keine gelöscht werden können. Man müßte dafür also eine weitere Komponentenfunktion schreiben. Zusätzlich wäre es auch denkbar, Elemente an definierten Positionen in der Liste einzufügen und zu löschen, wofür ebenfalls weitere Funktionen zu programmieren wären. Denken Sie aber beim Löschen eines Elements daran, den belegten Speicherbereich wieder freizugeben. Dafür wäre ein Destruktor hilfreich, der bekanntlicherweise immer dann aufgerufen wird, wenn ein Objekt aus dem Speicher entfernt wird.

Insgesamt bieten sich noch sehr viele Möglichkeiten, die Klasse passend zu erweitern, wenn man es wünscht. Probieren Sie es doch selber einmal aus.

12.8 Zeiger auf Zeiger

Das letzte Beispiel in diesem Buchkapitel zu Zeigern soll erklären, wie Zeiger auf Objekte, die in einem Vektor gespeichert sind, nach den Objektdaten sortiert werden. Dazu sind Zeiger auf Zeiger erforderlich. Außerdem ist eine solche Konstruktion nicht gerade leicht zu verstehen, aber es führt leider kein Weg daran vorbei.

12.8.1 Das Beispielprogramm

Wir werden im Beispiel einen Vektor aus Zeigern auf Objekte der Klasse *Person* erzeugen (das kennen wir bereits). Zusätzlich werden zwei Sortierfunktionen eingebaut, um die Objekte in alphabetischer Reihenfolge des Namens sortieren zu können.

```
// Sortierung von Personendaten
#include <iostream.h>
#include <string.h>

const int MAXIMAL = 100;

// Klasse zur Festlegung der Personendaten
class Person {
  private:
    char      acName[80];              // Name der Person
    int       iAlter;                  // Alter der Person
  public:
    void DatenEinlesen() {             // Daten einlesen
      cout << "Geben Sie einen Namen ein: ";
      cin >> acName;
      cout << "Geben Sie das Alter ein: ";
      cin >> iAlter;
    }
```

```
    void DatenAusgeben() {              // Daten anzeigen
      cout << "Der Name lautet " << acName << endl;
      cout << "Das Alter betraegt " << iAlter << " Jahre" << endl;
    }
    char * NameZurueckLiefern() {       // Name zurueckliefern
      return(acName);
    }
};

// Prototypen:
void Sortierung(Person **ppDaten, int iMenge);
void Reihenfolge(Person **ppP1, Person **ppP2);

void main() {
  Person  *pDaten[MAXIMAL];             // Vektor aus Zeiger auf Typ Person
  int     i;                            // Schleife
  int     iAnzahl;                      // Anzahl der Elemente
  char    cEingabe;                     // Zeichen, um Schleife fortzusetzen

  // Schleife, um Daten fuer Personen einzugeben:
  for (i = 0; i < MAXIMAL; i++) {
    pDaten [i] = new Person;            // Objekt erzeugen
    pDaten [i] -> DatenEinlesen();      // Daten eingeben

    // Schleife fortsetzen?
    cout << "Weitere Daten eingeben (j/n) ";
    cin >> cEingabe;
    if (cEingabe == 'n') {              // Schleife beenden
      i++;                              // Zaehler erhoehen
      break;
    }
  }

  iAnzahl = i;                          // Anzahl merken
  // Daten wieder ausgeben, unsortiert:
  cout << endl << "Unsortierte Liste" << endl;
  cout << "-----------------" << endl;
  for (i = 0; i < iAnzahl; i++) {
    cout << "Person " << i + 1 << " : ";
    pDaten [i] -> DatenAusgeben();
  }

  Sortierung(pDaten, iAnzahl);          // Sortierung
  // Daten wieder ausgeben, sortiert:
  cout << endl << "Sortierte Liste" << endl;
  cout << "---------------" << endl;
  for (i = 0; i < iAnzahl; i++) {
```

```
    cout << "Person " << i + 1 << " : ";
    pDaten[i] -> DatenAusgeben();
  }
}


void Sortierung(Person **ppDaten, int iMenge) { // Sortierfunktion
  int  i;                               // Schleife
  int  j;

  for (i = 0; i < iMenge - 1; i++) {    // Aeussere Schleife
    for (j = i + 1; j < iMenge; j++) { // Innere Schleife
      // Reihenfolge vertauschen?
      Reihenfolge(ppDaten + i, ppDaten + j);
    }
  }
}


void Reihenfolge(Person **ppP1, Person **ppP2) { // Reihenfolge
                                                  // vertauschen?
  Person      *pTemp;                   // Temporaerer Zeiger

  // Lexikalischer Vergleich:
  if (strcmp((*ppP1) -> NameZurueckLiefern(),
             (*ppP2) -> NameZurueckLiefern()) > 0) {
    // Vertauschen der Zeiger:
    pTemp = *ppP1;
    *ppP1 = *ppP2;
    *ppP2 = pTemp;
  }
}
```

Übersetzt und startet man dieses Programm, kann man zunächst den Namen und das Alter einer Person eingeben. Dazu wird ein Objekt der Klasse *Person* generiert, für das Speicher mit Hilfe des *new*-Operators erzeugt wird. Der zugehörige Zeiger auf das Element und den Speicherbereich wird im Vektor mit dem Namen *pDaten* abgelegt. Außerdem wird zur Eingabe die Komponentenfunktion *DatenEinlesen()* aufgerufen, die die entsprechenden Fragen stellt.

Danach fragt das Programm, ob weitere Daten eingegeben werden sollen. Gibt man *j* ein, wird man wieder nach Namen und Alter gefragt, wobei zuvor ein neues Element erzeugt wird. Will man keine Daten mehr eingeben (*n*), wird die unsortierte Liste auf dem Bildschirm angezeigt. Danach ruft das Programm die Funktion *Sortierung()* auf, um die Objekte der Klasse *Person* nach ihrem Namen zu sortieren. Damit könnte ein Dialog mit dem Programm wie folgt aussehen:

```
Geben Sie einen Namen ein: Mueller
Geben Sie das Alter ein: 22
Weitere Daten eingeben (j/n) j
Geben Sie einen Namen ein: Meier
Geben Sie das Alter ein: 56
Weitere Daten eingeben (j/n) j
Geben Sie einen Namen ein: Schultz
Geben Sie das Alter ein: 42
Weitere Daten eingeben (j/n) n

Unsortierte Liste
-----------------
Person 1 : Der Name lautet Mueller
Das Alter betraegt 22 Jahre
Person 2 : Der Name lautet Meier
Das Alter betraegt 56 Jahre
Person 3 : Der Name lautet Schultz
Das Alter betraegt 42 Jahre

Sortierte Liste
---------------
Person 1 : Der Name lautet Meier
Das Alter betraegt 56 Jahre
Person 2 : Der Name lautet Mueller
Das Alter betraegt 22 Jahre
Person 3 : Der Name lautet Schultz
Das Alter betraegt 42 Jahre
```

Beachten Sie, daß die Übersetzung nur dann erfolgreich abläuft, wenn die Prototypen der Funktionen hinter der Angabe der Klasse stehen. Schreibt man sie davor, gibt der Compiler eine Fehlermeldung aus, da er zu diesem Zeitpunkt den Datentyp *Person* nicht kennt und somit auch keinen Zeiger auf einen Zeiger anlegen kann.

12.8.2 Die Sortierung

In der Sortierroutine werden nicht die Objekte selbst sortiert, sondern die Zeiger auf diese Objekte. Es müssen keine Objekte im Speicher bewegt werden, was bei großen Objekten vorteilhaft ist, da das Verschieben großer Datenmengen sehr viel Zeit kosten würde.

Im Array werden die Zeiger auf die einzelnen Objekte in der Reihenfolge der Eingabe gespeichert. Es steht dem Entwickler frei, die Elemente des Vektors neu anzuordnen, was mit der Sortierroutine erfolgt. Damit werden nur die Zeiger vertauscht und die Objekte bleiben im Speicher an der Stelle, an der sie sich seit der Erzeugung befinden.

Da die Sortierung nach dem Namen der Person erfolgen soll, muß man auf ihn von außerhalb zugreifen können. Er wird aber als *private* angegeben, wodurch ein Zugriff nicht möglich ist. Das ändert man, indem man den Namen öffentlich macht, was aber an dieser Stelle eigentlich gar nicht notwendig ist. Denn wir haben die andere Alternative gewählt, eine zusätzliche Komponentenfunktion mit dem Namen *NameZurueckLiefern()*, die einen Zeiger auf diesen Namen zurückgibt. Sie wird innerhalb der Funktion *Reihenfolge()* aufgerufen und bestimmt, ob die beiden übergebenen Elemente vertauscht werden müssen.

Daß die Sortierung korrekt gelaufen ist, erkennt man an der Ausgabe des passenden Alters für die einzelnen Namen. Das ist ein angenehmer Nebeneffekt der Sortierung von Zeigern, da automatisch alle weiteren Daten einer Person ebenfalls so erhalten bleiben, wie sie eingegeben wurden. Die Zuordnung der Daten zueinander in einem Objekt wird nicht geändert, wohl aber die Reihenfolge der einzelnen Objekte.

12.8.3 Zeiger auf Zeiger

Sieht man sich die Funktionen *Sortierung()* und *Reihenfolge()* näher an, findet man Argumente, die den Typ *Person* ** besitzen. Was bedeutet der doppelte Stern? Einen Stern kennen wir bereits als Kennzeichnung für einen Zeiger. Der zweite Stern steht ebenfalls für einen Zeiger, also wird damit ein Zeiger auf einen Zeiger gekennzeichnet.

In der Funktion *Sortierung()* übergibt dieser Typ die Adresse des Vektors *pDaten*. Der Vektor selbst besitzt den Typ *Person **, auf dem man einen Zeiger übergibt, so daß der Typ *Person* ** zustande kommt. Anders ausgedrückt: Die Adresse eines Zeigers (hier *pDaten*) ist ein Zeiger auf einen Zeiger.

Das klingt nicht mehr so einfach und tatsächlich lauern bei solchen Konstruktionen die meisten Fehler. Einfache Zeiger sind recht einfach zu verstehen, bei doppelten dagegen ist der Sachverhalt sehr schwer verständlich.

Vergleicht man das Programm mit demjenigen, das einen Vektor aus Ganzzahlen sortierte, erkennt man, daß im Programm zur Sortierung der Namen alle Datentypen (bis auf die Anzahl der Elemente) einen Stern mehr besitzen. Dies ist darin begründet, daß die Elemente des Vektors Zeiger sind und nicht ganze Zahlen. Es muß also mehr um die Ecke gedacht werden als bei den Zahlen, auf die direkt zugegriffen werden kann.

Da im Vektor *pDaten* Zeiger auf die Objekte gespeichert werden, werden mit der Zeile

```
pDaten [i] -> DatenAusgeben();
```

die Daten ausgegeben. Dafür wird die Komponentenfunktion *DatenAusgeben()* des Objekts aufgerufen, auf das das Element mit dem Index *i* des Vektors *pDaten* zeigt.

12.8.4 Der Vergleich von Zeichenketten

In der Funktion *Reihenfolge()* werden zwei Zeichenketten lexikographisch sortiert. Sie werden in alphabetische Reihenfolge gebracht. Das macht die Bibliotheksfunktion *strcmp()*, die zwei Zeiger als Argumente erwartet und einen der folgenden Werte zurückgibt:

Rückgabewert	Bedingung
< 0	Der erste String kommt vor dem zweiten
0	Die beiden Strings sind gleich
> 0	Der erste String kommt nach dem zweiten

Der Zugriff auf die erste Zeichenkette erfolgt mit dem Ausdruck

```
(*ppP1) -> NameZurueckLiefern()
```

wobei das Argument *ppP1* ein Zeiger auf einen Zeiger ist. Es soll auf das Datenelement zugegriffen werden, auf das der Zeiger weist. Durch den Komponentenzugriffsoperator »->« wird eine Ebene der Zeigerei dereferenziert, aber bedingt durch den doppelten Stern handelt es sich um zwei Ebenen. Deswegen wird mit dem Inhaltsoperator die zweite Ebene dereferenziert.

Aber eigentlich hört sich das wieder viel zu kompliziert an. Wir wollen auf die Komponente eines Objekts zugreifen, von dem wir einen Zeiger auf die Adresse kennen. Also lösen wir den ersten Zeiger mit Hilfe des Inhaltsoperators auf und bestimmen so die Adresse des Objekts. Der Zugriff über die Adresse geschieht mit dem Komponentenzugriffsoperator »->«, so daß wir so die Komponentenfunktion *NameZurueckliefern()* aufrufen können.

12.8.5 Zeiger auf Zeiger auf Zeiger auf...

Wir können nicht nur Zeiger definieren, sondern auch Zeiger auf Zeiger. Deren Zweck ist gerade noch zu verstehen, auch wenn es sich mitunter etwas schwierig gestaltet. Doch man kann noch eine Ebene weiter gehen, also einen Zeiger auf eine Zeiger auf einen Zeiger definieren. Passen würde er beispielsweise für den Zugriff auf ein mehrdimensionales Array, doch in diesem Fall kommt eher die Vektorschreibweise zum Einsatz, weil sie einfacher zu beherrschen ist.

Mit drei Dimensionen ist aber rein theoretisch noch nicht Schluß, denn es lassen sich auch Zeiger mit vier Sternchen definieren. Will man solche Konstruktionen einsetzen, muß man nur den Überblick behalten, was normalerweise mit jeder zusätzlichen Dimension schwieriger wird. Aus diesem Grund werden solche Konstruktionen nur äußerst selten eingesetzt, so daß Sie sich darüber nicht allzu viele Gedanken machen sollten.

12.9 Fehlerbehebung bei Zeigern

Zeiger sind – wen wundert's – häufig die Ursache für merkwürdiges Programmverhalten oder Komplettabstürze. Das am meisten auftretende Problem ist, daß ein Zeiger zwar definiert, er aber nicht mit einer gültigen Adresse initialisiert wird. Der Zeiger zeigt also auf einen beliebigen Bereich im Speicher. Schreibt man dort etwas hinein, passiert die eine oder andere Merkwürdigkeit. Da in den Zeigern undefinierte Adressen stehen, kann sich das Programm bei einem weiteren Aufruf plötzlich ganz anders verhalten, die Fehlerursache kann nicht reproduziert werden. Es dauert gewöhnlich eine Weile, bis der Fehler gefunden wird und behoben werden kann.

Ein anderer Fehler ist, daß der Zeiger zwar initialisiert wird, dies aber mit dem Wert NULL geschieht. Das ist dann ein beliebter Fehler, wenn man externe beziehungsweise globale Zeigervariablen nutzt, wie im nachfolgenden Beispiel zu sehen:

```
int  *gipZeiger;            // Globaler Zeiger, wird mit NULL initialisiert

void main() {
  *gipZeiger = 42;          // Zuweisung
}
```

In dieser kurzen Codesequenz wird eine Variable mit dem Namen *gipZeiger* definiert. Weil sie global ist, erhält sie den Wert 0 (beziehungsweise *NULL*) zugewiesen. In der Hauptfunktion wird versucht, die Zahl 42 an die Position zu schreiben, die durch den Inhalt des Zeigers beschrieben wird. Da die Adresse aber den Wert 0 besitzt, wird zur Laufzeit sofort eine Fehlermeldung ausgegeben und das Programm angehalten. Das Schreiben an Adresse 0 wird von einem Code im Programm abgefangen, der zur Laufzeit potentielle Fehler aufspürt und dann gegebenenfalls das Programm an der weiteren Ausführung hindert.

Die angezeigte Fehlermeldung lautet sinngemäß »Null Pointer Assignment«, was meist darauf hindeutet, daß vergessen wurde, einen Zeiger passend zu initialisieren. Während der Übersetzung gibt der Compiler bei solchen Fehlern keine Meldungen aus. Für ihn ist die Syntax völlig korrekt. Grundsätzlich können solche ins Nichts zeigende Pointer erst zur

Laufzeit ermittelt werden. Wenn die Zuweisung erfolgt und wie im Beispiel der Zeigerwert *NULL* ist, läßt sich das in kleinen Programmen nachvollziehen und der Fehler leicht finden. Bei großen Programmen wird das schwierig.

Der Compiler findet nur syntaktische, keine logischen Fehler!

Überhaupt ist es in komplexen Programmen schwierig, Fehler zu finden, die von Zeigern verursacht werden. Glücklich ist der, der einen Debugger zur Verfügung hat, mit dessen Hilfe das Programm untersucht wird. Steht Ihnen ein solches Werkzeug nicht zur Verfügung, kann man behelfsweise im Programm zusätzlichen Quelltext einbauen, die den Inhalt eines Zeigers oder die Adresse des Zeigers ausgeben. Bei Zeilen wie

```
#ifdef TEST
  // Code zur Ausgabe
#endif
```

muß man nur am Anfang des Programms die Zeichenfolge *TEST* bei einer *#define*-Anweisung angeben, um den Code mit übersetzen zu lassen.

```
#define TEST
```

Später kann man die Zeile wieder auskommentieren, wodurch der Code beziehungsweise die Ausgaben automatisch aus dem Programm verschwinden. Auf diese Weise werden im Programm die kritischen Stellen mit Ausgaben überwacht und man muß nur an einer Stelle etwas ändern, um in der endgültigen Version alle Vorkommen wieder verschwinden zu lassen. Voraussetzung dafür ist, daß alle möglichen Stellen in einer *#ifdef..#endif*-Konstruktion eingeschlossen sind.

Die Anweisungen *#ifdef*, *#endif* und *#define* gehören zu den Präprozessorbefehlen (einen anderen kennen Sie ja bereits: *#include*). Damit kann vor dem eigentlichen Übersetzungsvorgang gesteuert werden, ob bestimmte Zeilen mit übersetzt werden sollen oder nicht. Der Präprozessor bereitet den Quelltext, den der Compiler für die Übersetzung zu sehen bekommt, passend auf.

Die Anweisung *#ifdef* überprüft, ob die dahinter angegebene Zeichenfolge mit der Anweisung *#define* im Quelltext definiert wurde. Ist die Definition erfolgt, wird der in #ifdef/#endif eingeschlossene Quelltext ebenfalls übersetzt. Fehlt die Definition wird mit dem Kompilieren erst mit der nächsten Zeile hinter #endif fortgefahren. Man nennt diese Art des Einschlusses von Quelltext in Definitionsblöcke »bedingte Kompilierung«.

#ifdef..#endif-Blöcke dürfen bei diversen Compilern ineinander verschachtelt werden. Der Quelltext wird dadurch aber sehr unübersichtlich, außerdem akzeptieren es einige Compiler nicht. Es ist daher möglichst davon Abstand zu nehmen und gegebenenfalls in der Compiler-Dokumention nachzulesen, ob dies überhaupt geht.

Zurück zur *#ifdef*-Anweisung. Ist die dahinter angegebene Zeichenkette nicht definiert, wird sofort zur passenden *#endif*-Anweisung gesprungen. Der Code dazwischen wird nicht übersetzt.

Diese Befehle bieten eine einfache Möglichkeit, Ausgaben zur Überprüfung des Ablaufs in ein Programm aufzunehmen. Benötigen man sie später nicht mehr, weil das Programm einwandfrei funktioniert, entfernt man sie durch Auskommentierung.

12.10 Zusammenfassung

In diesem Kapitel haben wir erste Erfahrungen mit Zeigern gemacht. Was man sonst noch über Zeiger wissen muß, wird in den folgenden Kapiteln erklärt. Sie haben gesehen, daß auf alle Daten eines Rechners über ihre Speicherstelle zugegriffen werden kann und daß Adressen Zeigerkonstanten sind. Die Adresse einer Variable wird mit dem Adreßoperator »&« bestimmt.

Die häufig verwendeten Zeiger sind Variablen, in denen Adreßwerte gespeichert werden. Die Definition erfolgt mit einem »*«, durch den Stern wird der Zeiger repräsentiert. In der Zeigerdefinition wird immer auch ein Datentyp benötigt, damit der Übersetzer später die korrekten arithmethischen Berechnungen mit diesem Zeiger vornehmen kann. Zur Bestimmung des Inhalts der Adresse im Zeiger wird wieder der Stern verwendet, diesmal aber als Inhaltsoperator.

Die Adresse eines Vektors ist ebenso wie alle anderen Adressen eine Konstante. Sie kann aber in eine Zeigervariable geschrieben werden, die dann verändert wird. Der Zugriff auf einen Vektor erfolgt entweder in der Vektor- oder in der Zeigerschreibweise.

Wird die Adresse einer Variable an eine Funktion übergeben, kann in dser der Funktion der Wert der Variable geändert werden. Das geschieht entweder über einen Zeiger oder dardurch, daß die Variablen per Referenz übergeben werden. Setzt man Zeiger, muß man sie dereferenzieren beziehungsweise den Inhaltsoperator verwenden, um den Wert ändern zu können.

Weiterhin haben Sie gesehen, daß sich Zeichenketten als Vektor oder als Zeiger definieren lassen. Die Verwendung eines Zeigers birgt aber die Gefahr, daß der Zugriff auf die Zeichenkette verloren geht, wenn Operationen mit dem Zeiger ausgeführt werden. Sollen Zeichenketten an Funktionen übergeben werden, setzt man in der Regel dafür Zeiger ein, um darauf zuzugreifen.

Mit Hilfe des Operators *new* fordert man einen Bereich einer bestimmten Größe beim System an. Um ihn nutzen zu können, liefert *new* einen Zeiger auf den Anfang dieses Bereichs zurück. Damit lassen sich Daten oder Objekte dynamisch zur Laufzeit des Programms erzeugen. Die Freigabe eines derart belegten Speicherbereichs erfolgt später mit dem Operator *delete*.

Handelt es sich um Zeiger auf Objekte, greift man unter Einsatz des Komponentenzugriffsoperators »->« auf die Komponenten zu. Das gilt nicht nur für Objekte, sondern auch für Strukturen.

In Klassen und Strukturen können Zeiger auf Datenelemente des eigenen Typs enthalten sein. Damit lassen sich beispielsweise auf einfache Weise Datenstrukturen erzeugen, die aus verketteten Listen bestehen.

Außerdem lassen sich auch Zeiger auf Zeiger definieren. Mit diesen kann beispielsweise auf ein Array aus Zeigern zugegriffen werden, wie es häufig bei Zeichenketten zum Einsatz kommt.

Im folgenden Kapitel werden noch weitere Möglichkeiten der objektorientierten Programmierung vorgeführt. Dazu gehören beispielsweise der Einsatz virtueller Funktionen, spezielle Zeiger und weitere überladene Operatoren.

12.11 Aufgaben

1. Programmieren Sie die Deklaration einer Funktion, der ein Vektor des Typs *char* übergeben wird. Sie gibt einen Integer-Wert zurück.
2. Erzeugen Sie ein Programm, das eine Reihe von Integer-Zahlen in einen Vektor einliest. Berechnen Sie anschließend den Durchschnitt der eingegebenen Zahlen. Verwenden Sie so oft wie möglich die Zeigerschreibweise.
3. Schreiben Sie ein Programm, in dem ein Speicherbereich mit dem *new*-Operator erzeugt wird. Verwenden Sie diesen für einen einzugebenden String und vertauschen Sie die Reihenfolge der Zeichen. Danach wandeln Sie alle Zeichen in Kleinbuchstaben um und geben den String aus. Zum Schluß geben Sie den Speicher wieder frei. Verwenden Sie für alle Operationen die Zeigerschreibweise.

13 Weitere Eigenschaften von C++

In diesem Kapitel geht es um fortgeschrittenen Themen der Sprache C++. Dazu gehören beispielsweise virtuelle Funktionen, Freundfunktionen und vieles mehr. Sie sind zwar nicht für jedes C++-Programm relevant, werden aber recht häufig angewendet.

13.1 Virtuelle Funktionen

Als *virtuell* wird in der Regel etwas bezeichnet, was nur scheinbar, aber nicht tatsächlich vorhanden ist. Eine virtuelle Funktion ist eine Funktion, die es eigentlich gar nicht gibt. Dennoch erscheint sie an manchen Stellen des Programms tatsächlich.

13.1.1 Einführung

Wozu braucht man virtuelle Funktionen überhaupt? Nehmen wir an, daß wir eine Reihe von Objekten unterschiedlicher Klassen besitzen, die man in einer Liste speichern will. Außerdem sollen mit ihnen bestimmte Operationen durchgeführt werden. Dazu kommt möglichst jedesmal derselbe Funktionsaufruf zum Einsatz. Beispielsweise könnte es sich um ein Grafikprogramm handeln, in dem verschiedene Formen wie Dreieck, Rechteck oder Kreis bearbeitet werden sollen. In jeder dieser Klassen ist eine Funktion zur Anzeige des Objekts mit dem Namen *Anzeige()* enthalten.

Will man mehrere dieser Figuren ausgeben, erzeugt man dafür einen Vektor, in der alle Elemente der Grafik vorkommen, wobei die Zeiger auf die Objekte gespeichert werden, wie beispielsweise mit

```
Figur    *pVektor[20];
```

Der Zugriff auf die komplette Grafik erfolgt in einer Schleife, wenn das Array mit den Zeigern gefüllt ist.

```
for (i = 0; i < 20; i++)
  pVektor[i] -> Anzeige();
```

Da es sich um unterschiedliche Objekte handelt, ist das eine erstaunliche Eigenschaft der objektorientierten Programmierung, denn mit dem gleichen Funktionsaufruf werden jeweils völlig andere Funktionen aufgerufen! Wenn der Zeiger auf ein Rechteck-Objekt zeigt, muß natürlich eine ganz andere Funktion ausgeführt werden als beim Zeichnen eines Kreises. Den Begriff hierfür, *Polymorphismus*, haben Sie bereits kennengelernt, er steht für verschiedene Bedeutungen der gleichen Sache.

Damit diese Schleife in der Praxis funktioniert, müssen bestimmte Bedingungen erfüllt sein. In unserem Fall ist es erforderlich, daß alle Figuren-Klassen von einer einzigen Basisklasse abgeleitet werden. Außerdem muß die Funktion *Anzeige()* in dieser Basisklasse als virtuell definiert sein.

Um diese Erklärung besser zu verstehen, zuerst ein Blick auf einige kurze Programme, die den Sachverhalt systematisch erläutern.

13.1.2 Zugriff auf nicht virtuelle Komponentenfunktionen mit Zeigern

Das ersten Beispiel demonstriert, was passiert, wenn man eine Basis- und davon abgeleitete Klassen hat, die alle eine Funktion mit dem gleichen Namen besitzen. Auf diese Funktion soll mit Hilfe von Zeigern zugegriffen werden.

```
// nicht virtuelle Funktion in Basisklasse
#include <iostream.h>

class Basis {                          // Basisklasse
  public:
    void Anzeige() {                   // Funktion zur Anzeige
      cout << "Basisklasse ! " << endl;
    }
};

class Abgeleitet1 : public Basis {     // Erste abgeleitete Klasse
  public:
    void Anzeige() {                   // Funktion zur Anzeige
      cout << "Abgeleitete Klasse 1" << endl;
    }
};

class Abgeleitet2 : public Basis {     // Zweite abgeleitete Klasse
  void Anzeige() {                     // Funktion zur Anzeige
    cout << "Abgeleitete Klasse 2" << endl;
  }
};

void main() {
  // Objekte der abgeleiteten Klassen erzeugen:
  Abgeleitet1  Objekt1;
  Abgeleitet2  Objekt2;
  Basis        *pBasisObjekt;          // Zeiger auf Basisklasse
```

```
  pBasisObjekt = &Objekt1;            // Zuweisung von Objekt1
  pBasisObjekt -> Anzeige();          // Ausgabe
  pBasisObjekt = &Objekt2;            // Zuweisung von Objekt2
  pBasisObjekt -> Anzeige();          // Ausgabe
}
```

Die Klassen mit den Namen *Abgeleitet1* und *Abgeleitet2* werden aus der Basisklasse abgeleitet, wobei in jeder dieser drei Klassen eine Komponentenfunktion mit dem Namen *Anzeige()* gegeben ist. In der Hauptfunktion *main()* werden zunächst zwei Objekte dieser abgeleiteten Klassen und ein Zeiger auf die Basisklasse erzeugt. Anschließend wird mit der folgenden Zeile die Adresse des Objekts der ersten abgeleiteten Klasse in den Zeiger auf die Basisklasse geschrieben.

```
pBasisObjekt = &Objekt1;
```

Doch halt, sind das nicht zwei unterschiedliche Typen? Gibt der Compiler in diesem Fall nicht eine Fehlermeldung aus? Die Antwort auf die erste Frage lautet ja, die auf die zweite nein. Denn die Typüberprüfung wurde in C++ dahingehend erweitert, daß der Compiler mit dieser Konstruktion gut leben kann. Dabei gilt die Regel, daß Objekte eines abgeleiteten Typs mit Zeiger auf den Basistyp verträglich sind.

Also keine Fehlermeldung. Damit stellt sich die Frage, welche Komponentenfunktion tatsächlich ausgeführt wird, wenn die Abarbeitung an die Zeile

```
pBasisObjekt -> Anzeige();
```

kommt. Ist es die Funktion aus der Basisklasse *Basis::Anzeige()*, oder die aus der abgeleiteten Klasse *Abgeleitet1::Anzeige()*? Verschieben wir die Antwort noch ein wenig, denn diese Zuweisung wird auch mit der zweiten abgeleiteten Basisklasse ausgeführt. Nun wird noch einmal die Funktion zur Anzeige aufgerufen.

Wenn man das Programm übersetzt und startet, sieht man folgendes auf dem Bildschirm:

```
Basisklasse !
Basisklasse !
```

Es wird also jedesmal die Komponentenfunktion aus der Basisklasse ausgeführt. Und dies geschieht unabhängig vom Inhalt des Zeigers, der ja einmal auf ein Objekt der ersten abgeleiteten Klassen und ein anderes Mal auf ein Objekt der zweiten abgeleiteten Klasse zeigt!

Mitunter ist dieses Verhalten genau das, was benötigt wird, aber in unserem Fall soll ja auf Objekte unterschiedlicher Klassen mit einem Befehl zugegriffen werden können.

13.1.3 Zugriff auf virtuelle Komponentenfunktionen mit Zeigern

Als Lösungsansatz verändern wir das Programm etwas. Es wird das Schlüsselwort *virtual* in den Deklarator der Komponentenfunktion *Anzeige()* der Basisklasse geschrieben. Damit ergibt sich folgendes Programm:

```
// virtuelle Funktion in Basisklasse
#include <iostream.h>

class Basis {                          // Basisklasse
  public:
    virtual void Anzeige() {           // Funktion zur Anzeige
      cout << "Basisklasse ! " << endl;
    }
};

class Abgeleitet1 : public Basis {     // Erste abgeleitete Klasse
  public:
    void Anzeige() {                   // Funktion zur Anzeige
      cout << "Abgeleitete Klasse 1" << endl;
    }
};

class Abgeleitet2 : public Basis {     // Zweite abgeleitete Klasse
    void Anzeige() {                   // Funktion zur Anzeige
      cout << "Abgeleitete Klasse 2" << endl;
    }
};

void main() {
  // Objekte der abgeleiteten Klassen erzeugen:
  Abgeleitet1  Objekt1;
  Abgeleitet2  Objekt2;
  Basis        *pBasisObjekt;          // Zeiger auf Basisklasse

  pBasisObjekt = &Objekt1;             // Ausgabe
  pBasisObjekt -> Anzeige();           // Ausgabe
  pBasisObjekt = &Objekt2;             // Zuweisung von Objekt2
  pBasisObjekt -> Anzeige();           // Ausgabe
}
```

Das Programm erzeugt die gewollte Ausgabe:

```
Abgeleitete Klasse 1
Abgeleitete Klasse 2
```

An der Ausgabe erkennt man, daß jetzt die Komponentenfunktionen der abgeleiteten Klassen und nicht die der Basisklasse ausgeführt werden. Mit der Zuweisung der Adresse des jeweiligen Objekts wird der Inhalt des Zeigers *pBasisObjekt* geändert, was bewirkt, daß automatisch die richtige Funktion aufgerufen wird. Deshalb werden mit

```
pBasisObjekt -> Anzeige();
```

völlig verschiedene Funktionen aufgerufen. Welche tatsächlich ausgeführt wird, hängt vom Inhalt des Zeigers *pBasisObjekt* ab. Der Übersetzer wählt in diesem Fall die richtige Funktion nicht nach dem Typ des Zeigers, sondern nach dem Inhalt des Zeigers aus.

13.1.4 Späte Bindung

Aber woher weiß der Übersetzer, wie der Inhalt des Zeigers *pBasisObjekt* zur Laufzeit des Programms aussieht? Im ersten Beispiel führt die Zeile

```
pBasisObjekt -> Anzeige();
```

immer zu einem Aufruf der Komponentenfunktion aus der Basisklasse, da der Übersetzer einen Zeiger auf die Basisklasse vor sich sieht. Bei der zweiten, virtuellen Variante weiß der Übersetzer nicht, zu welcher Klasse der Inhalt des Zeigers *pBasisObjekt* gehört. Es kann die Adresse des ersten oder des zweiten abgeleiteten Objekts sein. Welche Funktion soll er also aufrufen?

Weil er das nicht entscheiden kann, ruft er keine der Funktionen auf, sondern sorgt dafür, daß diese Entscheidung erst zur Laufzeit des Programms getroffen wird. In diesem Fall steht fest, zu welcher Klasse das Objekt gehört, auf das die Variable *pBasisObjekt* zeigt. Damit kann dann die richtige Version der Komponentenfunktion *Anzeige()* aufgerufen werden. Diese Vorgehensweise wird auch als *späte* oder *dynamische Bindung* bezeichnet, wobei man den normalen Aufruf einer Funktion *frühe* oder *statische Bindung* nennt.

Durch die späte Bindung wird der resultierende Code etwas umfangreicher, da jetzt ja noch die Abfragen zur Entscheidungsfindung enthalten sein müssen. Das erkauft man sich aber mit einer wesentlich größeren Flexibilität und Mächtigkeit der Sprache.

13.1.5 Rein virtuelle Funktionen

Im letzten Beispiel wird die Komponentenfunktion *Anzeige()* in der Basisklasse eigentlich nicht mehr benötigt, denn sie wird nie aufgerufen. Stattdessen kommen nur die Versionen in den abgeleiteten Klassen zum Einsatz. Weglassen können wir diese Funktion aber nicht, da sonst das zuvor beschriebene Verfahren nicht funktioniert. Was nicht benötigt wird, ist der Rumpf der Funktion, der in den geschweiften Klammern steht. Sie können ihn also weglassen, müssen dafür aber kenntlich machen, daß er nicht an anderer Stelle noch definiert wird. Dieses geschieht durch die beiden Zeichen »= 0«, die hinter die Deklaration der Funktion geschrieben werden müssen. Dies sieht man im folgenden Beispiel:

```
// Virtuelle Funktion in Basisklasse
#include <iostream.h>

class Basis {                            // Basisklasse
  public:
    virtual void Anzeige() = 0;          // Rein virtuelle Funktion
};

class Abgeleitet1 : public Basis {       // Erste abgeleitete Klasse
  public:
    void Anzeige() {                     // Funktion zur Anzeige
      cout << "Abgeleitete Klasse 1" << endl;
    }
};

class Abgeleitet2 : public Basis {       // Zweite abgeleitete Klasse
    void Anzeige() {                     // Funktion zur Anzeige
      cout << "Abgeleitete Klasse 2" << endl;
    }
};

void main() {
  Abgeleitet1  Objekt1;      // Objekte der abgeleiteten Klassen erzeugen
  Abgeleitet2  Objekt2;
  Basis        *apBasisObjekt [2];  // Liste aus Zeigern auf Basisklasse

  // Zuweisung:
  apBasisObjekt[0] = &Objekt1;
  apBasisObjekt[1] = &Objekt2;

  // Ausgabe beider Objekte:
  apBasisObjekt[0] -> Anzeige();
  apBasisObjekt[1] -> Anzeige();
}
```

Wie man in der Basisklasse erkennt, wird die virtuelle Funktion jetzt mit der folgenden Zeile deklariert:

```
virtual void Anzeige() = 0;
```

Also ist eine rein virtuelle Funktion eine virtuelle Funktion ohne Funktionsrumpf. Durch das Gleichheitszeichen wird hier keine Zuweisung ausgeführt, das heißt die Null wird nicht der Funktion zugewiesen und die Funktion wird auch nicht mit dem Wert 0 initialisiert (wie sollte das auch gehen?). Der Ausdruck ist nur ein Hinweis für den Compiler, daß die Funktion keinen Rumpf besitzt, sie also rein virtuell ist.

Das Weglassen der kompletten, rein virtuellen Funktion in der Basisklasse funktioniert leider nicht, da dann Ausdrücke wie

```
apBasisObjekt [0] -> Anzeige();
```

nicht anwendbar sind. Die Zeiger im Vektor *apBasisObjekt* müssen Zeiger auf Objekte der Basisklasse sein, damit dieses Verfahren klappt.

Es fand aber noch eine weitere Änderung statt, denn die Adressen der Objekte werden jetzt im einführend besprochenen Vektor aus Zeigern gesichert. Der Zugriff auf die Komponentenfunktionen erfolgt unter Verwendung des Index des Vektors. Das geht genauso wie mit einzelnen Zeigern, so daß das Programm die folgenden Zeilen ausgibt:

```
Abgeleitete Klasse 1
Abgeleitete Klasse 2
```

13.1.6 Eine erweiterte Klasse für Personen

Dies waren die grundlegenden Konzepte hinter den virtuellen Funktionen. Sie werden nun an einem weiteren Beispiel demonstriert. Von der bereits bekannten Klasse *Person* werden eine Klasse mit dem Namen *Schueler* und eine mit dem Namen *Lehrer* abgeleitet. In diesen Klassen gibt es eine Funktion mit dem Namen *HervorragendeLeistung()*, die angibt, ob die Leistungen eines Schülers oder Lehrers überdurchschnittlich sind.

```
// virtuelle Funktionen für Klasse Person
#include <iostream.h>

const int MAXIMAL = 100;

class Person {                          // Basisklasse
  private:
    char    acName[80];                 // Name der Person
    int     iAlter;                     // Alter der Person
  public:
    virtual int HervorragendeLeistung() = 0; // Rein virtuelle Funktion

    void DatenEinlesen() {              // Daten einlesen
      cout << "Geben Sie einen Namen ein: ";
      cin >> acName;
      cout << "Geben Sie das Alter ein: ";
      cin >> iAlter;
    }

    void DatenAusgeben() {              // Daten anzeigen
      cout << "Der Name lautet " << acName << endl;
      cout << "Das Alter betraegt " << iAlter << " Jahre" << endl;
    }
};

class Schueler : public Person {        // Klasse fuer Schueler
  private:
    float fNotenDurchschnitt;           // Notendurchschnitt
  public:
    void NotenDurchschnittEinlesen() { // Notendurchschnitt einlesen
      cout << "Geben Sie den Notendurchschnitt ein: ";
      cin >> fNotenDurchschnitt;
    }

    void NotenDurchschnittAusgeben() { // Notendurchschnitt ausgeben
      cout << "Der Notendurchschnitt ist " << fNotenDurchschnitt << endl;
    }

    int HervorragendeLeistung() {       // Hervorragende Leistung < 2.0
      int  iRueckgabe =0;               // Rueckgabewert

      if(fNotenDurchschnitt < 2.0) {    // Leistung ueberpruefen
        iRueckgabe = 1;                 // Hervorragend ...
      }
      return(iRueckgabe);               // Rueckgabe
    }
};
```

```
class Lehrer : public Person {          // Klasse fuer Lehrer
  private:
    // Skala 0 .. 10, wobei 10 die beste Beurteilung ist:
    float  fLeistung;                   // Beurteilung der Leistung
  public:
    void LeistungEinlesen() {           // Leistung einlesen
      cout << "Geben Sie die Leistungsbewertung ein: ";
      cin >> fLeistung;
    }

    void LeistungAusgeben() {           // Leistung ausgeben
      cout << "Die Leistungsbewertung ist " << fLeistung << endl;
    }

    int HervorragendeLeistung() {       // hervorragende Leistung > 8.8
      int  iRueckgabe =0;               // Rueckgabewert

      if(fLeistung > 8.8) {             // Leistung ueberpruefen
        iRueckgabe = 1;                 // Hervorragend ...
      }

      return(iRueckgabe);               // Rueckgabe
    }
};

void main() {
  Person          *pPerson[MAXIMAL];  // Vektor aus Zeiger auf Typ Person
  Schueler        *pSchueler;         // Zeiger auf Typ Schueler
  Lehrer          *pLehrer;           // Zeiger auf Typ Lehrer

  int             i;                  // Schleife
  int             iAnzahl;            // Anzahl der Elemente
  char            cEingabe;           // Zeichen, um Schleife fortzusetzen

  // Schleife, um Daten fuer Personen einzugeben:
  for (i = 0; i < MAXIMAL; i++) {
    // Schueler oder Lehrer auswählen:
    cout << "Schueler (s) oder Lehrer (l) ";
    cin >> cEingabe;

    // Schueler oder Lehrer:
    if (cEingabe == 's') {            // Schueler
      pSchueler = new Schueler;
      pSchueler -> DatenEinlesen();   // Allgemeine Daten einlesen
      pSchueler -> NotenDurchschnittEinlesen(); // Spezielle Daten
                                                // einlesen
      pPerson [i] = pSchueler;        // Zuweisung in Basisklassen-Vektor
```

```
    } else {
      pLehrer = new Lehrer;               // Lehrer
      pLehrer -> DatenEinlesen();         // Allgemeine Daten einlesen
      pLehrer -> LeistungEinlesen();      // Spezielle Daten einlesen
      pPerson[i] = pLehrer;               // Zuweisung in Basisklassen-Vektor
    }

    // Schleife fortsetzen?
    cout << "Weitere Daten eingeben (j/n) ";
    cin >> cEingabe;
    if (cEingabe == 'n') {                // Schleife beenden
      i++;                                // Zaehler erhoehen
      break;
    }
  }

  iAnzahl = i;                            // Anzahl merken

  // Daten wieder ausgeben:
  for (i = 0; i < iAnzahl; i++) {
    cout << "Person " << i + 1 << " : ";
    pPerson [i] -> DatenAusgeben();

    // Hervorragende Leistung:
    if (pPerson [i] -> HervorragendeLeistung() == 1) {
      cout << "   Die Person erzielte hervorragende Leistungen";
      cout << endl;
    }
  }
}
```

In den Klassen mit den Namen *Schueler* und *Lehrer* werden jeweils neue Datenelemente hinzugefügt. In der Klasse *Schueler* wird zusätzlich ein Datenelement gespeichert, in das der Notendurchschnitt des Schülers eingelesen wird. Ein ähnliches Element ist auch in der Klasse *Lehrer* vorhanden, nur wird hier eine Variable zur Leistungsbeurteilung angegeben. Ein Notendurchschnitt kleiner als 2.0 oder eine Leistungsbewertung mit einem Wert größer als 8.8 (bei einer Skala von 0 bis 10) entsprechen dabei einer besonders guten Leistung.

Ob bei einer bestimmten Person die Leistung herausragend ist, wird mit der Funktion *HerausragendeLeistung()* bestimmt. Sie ist in der Basisklasse als rein virtuell deklariert und in jeder abgeleiteten Klasse enthalten. Sie gibt den Wert 1 zurück, wenn der Notendurchschnitt eines Schülers kleiner als 2.0 ist oder wenn der Wert für die Beurteilung eines Lehrers größer als 8.8 ist. Ansonsten liefert sie eine 0 zurück.

In der Hauptfunktion *main()* wird man zunächst gefragt, ob man die Daten für einen Schüler oder Lehrer eingeben will. Bei einem Studenten wird man zusätzlich zum Namen und Alter nach dem Notendurchschnitt gefragt, bei einem Lehrer nach der Leistungsbewertung.

Ist ein Datensatz komplett eingegeben, erfolgt die Frage, ob man einen weiteren spezifizieren will. Falls ja, beginnt die Schleife wieder von vorn. Ansonsten wird mit der Ausgabe der Daten begonnen, wobei auch ein Aufruf der Funktion *HervorragendeLeistung()* erfolgt.

```
if (pPerson[i] -> HervorragendeLeistung() == 1)
```

Liefert diese einen Wert von 1 zurück, wird eine entsprechende Meldung ausgegeben. Der Dialog und die Ausgabe des Programms könnten wie folgt aussehen:

```
Schueler (s) oder Lehrer (l) s
Geben Sie einen Namen ein: Homer
Geben Sie das Alter ein: 22
Geben Sie den Notendurchschnitt ein: 3.4
Weitere Daten eingeben (j/n) j
Schueler (s) oder Lehrer (l) l
Geben Sie einen Namen ein: Derrick
Geben Sie das Alter ein: 57
Geben Sie die Leistungsbewertung ein: 9.5
Weitere Daten eingeben (j/n) j
Schueler (s) oder Lehrer (l) s
Geben Sie einen Namen ein: Martin
Geben Sie das Alter ein: 14
Geben Sie den Notendurchschnitt ein: 1.7
Weitere Daten eingeben (j/n) j
Schueler (s) oder Lehrer (l) l
Geben Sie einen Namen ein: Kramer
Geben Sie das Alter ein: 42
Geben Sie die Leistungsbewertung ein: 7.9
Weitere Daten eingeben (j/n) n
Person 1 : Der Name lautet Homer
Das Alter betraegt 22 Jahre
Person 2 : Der Name lautet Derrick
Das Alter betraegt 57 Jahre
   Die Person erzielte hervorragende Leistungen
Person 3 : Der Name lautet Martin
Das Alter betraegt 14 Jahre
   Die Person erzielte hervorragende Leistungen
Person 4 : Der Name lautet Kramer
Das Alter betraegt 42 Jahre
```

13.1.7 Abstrakte Klassen

Eine abstrakte Klasse ist eine Klasse, die nur als Basisklasse für die Ableitung anderer Klassen verwendet wird. Von den abgeleiteten Klassen können Objekte definiert werden, nicht aber von der abstrakten Basisklasse. Diese Definition kann noch dahingehend verschärft werden, daß eine abstrakte Klasse mindestens eine rein virtuelle (oder abstrakte) Funktion enthalten muß. Nach dieser Definition handelt es sich also bei der Klasse *Person* aus dem vorigen Beispiel um eine abstrakte Klasse.

Versucht man dennoch, ein Objekt von dieser Klasse zu definieren, sähe man eine entsprechende Fehlermeldung auf dem Bildschirm. Dennoch sind Zeiger auf diese Klasse möglich, wie ja im Beispiel demonstriert wurde.

13.1.8 Virtuelle Basisklassen

Bevor wir die Betrachtung virtueller Elemente beenden, sollen noch die virtuellen Basisklassen besprochen werden. Stellen Sie sich dazu vier Klassen vor, die die Namen *Eins*, *Zwei*, *Drei* und *Vier* besitzen. Klasse *Eins* stellt die Basisklasse dar und die Klasse *Zwei* und *Drei* werden jeweils von Klasse *Eins* abgeleitet. Die Klasse mit dem Namen *Vier* wird schließlich von *Zwei* und(!) von *Drei* abgeleitet.

Bei dieser Anordnung kann es zu Problemen kommen, wenn in einer Komponentenfunktion der Klasse *Vier* auf Daten oder Funktionen der Klasse *Eins* zugegriffen werden soll. Das wird im folgenden Beispiel gezeigt.

```
// Zweideutige Referenz auf Basisklasse
#include <iostream.h>

class Eins {                          // Basisklasse
  protected:
    int   iBasisDaten;                // Daten
};

class Zwei  : public Eins { };        // Keine Daten

class Drei  : public Eins { };        // Keine Daten

class Vier  : public Zwei, public Drei {
  public:
    int DatenZurueckliefern() {
      return(iBasisDaten);            // -> Fehler !
    }
};
```

Wenn Sie versuchen, diese Konstruktion zu übersetzen, meldet der Übersetzer einen Fehler. Dieser bezieht sich auf die Stelle, an der die Komponentenfunktion *DatenZurueckliefern()* versucht, auf die Variable *iBasisDaten* zuzugreifen. Wo liegt die Fehlerursache?

Da die Klassen *Zwei* und *Drei* beide von der Basisklasse *Eins* abgeleitet wurden, enthält jede dieser Klassen eine Kopie der Datenelemente der Klasse *Eins*, wobei diese auch als *Unterobjekt* bezeichnet wird. Also enthält jede Klasse einen eigenen Satz der Datenelemente der Basisklasse. Wenn man nun in der Klasse mit dem Namen *Vier*, die ja sowohl von *Zwei* als auch von *Drei* abgeleitet ist, auf das Element *iBasisDaten* zugreifen will, weiß der Compiler nicht mehr, welches der beiden gemeint ist. Die Situation ist also nicht eindeutig, so daß die Fehlermeldung gerechtfertigt ist.

Die Lösung dieses Problems ist, die Klassen *Zwei* und *Drei* als virtuelle Basisklassen zu definieren, wie in der folgenden Code-Sequenz:

```
// virtuelle Basisklassen
#include <iostream.h>

class Eins {                        // Basisklasse
  protected:
    int   iBasisDaten;              // Daten
};

class Zwei : virtual public Eins { }; // Keine Daten

class Drei : virtual public Eins { }; // Keine Daten

class Vier : public Zwei, public Drei {
  public:
    int DatenZurueckliefern()     {
      return(iBasisDaten);          // OK!
    }
};
```

Durch die Angabe des Schlüsselwortes *virtual* bei der Ableitung der Klassen wird erreicht, daß diese beiden Klassen nur eine Kopie der Basisklasse *Eins* gemeinsam verwenden. Das bedeutet, daß sich beide Klassen ein Unterobjekt teilen. Aus diesem Grund ist die Mehrdeutigkeit getilgt und die Zeilen lassen sich problemlos übersetzen.

13.2 Freundfunktionen

Wie Sie gesehen haben, kann man aus Funktionen, die nicht zur Klasse gehören, nicht auf geschützte (*protected*) oder private (*private*) Daten zugreifen. Dies gehört auch zum Konzept der Kapselung und des Verbergens der Daten. Nur aus einem Objekt heraus (meist das eigene) ist der Zugriff möglich. Normalerweise kommt man mit diesen Konzepten auch relativ weit bei der Lösung von Programmieraufgaben, nur manchmal stört diese Regelung etwas.

13.2.1 ... als Brücken

Stellen Sie sich zur Veranschaulichung eine Funktion vor, in der Objekte zweier unterschiedlicher Klassen bearbeitet werden sollen. In diesem Fall können Sie der Funktion die Objekte als Argumente übergeben, in der sie dann bearbeitet werden.

Sind die beiden Klassen von einer gemeinsamen Basisklasse abgeleitet, könnte diese Funktion in die Basisklasse aufgenommen werden. Wenn die beiden Klassen nicht miteinander verwandt sind, steht man allerdings vor einem Problem, das sich nur unter Einsatz von Freundfunktionen lösen läßt. Im nachfolgenden Beispiel werden Freundfunktionen eingesetzt, um zwei Objekte miteinander zu verbinden. Bildlich gesprochen, ist diese Verbindung eine Brücke zwischen den Objekten.

```
// Freundfunktion
#include <iostream.h>

class B;                            // Prototyp für Freundfunktion

class A {                           // Erste Klasse
  private:
    int     iDatenA;                // Daten der Klasse A
  public:
    A() {                           // Konstruktor, ohne Argument
      iDatenA = 41;                 // Init der Variablen
    }

    friend int FreundFunktion(A, B);  // Freundfunktion
};
```

```
class B {                                // Zweite Klasse
  private:
    int    iDatenB;                      // Daten
  public:
    B() {                                // Konstruktor, ohne Argumente
      iDatenB = 1;                       // Init
    }
    friend int FreundFunktion(A, B);     // Freundfunktion
};

int FreundFunktion(A ObjA, B ObjB) {       // Freundfunktion
  return(ObjA.iDatenA + ObjB.iDatenB);     // Summe der Datenwerte
                                           // zurueckgeben
}

void main() {
  A  ObjektA;                              // Objekte der Klassen
  B  ObjektB;

  // Aufruf der Freundfunktion und Ausgabe der Summe:
  cout << "Die Summe betraegt " << FreundFunktion(ObjektA, ObjektB);
  cout << endl;
}
```

In diesem Programm werden zuerst die Klassen mit den Namen *A* und *B* angegeben. In diesen wird jeweils die interne Variable durch einen Konstruktor initialisiert. Da wir ja nun eine Funktion schreiben wollen, die auf beide Elemente zugreift, wird eine Freundfunktion angegeben.

```
friend int FreundFunktion(A, B);
```

Sie wird mit dem Schlüsselwort *friend* eingeleitet, das angibt, daß die Funktion auf die beiden Objekte zugreifen darf. Sie kann an beliebiger Stelle in der Klassenangabe spezifiziert werden. Damit das alles funktioniert, muß die Freundfunktion aber in beiden Klassen angegeben werden.

Da die Funktion auf Objekte beider Klassen zugreifen kann, muß vor der ersten Klasse ein Prototyp der zweiten Klasse eingefügt werden.

```
class B;                                 // Prototyp für Freundfunktion
```

Vergessen Sie ihn, sehen Sie eine Fehlermeldung, da der Compiler mit der Angabe der zweiten Klasse in der Freundfunktion nichts anfangen kann. Aus diesem Grund ist der Prototyp erforderlich. Außerdem darf die eigentliche Freundfunktion dann erst nach der Angabe der Klassen stehen, weil man ansonsten Prototypen beider Klassen benötigen würde.

In der Funktion *FreundFunktion()* werden als Argumente die Objekte der beiden Klassen übergeben. Die Funktion selbst greift auf die privaten Datenelemente der beiden Objekte zurück und gibt die Summe der Werte zurück.

In der Hauptfunktion *main()* werden die beiden Objekte definiert, wobei sie durch die Konstruktoren initialisiert werden. Anschließend wird die Funktion *FreundFunktion()* aufgerufen, die die Summe der Werte der Datenelemente zurückgibt.

```
Die Summe betraegt 42
```

13.2.2 ... zur Überwindung von Grenzen

Der Einsatz von Freundfunktionen ist natürlich eine Aufweichung des Konzepts der Kapselung von Daten. Andererseits wird damit die Sprache flexibler, obwohl auch ein Bruch der Datenintegrität mit einhergeht. Wie stark ist dieser Bruch eigentlich?

Eine Freundfunktion muß in der Klasse, auf deren Daten sie zugreifen soll, als solche angegeben werden. Deswegen ist es nicht möglich, Freundfunktionen für beliebige Klassen anzugeben, von denen man den Quelltext nicht besitzt. Daher ist die Integrität immer noch gewährleistet und sie kann nur geschwächt werden, wenn man die Freundfunktionen explizit angibt.

Dennoch sollten so wenig Freundfunktionen wie möglich in einem Programm eingesetzt werden. Werden einmal sehr viele davon benötigt, sollten man lieber das Design der Objekte überdenken und gegebenenfalls ändern. Dennoch kann es Situationen geben, in denen man auf Freundfunktionen nicht verzichten möchte und kann. Sie erweitern beispielsweise den Einsatzbereich von überladenen Operatoren. Wie das funktioniert, zeigen die nachfolgenden Beispielen.

```
// Grenzen der Euro Addition mit +-Operator
#include <iostream.h>

class Euro {
  private:
    float       fEuro;          // Betrag in Euro
    float       fDm;            // Betrag in D-Mark
  public:
    Euro() {                    // Konstruktor ohne Argumente
      fEuro = 0;
      fDm = 0;
    }
```

```
    Euro(float fWert) {                 // Konstruktor mit einem Argument
      fEuro = fWert;
      fDm = 1.95583 * fWert;
    }

    void DatenEinlesen() {              // Daten einlesen
      cout << "Geben Sie einen Euro-Wert ein: ";
      cin >> fEuro;
      fDm = 1.95583 * fEuro;
    }

    void DatenAusgeben() {              // Daten anzeigen
      cout << fEuro << " Euro entsprechen ";
      cout << fDm << " DM" << endl;
    }

    Euro operator + (Euro);             // Werte addieren, nur Deklaration
};

Euro Euro::operator + (Euro Wert) {     // Ueberlagerter +-Operator
  float     fEuroTemp;                  // Temporaere Werte

  fEuroTemp = fEuro + Wert.fEuro;       // Addition in temporaere Variable

  return Euro(fEuroTemp);               // Rueckgabe eines temporaeren
                                        // Objekts
}

void main() {
  Euro  Objekt1;                        // Euro-Objekte
  Euro  Objekt2(2.5);
  Euro  Objekt3;
  Euro  Objekt4;

  Objekt1.DatenEinlesen();              // Daten von Objekt 1 einlesen

  Objekt3 = Objekt1 + Objekt2;          // Addition in Objekt 3 speichern

  // Ausgeben:
  cout << "Objekt 1: ";
  Objekt1.DatenAusgeben();
  cout << "Objekt 2: ";
  Objekt2.DatenAusgeben();
  cout << "Objekt 3: ";
  Objekt3.DatenAusgeben();

  Objekt4 = Objekt3 + 10.0;             // Berechnen
```

```
  // Ausgeben:
  cout << "Objekt 4: ";
  Objekt4.DatenAusgeben();

  // Berechnen:
//Objekt4 = 12.0 + Objekt3;                // -> Fehler!!!

  // Ausgeben:
  cout << "Objekt 4: ";
  Objekt4.DatenAusgeben();
}
```

In diesem Programm wird der +-Operator überladen, um zwei Objekte der Klasse *Euro* addieren zu können. Daß dies funktioniert, ist an der Zeile

```
Objekt3 = Objekt1 + Objekt2;
```

zu sehen, die sich ohne Schwierigkeiten übersetzen läßt. Weiterhin gibt es einen Konstruktor mit einem Argument, der einen Typ des Wertes *float* in ein Objekt des Typs *Euro* konvertiert. In diesem Fall wird in einer Angabe wie

```
Objekt4 = Objekt3 + 10.0;
```

eine Gleitkommakonstante mit einem Objekt verknüpft. Der überladene »+«-Operator sucht nach Objekten der Klasse *Euro* auf seiner linken und rechten Seite. Ist das Argument auf der rechten Seite ein Wert des Typs *float*, erhält der Konstruktor vom Compiler ein Argument, um den float- in einem Euro-Wert zu konvertieren. Anschließend wird die Addition ausgeführt, wobei zwei Werte des Typs *Euro* addiert werden.

Verändert man aber die Reihenfolge, was eigentlich nur eine leichte Änderung bedeutet, wie in der folgenden Zeile,

```
Objekt4 = 12.0 + Objekt3;                // -> Fehler!!!
```

gibt der Compiler eine Fehlermeldung aus. Das liegt daran, daß das Objekt, zu dem der überladene »+«-Operator gehört, immer auf der linken Seite des Operators stehen muß. Da es sich aber um eine Konstante handelt, gibt es kein Objekt, zu dem der »+«-Operator gehören könnte. Deshalb ist natürlich auch kein Konstruktor verfügbar, der den float- in einen Euro-Wert umwandeln könnte, so daß es zur Anzeige der Fehlermeldung kommt (aus diesem Grund ist die Zeile auskommentiert).

Ein Dialog mit dem Programm könnte beispielsweise wie folgt aussehen:

```
Geben Sie einen Euro-Wert ein: 12.3
Objekt 1: 12.3 Euro entsprechen 24.0567 DM
Objekt 2: 2.5 Euro entsprechen 4.88958 DM
Objekt 3: 14.8 Euro entsprechen 28.9463 DM
Objekt 4: 24.8 Euro entsprechen 48.5046 DM
Objekt 4: 24.8 Euro entsprechen 48.5046 DM
```

Wie schafft man es, daß die Reihenfolge der einzelnen Elemente egal ist, wenn man die Addition angibt? Wie man sich denken kann, wird dazu eine Freundfunktion verwendet. Man muß nur ein wenig die Klasse *Euro* modifizieren.

```
// Der freundliche +-Operator
#include <iostream.h>

class Euro {
  private:
    float  fEuro;                    // Betrag in Euro
    float  fDm;                      // Betrag in D-Mark
  public:
    Euro() {                         // Konstruktor ohne Argumente
      fEuro = 0;
      fDm = 0;
    }

    Euro(float fWert) {              // Konstruktor mit einem Argument
      fEuro = fWert;
      fDm = 1.95583 * fWert;
    }

    void DatenEinlesen() {           // Daten einlesen
      cout << "Geben Sie einen Euro-Wert ein: ";
      cin >> fEuro;
      fDm = 1.95583 * fEuro;
    }

    void DatenAusgeben() {           // Daten anzeigen
      cout << fEuro << " Euro entsprechen ";
      cout << fDm << " DM" << endl;
    }

    friend Euro operator + (Euro, Euro); // Werte addieren, nur
                                         // Deklaration
};
```

```
Euro operator + (Euro Wert1, Euro Wert2) { // Ueberlagerter +-Operator
  float  fEuroTemp;                          // temporaere Werte

  fEuroTemp = Wert1.fEuro + Wert2.fEuro;    // Addition in temporaere
                                             // Variable

  return Euro(fEuroTemp);     // Rueckgabe eines temporaeren Objekts
}

void main() {
  Euro  Objekt1;                         // Euro-Objekte
  Euro  Objekt2(2.5);
  Euro  Objekt3;
  Euro  Objekt4;

  Objekt1.DatenEinlesen();               // Daten von Objekt 1 einlesen

  Objekt3 = Objekt1 + Objekt2;           // Addition in Objekt 3 speichern

  // Ausgeben:
  cout << "Objekt 1: ";
  Objekt1.DatenAusgeben();
  cout << "Objekt 2: ";
  Objekt2.DatenAusgeben();
  cout << "Objekt 3: ";
  Objekt3.DatenAusgeben();

  Objekt4 = Objekt3 + 10.0;              // Berechnen

  // Ausgeben:
  cout << "Objekt 4: ";
  Objekt4.DatenAusgeben();

  // Berechnen:
  Objekt4 = 12.0 + Objekt3;              // Kein Fehler mehr!

  // Ausgeben:
  cout << "Objekt 4: ";
  Objekt4.DatenAusgeben();
}
```

In diesem Fall wird der Operator »+« zu einer Freundfunktion gemacht.

```
friend Euro operator + (Euro, Euro);
```

Zu beachten ist, daß die Operator-Funktion jetzt kein Bestandteil mehr der Euro-Klasse ist. Aus diesem Grund besitzt der Operator als Freundfunktion zwei Argumente, da nun nicht mehr das Objekt als ein Bestandteil eingesetzt werden kann.

```
Euro operator + (Euro Wert1, Euro Wert2) {
  float  fEuroTemp;                     // Temporaere Werte

  // Addition in temporaere Variable:
  fEuroTemp = Wert1.fEuro + Wert2.fEuro;

  // Rueckgabe eines temporaeren Objekts:
  return Euro(fEuroTemp);
}
```

Im Körper der Operatorfunktion muß man noch den Zugriff auf die einzelnen Objekte entsprechend anpassen. Es werden die Namen *Wert1* und *Wert2* für die zugehörigen Objekte verwendet.

Der Operator funktioniert jetzt analog zum vorherigen Fall. Die Konstante auf der linken Seite wird zuerst mit Hilfe des Konstruktors mit einem Argument in einen Wert das Typs *Euro* umgewandelt. Anschließend findet die Addition von zwei Werten des Typs *Euro* statt, wie in der Anlage der Freundfunktion vorgesehen.

Daß das Programm jetzt funktioniert und die Reihenfolge also egal ist, sieht man zum einen an der Tatsache, daß der Compiler trotz der Entfernung der Auskommentierung keinen Fehler mehr meldet. Außerdem hat sich die Ausgabe verändert, da die letzten beiden Zeilen bei gleicher Eingabe jetzt unterschiedlich sind (sie waren es vorher nicht).

```
Geben Sie einen Euro-Wert ein: 12.3
Objekt 1: 12.3 Euro entsprechen 24.0567 DM
Objekt 2: 2.5 Euro entsprechen 4.88958 DM
Objekt 3: 14.8 Euro entsprechen 28.9463 DM
Objekt 4: 24.8 Euro entsprechen 48.5046 DM
Objekt 4: 26.8 Euro entsprechen 52.4162 DM
```

13.2.3 ... zur besseren Lesbarkeit

In einigen Fällen dienen Freundfunktionen auch dazu, die Lesbarkeit eines Programms zu erhöhen. Statt einer Komponentenfunktion ruft man dann eine normale Funktion auf. Man stelle sich vor, man möchte eine Funktion erzeugen, die das Quadrat einer Euro-Zahl berechnet. Man kann sie als Komponentenfunktion realisieren, wie im ersten Beispiel.

```
// Quadrat als Komponente
#include <iostream.h>

class Euro {
  private:
    float      fEuro;                  // Betrag in Euro
    float      fDm;                    // Betrag in D-Mark
  public:
    Euro() {                           // Konstruktor ohne Argumente
      fEuro = 0;
      fDm = 0;
    }

    Euro(float fWert) {                // Konstruktor mit einem Argument
      fEuro = fWert;
      fDm = 1.95583 * fWert;
    }

    void DatenEinlesen() {             // Daten einlesen
      cout << "Geben Sie einen Euro-Wert ein: "; cin >> fEuro;
      fDm = 1.95583 * fEuro;
    }

    void DatenAusgeben() {             // Daten anzeigen
      cout << fEuro << " Euro entsprechen ";
      cout << fDm << " DM" << endl;
    }

    Euro Quadrat() {                   // Quadrat berechnen
      // Rueckgabe mit temporaerem Objekt:
      return(Euro(fEuro * fEuro));
    }
};

void main() {
  Euro    Objekt1;                     // Zwei Objekte erzeugen
  Euro    Objekt2;

  Objekt1.DatenEinlesen();             // Daten von Objekt 1 einlesen
  Objekt2 = Objekt1.Quadrat();         // Quadrat berechnen und zuweisen

  // Daten ausgeben:
  cout << "Objekt 1: ";
  Objekt1.DatenAusgeben();
  cout << "Objekt 2: ";
  Objekt2.DatenAusgeben();
}
```

Das Programm birgt keine Überraschungen. In der Funktion *main()* werden zwei Objekte der Klasse *Euro* definiert. Anschließend kann man den Wert des ersten Objekts eingeben. Danach wird das Quadrat berechnet, wofür die Komponentenfunktion *Quadrat()* aufgerufen wird.

```
Objekt2 = Objekt1.Quadrat();
```

Dieses Ergebnis wird einem anderen Objekt mit dem Namen *Objekt2* zugewiesen. Abschließend erfolgt die Ausgabe der Berechnungen.

```
Geben Sie einen Euro-Wert ein: 2.5
Objekt 1: 2.5 Euro entsprechen 4.88958 DM
Objekt 2: 6.25 Euro entsprechen 12.2239 DM
```

Für die Berechnung des Quadrats wird wieder ein namenloses, temporäres Objekt erzeugt, dem das Quadrat der Euro-Werte als Argument übergeben wird.

```
Euro Quadrat() {
  return(Euro(fEuro * fEuro));          // Rueckgabe mit temporaeren Objekt
}
```

Damit ist die Zuweisung des Ergebnisses an ein anderes Objekt des Typs *Euro* möglich.

Will man aber eine Schreibweise verwenden, wie sie auch mit anderen Zahlen möglich wäre (wenn es denn eine passende Funktion geben würde), ist der Einsatz einer Freundfunktion sicherlich vorzuziehen. In einem solchen Fall berechnet man mit einer Zeile wie

```
Objekt2 = Quadrat(Objekt1);
```

das Quadrat. Das zugehörige Programm lautet:

```
// Quadrat als Freundfunktion
#include <iostream.h>

class Euro {
  private:
    float    fEuro;                     // Betrag in Euro
    float    fDm;                       // Betrag in D-Mark
  public:
    Euro() {                            // Konstruktor ohne Argumente
      fEuro = 0;
      fDm = 0;
    }
```

```
    Euro(float fWert) {                  // Konstruktor mit einem Argument
      fEuro = fWert;
      fDm = 1.95583 * fWert;
    }

    void DatenEinlesen() {               // Daten einlesen
      cout << "Geben Sie einen Euro-Wert ein: ";
      cin >> fEuro;
      fDm = 1.95583 * fEuro;
    }

    void DatenAusgeben() {               // Daten anzeigen
      cout << fEuro << " Euro entsprechen ";
      cout << fDm << " DM" << endl;
    }

    friend Euro Quadrat(Euro);           // Quadrat berechnen
};

Euro Quadrat(Euro Wert) {      // Freundfunktion zur Berechnung des Quadrats
  // Rueckgabe mit temporaeren Objekt:
  return(Euro(Wert.fEuro * Wert.fEuro));
}

void main() {
  Euro  Objekt1;                         // Zwei Objekte erzeugen
  Euro  Objekt2;

  Objekt1.DatenEinlesen();               // Daten von Objekt 1 einlesen

  Objekt2 =Quadrat(Objekt1);             // Quadrat berechnen und zuweisen

  // Daten ausgeben:
  cout << "Objekt 1: ";
  Objekt1.DatenAusgeben();
  cout << "Objekt 2: ";
  Objekt2.DatenAusgeben();
}
```

Als Komponentenfunktion besaß *Quadrat()* keine Argumente, als Freundfunktion benötigt sie aber eines, da sie ansonsten keine Daten für eine Berechnung zur Verfügung hätte. Im allgemeinen benötigt also ein Freundfunktion immer ein Argument mehr als eine Komponentenfunktion. Mit einer Komponentenfunktion hat man immer Zugriff auf die Daten des Objekts, einer Freundfunktion muß man dieses Objekt aber immer explizit übergeben, woraus der zusätzliche Parameter resultiert.

Der Rumpf der Freundfunktion entspricht im wesentlichen dem Rumpf der Komponentenfunktion, nur muß man wieder das Objekt angeben, auf dessen Komponenten man zugreifen will.

Außerdem muß man natürlich den Aufruf der Funktion entsprechend anpassen. Für die Ausgabe des Programms hat die Änderung im Quelltext keine Auswirkung, so daß sie im Prinzip genauso aussieht wie bei der Verwendung der Komponentenfunktion des ersten Objekts.

```
Geben Sie einen Euro-Wert ein: 1.3
Objekt 1: 1.3 Euro entsprechen 2.54258 DM
Objekt 2: 1.69 Euro entsprechen 3.30535 DM
```

13.3 Freundklassen

Man kann in einer Klasse nicht nur eine Funktion als Freundfunktion angeben, sondern es lassen sich auch alle in eine verwandeln. In in einem solchen Fall definiert man die komplette Klasse als Freundklasse, wie im folgenden Beispiel:

```
// Freundklasse
#include <iostream.h>

class C {
  private:
    int  iDatenC;              // Datenelement
  public:
    C() {                      // Konstruktor
      iDatenC = 42;
    }

    friend class D;            // Befreundete Klasse mit dem Namen D
};

class D {
  public:
    // Nur Funktionen
    void Funktion1(C ObjC) {
      cout << "Funktion 1 : " << ObjC.iDatenC << endl;
    }
    void Funktion2(C ObjC) {
      cout << "Funktion 2 : " << ObjC.iDatenC << endl;
    }
};
```

```
void main() {
  C    ObjektC;              // Objekte definieren
  D    ObjektD;

  // Funktionen aufrufen:
  ObjektD.Funktion1(ObjektC);
  ObjektD.Funktion2(ObjektC);
}
```

Bei der Angabe von Klasse *C* wird die komplette Klasse *D* als Freundklasse spezifiziert. Deshalb dürfen alle Komponentenfunktionen von *D* auf private Daten von *C* zugreifen. Die Angabe erfolgte unter Verwendung des Schlüsselwortes *class*, damit der Compiler weiß, daß es sich bei *D* um eine Klasse handelt. Ansonsten würde der Compiler eine Fehlermeldung ausgeben, da er den Bezeichner *D* noch nicht kennt.

Das kann man aber leicht ändern, indem man einfach die Klasse *D* vor der Klasse *C* spezifiziert. In diesem Fall würde die folgende Zeile zur Angabe der Freundklasse reichen:

```
friend D;
```

13.4 Statische Funktionen

In den bisherigen Beispielen wurden bereits statische Komponentendaten besprochen. Sie werden nicht für jedes neue Objekt angelegt, da es nur einen statischen Datenbereich gibt. Diese Daten werden von allen Objekten einer Klasse gemeinsam genutzt. In einem Beispielprogramm wurde gezeigt, daß es so möglich ist, einen Zähler anzulegen, der angibt, wieviele Objekte einer Klasse erzeugt wurden.

Dieses Konzept soll nun auf statische Funktionen erweitert werden. Zusätzlich wird jedem Objekt eine eindeutige Nummer zugewiesen, anhand derer zu bestimmen ist, um welches Objekt es sich handelt. Damit ist beispielsweise die Fehlersuche sinnvoll einzugrenzen.

13.4.1 Das Beispiel

Im folgenden Beispiel wird der Einsatz einer statischen Funktion gezeigt:

```
// Statische Funktion
#include <iostream.h>

class StatischeFunktion {
  private:
    static int  iGesamt;               // Gesamtzahl der Objekte
    int         iKennung;              // Kennung eines Objekts
  public:
    StatischeFunktion() {              // Konstruktor
      iGesamt ++;                      // Gesamtzahl um 1 erhoehen
      iKennung = iGesamt;              // Kennung setzen
    }

    ~StatischeFunktion() {             // Destruktor
      iGesamt--;                       // Gesamtzahl verringern

      // Ausgabe:
      cout << "Loeschen des Objekts " << iKennung << endl;
    }

    // Gesamtzahl ausgeben mittels statischer Funktion:
    static void GesamtzahlAusgeben() {
      // Ausgabe:
      cout << "Es wurden momentan " << iGesamt
           << " Objekte erzeugt" << endl;
    }

    // Kennung ausgeben, nicht-statische Funktion:
    void KennungAusgeben() {
      // Ausgabe:
      cout << "Die Kennung des Objekts ist " << iKennung << endl;
    }
};

int StatischeFunktion::iGesamt = 0;   // Statische Variable initialisieren

void main() {
  StatischeFunktion  ErstesObjekt;    // Objekt 1 definieren
  // Ausgabe der Gesamtzahl:
  StatischeFunktion::GesamtzahlAusgeben();

  StatischeFunktion  ZweitesObjekt;   // Objekt 2 definieren
  StatischeFunktion  DrittesObjekt;   // Objekt 3 definieren
```

```
  // Ausgabe der Gesamtzahl:
  StatischeFunktion::GesamtzahlAusgeben();

  // Ausgabe der Kennungen:
  ErstesObjekt.KennungAusgeben();
  ZweitesObjekt.KennungAusgeben();
  DrittesObjekt.KennungAusgeben();

  // Ende:
  cout << "Das ist das Ende ---------------------------" << endl;
}
```

13.4.2 Zugriff auf statische Funktionen

In der Klasse *StatischeFunktion* findet man ein statisches Datenelement mit dem Namen *iGesamt*, in dem die Anzahl der bestehenden Objekte gespeichert ist. Der Aufruf des Konstruktors erhöht den Wert um 1, im Destruktor wird er um 1 vermindert. Dieses Datenelement muß noch initialisieren werden, da sonst der Compiler eine Fehlermeldung ausgibt.

```
int StatischeFunktion::iGesamt = 0;
```

Soll auf dieses private Element von außerhalb der Klasse zugegriffen werden, ist dafür eine entsprechende Komponentenfunktion *GesamtzahlAusgeben()* festzulegen. Wie wird diese Funktion in einem Programmteil aufgerufen, bei dem nur überprüft wird, wie viele Objekte vorhanden sind?

Ein statisches Datenelement gibt es nur einmal für die Klassen, unabhängig davon, wieviele Objekte der Klasse definiert wurden. Außerdem muß die Abfrage auch funktionieren, wenn gar kein Objekt dieser Klasse erzeugt wurde.

Zur Lösung dieser Aufgabe könnte man ein Testobjekt definieren, mit dem die entsprechende Komponentenfunktion aufgerufen wird. Das könnte beispielsweise mit folgender Sequenz erfolgen:

```
StatischeFunktion    Test;                 // Definition des Testobjekts

Test.GesamtzahlAusgeben();                 // Zugriff auf Komponentenfunktion
```

Das ist keine sonderlich elegante Lösung, da man immer noch die zurückgelieferte Anzahl um den Wert 1 verringern muß, um zum richtigen Wert zu kommen. Viel einfacher wäre es, wenn zur Ermittlung der Anzahl kein bestimmtes Objekt erzeugt werden müßte. Da der Compiler wissen muß, welche Funktion von welcher Klasse aufgerufen werden soll, wäre in diesem Fall eine Angabe wie

```
StatischeFunktion::GesamtzahlAusgeben();
```

näherliegender. Dabei kommt der bereichsauflösende Operator zum Einsatz, wie man ihn auch von der Deklaration einer Komponentenfunktion außerhalb der Klasse her schon kennt. Das funktioniert allerdings nicht, wenn es sich bei *GesamtzahlAusgeben()* um eine normale Komponentenfunktion handelt. In diesem Fall müßte der Punktoperator mit dem Namen des Objekts eingesetzt werden.

Damit der Aufruf wie gewünscht mit dem Namen der Klasse klappt, muß diese Funktion als *static* angegeben werden, was im Listing auch geschieht. Auf diese Weise kann der Klassenname verwendet werden, um auf die Funktion zuzugreifen.

In der Hauptfunktion *main()* wird zuerst ein Objekt mit dem Namen *ErstesObjekt* erzeugt. Anschließend wird der Wert der statischen Variable *iGesamt* ausgegeben, wobei hier noch etwas Feinarbeit notwendig ist. Danach werden zwei weitere Objekte erzeugt und wieder wird die Gesamtsumme angezeigt.

13.4.3 Kennzeichnung der Objekte

Um ein Objekt eindeutig identifizieren zu können, erhält es eine eindeutige Kennung. Sie wird im Konstruktor vergeben, wobei der Einfachheit halber die Anzahl der aktuell erzeugten Objekte die Kennung darstellt. Diese wird für jedes Objekt in der Hauptfunktion *main()* angezeigt.

Dazu erfolgt ein Aufruf der Komponentenfunktion *KennungAusgeben()* für jedes der drei Objekte.

```
ErstesObjekt.KennungAusgeben();
ZweitesObjekt.KennungAusgeben();
DrittesObjekt.KennungAusgeben();
```

Dabei besitzt das erste Objekt die Kennung 1, das zweite die 2 und das dritte die 3. Abschließend wird das Ende des Programms kundgetan. Damit sieht die Ausgabe wie folgt aus:

```
Es wurden momentan 1 Objekte erzeugt
Es wurden momentan 3 Objekte erzeugt
Die Kennung des Objekts ist 1
Die Kennung des Objekts ist 2
Die Kennung des Objekts ist 3
Das ist das Ende --------------------------
Loeschen des Objekts 3
Loeschen des Objekts 2
Loeschen des Objekts 1
```

13.4.4 Destruktoren

Damit hat jedes erzeugte Objekt eine eindeutige Nummer verpaßt bekommen, so daß es sich leicht identifizieren läßt. Wenn Sie sich die Ausgabe anschauen, sollte diese eigentlich mit der Zeile

```
Das ist das Ende --------------------------
```

aufhören. Tatsächlich geht sie aber noch weiter, da beim Beenden des Programms die Destruktoren der Objekte aufgerufen werden. In diesen wird jeweils der Zählerstand verringert und es erfolgt eine Ausgabe, welches Objekt gerade gelöscht wird.

In diesem Fall ist ersichtlich, daß zuerst das Objekt mit der Kennung 3 gelöscht wird und zuletzt das mit der Kennung 1. Das bedeutet, daß das zuletzt definierte als erstes aus dem Speicher verschwindet, was die Vermutung nahelegt, daß diese Form der Objekte auf dem Stapelspeicher beziehungsweise Stack abgelegt werden (was auch tatsächlich so ist).

13.5 Zuweisung und Initialisierung durch Kopieren

Durch den C++-Übersetzer werden in der Regel einige Dinge erledigt, um die man sich nicht kümmern muß und die man normalerweise einfach hinnehmen muß. Da wir aber gesehen haben, daß man fast alles einstellen kann, ist es möglich, sich auch um diese Dinge selbst zu kümmern. Zwei wichtige Beispiele dazu sind der Zuweisungsoperator »=« und der Kopiekonstruktor.

Der Zuweisungsoperator wurde an vielen Stellen des Buches schon mit Erfolg angewendet. Dabei machten wir uns keine großen Gedanken über seinen Einsatz, sondern verwendeten ihn nur intuitiv. Unter der Annahme, daß *Objekt1* und *Objekt2* zwei Objekte desselben Typs sind, legt man mit der Zeile

```
Objekt1 = Objekt2;          // Daten von einem in das andere Objekt kopieren
```

fest, daß die Daten komponentenweise von *Objekt2* in *Objekt1* kopiert werden. Das ist die Standardoperation, die man von diesem Operator für gewöhnlich erwartet.

Außerdem können Variablen bei der Definition initialisiert werden. Wenn man also ein neues Objekt mit einem anderen initialisieren will, wäre folgende Schreibweise richtig:

```
NeueKlasse  Objekt1(Objekt2);          // Objekt1 mit Daten von Objekt2
                                       // initialisieren
```

In diesem Fall wird eine ähnliche Vorgehensweise wie zuvor ausgelöst. Der Übersetzer erzeugt ein neues Objekt mit dem Namen *Objekt1* und kopiert die Daten Komponente für Komponente von *Objekt2* herein. Auch das ist eine Standardoperation, dieses Mal für den Kopiekonstruktor.

Diese Standaradoperationen sind fest in den Compiler eingebaut. Sie werden ohne weiteres Zutun ausgeführt, wenn der Übersetzer auf eine entsprechende Zeile stößt. Entsprechen sie genau dem, was man will, kann man es dabei belassen.

Soll aber eine andere Verarbeitung der Daten stattfinden, kann man die Standardfunktionen auch überschreiben. Wie das funktioniert, erläutert der folgende Abschnitt. Begonnen wird mit dem Zuweisungsoperator.

13.5.1 Überlagerung des Zuweisungsoperators

Im folgenden kurzen Beispiel wird der Zuweisungsoperator überlagert.

```
// Zuweisungsoperator ueberlagern
#include <iostream.h>

class X {
  private:
    int     iDatenX;
  public:
    X() {                              // Konstruktor ohne Argumente
      iDatenX = 0;
    }
    X(int iWert) {                     // Konstruktor mit einem Argument
      iDatenX = iWert;
    }

    void DatenAnzeigen() {             // Anzeige der Daten
      cout << "X = " << iDatenX << endl;
    }

    X operator =(X& ObjektX) {         // Operator = ueberlagern
      iDatenX = ObjektX.iDatenX;       // Wert zuweisen
      cout << "Zuweisung wurde vorgenommen" << endl;         // Ausgabe
      return(X(iDatenX));    // Wert zurueckgeben mit namenlosen Objekt
    }
};
```

```
void main() {
  X    ObjektX1(42);                // Objekte definieren
  X    ObjektX2;

  ObjektX2 = ObjektX1;              // Zuweisung

  // Ausgabe:
  cout << "Objekt1 : ";
  ObjektX1.DatenAnzeigen();
  cout << "Objekt2 : ";
  ObjektX2.DatenAnzeigen();

  // Weiteres Objekt erzeugen und initialisieren;
  // Operator = wird nicht (!) aufgerufen:
  X     ObjektX3 = ObjektX2;

  // Ausgabe:
  cout << "Objekt3 : ";
  ObjektX3.DatenAnzeigen ();
}
```

Die hier zur Demonstration verwendete Klasse mit dem Namen *X* besteht nur aus einem Datenelement und einigen Komponentenfunktionen. Mit bestimmten Konstruktoren wird das Datenelement initialisiert, und eine Ausgabefunktion zeigt den Wert an. Da wir ja den Operator »=« überlagern wollten, enthält die Klasse eine entsprechende Funktion, die mit *operator = ()* gekennzeichnet ist.

In der Hauptfunktion *main()* werden zwei Objekte mit den Namen *ObjektX1* und *ObjektX2* definiert, eines davon wird mit dem Wert 42 initialisiert. Danach erfolgt die Zuweisung unter Verwendung des Zuweisungsoperators »=«:

```
ObjektX2 = ObjektX1;
```

Dadurch wird die überladene Operatorfunktion aufgerufen, so daß das Programm die folgenden Ausgaben erzeugt:

```
Zuweisung wurde vorgenommen
Objekt1 : X = 42
Objekt2 : X = 42
Objekt3 : X = 42
```

In den letzten Zeilen wird ein weiteres Objekt mit dem Namen *ObjektX3* erzeugt, das sofort mit dem Wert von *ObjektX2* initialisiert wird.

```
X     ObjektX3 = ObjektX2;
```

Obwohl hier auch das Gleichheitszeichen im Quelltext erscheint, handelt es sich nicht um eine Zuweisung. Man darf sich nicht von der verwendeten Syntax täuschen lassen: hier wird keine Zuweisung, sondern eine Initialisierung ausgeführt. Mit einer Anweisung wie

```
X     ObjektX3(ObjektX2);
```

wäre dies auf den ersten Blick klar geworden. Daher ist in der Ausgabe auch nur einmal die Zeile zu sehen, daß der Zuweisungsoperator ausgeführt wurde (gleich zu Anfang).

Überschreibt man den Operator »=«, muß man sehr genau wissen, was man tut, denn die Standardfunktion ist dann nicht mehr verfügbar. In der Regel gehört dazu natürlich auch das Kopieren der Datenelemente. Da in unserem Fall die Klasse *X* nur ein Datenelement besitzt, wird in der Operator-Funktion das Element nur kopiert.

```
iDatenX = ObjektX.iDatenX;
```

Beim Aufruf des Operators wird zusätzlich noch ein String ausgegeben, damit man weiß, wann dies der Fall ist.

Sieht man sich den Deklarator näher an, stellt man fest, daß das Argument der Operatorfunktion per Referenz übergeben wird (Adreßübergabe). Das ist zwar nicht zwingend erforderlich, weil dadurch vermieden wird, daß eine Kopie des übergebenen Objekts erzeugt wird. Damit wird kein Speicherplatz verschwendet und auch die benötigte Zeit für die Ausführung des Operators wird verringert, da das Kopieren wegfällt. Für ein Objekt der Klasse *X* spielt das vermutlich keine Rolle, weil sie nur ein Datenelement besitzt, aber bei größeren Objekten könnte das schon zu einem Problem werden.

Außerdem können durch das Erzeugen weiterer Objekte dieses Typs bestimmte Überprüfungsmaßnahmen ins Leere laufen. Stellen wir uns vor, wir wollen die Anzahl der Objekte überwachen. Wenn man jetzt temporäre Objekte beim Aufruf einer Funktion erzeugt, läuft die Überwachungsfunktion ins Leere beziehungsweise muß man die zwischenzeitlich generierten Objekte davon wieder abziehen, was mehr Aufwand macht. Dies wird verhindert, indem man nur die Adresse übergibt, wodurch kein neues Objekt erzeugt wird.

Damit stellt sich die Frage, ob der Rückgabewert auch als Referenz möglich ist, um Speicherplatz zu sparen. Bei Funktionen ist das ja bekannterweise prinzipiell möglich. Bei der Rückgabe als Wert wird eine Kopie erzeugt und an das aufrufende Programm zurückgegeben. Diese Kopie kann dann entsprechend weiterverarbeitet werden. Bei der Rückgabe per Referenz wird dagegen keine Kopie erzeugt. Stattdessen wird ein Zeiger auf das tatsächliche Objekt zurückgegeben.

In der Operatorfunktion der Klasse *X* wird ein Wert zurückgegeben, wobei ein temporäres namenloses Objekt der Klasse erzeugt wird. Außerdem erfolgt eine Initialisierung mit Hilfe des Konstruktors mit einem Argument.

```
return(X(iDatenX));
```

Damit ist der zurückgegebene Wert eine Kopie des Objekts und nicht dieses selbst. Außerdem ist es so möglich, daß die Gleichheitszeichen in einer Kette von Zuweisungen verwendet werden können:

```
ObjektX1 = ObjektX2 = ObjektX3;
```

Dieses Verfahren hat natürlich dieselben Nachteile wie die Wert-Übergabe eines Argumentes. Es muß eine zusätzliche Kopie erzeugt werden, die unnötig Speicher verbraucht. Die Lösung könnte also die Referenzübergabe sein.

```
X& operator =(X& ObjektX);
```

Doch leider funktioniert das so nicht, da Zeiger, die auf lokale Variablen in einer Funktion zeigen, nicht außerhalb verwendet werden können. Das liegt daran, daß lokale Variablen automatisch gelöscht werden, wenn die Funktion beendet wird. Bei der Rückgabe per Referenz wird nur die Adresse verwendet. Sie zeigt aber bei lokalen Daten auf ein Element innerhalb der Funktion. Beim Beenden der Funktion wird das Datenelement gelöscht und der Zeiger weist auf einen Bereich, der nicht mehr gültig ist. Daß es auch anders geht, werden wir später bei der Beschreibung des *this*-Zeigers noch kennenlernen.

Wird der Zuweisungsoperator »=« überlagert, ist zu beachten, daß die zugehörige Funktion nicht vererbt werden kann. Deswegen kann der Operator nicht automatisch in einer abgeleiteten Klasse verwendet werden. Das ist durchaus sinnvoll, denn der Zuweisungsoperator der Basisklasse weiß nichts von den Elementen der abgeleiteten Klasse. Wäre er ohne weiteres verfügbar, würden im Zweifelsfall vermutlich nur ein Teil der Elemente kopiert (nur die der Basisklasse), so daß die Zuweisung unvollständig wäre. Aus diesem Grund muß man sowieso die Überlagerung in der abgeleiteten Klasse neu festlegen. Daher macht es auch keinen Sinn, die zugehörige Funktion zu vererben.

13.5.2 Der Kopiekonstruktor

Wie wir bereits gesehen haben, kann man ein Objekt erzeugen und es gleichzeitig mit dem Wert eines anderen Objekts initialisieren. Die beiden Schreibweisen

```
X    ObjektX3 = ObjektX2;
```

und

```
X    ObjektX3(ObjektX2);
```

sind korrekt. In beiden Fällen wird ein Kopiekonstruktor verwendet und nicht der Zuweisungsoperator, wie man bei der ersten Zeile denken könnte. Der Kopiekonstruktor ist ein Konstruktor, der das Argument in ein neues Objekt kopiert. Die Standardversion dieses Konstruktors, den der Übersetzer automatisch bereitstellt, führt einen Kopiervorgang aus, der Komponente für Komponente abgearbeitet wird. Dies entspricht auch der Art, wie eine Zuweisung mit dem Standardoperator durchgeführt wird. Durch die Definition wird aber noch ein neues Objekt erzeugt.

Genauso wie der Zuweisungsoperator kann auch der Kopiekonstruktor überschrieben werden. Das zugehörige Verfahren wird im nachfolgenden Quelltext demonstriert.

```
// Kopiekonstruktor
#include <iostream.h>

class X {
  private:
    int   iDatenX;
  public:
    X() {                           // Konstruktor ohne Argumente
      iDatenX = 0;
    }

    X(int iWert) {                  // Konstruktor mit einem Argument
      iDatenX = iWert;
    }

    X(X& ObjX) {                    // Kopiekonstruktor
      iDatenX = ObjX.iDatenX;       // Daten kopieren

      // Text ausgeben:
      cout << "Kopiekonstruktor wird aufgerufen" << endl;
    }
```

```
    void DatenAnzeigen() {              // Anzeige der Daten
      cout << "X = " << iDatenX << endl;
    }

    X operator =(X& ObjektX) {    // Operator = ueberlagern
      iDatenX = ObjektX.iDatenX; // Wert zuweisen
      cout << "Zuweisung wurde vorgenommen" << endl;    // Ausgabe
      return(X(iDatenX));        // Wert zurueckgeben mit namenlosen Objekt
    }
};

void main() {
  X    ObjektX1(42);                   // Objekte definieren
  X    ObjektX2;

  ObjektX2 = ObjektX1;                 // Zuweisung

  // Ausgabe:
  cout << "Objekt1 : ";
  ObjektX1.DatenAnzeigen();
  cout << "Objekt2 : ";
  ObjektX2.DatenAnzeigen();

  // Weiteres Objekt erzeugen und initialisieren. Der Operator = wird
  // nicht (!) aufgerufen, dafuer aber der Kopiekonstruktor:
  X    ObjektX3 = ObjektX2;
//X    Objekt3(ObjektX2);              // Analoge Definition

  // Ausgabe:
  cout << "Objekt3 : ";
  ObjektX3.DatenAnzeigen();
}
```

Dieses Programm ist die erweiterte Version des vorherigen Programms, es wurde um einen Kopiekonstruktor ergänzt. Er kopiert die Daten und gibt zusätzlich eine entsprechende Meldung auf dem Bildschirm aus. Er besitzt als Argument ein Objekt des Typs *X*, das per Referenz übergeben wird. Somit hat der Deklarator folgendes Aussehen:

```
X(X& ObjX)
```

Oder in Kurzform *X (X&)*. Dieser Ausdruck wird manchmal auch als abkürzende Bezeichnung für den Kopiekonstruktor verwendet.

Das Programm erzeugt die nachfolgende Ausgabe:

```
Zuweisung wurde vorgenommen
Objekt1 : X = 42
Objekt2 : X = 42
Kopiekonstruktor wird aufgerufen
Objekt3 : X = 42
```

Der erste Teil ist ja bereits bekannt, denn bei der Anweisung

```
ObjektX2 = ObjektX1;
```

wird wieder der Zuweisungsoperator aufgerufen. Mit

```
X    ObjektX3 = ObjektX2;
```

wird der Kopiekonstruktor aufgerufen, wie wir bereits vermutet hatten. Nun sieht man die entsprechende Ausgabe auf dem Bildschirm. Statt des Gleichheitszeichens wäre auch die Schreibweise

```
X    Objekt3(ObjektX2);
```

richtig gewesen, beide sind identisch.

Der Kopierkonstruktor wird immer dann aufgerufen, wenn ein Objekt definiert und gleichzeitig initialisiert wird. Doch er wird auch bei jeder Wertübergabe verwendet, wie man im nachfolgenden Beispiel sieht.

```
// Kopiekonstruktor bei Funktionsaufruf
#include <iostream.h>

class X {
  private:
    int    iDatenX;
  public:
    X() {                               // Konstruktor ohne Argumente
      iDatenX = 0;
    }

    X(int iWert) {                      // Konstruktor mit einem Argument
      iDatenX = iWert;
    }

    X(X& ObjX) {                        // Kopiekonstruktor
      // Daten kopieren
      iDatenX = ObjX.iDatenX;
```

```
      // Text ausgeben
      cout << "Kopiekonstruktor wird aufgerufen" << endl;
    }

    void DatenAnzeigen() {              // Anzeige der Daten
      cout << "X = " << iDatenX << endl;
    }

    X operator = (X& ObjektX) {  // Operator = ueberlagern
      iDatenX = ObjektX.iDatenX; // Wert zuweisen
      cout << "Zuweisung wurde vorgenommen" << endl;  // Ausgabe
      return(X(iDatenX));       // Wert zurueckgeben mit namenlosen Objekt
    }
};

X KopieKonstruktor(X ObjX) {  // Funktion mit Wertuebergabe eines Objekts
  cout << "Hier beginnt die Funktion" << endl;         // Anfang ausgeben

  // Daten in Funktion ausgeben:
  cout << "Objekt in Funktion : ";
  ObjX.DatenAnzeigen();

  // Ende ausgeben:
  cout << "Hier endet die Funktion" << endl;
  // Rueckgabe:
  return(ObjX);
}

void main() {
  X    ObjektX1(42);                    // Objekte definieren
  X    ObjektX2;

  ObjektX2 = KopieKonstruktor(ObjektX1); // Aufruf der Funktion

  // Ausgabe:
  cout << "Objekt1 : ";
  ObjektX1.DatenAnzeigen();
  cout << "Objekt2 : ";
  ObjektX2.DatenAnzeigen();
}
```

Das vorherige Beispiel wurde leicht modifiziert. Allerdings läßt sich dieser Code nicht übersetzen, weil der überlagerte Zuweisungsoperator Schwierigkeiten bereitet. Da die Funktion *KopieKonstruktor()* die Rückgabe eines lokalen Werts vornimmt, der überlagerte Zuweisungsoperator aber eine Adresse erwartet, wird ein Fehler ausgegeben. Der Wert aus der Funktion ist nur solange gültig, wie die Funktion aktiv ist. Bei der Zuweisung ist die Funktion aber bereits beim Beenden, so daß die Adresse ins Leere zeigen würde.

Das wird geändert, indem die Überlagerung ebenfalls mit Wertübergabe auszuführen ist. Allerdings wird dabei unnötig Speicherplatz verschwendet.

```
X operator =(X ObjektX)
```

Aber so läßt sich das Programm zumindest übersetzen und ausführen. Für unser Beispiel spielt es sowieso keine so große Rolle, da die Klasse nur eine int-Variable besitzt.

Die Alternative, sowohl eine Operatorfunktion mit und ohne Referenz anzugeben, funktioniert aber auch nicht befriedigend, da dann der Compiler eine Zuweisung wie

```
ObjektX1 = ObjektX2;
```

abmahnt. Diese ist für ihn mehrdeutig, da prinzipiell beide Zuweisungsoperatoren verwendet werden könnten. Belassen wir es also bei der Variante, bei der keine Fehlermeldung erzeugt wird und ein mehrfaches Kopieren stattfindet.

Das Programm erzeugt die folgende Ausgabe:

```
Kopiekonstruktor wird aufgerufen
Hier beginnt die Funktion
Objekt in Funktion : X = 42
 Hier endet die Funktion
Kopiekonstruktor wird aufgerufen
Zuweisung wurde vorgenommen
Objekt1 : X = 42
Objekt2 : X = 42
```

Untersuchen wir die einzelnen Zeilen der Ausgabe genauer. Der erste Kopiekonstruktor wird aufgerufen, wenn das Objekt mit dem Namen *ObjektX1* der Funktion *KopieKonstruktor()* übergeben wird. Daß das tatsächlich der Fall ist, sieht man daran, daß nun der Anfang der Funktion angezeigt wird. Danach wird der Wert des Objekts in der Funktion ausgegeben, der natürlich auch 42 beträgt.

Anschließend wird die Funktion beendet, danach wird ebenfalls der Kopiekonstruktor aufgerufen. Die eigentliche Zuweisung erfolgt mit dem Zuweisungsoperator, wie an der Ausgabe erkenntlich ist. Abschließend besitzen die Datenelemente in den beiden Objekten dieselben Werte.

Der Kopiekonstruktor wird also auch dann aufgerufen, wenn ein Objekt per Wertübergabe an die Funktion übergeben wird und wenn ein Wert von ihr zurückgegeben wird. Insgesamt gibt es also mehr Fälle als angenommen, bei denen diese Art des Konstruktors aufgerufen wird.

Eine Frage bleibt aber noch zur Klärung: Muß das Argument des Konstruktors per Referenz übergeben werden oder kann das auch per Wertübergabe geschehen?

```
X(X ObjX);
```

funktioniert leider nicht, denn wenn ein Argument per Wert übergeben wird, wird davon eine Kopie erzeugt. Die Kopie erzeugt der Kopiekonstruktor, der sich damit selbst aufruft. Diese Rekursion funktioniert immer wieder, bis kein Speicher mehr frei ist. Daher muß das Argument per Referenz übergeben werden, weil auf diese Weise keine Kopie erzeugt wird.

13.5.3 Erweiterung der Zeichenkettenklasse

In den vorherigen Beispielen war das Überladen des Zuweisungsoperators und des Kopiekonstruktors eigentlich nicht erforderlich. Denn es handelte sich um eine einfache Klasse, die aus nur einem Datenelement besteht. Die Zuweisung und die Kopie können genausogut von den Standardfunktionen erzeugt werden. Doch es gibt natürlich auch Situationen, in denen das Austauschen der Standardfunktionen sinnvoll ist.

In einem der vorherigen Beispiele wurde bereits die Klasse *String* vorgeführt, mit der sich Zeichenketten speichern lassen. Sie war noch nicht ganz fehlerfrei, denn eine Zuweisung mit dem Zuweisungsoperator war nicht möglich.

Soll der Zuweisungsoperator »=« überschrieben werden, ist zu überlegen, was mit der Zeichenkette geschehen soll. Die einfachste Lösung ist sicherlich, wenn jedes Objekt seinen eigenen Datenbereich besitzt und bei einer Zuweisung die Zeichenkette einfach nur kopiert wird. Das Problem dabei ist, daß diese Zeichenkette dann mehrfach im Speicher abgelegt ist. Das ist nicht sehr effizient, trotz dem daß heutzutage genügend Speicherplatz zur Verfügung steht.

Die Klasse kann aber dahingehend erweitert werden, daß es nur noch eine Kopie der Zeichenkette gibt und im Objekt selbst ein Zeiger darauf verwaltet wird. Bei einer Zuweisung muß dann nur der Zeiger auf dieses Objekt kopiert werden. Hinsichtlich des Speicherplatzes ist diese Vorgehensweise sehr effizient.

Auch dieser Fall birgt einige Probleme. Eines tritt dann auf, wenn ein Objekt dieser Klasse gelöscht werden soll. Löscht der Destruktor beim

Aufruf den Speicherbereich und gibt es noch weitere Objekte, die darauf zeigen, bleiben diese übrig und die Zeiger sind nicht mehr gültig. Sie können nicht mehr verwendet werden, weil unter Umständen der Speicherbereich schon überschrieben ist und fehlerhafte Daten enthält.

Werden also solche Zeiger verwendet, muß sichergestellt sein, daß der fragliche Bereich erst dann gelöscht wird, wenn das letzte Objekt aus dem Speicher verschwindet. Es muß also eine Möglichkeit geben, um festzustellen, ob noch weitere Objekte auf diese Zeichenkette zeigen.

Wenn es aber einen Zähler dafür gibt, wo soll er hingeschrieben werden? Diesen könnte jedes Objekt für sich verwalten, was aber ein beträchtlicher Aufwand wäre. Die nächste Alternative wäre eine statische Komponentenvariable beziehungsweise ein Vektor, in ihm müßte eine Liste der Adressen aller Zeichenketten gespeichert werden. Auch das ist recht umständlich, wenn es sehr viele Objekte der Klasse mit jeweils unterschiedlichen Zeichenketten gibt.

Viel effizienter ist es, eine neue Klasse zu definieren, in der die Anzahl der Objekte mit gleichem String gespeichert wird. Jedes Objekt dieser Klasse *StringZaehler* besteht aus einem Zähler und einem Zeiger auf die eigentliche Zeichenkette. Die Klasse *StringNeu* zeigt dann nur auf ein Objekt der Klasse *StringZaehler*, die damit der anderen vorgeschaltet ist.

Damit diese Vorgehensweise möglich ist, muß die Klasse *StringNeu* als Freund der Klasse *StringZaehler* deklariert werden.

```
// Verwaltung von Strings
#include <iostream.h>
#include <string.h>

class StringZaehler {                   // Zaehler-Klasse
  private:
    int     iZaehler;                   // Anzahl der Objekte
    char    *pcString;                  // Zeiger auf Stringdaten
    friend class StringNeu;             // Freundklasse
  public:
    StringZaehler(char *pcStr) {        // Konstruktor mit einem Argument
      int    iLaenge;                   // Laenge des Strings

      iLaenge = strlen(pcStr);          // Laenge bestimmen
      pcString = new char [iLaenge + 1]; // Neuen Speicherbereich erzeugen
      strcpy(pcString, pcStr);          // String dorthin kopieren
      iZaehler = 1;                     // Zaehler initialisieren
    }

    ~StringZaehler() {                  // Destruktor
      delete pcString;                  // Speicherbereich löschen
```

```
    }
};

class StringNeu {                          // String-Klasse
  private:
    StringZaehler   *pString;              // Zeiger auf Klasse StringZaehler
  public:
    StringNeu() {                          // Konstruktor ohne Argumente
      pString = new StringZaehler("NULL");    // Speicherbereich belegen
                                              // und Objekt initialisieren
    }

    StringNeu(char *pcStr) {               // Konstruktor mit einem Argument
      pString = new StringZaehler(pcStr);     // Speicherbereich belegen
                                              // und Objekt initialisieren
    }

    StringNeu(StringNeu& SN) {             // Kopiekonstruktor
      pString = SN.pString;                // Zeiger kopieren
      (pString -> iZaehler) ++;            // Zaehler erhoehen
    }

    ~StringNeu() {                         // Destruktor
      if (pString -> iZaehler == 1) {      // Letztes Objekt
        delete pString;                    // Letztes -> Speicher freigeben
      } else {
        (pString -> iZaehler) --;          // Zaehler verringern
      }
    }

    void Ausgabe() {                       // Ausgabe
      cout << pString -> pcString;         // Zeichenkette

      // Adresse ausgeben:
      cout << " (Adresse = " << pString << ")" << endl;
    }

    void operator = (StringNeu& SN) {      // Zuweisungsoperator
      delete pString;                      // StringZaehler loeschen
      pString = SN.pString;                // Zeiger neu initialisieren

      (pString -> iZaehler) ++;            // Zaehler erhoehen
    }
};
```

```
void main() {
  // Objekt erzeugen und initialisieren:
  StringNeu  StringObjekt1 = "Das ist dein String-Objekt";

  // Ausgabe:
  cout << "StringObjekt1 : ";
  StringObjekt1.Ausgabe();

  StringNeu       StringObjekt2;         // Objekt definieren
  StringObjekt2 = StringObjekt1;         // Zuweisung

  // Ausgabe:
  cout << "StringObjekt2 : ";
  StringObjekt2.Ausgabe();

  // Noch ein Objekt erzeugen und initialisieren:
  StringNeu       StringObjekt3(StringObjekt2);

  // Ausgabe:
  cout << "StringObjekt3 : ";
  StringObjekt3.Ausgabe();

  // Weiteres Objekt mit anderem String:
  StringNeu       StringObjekt4 = "Das ist mein String-Objekt";
  // Ausgabe:
  cout << "StringObjekt4 : ";
  StringObjekt4.Ausgabe();
}
```

Bei diesem längeren Programm wird in der Hauptfunktion *main()* als erstes ein Objekt des Typs *StringNeu* definiert. Außerdem erfolgt dabei gleich eine Initialisierung. Falls der Compiler an dieser Stelle einen Fehler meldet, nimmt man folgende Änderung vor:

```
StringNeu       StringObjekt1("Das ist dein String-Objekt");
```

Diese Konstruktion übersetzt der Compiler ohne Probleme. Dafür ruft er den Konstruktor mit einem Argument auf. Daß dabei tatsächlich der String gespeichert wird, sieht man an der nachfolgenden Ausgabe. Zusätzlich wird gleich noch die Adresse des Speicherbereichs mit angezeigt.

Danach wird ein weiteres Objekt des Typs *StringNeu* definiert, das durch eine Zuweisung mit dem überlagerten Zuweisungsoperator initialisiert wird. Ob das geklappt hat, sieht man an der folgenden Ausgabe.

Die Definition des dritten Objekts umfaßt eine Initialisierung mit einem Objekt. Dafür wird der überlagerte Kopiekonstruktor aufgerufen. Auch danach erfolgt wieder eine Ausgabe.

Abschließend wird ein viertes Objekt mit einem anderen String erzeugt. An der Ausgabe ist ersichtlich, daß dafür ein anderer Speicherbereich reserviert ist. Die ersten drei, die mit Hilfe des Zuweisungsoperators und des Kopiekonstruktors erzeugt wurden, belegen dagegen nur einen gemeinsamen Speicherbereich, so daß Platz gespart wird.

```
StringObjekt1 : Das ist dein String-Objekt (Adresse = 007C47E0)
StringObjekt2 : Das ist dein String-Objekt (Adresse = 007C47E0)
StringObjekt3 : Das ist dein String-Objekt (Adresse = 007C47E0)
StringObjekt4 : Das ist mein String-Objekt (Adresse = 007C4960)
```

Die Verwaltung der Strings wird zwischen den beiden Klassen *StringZaehler* und *StringNeu* aufgeteilt. In der Klasse *StringZaehler* befindet sich ein Zeiger auf die eigentliche Zeichenkette und ein Zähler dafür, wie viele Objekte der Klasse *StringNeu* erzeugt wurden. Der einzige Konstruktor dieser Klasse besitzt ein Argument und übernimmt mit diesem einen Zeiger auf die Zeichenkette. In ihm wird ein neuer Speicherbereich erzeugt, in den die Zeichenkette kopiert wird. Außerdem wird der Zähler mit dem Wert 1 initialisiert. Dies symbolisiert, daß es aktuell nur ein *StringNeu*-Objekt gibt. Der vorhandene Destruktor gibt den belegten Speicherbereich wieder frei. Das geschieht beim Löschen des Objekts aus dem Speicher.

In der Klasse *StringNeu* ist das einzige Datenelement ein Zeiger auf ein Objekt des Typs *StringZaehler*. Außerdem enthält die Klasse drei Konstruktoren. Wird dem Konstruktor ein Argument übergeben, erzeugt es ein neues Objekt der Klasse *StringZaehler*. Außerdem wird die Adresse dieses Objekts in den Zeiger *pString* geschrieben.

Beim Aufruf des überladenen Zuweisungsoperators und beim Kopiekonstruktor wird ein bestehendes *StringNeu*-Objekt kopiert. Dafür wird die Adresse des zugehörigen *StringZaehler*-Objekts in den Zeiger *pString* des entsprechenden *StringNeu*-Objekts geschrieben. Da jetzt ein weiteres Objekt mitspielt, muß außerdem noch der Zeiger um 1 erhöht werden. Bei einer Zuweisung muß zusätzlich das alte *StringZaehler*-Objekt gelöscht werden, was vor dem erneuten Setzen des Zeigers *pString* geschehen sollte.

Damit läßt sich mit diesem Programm bei der Verwaltung von Strings Speicherplatz sparen. In diesem Fall funktioniert dies nur bei der Zuweisung und beim Aufruf des Kopiekonstruktors. Denn einen Schwachpunkt hat das Programm noch: Wird der letzte String ebenfalls in den ersten geändert, wird trotzdem ein neuer Speicherbereich erzeugt, obwohl in diesem Fall eigentlich der erste Bereich zu verwenden wäre. Des Rätsels Lösung ist relativ einfach, denn es findet keine Überprüfung statt, ob solch ein String bereits existiert. Würde man diese Möglichkeit auch noch implementieren, hätte man wieder einen enormen Verwaltungsaufwand, denn dann müßte ein neuer String mit jedem vorhandenen verglichen werden. Dieser Aufwand steht aber im Normalfall in keinem Verhältnis zum gewonnen Speicherplatzgewinn, so daß man hier darauf verzichten kann.

13.6 Der this-Zeiger

Will man aus einer Komponentenfunktion ein Objekt zurückgeben, muß man dafür bis jetzt immer ein temporäres, namenloses Objekt erzeugen. Aber das geht auch anders, denn alle Komponentenfunktionen können auf einen speziellen Zeiger zugreifen, der den Namen *this* trägt.

Der *this*-Zeiger zeigt auf das eigene Objekt. Auf diese Weise bestimmt jede Komponentenfunktion die Adresse des Objekts, zu der sie gehört. Wie das funktioniert, zeigt das folgende Beispiel:

```
// this-Zeiger
#include <iostream.h>

class EigeneAdresse {
  private:
    char      acVektor[10];              // Dummy-Element mit 10 Bytes
  public:
    void Anzeigen() {                    // Adresse anzeigen
      cout << "Die Adresse des Objekts ist " << this << endl;
    }
};

void main() {
  // Objekte definieren:
  EigeneAdresse    Adresse1;
  EigeneAdresse    Adresse2;
  EigeneAdresse    Adresse3;
  // Ausgabe der Adressen:
  Adresse1.Anzeigen();
  Adresse2.Anzeigen();
  Adresse3.Anzeigen();
}
```

```
Die Adresse des Objekts ist 0012FF2C
Die Adresse des Objekts ist 0012FF20
Die Adresse des Objekts ist 0012FF14
```

Für die Speicherung eines Objekts werden nicht genau zehn Byte verwendet, wie man eigentlich erwarten dürfte. Der Compiler ordnet die Objekte so an, daß sie an Doppelwort-Grenzen (vier Byte) ausgerichtet werden, weil er auf diese Weise besser darauf zugreifen kann. Daher beträgt die Differenz zwischen den Adressen nicht zehn, sondern zwölf Byte.

13.6.1 Zugriff auf Komponentendaten

Beim Aufruf einer Komponentenfunktion eines Objekts wird zuerst die Adresse des Objekts in den *this*-Zeiger geschrieben, erst dann wird die Komponentenfunktion aufgerufen. Ein möglicher Verwendungszweck des this-Zeigers ist beispielsweise der Zugriff auf Komponentendaten. Insgesamt ist der *this*-Zeiger wie jeder normale Zeiger einzusetzen.

```
// Zugriff auf Daten mit this
#include <iostream.h>

class DatenMitThis {
  private:
    int      iDaten;                    // Datenelement
  public:
    void Zugriff() {                    // Zugriff auf die Daten
      // Wert setzen und wieder ausgeben:
      this -> iDaten = 42;
      cout << "Der Wert ist " << this -> iDaten << endl;
    }
};

void main() {
  DatenMitThis    ObjDT;                // Objekt definieren

  ObjDT.Zugriff();                      // Komponentenfunktion aufrufen
}
```

In diesem Programm wird nur folgende Zeile ausgegeben:

```
Der Wert ist 42
```

Diese Ausgabe erfolgt durch den Aufruf der Komponentenfunktion *Zugriff()*. Außerdem kommt darin der *this*-Zeiger für den Zugriff auf das Datenelement zum Einsatz.

```
this -> iDaten
```

Das hat in diesem Fall dieselbe Wirkung, als ob das Datenelement direkt verwendet worden wäre. Deswegen wird er so normalerweise nicht benutzt.

13.6.2 Rückgabe von Werten

Sehr viel häufiger ist ein Einsatzgebiet der this-Zeiger, daß Werte aus Komponentenfunktionen und überladenen Operatoren zurückgegeben werden. Wie Sie sich hoffentlich erinnern werden, ist es nicht möglich, ein Objekt per Adreßübergabe aus einer Funktion zurückzugeben, weil das Objekt beim Verlassen der Funktion nicht mehr gültig ist. Es muß also ein Objekt gefunden werden, das beständiger ist als ein lokales. Das trifft auf das Objekt zu, von dem die Komponentenfunktion aufgerufen wurde.

Diese Funktionen werden beim Aufruf erzeugt und beim Verlassen gelöscht, aber das zugehörige Objekt bleibt bestehen. Das gilt solange, bis es von außen zerstört oder gelöscht wird, aber beim Verlassen der Komponentenfunktion ist es definitiv noch gültig. Daher sollte man kein lokales Objekt zurückgeben, sondern das Objekt, zu dem die Kompontenfunktion gehört. Die namenlosen temporären Objekte werden nicht mehr benötigt, statt dessen wird der this-Zeiger eingesetzt, wie im folgenden Beispiel. Dort wird in einer überladenen Funktion für den Zuweisungsoperator ein Objekt per Adreßübergabe zurückgegeben.

```
// this mit Zuweisung
#include <iostream.h>

class ThisMitZuweisung {
  private:
    int      iDaten;                  // Datenelement
  public:
    ThisMitZuweisung() {              // Konstruktor ohne Argumente
      iDaten = 0;
    }

    ThisMitZuweisung(int iWert) {     // Konstruktor mit einem Argument
      iDaten = iWert;                 // Mit Wert initialisieren
    }

    void Ausgabe() {                  // Ausgabe
      cout << "Der Wert ist " << iDaten << endl;
    }

    // Ueberladener Zuweisungsoperator:
    ThisMitZuweisung& operator = (ThisMitZuweisung& Obj) {
      iDaten = Obj.iDaten;            // Daten zuweisen
```

```
      cout << "Zuweisung ! " << endl;  // Ausgabe des Operators
      return(*this);                   // Aktuelles Objekt zurueckgeben
    }
};

void main() {
  ThisMitZuweisung    TMZ1(42);        // Objekte definieren ...
  ThisMitZuweisung    TMZ2;            // ... und initialisieren
  ThisMitZuweisung    TMZ3;

  TMZ3 = TMZ2 = TMZ1;                  // Zuweisung

  // Ausgabe:
  cout << "Objekt1 : ";
  TMZ1.Ausgabe();
  cout << "Objekt2 : ";
  TMZ2.Ausgabe();
  cout << "Objekt3 : ";
  TMZ3.Ausgabe();
}
```

In diesem Programm wird eine neue Klasse definiert, in der der *this*-Zeiger bei der überschriebenen Funktion des Zuweisungsoperators zum Einsatz kommt. Aus diesem Grund läßt sich dafür eine Deklaration wie

```
ThisMitZuweisung& operator = (ThisMitZuweisung& Obj)
```

angeben, bei der die Rückgabe per Referenz erfolgt. In den Beispielen der vorherigen Kapitel hätte dafür eine Wertübergabe programmiert werden müssen.

```
ThisMitZuweisung operator = (ThisMitZuweisung& Obj)
```

Damit die Rückgabe per Referenz funktioniert, darf es sich nicht um einen Zeiger, sondern um das Objekt selbst handeln. Daher wird der Inhaltsoperator auf den *this*-Zeiger angewendet.

```
return(*this);
```

Das Programm erzeugt folgende Ausgabe:

```
Zuweisung !
Zuweisung !
Objekt1 : Der Wert ist 42
Objekt2 : Der Wert ist 42
Objekt3 : Der Wert ist 42
```

Die ersten beiden Zeilen kommen dadurch zustande, daß für jedes Gleichheitszeichen der Zuweisungsoperator (genauer gesagt, der überladene Zuweisungsoperator) aufgerufen wird. Wie man an den weiteren Zeilen sieht, funktionierte die Zuweisung tatsächlich, denn sonst würden nicht alle Objekte den Wert 42 ausgeben.

13.6.3 Noch eine Erweiterung der Zeichenkettenklasse

Kommen wir noch einmal zur erweiterten Klasse zu Speicherung von Zeichenketten zurück. In ihr war eine mehrfache Zuweisung nicht möglich. Das läßt sich aber mit dem this-Zeiger ändern. Die Funktion wird für den Zuweisungsoperator so angepaßt, daß sie eine Referenz zurückgibt.

```
StringObjekt1 = StringObjekt2 = StringObjekt3;
```

Außerdem wird dadurch verhindert, daß ein temporäres namenloses Objekt für die Rückgabe erzeugt wird, das nur Zeit für das Kopieren der Daten in Anspruch nimmt. Das geänderte Beispiel:

```
// Verwaltung von Strings mit Einsatz von this
#include <iostream.h>
#include <string.h>

class StringZaehler {                 // Zaehler-Klasse
  private:
    int          iZaehler;            // Anzahl der Objekte
    char         *pcString;           // Zeiger auf Stringdaten
    friend class StringNeu;           // Freundklasse
  public:
    StringZaehler(char *pcStr) {      // Konstruktor mit einem Argument
      int    iLaenge;                 // Laenge des Strings

      iLaenge = strlen(pcStr);        // Laenge bestimmen
      pcString = new char[iLaenge+1]; // Neuen Speicherbereich erzeugen
      strcpy(pcString, pcStr);        // String dorthin kopieren
      iZaehler = 1;                   // Zaehler initialisieren
    }

    ~StringZaehler() {                // Destruktor
      delete pcString;                // Speicherbereich löschen
```

```
    }
};

class StringNeu {                        // String-Klasse
  private:
    StringZaehler    *pString;           // Zeiger auf Klasse StringZaehler
  public:
    StringNeu() {                        // Konstruktor ohne Argumente
      // Speicherbereich belegen und Objekt initialisieren:
      pString = new StringZaehler("NULL");
    }

    StringNeu(char *pcStr) {             // Konstruktor mit einem Argument
      // Speicherbereich belegen und Objekt initialisieren:
      pString = new StringZaehler(pcStr);
    }

    StringNeu(StringNeu& SN) {                 // Kopiekonstruktor
      pString = SN.pString;                    // Zeiger kopieren
      (pString -> iZaehler) ++;                // Zaehler erhoehen
      cout << "Kopiekonstruktor ! " << endl; // Zusaetzliche Ausgabe
    }

    ~StringNeu() {                       // Destruktor
      if (pString -> iZaehler == 1) {    // Letztes Objekt
        delete pString;                  // Letztes -> Speicher freigeben
      } else {
        (pString -> iZaehler) --;        // Zaehler verringern
      }
    }

    void Ausgabe() {                     // Ausgabe
      cout << pString -> pcString;       // Zeichenkette

      // Adresse ausgeben:
      cout << " (Adresse = " << pString << ")" << endl;
    }

    StringNeu& operator = (StringNeu& SN) {   // Zuweisungsoperator
      delete pString;                          // StringZaehler loeschen
      pString = SN.pString;                    // Zeiger neu initialisieren
      (pString -> iZaehler) ++;                // Zaehler erhoehen
      cout << "Zuweisung ! " << endl;          // Ausgabe
      return(*this);                           // Rueckgabe
    }
};
```

```
void main() {
  // Objekt erzeugen und initialisieren:
  StringNeu  StringObjekt1 = "Das ist ein String-Objekt";

  cout << "StringObjekt1 : ";          // Ausgabe
  StringObjekt1.Ausgabe();

  StringNeu  StringObjekt2;            // Objekte definieren
  StringNeu  StringObjekt3;
  StringNeu  StringObjekt4(StringObjekt1);
  StringObjekt3 = StringObjekt2 = StringObjekt1; // Zuweisung

  // Ausgabe:
  cout << "StringObjekt2 : ";
  StringObjekt2.Ausgabe();
  cout << "StringObjekt3 : ";
  StringObjekt3.Ausgabe();
  cout << "StringObjekt4 : ";
  StringObjekt4.Ausgabe();
}
```

Wie auch im vorigen Beispiel wird der Zuweisungsoperator mit einem Referenz-Rückgabewert deklariert.

```
StringNeu& operator = (StringNeu& SN)
```

Die zugehörige Funktion braucht wieder den *this*-Zeiger beziehungsweise den Inhalt des *this*-Zeigers für die Rückgabe.

In der Hauptfunktion *main()* wird zuerst ein Objekt definiert, das mit einem String initialisiert wird. Daß das erfolgreich war, beweist die Ausgabe. Anschließend werden drei weitere Objekte des Typs *StringNeu* erzeugt, wobei das letzte gleich mit dem ersten initialisiert wird. Dabei wird der Kopiekonstruktor aufgerufen, wie an der Ausgabe zu sehen ist.

In der nächsten Zeile erfolgt eine mehrfache Zuweisung. Dabei wird jedesmal der Zuweisungsoperator aufgerufen. Abschließend werden die Strings der drei zuletzt definierten Objekte ausgegeben.

```
StringObjekt1 : Das ist ein String-Objekt (Adresse = 007C47E0)
Kopiekonstruktor !
Zuweisung !
Zuweisung !
StringObjekt2 : Das ist ein String-Objekt (Adresse = 007C47E0)
StringObjekt3 : Das ist ein String-Objekt (Adresse = 007C47E0)
StringObjekt4 : Das ist ein String-Objekt (Adresse = 007C47E0)
```

An der Ausgabe erkennt man, daß in allen Fällen dieselbe Adresse verwendet wird. Also wird der String im selben Speicherbereich gespeichert.

Mit Hilfe des *this*-Zeigers lassen sich viele Probleme recht einfach lösen. Allerdings kann er nicht in statischen Komponentenfunktionen eingesetzt werden, da diese nicht an ein bestimmtes Objekt gebunden sind.

13.7 Zusammenfassung

In diesem Kapitel wurden virtuelle Funktionen vorgestellt. Mit ihrer Hilfe entscheidet ein Programm erst zur Laufzeit, welche Funktion tatsächlich aufgerufen wird (normalerweise wird diese Entscheidung bei der Übersetzung getroffen). Damit erhält der Entwickler ein gewisses Maß an Flexibilität, wenn die Verarbeitung bei Objekten unterschiedlichen Typs erfolgen soll. Die Festlegung, ob eine Funktion virtuell ist oder nicht, wird meist in der Basisklasse getroffen. In den abgeleiteten Klassen wird jeweils eine andere Funktion mit diesem Namen angegeben. Zusätzlich können in der Basisklasse rein virtuelle Funktionen angegeben werden. Diese besitzen keinen Funktionskörper.

Weiterhin wurden Freundfunktionen gezeigt, die auf private Daten einer Klasse zugreifen, obwohl sie keine Komponentenfunktionen der Klasse sind. Damit kann eine Funktion beispielsweise auf mehr als eine Klasse zugreifen, auch wenn diese nicht miteinander verwandt sind. Außerdem sind damit überladene Operatoren möglich, die die Konversion zwischen Objekten unterschiedlicher Klassen ermöglichen.

Mit Hilfe einer statischen Funktion kann eine ganze Klasse und nicht nur ein einzelnes Objekt von ihr bearbeitet werden. Die statische Funktion kann allerdings nur auf statische Daten zugreifen. Der Aufruf erfolgt mit dem Klassennamen, dem der Gültigkeitsbereich auflösende Operator folgt.

Wie die meisten Operatoren kann auch der Zuweisungsoperator »=« überladen werden. Das ist dann notwendig, wenn bei einer Zuweisung mehr durchgeführt werden soll als das bloße komponentenweise Kopieren der einzelnen Datenelemente. Auch der Kopiekonstruktor, der Kopien bei der Initialisierung eines Objekts oder bei der Übergabe oder Rückgabe von Argumenten per Wert aufruft, kann überladen werden. Das ist dann anzuraten, wenn er mehr als nur die Standardkopieraktionen durchführen soll.

Abschließend wurde in diesem Kapitel der this-Zeiger besprochen. Dieser zeigt in einer Komponentenfunktion immer auf das Objekt, für das die Funktion aufgerufen wurde. Damit kann das entsprechende Objekt beispielsweise per Referenz zurückgegeben werden.

Im nächsten Kapitel werden Dateien und Datenströmen erklärt. Damit werden Objekte auf der Festplatte gesichert und wieder gelesen. Auf diese Weise werden sehr einfach Daten gesichern und wiederhergestellt.

13.8 Aufgaben

1. Schreiben Sie die Deklaration eines Kopiekonstruktors für die Klasse *Arthur*.

2. Geben Sie die Zeile an, mit der eine Komponentenfunktion ihr eigenes Objekt als Funktionswert zurückgeben kann, ohne daß dabei temporäre Objekte erzeugt werden müßten.

3. Verwenden Sie die im Kapitel 11 in der Aufgabe 2 erzeugt Klassen *Publikation*, *Buch* und *Band*. In der Klasse Publikation gibt es zwei Datenelemente für den Namen (*String*) und den Preis (*float*). Die Klassen *Buch* und *Band* werden von Publikation abgeleitet. In der Klasse *Buch* gibt es ein weiteres Datenelement, das die Anzahl der Seiten enthält (*int*), in Band ein Element zur Speicherung der Spielzeit (*float*). In jeder dieser Klassen gibt es eine Funktion zum Einlesen (*Einlesen()*) und zur Ausgabe der Daten (*Ausgeben()*).

   Erzeugen Sie in *main()* einen Vektor aus Zeigern auf die Klasse *Publikation*. In einer Schleife fragen Sie den Anwender, ob die Daten eines Buchs oder eines Bands eingegeben werden sollen. Danach lesen Sie die zugehörigen Daten ein und erzeugen Sie mit Hilfe von *new* ein passendes Objekt, um die Daten aufzunehmen. Schreiben Sie den Zeiger auf das gerade erzeugte Objekt in den Vektor.

   Hat der Benutzer alle Daten eingegeben, geben Sie sie in einer Schleife aus. Verwenden Sie dazu nur einen Befehl, wie beispielsweise

   ```
   Vektor[i]->Ausgeben();
   ```

   mit der die Daten angezeigt werden.

14 Datenströme und Dateien

Wenn man selbst eine Anwendung programmiert, reicht es nicht aus, daß sie nur mit den eigenen Daten zurande kommt, sondern es wäre auch wünschenswert, wenn sie die Daten sichern würde. In diesem Kapitel bemühen wir zu diesem Zweck die *Datenströme* in C++, mit denen Daten gelesen und geschrieben werden. Begonnen wird mit einer kurzen Beschreibung der verwendeten Klassen, an die sich deren Einsatz anschließt. Außerdem kommen noch andere Möglichkeiten wie beispielsweise das Überladen des Einlese- und Ausgabeoperators zur Sprache.

Kennt man sich mit der Sprache C aus, wird man feststellen, daß sich Art der Ein- und Ausgabe in C++ völlig gewandelt hat. Trotzdem können auch in einem C++-Programm die alten C-Funktionen wie *fread()* oder *fopen()* ganz normal weiterverwendet werden. Das in diesem Kapitel vorgestellte Verfahren fügt sich aber besser in die Klassenwelt von C++ ein, so daß es vorzuziehen ist.

Nicht verschwiegen soll an dieser Stelle werden, daß es noch eine Reihe weiterer Klassenbibliotheken gibt, die für die Ein- und Ausgabe eingesetzt werden können. Alle haben ihre Vorzüge, aber sie sind meist nur auf einer speziellen Plattform verfügbar. Deswegen soll es hier bei der Beschreibung einer allgemeinen Variante bleiben, die sowohl unter Linux als auch unter Windows einzusetzen ist.

14.1 Datenströme

Der Begriff *Datenstrom* beschreibt die Bewegung von Daten. Verschiedene Arten von Datenbewegungen können durch verschiedene Datenströme gekennzeichnet werden. Ein Datenstrom kann durch eine Klasse modelliert werden. In dieser Klasse sind Variablen und Komponentenfunktionen enthalten, mit denen der Datenstrom bearbeitet wird. Aus diesem Grund kann eine Datei in C++ als das Objekt einer bestimmten Datenstromklasse bezeichnet werden.

14.1.1 Die Klassenhierarchie

Die zum Lesen und Schreiben einer Datei benötigten Klassen sind in einer komplizierten Hierarchie eingebettet. Deshalb soll im folgenden nur ein kurzer Überblick erfolgen, denn in der Regel müssen sie dem Programmierer einer Ein- und Ausgabe nicht unbedingt bekannt sein.

Ein Teil der Klassen und ihrer Komponentenfunktion wurde bereits vorgestellt. Beispielsweise gehört der Einleseoperator »>>« zur Klasse *istream* und der Ausgabeoperator »<<« wird in der Klasse *ostream* angegeben. Diese beiden Klassen sind von der Klasse *ios* abgeleitet (weshalb auch die Modifizierer für die Datenausgabe der Klasse *ios* angehören). Das Objekt mit dem Namen *cout*, das normalerweise für die Bildschirmausgaben zuständig ist, gehört zur Klasse *ostream_withassign*, die wiederum von der Klasse *ostream* abgeleitet wurde. Analog dazu ist *cin* ein Objekt der Klasse *istream_withassign*, die von *istream* abgeleitet ist. Diese Klassen sind in der Header-Datei *iostream.h* angegeben, die jedesmal in den Beispielen eingefügt wurden. Die für die Ein- und Ausgabe von Dateien auf Festplatten benötigten Klassen befinden sich in der Datei *fstream.h*.

14.1.2 Klassen für Datenströme

In der Hierarchie ist die Klasse *ios* die Basisklasse, von der der Großteil der anderen Klassen abgeleitet ist. Sie enthält die grundlegenden Datenelemente und Komponentenfunktionen, die für alle möglichen Arten der Ein- und Ausgabe eingesetzt werden. Außerdem enthält sie einen Zeiger auf die Klasse *streambuf*, in der die maschinennahen Routinen gekapselt sind.

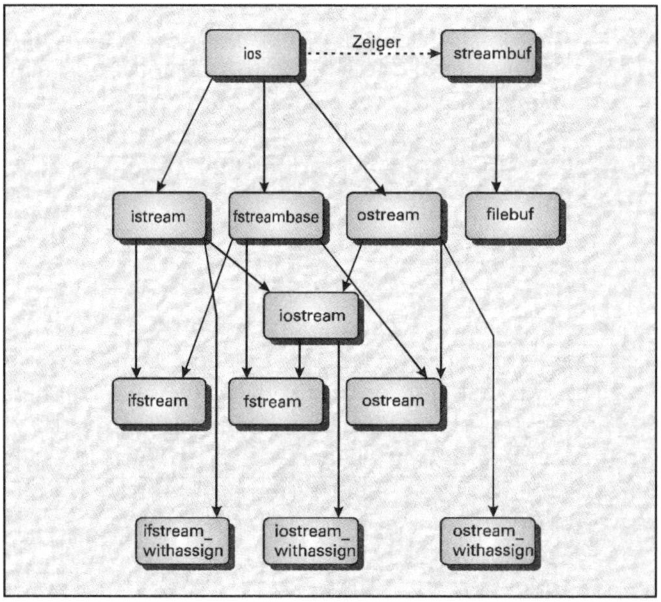

Bild 14.1: Die Klassenhierarchie der Dateiklassen

Die von *ios* abgeleiteten Klassen *istream* und *ostream* sind für die Ein- und Ausgaben zuständig. Mit Hilfe dieser Klassen erfolgt die Ein- beziehungsweise Ausgabe formatiert oder unformatiert. Die Klasse *iostream* geht durch Mehrfachvererbung aus den Klassen *istream* und *ostream* hervor. Daher erbt sie die Komponentenfunktionen beider Klassen. Zusätzlich zu diesen Klassen gibt es noch die mit den Namen *istream_withassign*, *ostream_withassign* und *iostream_withassign*, in denen ein Zuweisungsoperator eingefügt wurde.

Für Dateiein- und -ausgaben benötigt man die Klassen *ifstream* (zum Lesen), *ofstream* (für die Ausgabe) und *fstream* (für Ein- und Ausgaben). Sie werden jeweils von *istream*, *ostream* und *fstreambase* abgeleitet. Sie werden in der Datei *fstream.h* deklariert, wobei in der zusätzlich die Datei *iostream.h* eingebunden wird (so daß dies nicht mehr explizit vorgenommen werden muß).

14.2 Ein- und Ausgabe von Zeichenketten

Beginnen wollen wir mit der Ein- und Ausgabe von Zeichenketten. Das bedeutet, daß Zeichenketten in eine Datei geschrieben und aus ihr gelesen werden können.

14.2.1 Schreiben von Zeichenketten

Um eine Datei mit einer Zeichenkette zum Lesen zur Verfügung zu haben, muß diese erst erzeugt werden. Dazu schreiben wir sie auf die Festplatte.

```
// Schreiben auf Platte
#include <fstream.h>

void main() {
  ofstream  AusgabeDatei("test.txt");  // Ausgabedatei erzeugen

  // Strings schreiben
  AusgabeDatei << "Erste Zeile \n";
  AusgabeDatei << "Zweite Zeile\n";
  AusgabeDatei << "Dritte Zeile in der Ausgabedatei\n";
}
```

In diesem Programm wird in der Hauptfunktion *main()* ein Objekt der Klasse *ofstream* mit dem Namen *AusgabeDatei* erzeugt. Gleichzeitig wird es mit dem Namen der zu erzeugenden Datei initialisiert, hier also mit *test.txt*. Damit wird die Datei auf der Festplatte erzeugt und es werden Funktionen für den Zugriff bereitgestellt. Das eigentliche Schreiben der Zeichenketten geschieht mit dem überladenen Operator »<<«.

Wird das Programm beendet, ist auch das Objekt mit dem Namen *AusgabeDatei* nicht mehr gültig. Es wird der zugehörige Destruktor aufgerufen, der die Datei schließt. Damit erspart man sich das explizite Schließen.

Schaut man sich nach dem Start des Programms den Inhalt des Verzeichnisses an, in dem die ausführbare Datei gespeichert ist, entdeckt man dort die Datei mit dem Namen *test.txt*. Deren Inhalt kann man sich beispielsweise mit einem Editor ansehen.

14.2.2 Lesen von Zeichenketten

Auf diese Weise wurde eine Datei erzeugt, deren Inhalt man wieder einlesen kann. Das geht beispielsweise mit nachfolgendem Programm:

```
// Einlesen einer Datei
#include <fstream.h>

const int MAXIMAL = 100;

void main() {
  ifstream  EingabeDatei("test.txt");      // Eingabedatei oeffnen
  char    acEinlesePuffer[MAXIMAL];        // Puffer zum Einlesen der Daten

  while (EingabeDatei) {                   // Schleife zum Einlesen
    cout << "Schleife" << endl;
    EingabeDatei.getline(acEinlesePuffer, MAXIMAL);     // Zeile einlesen
    cout << acEinlesePuffer << endl;                    // Zeile ausgeben
  }
}
```

Das Einlesen der einzelnen Textzeilen aus der Datei erfolgt mit der Komponentenfunktion *getline()*. Sie gehört zur Klasse *istream*, von der die Klasse *ifstream* abgeleitet ist. Sie liest solange Zeichen aus der Datei, bis sie auf das Zeichen »\n« trifft oder bis die in der Variable *MAXIMAL* definierte Anzahl von Zeichen erreicht ist. Diese Zeichenkette wird in den Vektor *acEinlesePuffer* geschrieben. Danach wird der Puffer auf dem Bildschirm ausgegeben.

Die Ausgabe dieses kleinen Programms sieht folgendermaßen aus:

```
Erste Zeile
Zweite Zeile
Dritte Zeile in der Ausgabedatei
```

Die Klasse *ifstream* besitzt einen Wert, der auf bestimmte Fehlerbedingungen hin abgefragt werden kann. Ist eine Bedingung wahr, gibt das Objekt den Wert 0 zurück, ansonsten ist er ungleich 0. Eine Bedingung ist EOF (end of file), die angibt, daß das Dateiende erreicht wurde. Die EOF-Bedingung wird mit der *while*-Schleife getestet, damit diese dann gegebenenfalls beendet werden kann. Tatsächlich ist der zurückgegebene Wert ein Zeiger, der darauf abgefragt werden kann, ob er gleich oder ungleich NULL (0) ist.

14.3 Ein- und Ausgabe von Zeichen

Man kann nicht nur Zeichenketten ein- und ausgeben, sondern auch einzelnen Zeichen. Dies erledigen die Komponentenfunktionen *put()* und *get()*. Deren Funktionsweise wird im folgenden beschrieben.

```
// Zeichenausgabe
#include <fstream.h>

void main() {
  // String mit Zeichen:
  char     acString [] = "Zeichen fuer Zeichen werden ausgegeben";
  ofstream AusgabeDatei("zeichen.txt"); // Ausgabedatei erzeugen
  int      i;                           // Schleife

  for (i = 0; i < strlen(acString); i++) { // Zeichen schreiben
    AusgabeDatei.put(acString[i]);         // einzelnes Zeichen schreiben
  }
}
```

Es wird wieder ein Objekt der Klasse *ofstream* definiert, das eine Datei mit dem Namen *zeichen.txt* öffnet. In einer Schleife werden die Zeichen in eine Datei geschrieben, wobei dazu die Länge des Strings mit der Funktion *strlen()* bestimmt wird.

Das Einlesen der Datei kann Zeichen für Zeichen erfolgen, was über die Komponentenfunktion *get()* geschieht. Hier nun das dazugehörige Beispielprogramm.

```
// Einlesen von einzelnen Zeichen
#include <fstream.h>

void main() {
  ifstream EinleseDatei("zeichen.txt"); // Datei zum Lesen oeffnen
  char     cZeichen;                    // einzelnes Zeichen
  while (EinleseDatei) {                // Schleife zum Zeichen einlesen
    EinleseDatei.get(cZeichen);         // Zeichen einlesen
    cout << cZeichen;                   // Zeichen ausgeben
  }
}
```

In diesem Programm wird die Datei solange gelesen, bis deren Ende erreicht ist. Jedes gelesene Zeichen wird sofort wieder ausgegeben. Damit sieht man folgendes auf dem Bildschirm:

```
Zeichen fuer Zeichen werden ausgegeben
```

14.4 Ein- und Ausgabe von Objekten

Nicht nur Zeichenketten oder einzelne Zeichen lassen sich in einer Datei speichern oder aus ihr lesen, sondern auch Objekte. Die Vorgehensweise ist folgendem Beispiel zu entnehmen.

14.4.1 Schreiben eines Objekts

Um das Schreiben von Objekten zu zeigen, kommt wieder die Klasse *Person* zum Einsatz, in der ein Name und das Alter gespeichert werden.

```
// Objekt auf Festplatte schreiben
#include <fstream.h>

class Person {
  private:
    char  acName[80];                   // Name der Person
    int   iAlter;                       // Alter der Person
  public:
    void DatenEinlesen() {              // Daten einlesen
      cout << "Geben Sie einen Namen ein: ";
      cin >> acName;
      cout << "Geben Sie das Alter ein: ";
      cin >> iAlter;
    }

    void DatenAusgeben() {              // Daten anzeigen
      cout << "Der Name lautet "    << acName << endl;
      cout << "Das Alter betraegt " << iAlter << " Jahre" << endl;
    }
};

void main() {
  Person  PersonenDaten;                // Personendaten

  PersonenDaten.DatenEinlesen();        // Daten einlesen
  ofstream  AusgabeDatei("daten.dat"); // Datei oeffnen
  // Daten schreiben:
  AusgabeDatei.write((char *) &PersonenDaten, sizeof(PersonenDaten));
}
```

Bevor die Daten auf die Festplatte unter Verwendung eines Objekts geschrieben werden können, muß es nach der Definition erst einmal initialisiert werden. Das geschieht durch Aufruf der Komponentenfunktion *DatenEinlesen()*, die den Anwender auffordert, einen Namen und das Alter einzugeben.

```
Geben Sie einen Namen ein: Hoffmann
Geben Sie das Alter ein: 53
```

Anschließend wird ein Objekt des Typs *ofstream* mit dem Namen *AusgabeDatei* erzeugt, das gleichzeitig mit dem Dateinamen initialisiert wird. Das eigentliche Schreiben der Daten erfolgt durch einen Aufruf der Komponentenfunktion *write()*.

```
AusgabeDatei.write((char *) &PersonenDaten, sizeof(PersonenDaten));
```

Ihr müssen zwei Argumente übergeben werden. Das erste beschreibt einen char-Zeiger auf den Datenbereich, dessen Daten auf die Platte geschrieben werden sollen, und das zweite gibt an, wieviele char-Daten beziehungsweise Byte die Funktion in die Datei kopiert. Zur Bestimmung der Anzahl wird der Operator *sizeof()* verwendet, der die Größe in Byte des Arguments zurückgibt.

Da die Funktion *write()* einen char-Zeiger erwartet, findet eine Typumwandlung statt. Außerdem muß die Adresse des Datenbereichs übergeben werden, weshalb der Adreßoperator vor dem Objekt verwendet wird. Noch einmal zurück zur Typumwandlung. Diese programmiert man selbst, wie im Lauf des Buchs erklärt wurde. Aber das ist hier nicht erforderlich, da auch die explizite Angabe von *(char *)* ausreicht. Dadurch wird die Adresse des Objekts an die Funktion als char-Zeiger übergeben, so daß byteweise auf die Daten zugegriffen werden kann.

Werden die Daten des Objekts auf diese Weise geschrieben, werden sie in Binärform auf die Platte kopiert. Das heißt, daß in der Datei eine exakte Kopie der Daten im Speicher erzeugt wird. Außerdem werden keine Annahmen getroffen, wie diese Byte zu bearbeiten sind. Im Gegensatz dazu stehen die Funktionen *get()* und *put()* oder die Operatoren »<<« und »>>«, die eine zeichenorientierte Verarbeitung vornehmen. Sie können gegebenenfalls bestimmte Steuerzeichen konvertieren, wie beispielsweise den Wagenrücklauf (carriage return, CR, Unix-Zeilenumbruch) in eine Kombination von Wagenrücklauf (carriage return, CR) und Zeilenvorschub (line feed, LF), den Zeilenumbruch von DOS/Windows. Diese Konvertierung darf natürlich nicht mit Binärdateien passieren, denn dadurch würde ihr Inhalt verfälscht.

14.4.2 Einlesen eines Objekts

Beim Einlesen der Daten eines Objekts kommt die Funktion *read()* zum Einsatz. Dies geschieht analog zu folgendem Beispiel:

```
// Einlesen der Objektdaten
#include <fstream.h>

class Person {
  private:
    char  acName[80];                    // Name der Person
    int   iAlter;                        // Alter der Person
  public:
    void DatenEinlesen() {               // Daten einlesen
      cout << "Geben Sie einen Namen ein: ";
      cin >> acName;
      cout << "Geben Sie das Alter ein: ";
      cin >> iAlter;
    }

    void DatenAusgeben() {               // Daten anzeigen
      cout << "Der Name lautet "    << acName << endl;
      cout << "Das Alter betraegt " << iAlter << " Jahre" << endl;
    }
};

void main() {
  Person    PersonenDaten;               // Daten der Person
  ifstream  EinleseDatei("daten.dat");   // Datei oeffnen

  // Objektdaten einlesen:
  EinleseDatei.read((char *) &PersonenDaten, sizeof(PersonenDaten));

  PersonenDaten.DatenAusgeben();         // Daten ausgeben
}
```

In der Ausgabe dieses Programms sieht man die Daten wieder, die zuvor eingegeben wurden:

```
Der Name lautet Hoffmann
Das Alter betraegt 53 Jahre
```

14.4.3 Passende Datenstrukturen

Sollen in einem Programm die Objektdaten auf diese Weise gelesen und geschrieben werden, muß man auf die gleiche Klasse von Objekten zugreifen. Die Objekte aus diesen beiden Programmen sind 84 Byte groß. 80 Byte werden für die Speicherung des Vektors benötigt und vier Bytes belegt die int-Variable. Würde beim Lesen eine andere Größe des Vektors verwendet, könnte vermutlich das Alter nicht mehr richtig gelesen werden. Aus diesem Grund sollte man dieselben Datendefinitionen zum Schreiben und Lesen verwenden. Dabei spielt es aber keine Rolle, ob die Komponentenfunktion der einzelnen Objekte gleich oder unterschiedlich sind, da sie nicht mit gespeichert werden.

14.5 Speichern und Lesen mehrerer Objekte

In den vorigen Beispielen wurde immer nur ein Objekt gespeichert oder geschrieben. In der Praxis wird aber meist mehr als nur ein Objekt in einer Datei gespeichert. Dafür braucht es eine andere Vorgehensweise beim Öffnen der Datei und beim Schreiben.

14.5.1 Das Beispiel

Das nachfolgende Beispiel ist ein Programm, in dem die soeben geschriebenen Daten sofort wieder eingelesen werden.

```
// Ein- und Ausgabe mehrerer Objekte
#include <fstream.h>

class Person {
  private:
    char  acName[80];                   // Name der Person
    int  iAlter;                        // Alter der Person
  public:
    void DatenEinlesen() {              // Daten einlesen
      cout << "Geben Sie einen Namen ein: ";
      cin >> acName;
      cout << "Geben Sie das Alter ein: ";
      cin >> iAlter;
    }

    void DatenAusgeben() {              // Daten anzeigen
      cout << "Der Name lautet " << acName << endl;
      cout << "Das Alter betraegt " << iAlter << " Jahre" << endl;
    }
};

void main() {
  Person   PersonenDaten;               // Daten einer Person
  fstream  Datei;                       // Datei erzeugen
  char     cZeichen;                    // einzugebendes Zeichen

  // Datei zum Lesen und Schreiben oeffnen, Daten werden angehaengt:
  Datei.open("daten.dat", ios::app | ios::out | ios::in);
```

```
  do {                               // Schleife fuer die Eingabe
    // Daten einlesen
    cout << "Geben Sie die Daten einer Person ein: " << endl;
    PersonenDaten.DatenEinlesen();
    // Daten schreiben:
    Datei.write((char *) &PersonenDaten, sizeof(PersonenDaten));

    cout << "Weitere Person eingeben (j/n) "; // weitere Daten eingeben?
    cin >> cZeichen;
  } while (cZeichen == 'j');
  Datei.seekg(0);                    // Dateizeiger an den Anfang setzen
  // Daten wieder einlesen:
  // erste Daten lesen
  Datei.read((char *) &PersonenDaten, sizeof(PersonenDaten));

  while (! Datei.eof()) {            // Schleife zum Einlesen des Rests
    cout << "Person : " << endl;     // Daten ausgeben
    PersonenDaten.DatenAusgeben();
    // Weitere Daten lesen:
    Datei.read((char *) &PersonenDaten, sizeof(PersonenDaten));
  }
}
```

Der Dialog mit diesem Programm könnte wie nachfolgend dargestellt ablaufen. Dabei kann man Daten von Personen eingeben, die danach wieder ausgegeben werden. Insgesamt wurden drei Personendaten eingegeben, ausgegeben werden aber vier. Das bedeutet, daß vorher schon ein Datensatz in die Datei geschrieben wurde.

```
Geben Sie die Daten einer Person ein:
Geben Sie einen Namen ein: Mueller
Geben Sie das Alter ein: 57
Weitere Person eingeben (j/n) j
Geben Sie die Daten einer Person ein:
Geben Sie einen Namen ein: Meier
Geben Sie das Alter ein: 32
Weitere Person eingeben (j/n) j
Geben Sie die Daten einer Person ein:
Geben Sie einen Namen ein: Klaas
Geben Sie das Alter ein: 22
Weitere Person eingeben (j/n) n
Person :
Der Name lautet Hoffmann
Das Alter betraegt 53 Jahre
Person :
Der Name lautet Mueller
```

```
Das Alter betraegt 57 Jahre
Person :
Der Name lautet Meier
Das Alter betraegt 32 Jahre
Person :
Der Name lautet Klaas
Das Alter betraegt 22 Jahre
```

14.5.2 Die Klasse fstream

Die oben gezeigten Dateiobjekte öffnen eine Datei immer nur entweder zur Eingabe oder zur Ausgabe. Ist das nicht angemessen, kommt die Klasse *fstream* zum Einsatz, denn mit ihr wird das Objekt sowohl zum Lesen als auch zum Schreiben geöffnet.

Außerdem wurde das Dateiobjekt bei der Definition immer auch gleich mit einem Namen initialisiert, wie beispielsweise:

```
ifstream EinleseDatei("daten.dat");
```

In diesem Beispiel wird aber eine andere Vorgehensweise demonstriert. Zuerst wird die Datei definiert und anschließend mit der Komponentenfunktion *open()* geöffnet. Dabei müssen neben dem Namen der Datei noch verschiedene Modusangaben spezifiziert werden, mit denen verschiedene Eigenschaften des Objekts ausgewählt werden. Die möglichen Angaben befinden sich in der nachfolgenden Tabelle.

Modusangabe	Ergebnis
app	Die neuen Daten werden an das Ende der Datei angehängt, das Lesen beginnt auch am Ende der Datei.
ate	Der Dateiinhalt wird vor dem Lesen oder Schreiben gelöscht.
binary	Die Datei wird als Binärdatei geöffnet.
in	Die Datei wird nur zum Lesen geöffnet. Das ist die Voreinstellung für die Klasse *ifstream*.
nocreate	Ist die Datei nicht vorhanden, wird beim Öffnen ein Fehler erzeugt.
noreplace	Wird die Datei zum Schreiben geöffnet und werden weder *ate* oder *app* angegeben, wird ein Fehler erzeugt.
out	Die Datei wird nur zum Schreiben geöffnet. Das ist die Voreinstellung für die Klasse *ofstream*.

Im Beispiel sagt die Modusangabe *app* aus, daß bestehende Daten in der Datei nicht zu überschreiben sind. Die Daten, die gleich nach dem Öffnen geschrieben werden, werden an das Ende der Datei angehängt. Zusätzlich werden die Modusangaben *in* und *out* spezifiziert, um in die Datei sowohl zu schreiben wie auch aus ihr lesen zu können. Alle Modusangaben werden mit einem logischen Oder-Operator miteinander verknüpft.

Nach dem Öffnen der Datei und der Eingabe der Daten einer Person wird mit der Funktion *write()* das zugehörige Objekt in die Datei geschrieben. Außerdem gibt man danach an, ob man die Eingabe fortsetzen will oder nicht.

Sind die Eingaben abgeschlossen, sollen die Daten in der Datei wieder gelesen und angezeigt werden. Bevor wir aus der Datei gelesen werden kann, muß noch die Position des Schreib-/Lesezeigers in der Datei geändert werden. Er spezifiziert, an welcher Stelle in der Datei die nächste Operation ausgeführt werden soll. Damit der komplette Inhalt gelesen werden kann, muß der Dateizeiger an den Anfang der Datei gesetzt werden. Das geschieht mit der Komponentenfunktion *seekg()*.

Anschließend werden alle Objekte in einer Schleife gelesen und ausgegeben. Das passiert solange, bis das Ende der Datei erreicht ist. Das Ende wird durch Überprüfung des Rückgabewertes der Komponentenfunktion *eof()* erkannt, die zur Klasse *ios* gehört. Sie gibt einen Wert ungleich 0 zurück, wenn das Ende der Datei erreicht ist, ansonsten ist der Rückgabewert 0.

14.6 Dateizeiger

In einer Datei gibt es zwei Werte, die jeweils die Position angeben, an der der nächste Lese- und Schreibvorgang beginnen. Sie spezifizieren die Bytenummer innerhalb der Datei, gerechnet jeweils vom Anfang der Datei an.

Wenn man eine Datei sowohl zum Lesen als auch zum Schreiben öffnet, kann es vorkommen, daß man die Schreib- und Lesezeiger neu positionieren muß. Das gilt auch dann, wenn man ein Objekt lesen möchte und man genau weiß, an welcher Stelle sich dieses Objekt in der Datei befindet. Dann setzt man den Lesezeiger an die entsprechende Position und beginnt mit dem Lesen der Daten. Dieser Vorgang muß auch dann durchgeführt werden, wenn die Datei mit der Modusangabe *ios::app* geöffnet wird, da dann die Zeiger automatisch an das Dateiende gesetzt werden. Will man vom Anfang der Datei lesen, muß man den Zeiger erst dorthin positionieren, damit man nicht schon beim ersten Lesevorgang das Ende der Datei erreicht.

14.6.1 Festlegen einer absoluten Position

Im vorherigen Programm wurde erklärt, wie man den Lesezeiger mit Hilfe der Komponentenfunktion *seekg()* an den Anfang einer Datei setzt: Man muß der Funktion als Argument die absolute Position in der Datei übergeben. Die Datei beginnt mit dem Byte mit der Nummer 0, so daß man mit der 0 den Zeiger an den Anfang setzt.

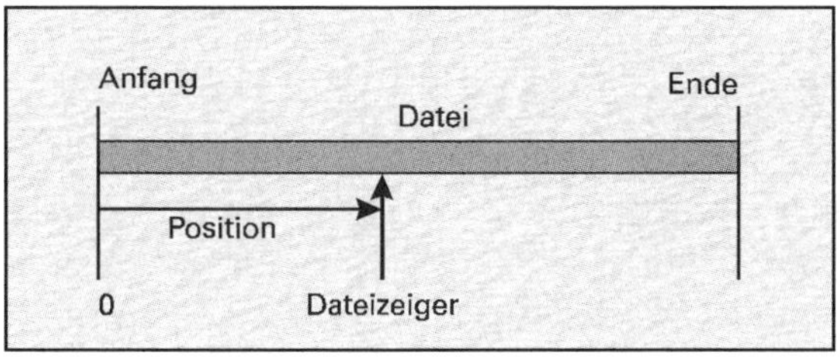

Bild 14.2: Die Verwendung eines Dateizeigers

14.6.2 Angabe eines Abstands

Man muß aber nicht unbedingt immer die absolute Position kennen, sondern man kann auch einen Abstand, beispielsweise bezogen auf den Anfang der Datei, angeben. Das geschieht durch einen Aufruf der Komponentenfunktion *seekg()*, der jetzt zwei Parameter übergeben werden müssen. Der erste beschreibt den Abstand und der zweite legt fest, was der Referenzpunkt ist, ab dem der Abstand gemessen wird. Dafür gibt es nachfolgende Möglichkeiten:

Referenzpunkt	Beschreibung
beg	Der Abstand wird vom Anfang der Datei an gemessen.
cur	Der Abstand wird auf die aktuellen Position bezogen.
end	Der Abstand bezieht sich auf das Ende der Datei.

Mit dem Befehl

```
seekg(-42, ios::cur);
```

wird der Lesezeiger um 42 Byte zurückgesetzt, dies geschieht von der aktuellen Position aus. Im nachfolgenden Beispiel wird gezeigt, wie diese Funktion in einem Programm noch eingesetzt werden kann.

```
// Lesezeiger setzen
#include <fstream.h>

class Person {
  private:
    char  acName[80];                    // Name der Person
    int   iAlter;                        // Alter der Person
  public:
    // Daten einlesen:
    void DatenEinlesen() {
      cout << "Geben Sie einen Namen ein: ";
      cin >> acName;
      cout << "Geben Sie das Alter ein: ";
      cin >> iAlter;
    }

    // Daten anzeigen:
    void DatenAusgeben() {
      cout << "Der Name lautet "    << acName << endl;
      cout << "Das Alter betraegt " << iAlter << " Jahre" << endl;
    }
};

void main() {
  Person     PersonenDaten;              // Daten der Person
  ifstream   EinleseDatei;               // Definition der Datei
  int        iEnde;                      // Endposition der Datei
  int        iAnzahl;                    // Anzahl der Person-Elemente
  int        iIndex;                     // Index des zu lesenden Elements
  int        iPosition;                  // Lesepositon

  EinleseDatei.open("daten.dat");        // Datei oeffnen
  EinleseDatei.seekg(0, ios::end);       // Lesezeiger setzen
  iEnde = EinleseDatei.tellg();          // Endeposition bestimmen

  iAnzahl = iEnde / sizeof(PersonenDaten); // Anzahl Elemente bestimmen

  // Ausgabe der Anzahl:
  cout << "Die Datei enthaelt " << iAnzahl
       << " Objekte(" << iEnde << " Bytes) " << endl;

  // Index einlesen:
  cout << "Geben Sie den Index des zu lesenden Elementes ein: ";
  cin >> iIndex;
```

```
  // Leseposition bestimmen:
  if(iIndex > iAnzahl) {                // Fehler
    cout << "Der Indexwert ist zu gross ! " << endl;
  } else {                              // Position berechnen
    iPosition =(iAnzahl - 1) * sizeof(PersonenDaten);
    EinleseDatei.seekg(iPosition);      // Dateizeiger auf Position setzen

    // Daten lesen:
    EinleseDatei.read((char *) &PersonenDaten, sizeof(PersonenDaten));

    PersonenDaten.DatenAusgeben();      // Daten ausgeben
  }
}
```

Wenn die Datei mit dem Namen *daten.dat* noch vorhanden ist, könnte das Programm die folgenden Ausgaben erzeugen:

```
Die Datei enthaelt 4 Objekte (336 Bytes)
Geben Sie den Index des zu lesenden Elementes ein: 3
Der Name lautet Meier
Das Alter betraegt 23 Jahre
```

Zu beachten ist, daß bei der Eingabe der Index bei 1 beginnt, zur Berechnung aber das erste Element den Index 0 besitzt. Aus diesem Grund ist die Person mit dem Index 3 die dritte Person in der Datei.

14.6.3 Bestimmung der aktuellen Position

Damit man einen Index-Wert eingeben kann, muß man natürlich erst einmal wissen, wie viele Datensätze in der Datei überhaupt vorhanden sind. Dafür setzt man den Zeiger an das Ende der Datei

```
EinleseDatei.seekg(0, ios::end);
```

und bestimmen deren Größe:

```
iEnde = EinleseDatei.tellg();
```

Die Komponentenfunktion *tellg()* gibt als Wert die aktuelle Position des Lesezeigers zurück. Diese bezieht sich auf den Anfang der Datei und wird in Byte gemessen. Befindet sich der Lesezeiger am Ende der Datei, kann auf diese Weise deren Größe bestimmt werden. Aus dieser Größe kann dann wiederum die Anzahl der darin enthaltenen Objekte bestimmt werden, da die Größe eines Objektes bekannt ist. Das entsprechende Ergebnis sieht man auf dem Bildschirm.

Danach wird angegeben, welches Objekt gelesen werden soll. Mit diesem Index berechnet das Programm die Position (vom Anfang der Datei), an der das entsprechende Objekt zu finden ist. Zu beachten ist, daß das erste Element an der Position 0 steht.

Um die Daten des Objekts lesen zu können, muß der Dateizeiger entsprechend positioniert werden. Da sich die berechnete Position auf den Anfang der Datei bezieht, reicht der Aufruf der Funktion *seekg()* mit einem Argument:

```
EinleseDatei.seekg(iPosition);
```

Was dem Aufruf von

```
EinleseDatei.seekg(iPosition, ios::beg);
```

entspricht. Das eigentliche Lesen erfolgt mit der Komponentenfunktion *read()*, deren Einsatz bereits erläutert wurde. Abschließend werden die gelesenen Daten unter Verwendung der Komponentenfunktion *DatenAusgaben()* auf dem Bildschirm angezeigt.

14.7 Komplexere Ein- und Ausgaben

In den einführenden Beispielen wurden die Routinen für die Dateneinund -ausgabe in der Hauptfunktion *main()* untergebracht. Bei komplexeren Beispielen werden sie aber meist in die Komponentenfunktionen der Klasse integriert.

14.7.1 Das Beispiel

Im folgenden Beispiel kommt eine Struktur mit den Namen *PersonenDaten* zum Einsatz, das die Daten einer Person aufnimmt. Allerdings ist sie in einer Klasse mit dem Namen *DatenEinAusgabe* eingebettet, die für die Ein- und Ausgabe zuständig ist.

```
// komplexe Ein- und Ausgaben
#include <fstream.h>

struct PersonenDaten {
  char  acName[80];                    // Name der Person
  int   iAlter;                        // Alter der Person
};
```

```
class DatenEinAusgabe {
  private:
    PersonenDaten  aDaten [20];        // Vektor aus Personen
    int            iAnzahl;            // Anzahl der Daten im Vektor
  public:
    DatenEinAusgabe() {                // Konstruktor, keine Argumente
      iAnzahl = 0;                     // keine Daten
    }
    void DatenHinzufuegen();           // Daten hinzufuegen, Prototyp
    void DatenAusgeben();              // Ausgabe der Daten, Prototyp
    void DatenLesen();                 // Daten lesen,       Prototyp
    void DatenSchreiben();             // Daten schreiben,   Prototyp
};

void DatenEinAusgabe::DatenHinzufuegen() {  // Daten hinzufuegen
  // Daten eingeben:
  cout << "Geben Sie den Namen ein : ";
  cin >> aDaten[iAnzahl].acName;
  cout << "Geben Sie das Alter ein : ";
  cin >> aDaten[iAnzahl].iAlter;

  iAnzahl ++;                          // Zaehler erhoehen
}

void DatenEinAusgabe::DatenAusgeben() { // Daten ausgeben
  int  i;                               // Schleife

  for (i = 0; i < iAnzahl; i++) {       // Schleife zur Ausgabe
    cout << "Person " << i << endl;
    cout << "   Der Name lautet : "  << aDaten[i].acName << endl;
    cout << "   Das Alter betraegt " << aDaten[i].iAlter << " Jahre"
         << endl;
  }
}

void DatenEinAusgabe::DatenLesen() {   // Daten lesen
  ifstream  EinleseDatei;              // Datei definieren

  EinleseDatei.open("daten.dat", ios::nocreate); // Datei oeffnen

  // Datei existiert?
  if (EinleseDatei) {                  // Datei ist vorhanden
    // Daten einlesen:
    EinleseDatei.read((char *) this, sizeof(*this));
  }
}
```

```
void DatenEinAusgabe::DatenSchreiben() { // Daten schreiben
  ofstream  AusgabeDatei;                // Datei definieren

  AusgabeDatei.open("daten.dat");                      // Datei oeffnen
  AusgabeDatei.write((char *) this, sizeof(*this)); // Daten schreiben
}

void main() {
  DatenEinAusgabe  DatenObjekt;        // Objekt definieren
  char      cZeichen;                  // Eingabezeichen

  DatenObjekt.DatenLesen();            // Objektdaten einlesen

  DatenObjekt.DatenAusgeben();         // Daten ausgeben

  // weitere Daten einlesen:
  do {
    // Daten eingeben:
    cout << "Geben Sie die Daten fuer die weitere Person ein" << endl;
    DatenObjekt.DatenHinzufuegen();

    // weitere Daten:
    cout << "Weiteren Eintrag angeben (j/n) ";
    cin >> cZeichen;
  } while (cZeichen == 'j');

  DatenObjekt.DatenAusgeben();         // Daten anzeigen
  DatenObjekt.DatenSchreiben();        // Daten schreiben
}
```

In der Hauptfunktion *main()* wird ein Objekt der Klasse *DatenEinAusgabe* definiert. In einem solchen Objekt werden die Daten für zwanzig Personen gespeichert. Bei der Ausgabe werden die Daten aller gespeicherten Personen angezeigt, anschließend können weitere Daten eingegeben werden. Vor dem Ende des Programms werden noch einmal die Daten aller Personen ausgegeben. Abschließend werden die Daten des Objekts in die Datei geschrieben.

Wird das Programm das erste Mal aufgerufen und die Datei mit dem Namen *daten.dat* ist noch nicht angelegt, sieht der Dialog mit dem Programm folgendermaßen aus:

```
Geben Sie die Daten fuer die weitere Person ein
Geben Sie den Namen ein : Meier
Geben Sie das Alter ein : 22
Weiteren Eintrag angeben (j/n) j
Geben Sie die Daten fuer die weitere Person ein
```

```
Geben Sie den Namen ein : Mueller
Geben Sie das Alter ein : 54
Weiteren Eintrag angeben (j/n) j
Geben Sie die Daten fuer die weitere Person ein
Geben Sie den Namen ein : Schulze
Geben Sie das Alter ein : 42
Weiteren Eintrag angeben (j/n) n
Person 0
   Der Name lautet : Meier
   Das Alter betraegt 22 Jahre
Person 1
   Der Name lautet : Mueller
   Das Alter betraegt 54 Jahre
Person 2
   Der Name lautet : Schulze
   Das Alter betraegt 42 Jahre
```

In diesem Fall fragt das Programm den Anwender gleich nach neuen Daten, sind diese eingegeben, werden sie vor dem Schreiben auf die Platte noch einmal angezeigt. Die Länge der Datei bleibt immer gleich, unabhängig davon, wie viele Daten tatsächlich eingegeben wurden. Es werden immer alle zwanzig Zeichenketten gespeichert, unabhängig von deren Inhalt.

Da jetzt die Datei angelegt ist, werden beim erneuten Aufruf zuerst die Daten aus der Datei angezeigt, wofür sie erst gelesen werden. Anschließend kann der Anwender weitere Daten eingeben, die alle zusammen noch einmal ausgegeben werden. Diese Daten werden abschließend wieder auf die Platte geschrieben.

```
Person 0
   Der Name lautet : Meier
   Das Alter betraegt 22 Jahre
Person 1
   Der Name lautet : Mueller
   Das Alter betraegt 54 Jahre
Person 2
   Der Name lautet : Schulze
   Das Alter betraegt 42 Jahre
Geben Sie die Daten fuer die weitere Person ein
Geben Sie den Namen ein : Klaus
Geben Sie das Alter ein : 33
Weiteren Eintrag angeben (j/n) n
Person 0
   Der Name lautet : Meier
   Das Alter betraegt 22 Jahre
```

```
Person 1
   Der Name lautet : Mueller
   Das Alter betraegt 54 Jahre
Person 2
   Der Name lautet : Schulze
   Das Alter betraegt 42 Jahre
Person 3
   Der Name lautet : Klaus
   Das Alter betraegt 33 Jahre
```

Zum Verständnis des Programms sollte man sich die Klasse mit dem Namen *DatenEinAusgabe* ansehen: Sie enthält einen Vektor aus zwanzig Strukturen des Typs *PersonenDaten* und einen Zähler, der angibt, wie viele Elemente der Struktur tatsächlich Einträge enthalten.

14.7.2 Komponentenfunktionen

Zusätzlich gibt es vier Komponentenfunktionen, in denen Daten eingelesen und ausgegeben werden. Die erste Funktion *DatenHinzufuegen()* fügt neue Personendaten in den Vektor ein. Dabei wird immer das nächste verfügbare Element des Vektors gesetzt. Dieses wird durch die Anzahl der Elemente beschrieben, da die Zählung beim Vektor mit dem Index 0 beginnt. Wenn sich zwei Elemente im Vektor befinden, sind das diejenigen mit den Index-Werten 0 und 1. Der Index 2 beschreibt das nächste verfügbare Element.

In der folgenden Komponentenfunktion *DatenAusgeben()* werden die Daten aller im Vektor gespeicherten Personen ausgegeben. Wie viele das sind, wird durch das Element *iAnzahl* beschrieben.

Das Einlesen der Daten erfolgt mit der Funktion *DatenLesen()*. In ihr wird mit Angabe des Modusflags *nocreate* zuerst überprüft, ob eine Datei mit dem angegebenen Namen angelegt ist. Ist die Datei vorhanden, wird der Inhalt der kompletten Datei in den Vektor *aDaten* gelesen. Die Daten werden in das eigene Objekt gelesen, weil der *this*-Zeiger zum Einsatz kommt.

Ist die Datei nicht angelegt, gibt das Objekt *EinleseDatei* einen Nullwert zurück, weswegen die Anweisung

```
if (EinleseDatei)
```

eingesetzt werden kann.

Die letzte Funktion *DatenSchreiben()* schreibt schließlich die Daten in die Datei auf die Festplatte. Es wird immer der Inhalt des kompletten Vektors beziehungsweise des kompletten Objekts geschrieben. Da das Flag *app* nicht angegeben ist, überschreibt der *write*-Befehl jedesmal die Datei. Das bedeutet, daß die Dateilänge immer gleich bleibt.

Wie beim Lesen wird auch beim Schreiben der *this*-Zeiger verwendet, um nicht temporäre Objekte erzeugen zu müssen, die die Daten aufnehmen. Im *this*-Zeiger ist die Adresse des Objekts gespeichert, dem der Zeiger angehört.

14.7.3 Dateien schließen

Da die Objekte der Klassen *ifstream* und *ofstream* in einer Funktion eingesetzt werden, sind sie nur während ihrer Laufzeit gültig. Wenn die Funktion endet, werden die Objekte automatisch gelöscht und die Datei wird geschlossen. Sollte es einmal notwendig sein, eine Datei explizit zu schließen, geschieht das mit der Komponentenfunktion *close()*. Wurde beispielsweise ein Objekt mit dem Namen *Datei* definiert, ruft man die Funktion mit

```
Datei.close();
```

auf.

14.7.4 Ausblick

Will man die in einer Datei gespeicherten Objekte wieder lesen, muß das natürlich nicht auf die Art und Weise geschehen, wie es im vorigen Beispiel demonstriert wurde. Der Entwickler hat zwar diesbezüglich die volle Freiheit, aber es würde wahrscheinlich keinen Sinn machen, aus dem gespeicherten Namen verschiedene Integer-Werte zu erzeugen, denn mit ihnen ließe sich nichts anfangen. Man kann aber beispielsweise die Daten der einzelnen Objekte in verketteten Listen einfügen, um sie dann weiterverarbeiten zu lassen.

14.8 Fehlerbearbeitung

In den vorigen Beispielen wurde meist davon ausgegangen, daß sich die Dateien beim Schreiben erzeugen lassen oder daß sie schon angelegt sind, wenn aus ihnen gelesen werden soll. Doch in der Praxis muß das nicht unbedingt der Fall sein, so daß Maßnahmen ergriffen werden müssen, um einen solchen Fehler abzufangen. Die häufigsten Fehler sind, daß eine Datei noch nicht existiert oder daß beim Schreiben nicht genug Speicherplatz vorhanden ist.

Der Fehlerzustand eines Objekts wurde bereits untersucht, damit wurde herausgefunden, ob das Ende einer Datei erreicht ist. Dabei kamen zwei Verfahren zum Einsatz. Als erstes wurde der Wert des Dateiobjekts selbst untersucht, zum Beispiel mit der Anweisung

```
while (Datei)
```

In diesem Fall wird auf den Wert 0 hin geprüft, wenn das Ende der Datei erreicht ist. Außerdem wurde auch schon die Komponentenfunktion *eof()* der Klasse *ios* vorgestellt. Sie gibt bei Erreichen des Dateiendes einen Wert ungleich 0 zurück.

In beiden Versionen wird der Wert des Statuswortes zurückgegeben. In ihm sind noch weitere Bits enthalten, die in der folgenden Tabelle aufgezählt werden:

Statusbit	Wert	Beschreibung
eof	1	Das Ende der Datei ist erreicht.
fail	2	Es ist ein Fehler beim Lesen eines Datums aus dem Stream aufgetreten.
bad	4	Verlust der Integrität des Stream-Puffers.
hardfail	8	Ein Hardwarefehler ist aufgetreten.

Das Lesen des Statusworts erfolgt mit der Komponentenfunktion *rdstate()*, die zur Klasse *ios* gehört. Außerdem gibt es noch weitere Funktionen, die den Zustand der einzelnen Bits zurückgeben.

```
// Fehler im Zusammenhang mit Dateien
#include <fstream.h>

void main() {
  ifstream  Datei;                     // Datei definieren
  Datei.open("xyz.dat", ios::nocreate); // Datei oeffnen

  if (!Datei)                          // Datei ist vorhanden
    cout << "Datei kann nicht geoeffnet werden  " << endl;
  else
    cout << "Datei ist geoeffnet  " << endl;
  // Daten ausgeben:
  cout << "Datei = "  << Datei           << endl;
  cout << "Status = " << Datei.rdstate() << endl;
  cout << "Good = "   << Datei.good()    << endl;
  cout << "EOF = "    << Datei.eof()     << endl;
  cout << "Fail = "   << Datei.fail()    << endl;
  cout << "Bad = "    << Datei.bad()     << endl;

  Datei.close();                      // Datei schliessen
}
```

In diesem kleinen Programm wird zuerst überprüft, ob das Objekt den Wert 0 zurückgibt. Ist das der Fall, konnte die Datei vermutlich nicht geöffnet werden. Dann sieht man folgende Ausgabe:

```
Datei kann nicht geoeffnet werden
Datei = 00000000
Status = 4
Good = 0
EOF = 0
Fail = 1
Bad = 0
```

Der von der Funktion zurückgelieferte Wert ist 4. Das bedeutet, daß das Bit mit dem Wert 4 gesetzt ist. Alternativ können auch die Funktionen verwendet werden, die die einzelnen Bits direkt abfragen. Mit deren Hilfe wird detailliert bestimmt, welcher Fehler auftrat.

14.9 Einlese- und Einfügeoperator überladen

Wie alle anderen Operatoren kann man auch den Einlese- »>>« und den Einfügeoperator »<<« überladen. Mit ihnen werden die Ein- und Ausgaben für benutzerdefinierte Datentypen genauso behandelt wie das für eingebaute Datentypen der Fall ist. Wurde also beispielsweise ein Objekt der Klasse *Euro* mit dem Namen *Muenze* erzeugt, kann man es mit dem Befehl

```
cout << "Wert = " << Muenze;
```

ausgeben. Das heißt, eigentlich wird nur der Inhalt des Objekts ausgegeben beziehungsweise das, was in der angegebenen Funktion festgelegt wurde.

Wie das in einem Programm zu realisieren ist, zeigt das folgende Beispiel:

```
// <<- und >>-Operatoren überladen
#include <iostream.h>

class Euro {
  private:
    float  fEuro;                     // Betrag in Euro
    float  fDm;                       // Betrag in D-Mark
  public:
    Euro() {                          // Konstruktor ohne Argumente
      fEuro = 0;
      fDm   = 0;
    }
```

```
    Euro(float fWert) {                    // Konstruktor mit einem Argument
      fEuro = fWert;
      fDm   = 1.95583 * fWert;
    }

    // ueberlagerter >>-Operator:
    friend istream& operator >> (istream& Eingabe, Euro& Wert);

    // ueberlagerter <<-Operator:
    friend ostream& operator << (ostream& Ausgabe, Euro& Wert);
};

// ueberlagerter >>-Operator:
istream& operator >> (istream& Eingabe, Euro& Wert) {
  cout << "Geben Sie einen Euro-Wert ein: ";
  Eingabe >> Wert.fEuro;
  Wert.fDm = 1.95583 * Wert.fEuro;

  return(Eingabe);                         // Eingabe zurueckgeben
}

// ueberlagerter <<-Operator:
ostream& operator <<(ostream& Ausgabe, Euro& Wert) {
  // Ausgabe
  Ausgabe << Wert.fEuro << " Euro entsprechen ";
  Ausgabe << Wert.fDm << " DM" << endl;

  return Ausgabe;                          // und wieder zurueckgeben
}

void main() {
  // Objekte erzeugen:
  Euro  EuroObjekt1;
  Euro  EuroObjekt2;
  Euro  EuroObjekt3(2.5);

  // Daten eingeben:
  cout << "Geben Sie zwei Euro-Werte ein  " << endl;
  cout << "-------------------------------" << endl;
  cin >> EuroObjekt1 >> EuroObjekt2;

  // alle Daten ausgeben:
  cout << "Objekt1 : " << EuroObjekt1;
  cout << "Objekt2 : " << EuroObjekt2;
  cout << "Objekt3 : " << EuroObjekt3;
}
```

Wird das Programm gestartet, wird man aufgefordert, zwei Euro-Werte einzugeben. Anschließend werden diese beiden und ein weiterer Wert, der automatisch im Programm initialisiert wird, ausgegeben. Ein Dialog könnte wie folgt umgesetzt werden:

```
Geben Sie zwei Euro-Werte ein
-------------------------------
Geben Sie einen Euro-Wert ein: 3.7
Geben Sie einen Euro-Wert ein: 9.95
Objekt1 : 3.7 Euro entsprechen 7.23657 DM
Objekt2 : 9.95 Euro entsprechen 19.4605 DM
Objekt3 : 2.5 Euro entsprechen 4.88958 DM
```

Bei Durchsicht des Quelltexts stellt man fest, daß die Euro-Objekte bei der Ein- und Ausgabe wie normale Variablen verwendet werden. Sie sind also in Anweisungen wie

```
cin >> EuroObjekt1 >> EuroObjekt2;
```

und

```
cout << "Objekt1 : " << EuroObjekt1;
```

einsetzbar. Es ist auch möglich, eine Kette der Operatoren zu bilden. Beim Aufruf werden jedesmal die Anweisungen ausgeführt, die in der überladenen Operatorfunktion angegeben wurden. Aus diesem Grund ist der Eingabetext auch zweimal in der Ausgabe zu sehen.

Die überladenen Operatorfunktionen *operator <<()* und *operator >>()* müssen als Freundfunktionen der Klasse *Euro* spezifiziert werden, weil auf der linken Seite Objekte anderer Klassen (*istream* und *ostream*) erscheinen.

Bei der Funktion *operator >>()* wird als erstes Argument ein Objekt der Klasse *istream* angegeben (normalerweise *cin*) und das zweite Argument ist ein Objekt der Klasse *Euro*. Damit eine Verkettung möglich ist, wird ein *istream*-Objekt zurückgegeben. Die andere Funktion *operator <<()* ist ähnlich aufgebaut, verwendet aber statt eines *istream*- ein *ostream*-Objekt.

Da es sich um Freundfunktionen handelt, können diese ohne Einschränkungen auf die privaten Datenelemente des übergebenen Euro-Objekts zugreifen. Damit lassen sich die Werte setzen oder auslesen. Außerdem werden in beiden Operatorfunktionen Referenzen verwendet, um die Originalobjekte schreiben und lesen zu können.

Werden die Standarddatentypen eingesetzt, wird in der Regel nur der Wert der angegebenen Variablen entsprechend angezeigt. In der überschriebenen Funktion ist das aber etwas anders, denn jetzt wird an der entsprechenden Stelle zusätzlich noch ein Text ausgegeben. Der überladene Operator verhält sich also anders als der Standardoperator. Es liegt wieder mal am Programmierer, wie er tatsächlich realisiert wird, so daß auch ein Verhalten dem Standard entsprechend denkbar wäre.

14.10 Zusammenfassung

In diesem Kapitel wurde die Verwendung der Datenstromklassen vorgestellt. Mit ihnen lassen sich auf unterschiedliche Arten Daten auf die Festplatte schreiben und wieder lesen. In der Regel werden auch Dateien als Objekte unterschiedlicher Klassen betrachtet. Dabei kommt es dann darauf an, was mit der Datei passieren soll, welche Klasse eingesetzt wird. In der Regel wird *ifstream* für Dateien verwendet, die gelesen werden sollen, und *ofstream* für solche zum Schreiben.

Die eigentlichen Aktionen werden mit den zugehörigen Komponentenfunktionen der Klasse oder ihrer Basisklassen ausgeführt. Will man ganze Objekte in die Datei schreiben, geschieht dies mit der Funktion *write()*, beim Lesen kommt *read()* zum Einsatz. Diese Funktionen schreiben und lesen Binärdaten, so daß es letztendlich egal ist, ob man damit den Inhalt von Vektoren, anderen Datenstrukturen oder eben Objekten verarbeitet.

Ob eine Ein- und Ausgabeoperation erfolgreich war, wird anhand spezieller Statusflags überprüft. Das Dateiobjekt selbst besitzt einen Wert ungleich Null, wenn die Datei geöffnet werden konnte, ansonsten ist der Wert Null. Er läßt sich einfach für die Fehlerbearbeitung abfragen. Will man detailliertere Informationen, können verschiedene Komponentenfunktionen dazu eingesetzt werden. Diese liefern in der Regel den Status eines speziellen Bits zurück, das den Fehler beschreibt.

Nicht nur die Operatoren »+« oder »-« lassen sich überladen, sondern auch die Einlese- (»>>«) und Ausgabeoperatoren (»<<«). So ist es möglich, die selbst definierten Typen wie die eingebauten Datentypen bei der Ein- und Ausgabe zu verwenden.

Im letzten Kapitel dieses Buches werden weitere Möglichkeiten im Zusammenhang mit C++-Programmen und deren Erzeugung dargestellt. Dazu gehören die Angabe und die Auswertung von Kommandozeilenparametern und die Aufteilung des Quelltexts auf mehrere Dateien.

14.11 Aufgaben

1. Schreiben Sie die Deklaration eines Kopiekonstruktors für die Klasse *Arthur*.

2. Erzeugen Sie ein Programm, in dem Sie Werte, die der Benutzer eingibt, in einen Vektor schreiben. Beendet der Benutzer die Eingabe, sollen die Daten in eine Datei mit dem Namen *string.txt* auf die Platte geschrieben werden.

3. Lesen Sie die in der vorigen Aufgabe geschriebene Datei und geben Sie die Daten auf dem Bildschirm auf. Da in der Datei nicht steht, wieviele Elemente sie enthält, müssen Sie die Anzahl eingeben.

15 Weitere Möglichkeiten

In diesem Kapitel werden noch ein paar weitere Möglichkeiten aufgezeigt, wie man Quelltext aufteilen kann, damit er besser überschaubar ist. Begonnen wird das Kapitel mit der Beschreibung der Befehlszeilenargumente. Mit deren Hilfe werden dem Programm beim Aufruf Argumente übergeben, die den weiteren Ablauf beeinflussen.

15.1 Befehlszeilenargumente

Der, der sich mit Linux-Programmen gut auskennt, weiß, daß dort oft Argumente an der Kommandozeile übergeben werden. Diese spezifizieren beispielsweise, welche Datei zum Speichern oder Lesen verwendet werden soll oder sie beeinflussen den Programmablauf.

Diese Argumente müssen irgendwie in den Quelltext eingebunden werden. Das geht relativ einfach. Bisher wurde die Hauptfunktion *main()* immer ohne Parameter im Quelltext angegeben.

```
void main()
```

Wenn man Argumente übergeben und verwenden will, sollte man die Angabe der Hauptfunktion wie im nachfolgenden Beispiel ändern.

```
// Kommandozeilenargumente
#include <iostream.h>

void main(int argc, char *argv[]) {
  int  k;                            // Schleifenzaehler

  cout << "argc = " << argc << endl;  // ... und wieder zurueckgeben

  for (k = 0; k < argc; k++) {        // Schleife zur Ausgabe
    cout << "Argument " << k << " : " << argv[k] << endl;  // Ausgeben
  }
}
```

Nach dem Übersetzen und Starten könnte die Ausgabe wie folgt aussehen:

```
D:\WDIR\cpp-prog\BCB>test_prj das sind die Argumente
argc = 5
Argument 0 : D:\WDIR\cpp-prog\BCB\Test_prj.exe
Argument 1 : das
Argument 2 : sind
Argument 3 : die
Argument 4 : Argumente
```

Damit die Argumente eingelesen werden können, muß die Hauptfunktion mit dem Namen *main()* entsprechend angepaßt werden. Sie erhält zwei Aufrufparameter, wobei das erste meist mit *argc* (argument count, Anzahl der Argumente) bezeichnet wird. Sie gibt an, wie viele Argumente an der Kommandozeile angegeben wurden. Das erste Argument im Vektor aus Zeigern mit dem Namen *argv* (argument value, Argument Werte) gibt immer den kompletten Pfadnamen des aktuellen Programms an. Die anderen sind die Argumente, die beim Aufruf mit übergeben wurden. Zu beachten ist, daß diese jeweils durch Leerzeichen voneinander getrennt werden.

Die an der Befehlszeile übergebenen Argumente werden als Zeichenketten im Speicher abgelegt, so daß man mit einem Vektor aus Zeigern darauf zugreifen darf. Im Beispiel wird mit der Anweisung

```
argv[0]
```

auf den Namen des Programms zugegriffen, *argv [1]* liefert den String des ersten Arguments zurück, also das Wort »das« und so weiter. Daher sind in der Ausgabe die Argumente entsprechend aufbereitet.

Im Programm müssen die Namen *argc* und *argv* nicht verwendet werden, denn sie sind nicht vordefiniert, da es sich eigentlich um eine normale Funktion handelt. In der Praxis haben sie sich aber so weit eingebürgert, daß andere Namen vermutlich nur Verwirrung stiften würden. Dem Parser selbst ist es völlig egal, wie die Variablen heißen, für ihn ist nur wichtig, daß die Symbole nicht noch einmal in einer Definition auftauchen.

Im folgenden Programm wird ein Kommandozeilenargument eingesetzt, das angibt, welche Datei geöffnet werden soll. Außerdem findet dabei eine Fehlerüberprüfung statt.

```
// Datei oeffen, Name aus Kommandozeile
#include <fstream.h>

void main(int argc, char *argv[]) {
  ifstream EinleseDatei;            // Dateiobjekt definieren
  char     cZeichen;                // einzulesendes Zeichen

  if (argc != 2) {          // Anzahl der Argumente ueberpruefen
    // Zu viele oder zu wenig Argumente:
    cout << "Falsche Anzahl an Argumenten ! " << endl;
    cout << "Aufruf: Name DATEINAME"          << endl;
  } else {
    EinleseDatei.open(argv [1]);    // Datei oeffen
```

```
    if (! EinleseDatei) {                  // Ist Datei vorhanden?
      // Fehler:
      cout << "Kann Datei " << argv[1] << " nicht oeffnen ! " << endl;
      cout << "Aufruf: Name DATEINAME" << endl;
    } else {                               // Datei ist vorhanden
      // Zeichen lesen und ausgeben:
      while (EinleseDatei.get(cZeichen) != 0)
        cout << cZeichen;
      cout << endl;
    }
  }
}
```

Im Programm wird zunächst überprüft, ob die richtige Anzahl an Argumenten angegeben wurde. Da wir nur einen Dateinamen erwarten, muß die Variable *argc* den Wert 2 (Name des Programms und ein Argument) enthalten. Ist das nicht der Fall, wird eine entsprechende Fehlermeldung ausgegeben.

Ansonsten wird das zweite Argument *argv [1]* als Dateiname der Komponentenfunktion *open()* übergeben, um die Datei zu öffnen. Liefert das Objekt *EinleseDatei* einen Wert von Null zurück, gibt es die Datei nicht und es wird eine entsprechende Fehlermeldung ausgegeben.

Kann die Datei geöffnet werden, liest die Komponentenfunktion *get()* ein Zeichen daraus und gibt es anschließend aus. Das geschieht solange, bis das Ende der Datei erreicht ist. Allerdings funktioniert die Abfrage nicht so, wie es bisher erläutert wurde – In diesem Fall wird überpüft, ob die Funktion *get()* den Wert 0 zurückliefert. Das ist dann der Fall, wenn das Ende der Datei erreicht ist. Alternativ könnten auch mit folgender Sequenz die Zeichen ausgegeben werden.

```
while (EinleseDatei) {
  EinleseDatei.get(cZeichen);
  cout << cZeichen;
}
```

Spezifiziert man die entsprechende Anzahl an Argumenten, die Datei kann aber nicht geöffnet werden, sieht die Ausgabe wie folgt aus:

```
D:\WDIR\cpp-prog\BCB>test_prj daten
Kann Datei daten nicht oeffnen !
Aufruf: Name DATEINAME
```

Noch eine Bemerkung zum Schluß: Da auch *main()* eine Funktion ist, kann sie ebenfalls einen Wert zurückgeben. In diesem Fall wird statt des Typs *void* für den Rückgabewert ein anderer Typ spezifiziert, beispielsweise *int*. Dann läßt sich auch ein Ganzzahl-Wert zurückgeben, wobei zu diesem Zweck die normale *return*-Anweisung verwendet wird, wie in anderen Funktionen auch. Der Rückgabewert läßt sich in der Shell beispielsweise in Skripten auswerten, um auf diese Weise auf Fehler zu reagieren.

15.2 Projekte aus mehreren Dateien

In den vorherigen Beispielen haben wir gesehen, wie sich Klassenangaben, Komponentenfunktion und die Hauptfunktion *main()* in einer Datei kombinieren lassen. Sie bestehen alle nur aus einer Datei.

Dennoch kann es auch gute Gründe geben, ein Programm zu erzeugen, das aus mehreren Dateien besteht. Ein Grund ist beispielsweise, daß eine Klassenbibliothek erzeugt wird, die für ein weiteres Projekt benötigt wird. Der Quelltext der Bibliothek wird in einer Datei gespeichert, und die Hauptfunktion in einer anderen.

15.2.1 Klassenbibliotheken

Die Klassenbibliotheken stellen ein mächtiges Mittel dar, um einem Programmierer die Arbeit zu erleichtern. Wenn die richtige Bibliothek zur Verfügung steht, reichen schon ein paar Zeilen aus, um das fertige Produkt zu entwickeln.

Eine Klassenbibliothek besteht in der Regel aus zwei Teilen: einem öffentlichen und einem privaten. Im öffentlichen Teil befinden sich die Elemente, auf die der Programmierer zugreifen muß, um mit der Klassenbibliothek etwas anfangen zu können. Sie werden im Quelltext meist in einer Definitionsdatei mit der Erweiterung *.h* mitgeliefert. Sie wird unter Verwendung einer *#include*-Datei in den Quelltext eingefügt. Das ist erforderlich, damit Objekte der in der *.h*-Datei angegebenen Klassen im Programm des Entwicklers definiert werden können.

Der Anwender muß aber nicht wissen, wie die Bibliothek intern arbeitet oder welche zusätzlichen Komponentenfunktionen noch enthalten sind. In der Regel wollen die Entwickler nicht, daß jemand anders den Quellcode ihrer Bibliothek einsieht, denn er könnte unbefugt verändert werden. Aus diesem Grund werden Objektdateien meist in binärer Form mitgeliefert, die mit dem Programm zusammengebunden werden.

Schreibt man ein eigenes Programm, bietet es sich beispielsweise an, für jede Klasse eine eigene Quelltextdatei zu verwenden. Alternativ könnte man auch die Klassenangaben in eine Headerdatei schreiben, die über eine *#include*-Anweisung in das Programm aufgenommen wird. Unabhängig davon, wie die Aufteilung vorgenommen wird, befindet sich in der Hauptdatei dann nur noch die Hauptfunktion *main()*. Mit dieser Maßnahme wird bei umfangreichen Programmen die Anzahl der Zeilen geringer, so daß der Überblick besser gewahrt wird.

15.2.2 Projektorganisation

Ein anderer Grund für die Aufteilung in mehrere Dateien ist, daß mehrere Entwickler an einem Projekt zusammenarbeiten. Erhält jeder Programmierer die Verantwortung für nur eine Datei, wird die Organisation des Projektes erleichtert. Allerdings muß dann sichergestellt sein, daß die einzelnen Dateien auch tatsächlich zusammenpassen, so daß Schnittstellen definiert werden müssen.

Wie aufgeteilt wird, hängt vom konkreten Fall ab. Sie kann beispielsweise nach der Funktionalität erfolgen, so daß ein Teil für die Ausgabe erforderlich ist, ein anderer für die mathematischen Berechnungen und ein dritter für das Speichern auf Festplatte. Außerdem kann es natürlich immer vorkommen, daß eine Datei zu groß dafür wird, damit vernünftig arbeiten zu können.

15.2.3 Die #include-Anweisung

In allen vorherigen Beispielen wurde die *include*-Anweisung eingesetzt, um bestimmte Definitionsdateien in das Programm aufzunehmen. Die Datei wird dabei in Kleiner- und Größer-Zeichen eingeschlossen.

```
#include <iostream.h>
```

Die Anweisung selbst ist ein Präprozessor-Befehl, die diesem sagt, daß er nach der Datei *iostream.h* suchen und deren Inhalt an dieser Stelle einbinden soll. Dabei werden aber nur die Verzeichnisse durchsucht, die dem Compiler als Bibliothekspfad angegeben wurden oder die über eine Umgebungsvariable gesetzt sind.

Wenn gewünscht, lassen sich in jedem Programm Headerdateien einbinden. Beispielsweise könnten in einer Prototypen eingetragen werden oder man spezifiziert in einer Headerdatei benötigte Konstanten. Damit bleibt der Hauptteil (beziehungsweise die Hauptdatei) des Programms übersichtlicher, was besonders dann wichtig ist, wenn man viele benötigt. Diese Dateien werden meist in dem Verzeichnis erzeugt, in dem sich auch die Quelltextdateien befinden. Was passiert, wenn man eine solche Headerdatei einbinden will?

```
#include <EigeneDatei.h>
```

Nichts, denn der Compiler gibt eine Fehlermeldung aus, da er die Datei nicht finden kann. Weil er nur die Bibliotheksverzeichnisse durchsucht, in denen das Quelltextverzeichnis in der Regel nicht enthalten sein dürfte, sieht er die Datei nicht und kann mit der Anweisung nichts anfangen. Nun kann man natürlich daran gehen, die Datei entsprechend zu kopieren beziehungsweise zu verschieben, aber dann geht im Zweifelsfall die Suche los, wo sich die Datei befindet. Viel einfacher wäre es, sie im gleichen Verzeichnis zu lassen. Damit der Übersetzer sie findet, muß man nur die *#include*-Anweisung leicht modifizieren, wie in der folgenden Zeile:

```
#include "EigeneDatei.h"
```

Wird die Datei statt in Kleiner- und Größer-Zeichen in Anführungszeichen eingeschlossen, durchsucht der Compiler auch das aktuelle Verzeichnis, so daß die Headerdatei gefunden und eingebunden wird. Zu beachten ist, daß durch die *#include*-Anweisungen der Quelltext für den Übersetzer nicht so aussieht, wie man ihn selbst sieht. Stattdessen ist er länger geworden, da der Inhalt der Include-Dateien jetzt für die Übersetzung an die entsprechenden Stellen eingefügt wurde.

Manche Programmierer bevorzugen es, die Klassenangaben in eigene Headerdateien zu schreiben. Dann müssen sie nur noch mit der Include-Anweisung eingebunden werden und für den Compiler sieht es so aus, als hätte er eine große Datei vor sich. In diesem Fall müssen die zu Anfang des Buchs vorgestellten Compiler-Einstellungen nicht geändert werden, um das zugehörige Projekt übersetzen zu können. Es werden einfach die Dateien mit den *#include*-Anweisungen eingebunden, es wird nur eine cpp-Quelldatei übersetzt.

15.2.4 Mehrere Quelltextdateien

Manche Entwickler dagegen bevorzugen für jede Klasse eine eigene Quelltext- und Headerdatei. Ein solches Projekt besteht aus mehreren Quelltextdateien, die getrennt übersetzt und anschließend gelinkt werden müssen. Dazu muß man den Compiler natürlich angeben, aus welchen Dateien sein Projekt besteht. Dieses Verfahren hat aber einen Nachteil, wenn man auf die Klassenbeschreibung in einer anderen Datei zugreifen will. Weil der Compiler in einem solchen Fall die Klasse nicht kennt, gibt er eine Fehlermeldung aus. Das wird umgangen, indem die Klassenangaben in die Headerdatei geschrieben werden, die dann wiederum in den einen Quelltext eingefügt werden. In die andere Quelltextdatei werden die Komponentenfunktionen geschrieben, deren Prototypen in der Klasse angegeben sind. Zusätzlich können in diesen weiteren Quelltextdateien Funktionen stehen, was ebenfalls den Inhalt der Hauptdatei übersichtlicher gestaltet.

15.2.5 Borland C++-Builder

Wird für ein Mehrdateienprojekt den Borland C++ Builder eingesetzt, wählt man den Menüpunkt *Projekt/Dem Projekt hinzufügen* aus, wodurch ein Dialog erscheint, in dem angegeben wird, welche Dateien hinzugefügt werden sollen.

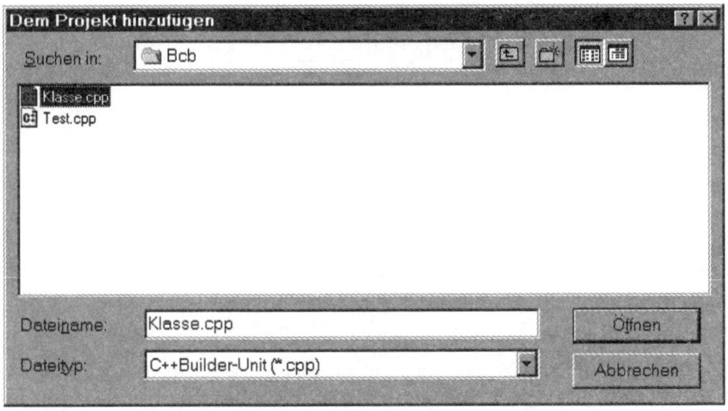

Bild 15.1: Das Hinzufügen einer Quelltextdatei

Ist das erledigt und will man sich einen Überblick über das Projekt verschaffen, wählt man den Menüpunkt *Ansicht/Projektverwaltung* aus. Es erscheint ein Fenster, in dem man detailliert sehen kann, aus welchen Dateien das Projekt besteht.

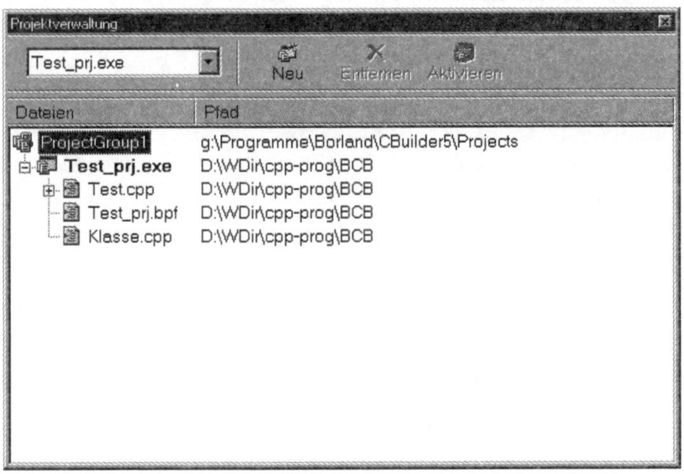

Bild 15.2: Die Dateien eines Projekts

Wird das Projekt anschließend übersetzt, werden die einzelnen Quelltextdateien getrennt übersetzt und anschließend automatisch zusammengebunden.

15.2.6 Visual C++ 6

Auch beim Einsatz des VC6-Compilers lassen sich natürlich weitere Dateien dem Projekt hinzufügen. Dazu wählt man den Menüpunkt *Projekt/Dem Projekt hinzufügen/Dateien* aus, wodurch ebenfalls ein entsprechender Dialog erscheint.

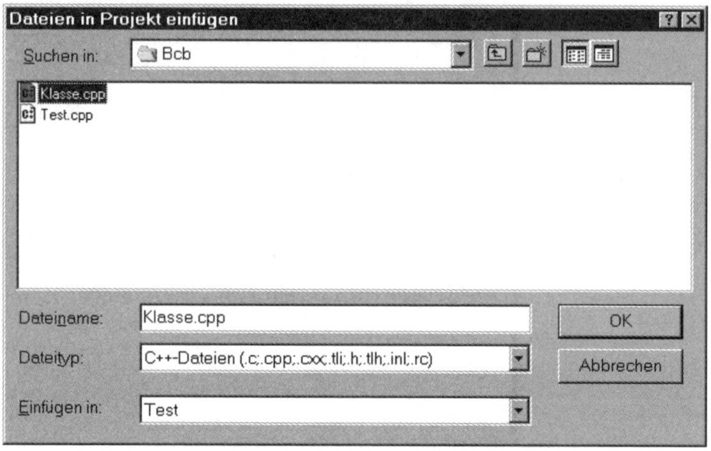

Bild 15.3: Das Hinzufügen einer Quelltextdatei

Welche Dateien im Projekt enthalten sind, entnimmt man dem Arbeitsbereich, der normalerweise links von den Quelltextfenstern dargestellt wird. Ist er nicht zu sehen, ist er mit *Ansicht/Arbeitsbereich* wieder hervorzuholen. Er kann wie in Bild 15.4 auch als Fenster angezeigt werden.

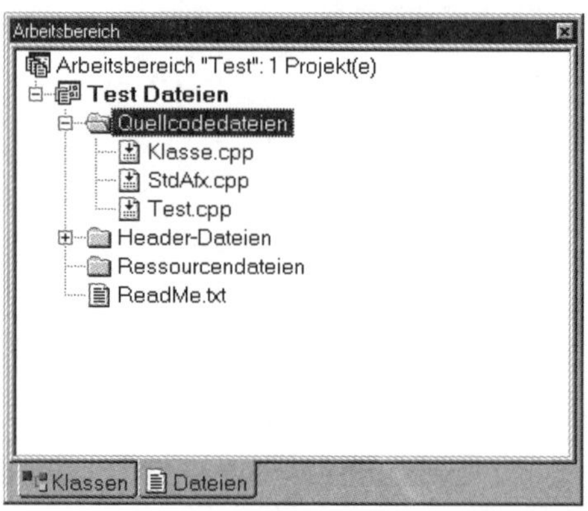

Bild 15.4: Die Dateien des Arbeitsbereichs

Auch in diesem Fall gilt, daß die Dateien getrennt übersetzt und dann gebunden werden, um die ausführbare Datei daraus zu formen.

15.2.7 Linux

Werden unter Linux mehrere Dateien gelinkt, muß die Make-Datei entsprechend angepaßt werden. Dort werden die weiteren Dateien eingetragen, dies wird an einem Beispiel erläutert. Stellen wir uns vor, wir möchten eine zweite Datei mit übersetzen, die den Namen *klasse.cpp* trägt. Sie wird zusätzlich in die make-Datei eingetragen:

```
COMP = g++

FLAGS = -D__KERNEL__ -I/usr/include -Wall -O2
LINKERFLAGS = -L/usr/local/lib

test : test.o
	$(COMP) $(FLAGS) $(LINKERFLAGS) -o test test.o klasse.o

test.o : test.cpp
	$(COMP) $(FLAGS) -c test.cpp -o test.o

klasse.o : klasse.cpp
	$(COMP) $(FLAGS) -c klasse.cpp -o klasse.o
```

Damit werden die Abhängigkeiten zwischen der Quelltextdatei und der Objektdatei entsprechend gesetzt. Wenn sich eine der Quelltextdateien ändert, wird daraus die passende Objektdatei erzeugt.

Beim Binden der Datei muß man beide Objektdateien angeben. Dafür muß aber die Reihenfolge der Optionen vertauscht werden. Die Objektdateien müssen immer am Ende der Liste stehen.

15.3 Zusammenfassung

In diesem Kapitel wurde gezeigt, wie Kommandozeilenargumente an ein Programm übergeben werden. Dazu muß die entsprechenden Parameter beim Aufruf der Funktion *main()* deklariert werden. Der Funktion wird zum einen die Anzahl der Argumente übergeben und zum anderen die einzelnen Argumente als Vektor aus Zeigern. Diese Zeiger weisen auf die intern abgelegten Kommandozeilenargumente, wobei sie soweit aufbereitet sind, daß die Leerzeichen zwischen den einzelnen Argumenten eliminiert sind.

Weiterhin wurde in diesem Kapitel erläutert, wie man ein Projekt aus mehreren Quelltextdateien übersetzt. Das Verfahren unterscheidet sich dabei je nach verwendetem Compiler. Generell gilt, daß alle Quelltextdateien getrennt in Objektdateien übersetzt werden, die anschließend gelinkt werden.

15.4 Aufgaben

1. Schreiben Sie ein Programm, mit dem Sie eine Datei in eine andere kopieren. Es soll zwei Befehlszeilenargumente auswerten, die den Namen der Quell- und der Zieldatei repräsentieren. Führen Sie das Programm so aus, daß es mögliche Fehler abfängt und entsprechende Meldungen ausgibt.
2. Erzeugen Sie ein Programm, mit dem Sie die Größe einer als Kommandozeilenargument spezifizierten Datei ausgeben.

16 Exceptions – Ausnahmebehandlung

Wird ein Programm ausgeführt, kann eine Reihe von Ausnahmebedingungen und Fehlern auftreten, wozu beispielsweise die Division durch Null oder Fehler bei Speicheranforderungen gehören. Diese Situationen treten zur Laufzeit des Programms auf, so daß der Compiler sie bei der Übersetzung nicht erkennen kann. Auf diese Fehler kann in gesonderten Routinen eingegangen werden, so daß ein Programm nicht mit einer vom System generierten Fehlermeldung, sondern mit einer eigenen Meldung beendet wird.

Die meisten Funktionsbibliotheken behandeln Exceptions mit ihren Funktionen. Daher muß sich der Programmierer meist um nichts kümmern, wenn in einer der Funktionen einmal ein Fehler auftritt. Dieser wird meist automatisch abgefangen. Doch wenn man eigene Funktionen schreibt, was bei komplexeren Programmen der Fall ist, muß man dafür Sorge tragen, daß auftretende Fehler abgefangen und behandelt werden.

Die einfachste Methode sind *if..else*-Konstruktionen, mit denen getestet wird, ob eine Bedingung wahr oder falsch ist. Aber es gibt Situationen, an denen solche Konstruktionen nicht einsetzbar sind, so daß nach anderen Möglichkeiten gesucht werden muß.

Der häufigste Fehlerfall ist wahrscheinlich, daß ein Programmierer es vergessen hat, gezielt einzelne Fehlermöglichkeiten auszuschließen, da er sie nicht erwartet. Die Reaktion auf alle denkbaren Möglichkeiten würde einerseits die Entwicklung des Gesamtprojekts verzögern, da jetzt jede Zeile nach Fehlermöglichkeiten durchleuchtet werden müßte. Andererseits würde das Programm auch automatisch größer werden, da jetzt sehr viele Abfragen enthalten wären, mit denen auf entsprechende Situationen reagiert werden müßte.

Viel bequemer wäre es in einem solchen Fall, wenn es einen Bereich im Quelltext gäbe, der nur dann aufgerufen wird, wenn ein Fehler auftritt. Der zugehörige Quellcode kann dann auf den Fehler entsprechend reagieren und beispielsweise das Programm mit der Ausgabe einer Fehlermeldung beenden. Dieser Mechanismus wird bei den Exceptions angewendet, wobei ein Fehler eine Exception auslöst und auf sie reagiert wird. Doch Exceptions sind nicht unbedingt nur an Fehler im Programm gebunden, sondern können beispielsweise auch zu Testzwecken ausgelöst werden, um den aktuellen Zustand des Programms zu kontrollieren.

Damit das Programm weiß, wie es auf eine spezielle Exception reagieren muß, muß man vorher eine entsprechende Behandlungsroutine (Exception Handler) festzulegen. Wenn eine Funktion aufgerufen wird, in der ein Fehler oder eine spezielle Bedingung auftritt, wird eine entsprechende Exception ausgelöst (dieser Vorgang wird als »Werfen« (*throw*) bezeichnet). Aufgrund dieser Exception kann der passende Handler gestartet werden, der die vorher festgelegten Aktionen ausführt. Bildlich gesprochen fängt der Handler die Exception auf (*catch*) und führt dann die weiteren Schritte aus.

Wird eine Exception ausgelöst, besteht die Möglichkeit, Informationen einzuholen, die für die spätere Fehlerdiagnose wichtig sind. Dazu gehören beispielsweise die Werte von Variablen, um entscheiden zu können, ob diese außerhalb eines möglichen Wertebereichs liegen.

16.1 try und catch

In C++ können Exceptions nur innerhalb eines Blocks ausgelöst werden, der mit dem Schlüsselwort *try* beginnt. Die Abarbeitung der Quelltextzeilen wird also versucht (*try*), und wenn ein Fehler auftritt, wird eine Exception geworfen (*throw*) und von einer Behandlungsroutine aufgefangen (*catch*), die darauf reagieren kann.

Im Quelltext müssen sich unmittelbar an den *try*-Block ein oder mehrere *catch*-Blöcke anschließen, in denen auf die im *try*-Block erzeugten Exceptions (beziehungsweise Fehler) reagiert werden kann. Damit sieht der Quelltext im Groben so aus:

```
try {
  // Quelltext
}
catch(EXCEPTION1) {
  // Behandlung von Fehler1
}
catch(EXCEPTION2) {
  // Behandlung von Fehler2
}
```

Beachten Sie, daß es in C++ mindestens eine Behandlungsroutine nach einem *try*-Block geben muß, damit der Compiler keinen Fehler meldet. Allerdings ist es wünschenswert, wenn das Programm für jede Exception, die von einer beliebigen Funktion ausgelöst werden könnte, eine eigene Behandlungsroutine vorsieht.

16.2 Auslösen einer Exception mit throw

Will man in einem Programm gezielt eine Exception auslösen, muß man dazu das Schlüsselwort *throw* einsetzen. Diese Anweisung tritt immer innerhalb einer Funktion auf und hat die folgende Syntax:

```
throw Objekt
```

Dabei wird ein Objekt generiert, das den Typ der Exception beschreibt. Auf dieses Objekt kann ein entsprechender *catch*-Block reagieren. Das Objekt ist frei definierbar, so daß Sie gezielt eine eigene Klasse dafür entwerfen können. Das ist sinnvoll, da ein Exception-Objekt wie jedes andere Objekt behandelt wird, das heißt, beim Erzeugen wird beispielsweise ein Konstruktor aufgerufen. Damit lassen sich dann Informationen über den Programmzustand zur Laufzeit sehr leicht an die Behandlungsroutine übergeben.

Zusätzlich besteht aber auch die Möglichkeit, vordefinierte Objekt zu verwenden. Kommt beispielsweise der String »overflow« zum Einsatz, wird damit in der Regel signalisiert, daß ein Überlauf stattgefunden hat. Es wird ein vordefiniertes Objekt eingesetzt, auf das man passend reagieren kann.

Erfolgt in einer Funktion die Auslösung einer Exception, geht die Steuerung des Programms an die zugehörige Behandlungsroutine der Exception über. In dieser kann dann gezielt auf die Exception reagiert werden. Anschließend wird das Programm mit der nächsten regulären Anweisung nach dem Behandlungsblock fortgesetzt. Das bedeutet aber andererseits, daß die Behandlungsroutine einer Exception das Programm nicht unbedingt zwangsweise beenden muß, sondern sie kann nur die Bedingung korrigieren, die zu dem Fehler geführt hat. Anschließend läuft das Programm so weiter, als wenn (fast) nichts passiert wäre.

16.3 Ein erstes Beispiel

Nach der Theorie jetzt ein wenig Programmcode. In diesem kleinen Programm gibt es eine Funktion, in der unter bestimmten Umständen eine benutzerdefinierte Exception ausgelöst wird. Auf diese wird dann reagiert.

```
// Exception 1
#include <iostream.h>

class ExceptionKlasse {};                   // Klasse für Exception

// Testfunktion
void Test(int iTest) {
  if (iTest)                                // iTest ungleich 0
    // Exception auslösen
    throw ExceptionKlasse();
}

void main() {
  int  iWert = 1;                           // zu uebergebender Wert
```

```
  // Ausfuehrung ueberwachen
  try {
    // Funktion aufrufen
    Test(iWert);
  }

  // Exception abfangen
  catch(ExceptionKlasse& Objekt) {
    // Wert aendern
    iWert = 0;
  }

  // Hauptprogramm fortsetzen
  if (iWert == 0)
    cout << "Der Wert ist geaendert nach 0" << endl;
  else
    cout << "Der Wert ist unveraendert" << endl;
  }
```

Das Programm gibt folgenden String aus:

```
Der Wert ist geaendert nach 0
```

Beginnen wir mit der Durchsicht in der Hauptfunktion *main()*. In ihr wird die Variable *iWert* mit dem Wert 1 initialisiert. Anschließend folgt ein *try*-Block, der die darin enthaltenen Anweisungen auf das Auftreten von Exceptions hin überwacht. In diesem Block wird die Funktion *Test()* aufgerufen, der als Parameter die Variable *iWert* übergeben wird.

In der Funktion *Test()* wird der Wert der übergebenen Variable überprüft. Ist dieser ungleich 0, erfolgt die Ausführung der *throw*-Anweisung, was in unserem Beispiel der Fall ist. Dadurch wird eine Exception ausgelöst, deren Typ durch die Klasse *ExceptionKlasse* festgelegt wird (genauer gesagt wird durch den *throw*-Ausdruck ein temporäres Objekt des angegebenen Typs initialisiert). Dabei handelt es sich um eine Klasse ohne Inhalt, da sie erstmal nur zur eindeutigen Identifikation der Exception dient.

Da in unserem Fall eine Exception ausgelöst wurde, wird das Programm in der zugehörigen Behandlungsroutine fortgesetzt. Diese folgt hier direkt im Anschluß an den *try*-Block und beginnt mit dem Schlüsselwort *catch*. Die Zuordnung einer Exception zu einem *catch*-Block erfolgt anhand des Typs, der in Klammern nach der *catch*-Anweisung angegeben wird.

In unserem Fall wird eine Exception des Typs *ExceptionKlasse* abgefangen und anschließend bearbeitet. Zu Anfang der Bearbeitung wird der Stack soweit bereinigt, daß die nachfolgenden Befehlszeilen gefahrlos ausgeführt werden können. Die Bearbeitung besteht einzig und allein darin, den Wert der Variablen *iWert* auf 0 zu setzen. Außerdem hätte man die Daten des Objekts mit dem Namen *Objekt* zur Verfügung. In diesem Fall sind aber keine Daten vorhanden, da die Klasse *ExcptionKlasse* keine Elemente enthält.

Daß die Änderung des Wertes von *iWert* tatsächlich wirksam wurde, erkennt man der Ausgabe des Programms:

```
Der Wert ist geaendert nach 0
```

Die entsprechenden Zeilen im Quelltext befinden sich direkt nach dem *catch*-Block. Dabei wird abgefragt, welchen Wert die Variable *iWert* besitzt, dementsprechend erfolgt die Ausgabe.

Wenn die Funktion *Test()* mit dem Wert 0 aufgerufen würde, wäre die *if*-Abfrage unwahr und die Exception würde nicht ausgelöst. In diesem Fall wird das Programm an der Stelle nach dem *catch*-Block fortgesetzt. Die Ausgabe sieht dann anders aus, da nun die Variable den Wert 1 besitzt.

```
Der Wert ist unveraendert
```

16.4 Exceptions ohne Behandlung

Tritt in einem Programm eine Exception auf, die nicht behandelt wird, ruft das Programm die Beendigungsroutine auf. Nimmt man die Übersetzung beispielsweise in Visual C++ von Microsoft vor startet das compilierte Programm, sieht man zusätzlich eine entsprechende Fehlermeldung.

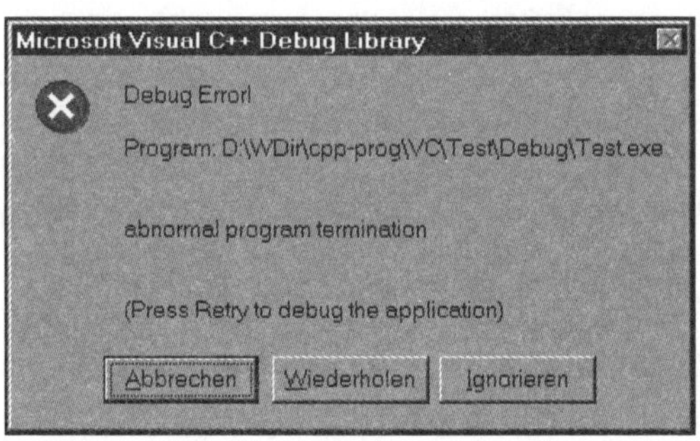

Bild 16.1:
Die Fehlermeldung beim Ausführen des Programms

Eine solche Exception läßt sich übrigens sehr leicht generieren. Man muß nur eine weitere Klasse hinzufügen, in der Funktion *Test()* etwas ergänzen und den Wert der Variablen *iWert* in *main()* auf 0 setzen.

```
// Exception 2
#include <iostream.h>

class ExceptionKlasse {};                // Klasse für Exception
class ExceptionKlasse2 {};               // 2. Klasse für Exception

// Testfunktion
void Test(int iTest) {
  if (iTest)                             // iTest ungleich 0
    // Exception auslösen
    throw ExceptionKlasse();
  else
    // andere Exception auslösen
    throw ExceptionKlasse2();
}

void main() {
  int  iWert = 0;                        // zu uebergebender Wert

  // Ausfuehrung ueberwachen
  try {
    // Funktion aufrufen
    Test(iWert);
  }

  // Exception abfangen
  catch(ExceptionKlasse& Objekt) {
    // Wert aendern
    iWert = 0;
  }

  // Hauptprogramm fortsetzen
  if (iWert == 0)
    cout << "Der Wert ist geaendert nach 0" << endl;
  else
    cout << "Der Wert ist unveraendert" << endl;
}
```

Beim Aufruf der Funktion *Test()* wird eine Exception des Typs *ExceptionKlasse2* generiert, die aber keinem *catch*-Block zugeordnet werden kann. Deshalb wird die Beendigungsfunktion aufgerufen, mit der der weitere Programmablauf abgebrochen wird. Es sind keine Ausgaben zu sehen (beziehungsweise die Ausgabe »Abnormal Program Termination«, abhängig vom Compiler), da das Programm nicht an die Stelle gelangt, an der eine reguläre Ausgabe vorgesehen wäre.

16.5 Verschachtelung von Exceptions

Ruft man im Programm eine Funktion auf, die in einem *try*-Block eingeschlossen ist, geht man davon aus, daß in ihr eine Exception ausgelöst werden kann. Dabei kann es natürlich sein, daß in dieser Funktion wieder ein *try*-Block vorhanden ist, der einen weiteren Aufruf einer Funktion enthält, in der Exceptions auftreten können. Im folgenden Beispiel sieht man, wie so etwas aussehen könnte.

```
// Verschachtelte Exceptions
#include <iostream.h>

class ExceptionKlasse {};                   // Klasse für Exception

int  giWert;                                // globale Variable

// Testfunktion
void Test(int iTest) {
  if (iTest)                                // iTest ungleich 0
  // Exception auslösen
    throw ExceptionKlasse();
}

// 2. Testfunktion
void Test2() {
  // try-Block
  try {
    // Testfunktion aufrufen
    Test(1);
  }
  catch(ExceptionKlasse& Objekt) {
    giWert = 0;
    throw;                                  // Exception erneut ausloesen
  }
}

int main() {
  try {                                     // Ausfuehrung ueberwachen
    // Funktion aufrufen
    Test2();
  }

  // Exception abfangen
  catch(ExceptionKlasse& Objekt) {
    // Wert aendern
    giWert = 1;
  }
```

```
  // Hauptprogramm fortsetzen
  if (giWert == 0)
    cout << "Der Wert ist  0" << endl;
  else
    cout << "Der Wert ist 1" << endl;

  return(0);
}
```

Das Programm gibt folgende Meldung aus:

```
Der Wert ist 1
```

Das bedeutet andererseits, daß es wieder bis zum eigentlichen Ende durchläuft. Um es zu verstehen, beginnen wir wieder in der Hauptfunktion *main()*. In dieser wird innerhalb eines *try*-Blocks die Funktion *Test2()* aufgerufen. Es wird also davon ausgegangen, daß Exceptions auftreten können.

Wenn wir uns jetzt die Funktion *Test2()* näher anschauen, sehen wir dort wieder einen *try*-Block, in dem die Funktion *Test()* aufgerufen wird. Dieser wird der Wert 1 übergeben, so daß sie eine Exception des Typs *ExceptionKlasse* auslöst. Diese Exception wird jetzt im zugehörigen *catch*-Block in der Funktion *Test2()* behandelt. In dieser wird die globale Variable *giWert* auf den Wert 0 gesetzt. Danach wird durch die Anweisung *throw* ohne Argumente eine Exception desselben Typs (also: *ExceptionKlasse*) noch einmal ausgelöst. Diese Exception wird jetzt vom *catch*-Block aufgefangen, der sich in der Hauptfunktion *main()* befindet.

In diesem Block wird die globale Variable *giWert* auf den Wert 1 gesetzt, was man an der Ausgabe erkennt. Damit wird die in einer Unterfunktion ausgelöste Exception an die jeweils aufrufende Funktion weitergeleitet. Auf diese Weise funktioniert das Programm ordnungsgemäß und könnte anschließend ohne Probleme fortgesetzt werden.

Was passiert, wenn man eine Exception nicht erneut auslöst? In diesem Fall gibt das Programm die folgende Meldung aus:

```
Der Wert ist  0
```

Das bedeutet, daß die Abarbeitung des Programms nach der Behandlung der Exception in der Funktion *Test2()* fortgesetzt wird. Da nun keine Exception mehr bearbeitet werden muß, erfolgt ein Rücksprung aus der Funktion nach *main()*. Dort wird das Programm so fortgesetzt, als wenn keine Exception aufgetreten wäre. Der *catch*-Block in *main()* wird also nicht in Anspruch genommen, was man an der Ausgabe erkennen kann.

16.6 Routine zum Beenden des Programms

Besteht im Programm die Möglichkeit, daß eine Exception auftritt, die nicht bearbeitet werden kann, sollte das Programm in der Regel beendet werden. Das ist normalerweise das Standardverhalten, doch mit der hier vorgestellten Methode hat man zumindest noch die Möglichkeit, beispielsweise einen Text auszugeben.

```
// Funktion zum Beenden
#include <process.h>
#include <except.h>                 // BCB, Linux
// #include <eh.h>                  // VC 6

int  giWert;                        // globale Variable

// Testfunktion
void Test(int iTest) {
  if (iTest)                        // iTest ungleich 0
    // Exception auslösen
    throw ExceptionKlasse();
}

// Beendigungsfunktion
void Beenden() {
  // Ausgabe
  cout << "Das Programm wird beendet" << endl;

  // Ende
  exit(1);
}

// Testfunktion
void Test3() {
  // try-Block
  try {
    // Testfunktion aufrufen
    Test(0);
  }
  catch(ExceptionKlasse& Objekt) {
    giWert = 0;
  }
  throw;                            // Exception kann nicht erneut
                                    // aufgerufen werden
}
```

```
int main() {
  // Funktion zum Beenden setzen
  set_terminate(Beenden);

  // Ausfuehrung ueberwachen
  try {
    // Funktion aufrufen
    Test3();
  }

  // Exception abfangen
  catch(ExceptionKlasse& Objekt) {
    // Wert aendern
    giWert = 1;
  }

  // Hauptprogramm fortsetzen
  if (giWert == 0)
    cout << "Der Wert ist  0" << endl;
  else
    cout << "Der Wert ist 1" << endl;

  return(0);
}
```

Auf den ersten Blick sieht das Programm ähnlich aus wie die vorigen. Das stimmt allerdings nur bedingt, denn es wurde um die Funktion *Beenden()* erweitert. In dieser wird eine entsprechende Meldung ausgegeben. Anschließend wird das Programm mit dem Befehl *exit(1)* beendet.

In der Hauptfunktion *main()* wird als erstes mit der Anweisung *set_terminate()* die entsprechende Funktion bekannt gemacht. Damit das klappen kann, muß man zu Anfang des Programms eine weitere Headerdatei einbinden. Leider gibt es hier einen kleinen Unterschied zwischen den Compilern. Beim Borland C++ Builder heißt die Datei »except.h«, unter Visual C++ 6 muß man dagegen die Datei »eh.h« einbinden.

Im weiteren Verlauf wird die Funktion *Test3()* innerhalb eines *try*-Blocks aufgerufen. In dieser Funktion wird in einem *try*-Block eine weitere Funktion ausgeführt, wobei allerdings keine Auslösung einer Exception stattfindet. Damit kommt der *catch*-Block in der Funktion *Test3()* nicht zum Zug und die Ausführung wird mit der *throw*-Anweisung fortgesetzt. Diese sollte eigentlich eine bereits ausgelöste Exception erneut aufrufen, was aber natürlich nicht passiert. Stattdessen wird eine namenlose Exception ausgelöst, die natürlich nicht vom *catch*-Block in *main()* bearbeitet werden kann.

Normalerweise würde das Programm jetzt ohne weitere Meldung beziehungsweise mit der Meldung »Abnormal Program Termination« (je nach Compiler) beendet. Da aber mit *set_terminate()* eine Beenden-Funktion gesetzt wurde, geht die Kontrolle jetzt an diese Funktion über, so daß eine entsprechende Meldung auf dem Bildschirm erscheint:

```
Das Programm wird beendet
```

Zu beachten ist, daß man in der Beenden-Funktion keine weitere Exception auslösen darf, denn das würde in einem undefinierten Programmverhalten resultieren.

16.7 Einschränkung auslösbarer Exceptions

Man kann für eine Funktion genau festlegen, welche Arten von Exceptions in ihr ausgelöst werden können. Dazu schreibt man die möglichen Exceptions in die Deklaration der Funktion, wie im folgenden Beispiel.

```
// Einschraenkung
#include <iostram.h>

int  giWert;                        // globale Variable

// Testfunktion, nur Exceptions des Typs ExceptionKlasse
void Test4(int iTest) throw(ExceptionKlasse) {
  if (iTest)                        // iTest ungleich 0
    // Exception ausloesen
    throw ExceptionKlasse();
}

// Testfunktion, loest keine Exceptions aus
void Test5() throw() {
  try {
    // Testfunktion aufrufen
    Test4(1);
  }

  catch(ExceptionKlasse& Objekt) {    // Exception abfangen
    giWert = 1;
  }
}

int main() {
  giWert = 0;                         // Init
  Test5();                            // Testfunktion aufrufen
```

```
  // Hauptprogramm fortsetzen
  if (giWert == 0)
    cout << "Der Wert ist  0" << endl;
  else
    cout << "Der Wert ist 1" << endl;

  return(0);
}
```

In diesem Beispiel befinden sich zwei Funktionen *Test4()* und *Test5()*, die eine *throw*-Anweisung in der Deklaration enthalten. Damit wird angegeben, welche Typen von Exceptions in einer Funktion ausgelöst werden dürfen. Erfolgt keine Angabe zwischen den runden Klammern, sollten möglichst keine Exceptions generiert werden.

In *main()* erfolgt zuerst eine Initialisierung der globalen Variablen *giWert*. Anschließend wird die Funktion *Test5()* aufgerufen. In dieser wiederum erfolgt die Ausführung der Funktion *Test4()* innerhalb eines *try*-Blocks. Da *Test4()* der Wert 1 übergeben wird, wird in ihr eine Exception ausgelöst. Die Behandlung der Exception erfolgt in *Test5()*, wobei nur die globale Variable auf den Wert 1 gesetzt wird. Anschließend geht die Abarbeitung des Programms in *Test5()* weiter, was hier aber nur zu einem Rücksprung nach *main()* führt. Da *giWert* jetzt den Wert 1 besitzt, sieht man als Ausgabe

```
Der Wert ist 1
```

Also arbeitet das Programm wie gewünscht. Doch was passiert, wenn in *Test4()* eine andere Exception ausgelöst wird, beispielsweise bei der Speicheranforderung mit dem Operator *new*? In diesem Fall würde die Exception als unerwartete Exception betrachtet. Sie müßte dann innerhalb der Funktion *Test4()* bearbeitet werden. Passiert das nicht, hätte das zur Folge, daß das Programm beendet würde. Hat man mit *set_terminate()* eine entsprechende Ende-Funktion gesetzt, erhielte sie die Kontrolle. Damit würde das Programm auf jeden Fall beendet. Es besteht also keine Möglichkeit, es fortzusetzen.

Dasselbe gilt sinngemäß auch für die Funktion *Test5()*, in der keine Exceptions ausgelöst werden dürfen. Generiert beispielsweise ein Bibliotheksaufruf dennoch eine Exception, muß diese innerhalb der Funktion aufgefangen werden. Sonst wird das Programm beendet.

16.8 Exception-Objekte

In den vorigen Beispielen wurden Exceptions bereits mit Objekten gekennzeichnet. Da es sich um »normale« Objekte handelt, sind auch Konstruktoren und Destruktoren möglich. Was dabei genau passiert, wird im folgenden Beispiel verdeutlicht.

```
// Konstruktoren usw. in Exception-Objekten
#include <iostream.h>

// Klasse mit Konstruktoren usw.
class ExceptionKlasse2 {
public:
  // Konstruktor
  ExceptionKlasse2() {
    cout << "Konstruktor" << endl;
  }

  ~ExceptionKlasse2() {                   // Destruktor
    cout << "Destruktor" << endl;
  }

  // Kopiekonstruktor
  ExceptionKlasse2(const ExceptionKlasse2&) {
    cout << "Kopiekonstruktor" << endl;
  }
};

void Test6() {
  // Exception erzeugen
  throw ExceptionKlasse2();
}

int main() {
  try {
    // Funktion aufrufen
    Test6();
  }

  catch(ExceptionKlasse2&) {             // Exception behandeln
    cout << "Exception behandelt" << endl;
  }
  cout << "Weiterer Programmablauf ..." << endl;

  return 0;
}
```

Das Listing gibt an, daß in der Klasse *ExceptionKlasse2* sowohl ein Konstruktor als auch ein Destruktor vorhanden sind. Um deren Wirkungsweise zu demonstrieren, wird in *main()* die Funktion *Test6()* innerhalb eines *try*-Blocks aufgerufen. Diese dient nur dazu, eine Exception des Typs *ExceptionKlasse2* auszulösen, die dann in *main()* aufgefangen wird.

Die Behandlung der Exception besteht darin, einen entsprechenden Text auszugeben. Doch wenn man das Programm startet, sieht man diesen Text nicht als erstes auf dem Bildschirm:

```
Konstruktor
Exception behandelt
Destruktor
Weiterer Programmablauf ...
```

Stattdessen wird zuerst die Konstruktor-Zeile ausgegeben. Das liegt daran, daß beim Erzeugen der Exception mittels *throw* ein temporäres Objekt generiert wird. Dabei wird der Konstruktor aufgerufen. Dieses temporäre Objekt ist ebenfalls für die Behandlung im *catch*-Block gültig. Erst wenn diese abgeschlossen ist, wird der Destruktor aufgerufen. Danach erfolgt die reguläre Abarbeitung der weiteren Zeilen des Programms.

Abhängig vom gewählten Compiler und dessen Einstellungen kann die Programmausgabe aber auch geringfügig anders aussehen:

```
Konstruktor
Kopiekonstruktor
Destruktor
Exception behandelt
Destruktor
Weiterer Programmablauf ...
```

In diesem Fall wird ein weiteres Objekt mit Hilfe des Kopiekonstruktors erzeugt. Dieses kopierte Objekt ist dann innerhalb des *catch*-Blocks gültig, so daß vor der eigentlichen Behandlung das durch *throw* erzeugte Objekt gelöscht werden kann, was man an der Ausgabe *Destruktor* erkennen kann.

Danach erfolgt die Behandlung der Exception. Ist sie beendet, wird auch dieses Objekt gelöscht. Das wird durch die zweite Destruktor-Zeile dargestellt. Erst danach wird das Programm normal fortgesetzt.

16.9 Initialisierung der Objekte

Eine Fehlerbehandlung ist meist nur dann sinnvoll möglich, wenn Informationen über die Stelle, an der ein Fehler aufgetreten ist, an die Behandlungsroutine übergeben werden können. Wird durch einen Fehler eine Exception ausgelöst, müßte es eine Möglichkeit geben, das durch die *throw*-Anweisung generierte, temporäre Objekt zu initialisieren. Was liegt also näher als zu diesem Zweck einen entsprechenden Konstruktor zu schreiben?

```
// Uebergabe von Informationen
#include <iostream.h>

// Klasse mit Konstruktoren usw.
class ExceptionKlasse2 {
public:
  // Variable
  int  iVariable;

  // Konstruktor
  ExceptionKlasse2() {
    cout << "Konstruktor" << endl;
  }

  // Konstruktor mit einem Argument
  ExceptionKlasse2(int iWert) {
    cout << "Konstruktor mit Argument" << endl;
    iVariable = iWert;
  }

  // Destruktor
  ~ExceptionKlasse2() {
    cout << "Destruktor" << endl;
  }

  // Kopiekonstruktor
  ExceptionKlasse2(const ExceptionKlasse2&) {
    cout << "Kopiekonstruktor" << endl;
  }
};

void Test6() {
  // Exception erzeugen
  throw ExceptionKlasse2(42);
}
```

```
int main() {
  try {
    // Funktion aufrufen
    Test6();
  }

  // Exception behandeln
  catch(ExceptionKlasse2& Objekt) {
    cout << "Exception behandelt" << endl;
    cout << Objekt.iVariable << endl;
  }

  cout << "Weiterer Programmablauf ..." << endl;
  return 0;
}
```

Die Klasse *ExceptionKlasse2* wurde um eine öffentliche Variable mit dem Namen *iVariable* und um einen Konstruktor mit einem Argument erweitert. In diesem Konstruktor wird der übergebene Wert der internen Variablen zugewiesen. Außerdem wurde die Behandlungsroutine für die Exception so ergänzt, daß in ihr der Wert der Variablen angezeigt wird.

Beim Auslösen der Exception wird jetzt ein Wert in die runden Klammern geschrieben:

```
throw ExceptionKlasse2(42);
```

Dadurch wird der Konstruktor mit einem Argument aufgerufen, was man auch an der Ausgabe des Programms erkennen kann.

```
Konstruktor mit Argument
Exception behandelt
42
Destruktor
Weiterer Programmablauf ...
```

Wie man an der 42 sieht, kann die Behandlungsroutine auf den Wert der öffentlichen Variablen *iVariable* zugreifen. Auf diese Weise haben Sie die Möglichkeit, Informationen aus dem Programmteil, in der die Exception ausgelöst wurde, an die Behandlungsroutine zu übergeben.

Es gibt aber noch eine Alternative zu der gerade beschriebenen Lösung. Dazu erzeugt man in der Funktion, in der die Exception ausgelöst werden soll, ein Objekt der entsprechenden Klasse. Das kann man danach in aller Ruhe initialisieren, was beispielsweise mit speziellen Komponentenfunktionen geschehen kann.

Ist man damit fertig, verwendet man dieses Objekt beim Erzeugen der Exception. Da es sich jetzt nicht mehr um ein temporäres Objekt handelt, wird in jedem Fall der Kopiekonstruktor aufgerufen, der entsprechend programmiert sein muß. Die Kopie des ursprünglichen Objekts ist dann in der Behandlungsroutine verfügbar.

```
// Uebergabe von Informationen 2
#include <iostream.h>

// Klasse mit Konstruktoren usw.
class ExceptionKlasse2 {
public:
  // Variable
  int  iVariable;

  // Konstruktor
  ExceptionKlasse2() {
    cout << "Konstruktor" << endl;
  }

  // Konstruktor mit einem Argument
  ExceptionKlasse2(int iWert) {
    cout << "Konstruktor mit Argument" << endl;
    iVariable = iWert;
  }

  // Destruktor
  ~ExceptionKlasse2() {
    cout << "Destruktor" << endl;
  }

  // Kopiekonstruktor
  ExceptionKlasse2(const ExceptionKlasse2& Objekt) {
    cout << "Kopiekonstruktor" << endl;
    iVariable = Objekt.iVariable;
  }
};

void Test6() {
  // Objekt erzeugen und initialisieren
  ExceptionKlasse2  Objekt2(43);

  // Exception erzeugen
  throw(Objekt2);
}
```

```
int main() {
  try {
    // Funktion aufrufen
    Test6();
  }

  // Exception behandeln
  catch(ExceptionKlasse2& Objekt) {
    cout << "Exception behandelt" << endl;
    cout << Objekt.iVariable << endl;
  }

  cout << "Weiterer Programmablauf ..." << endl;

  return 0;
}
```

Startet man dieses Programm, sieht die Ausgabe folgendermaßen aus:

```
Konstruktor mit Argument
Kopiekonstruktor
Destruktor
Exception behandelt
43
Destruktor
Weiterer Programmablauf ...
```

In der Funktion *Test6()* wird ein Objekt der Klasse *ExceptionKlasse2* erzeugt, das außerdem mit dem Wert 43 initialisiert wird. Deswegen sieht man an erster Stelle die Ausgabe, daß der Konstruktor mit einem Argument aufgerufen worden ist.

Danach wird die Exception ausgelöst, wobei dazu das Objekt mit dem Namen *Objekt2* zum Einsatz kommt. Da durch *throw* jedesmal ein temporäres Objekt erzeugt wird, müssen die Daten von *Objekt2* in das temporäre kopiert werden. Zu diesem Zweck wird der Kopiekonstruktor aufgerufen, was man an der Ausgabe erkennt.

```
ExceptionKlasse2(const ExceptionKlasse2& Objekt) {
  cout << "Kopiekonstruktor" << endl;
  iVariable = Objekt.iVariable;
}
```

In diesem speziellen Konstruktor muß man alle Daten einzeln umkopieren. Allerdings passiert das automatisch, wenn man keinen Kopiekonstruktor in die Klassendefinition aufnimmt, siehe auch Kapitel 13.5.2.

Da nach dem Auslösen der Exception die Programmsteuerung an die entsprechende Behandlungsroutine übergeht, wird die Funktion *Test6()* verlassen. Das hat aber zur Folge, daß das Objekt mit dem Namen *Objekt2* gelöscht wird, wozu ein Aufruf des Destruktors erfolgt.

Anschließend werden die Exception behandelt und der Wert der Variablen ausgegeben. Da diese mit 43 initialisiert wurde und man eine 43 auf dem Bildschirm sieht, war in diesem Fall die Übergabe von Informationen wieder erfolgreich. Ist die Behandlung der Exception beendet, wird auch das temporäre Objekt gelöscht, wozu wieder der Destruktor aufgerufen wird. Anschließend geht die normale Ausführung des Programms weiter.

Auf diese Weise hat man eine alternative Möglichkeit, Informationen an die Behandlungsroutine zu übergeben. Wenn man die zweite Variante verwenden und einen Kopiekonstruktor in die Klassendefinition aufnehmen, muß man nur daran denken, ihn auch zu testen, damit man bei der Behandlung der Exception nicht auf falsche Informationen zurückgreift.

16.10 Mehrere Exceptions behandeln

In einem Programm kommt es oft vor, daß nicht nur eine Fehlerbedingung auftreten kann, sondern es muß eine Möglichkeit geben, auf unterschiedliche Fehler zu reagieren. Jedem Fehler wird dabei eine eigene, spezielle Exception zugeordnet. Wie das realisiert werden kann, zeigt das folgende Beispiel:

```
// Reaktion auf mehrere Fehler
#include <iostream.h>

class E1 {};
class E2 {};

// Testfunktion
void Test7(int iWert) {
  // Test von iWert
  if (iWert)
    // iWert ungleich 0
     throw E1();
  else
    throw E2();
}

int main(int argc, char* argv[]) {
  try {
    // Funktion aufrufen
    Test7(0);
  }
```

```
  // Exception behandeln
  catch(E1&) {
    cout << "Exception 1" << endl;
  }
  catch(E2&) {
    cout << "Exception 2" << endl;
  }

  try {                                    // Funktion aufrufen
    Test7(1);
  }

  catch(E1&) {                             // Exception behandeln
    cout << "Exception 1" << endl;
  }
  catch(E2&) {
    cout << "Exception 2" << endl;
  }
  return(0);
}
```

In diesem Programm werden zwei Klassen mit den Namen *E1* und *E2* definiert, die zur Kennzeichnung der Exceptions dienen sollen. Die Auslösung der Exceptions erfolgt in der Funktion *Test7()*, wobei der Wert der übergebenen Variablen festlegt, welche Exception ausgelöst wird.

In der Hauptfunktion *main()* gibt es zwei *try*-Blöcke, in denen die Funktion *Test7()* aufgerufen wird, jeweils mit einem anderen Parameter. Danach folgen in beiden Fällen zwei *catch*-Blöcke, die der Behandlung der aufgetretenen Exceptions dienen. Wie zu sehen ist, wird dadurch die Anzahl der Programmzeilen nicht gerade kleiner, aber wenn man beide Aufrufe der Funktion *Test7()* testen will, darf man diese nicht in einen einzigen *try*-Block schreiben.

Tritt dann beim ersten Aufruf der Funktion eine Exception auf, geht die Kontrolle an die Behandlungsroutine über. Nach der Bearbeitung wird die Abarbeitung des Programms nach dem letzten *catch*-Block fortgesetzt. Da sich die *catch*-Blöcke aber außerhalb des *try*-Blocks befinden, würde der zweite Aufruf der Funktion nicht mehr ausgeführt! Daher bleibt nur die etwas längliche Lösung über, die man im Listing sieht.

Startet man das Programm, sieht man die folgende Ausgabe auf dem Bildschirm:

```
Exception 2
Exception 1
```

Das bedeutet, daß beim ersten Aufruf der Funktion *Test7()* die Exception des Typs *E2* ausgelöst wurde, beim zweiten die des Typs *E1*.

Generell gilt, daß jede vom Programm ausgelöste Exception von einer speziellen Behandlungsroutine abgefangen werden sollte. Aus diesem Grund sind mehrere, aufeinanderfolgende *catch*-Blöcke möglich. Eine Routine bearbeitet nur die Exceptions, deren Typ mit dem Typ in der *catch*-Anweisung übereinstimmt (oder in diesen umgewandelt werden kann). Stimmen die Typen überein, erhält die Routine die Kontrolle und bereinigt als erstes den Stack. Anschließend werden die innerhalb der Rotine spezifizierten Anweisungen ausgeführt.

Ist die Bearbeitung beendet, wird das Programm an der Stelle nach dem letzten *catch*-Block fortgesetzt. Außerdem werden für eine behandelte Exception keine weiteren Routinen mehr ausgeführt. Kann eine Exception keiner Behandlungsroutine zugeordnet werden, wird das Programm beendet, wie wir es bereits kennengelernt haben.

16.11 Alle Exceptions behandeln

Wie wir bereits gesehen haben, führen nicht behandelte Exceptions in der Regel zu einem Beenden des Programms. In manchen Situationen mag diese Vorgehensweise sicherlich geboten sein, aber mitunter wäre es wichtig, das Programm einfach weiterlaufen zu lassen. Diese Möglichkeit wird durch einen speziellen *catch*-Block realisiert:

```
catch(...) {
  // Anweisungen
}
```

Zudem hat diese Vorgehensweise den angenehmen Effekt, daß vom Programmierer nicht eingeplante Exceptions das Programm weiterlaufen lassen, es also nicht gleich beenden.

Da durch diese Konstruktion alle Exceptions aufgefangen werden, macht es keinen Sinn, nach ihr noch weitere *catch*-Blöcke anzugeben, diese wären wirkungslos. Glücklicherweise merkt das aber der Compiler und gibt entsprechende Fehlermeldungen aus.

Im Prinzip entspricht die Auswertung der Exceptions damit der Auswertung des Werts bei einer *switch*-Anweisung. Erst kommen die speziellen Fälle und zum Schluß folgt die *default*-Anweisung, die alles andere auffängt.

Mit Hilfe dieses speziellen *catch*-Blocks lassen sich beispielsweise auch Fehler wie eine Division durch Null abfangen.

```
// Division durch Null
#include <iostream.h>

void main() {
  int iTeiler = 0;

  // Ausführung ueberpruefen
  try {
    cout << "Der Wert betraegt " << 7 / iTeiler << endl;
  }

  // Exception abfangen
  catch(...) {
    cout << "Es ist eine Exception aufgetreten" << endl;
  }

  cout << "Weiterer Programmablauf ..." << endl;
}
```

In diesem kurzen Programm wird die Variable *iTeiler* mit dem Wert 0 initialisiert. Danach erfolgen eine Ausgabe und das Teilen des Wertes 7 durch diese Variable. Da sie den Wert 0 besitzt, wird eine Exception ausgelöst. Da die Exception durch den *catch*-Block aufgefangen wird, ergibt sich folgende Ausgabe auf dem Bildschirm:

```
Der Wert betraegt Es ist eine Exception aufgetreten
Weiterer Programmablauf ...
```

Das Programm wird in diesem Fall also nicht beendet, sondern es läuft nach der Behandlung der Exception weiter.

16.12 Zusammenfassung

In diesem Kapitel haben wir uns mit Exceptions befaßt. Exceptions sind ein gutes Mittel, um Fehler während der Laufzeit von Programmen abzufangen. Das setzt aber voraus, daß man die entsprechenden Behandlungsroutinen direkt in den Quelltext einbaut. Außerdem eignen sich Exceptions zu Debugging-Zwecken, um den Zustand eines Programms zur Laufzeit kontrollieren zu können.

Die Anweisungen, bei denen man vermutet, daß etwas schief gehen könnte, schließt man in einen *try*-Block ein. Sie werden dann daraufhin überwacht, ob eine Exception ausgelöst wird. Das eigentliche Auslösen erfolgt durch Angabe des Schlüsselwortes *throw*, wobei man noch einen Typ angeben kann. Entsprechend des Typs wird eine Behandlungsroutine aufgerufen, die sich im Quelltext direkt an den *try*-Block anschließt.

Es lassen sich nicht nur Exceptions eines Typs auslösen, sondern man kann auch unterschiedliche Typen definieren. Auf diese kann dann gesondert reagiert werden, so daß mehrere unterschiedliche *catch*-Blöcke möglich sind.

Der Typ einer Exception kann durch ein Objekt gekennzeichnet werden. Mit Hilfe dieses Objekts lassen sich Informationen über den Status des Programmteils, an dem die Exception ausgelöst wurde, an die Behandlungsroutine weitergeben.

Wird eine Exception nicht in einer speziellen Routine behandelt, erfolgt in der Regel das Beenden des Programms. Um das ganze etwas aussagekräftiger zu gestalten, kann man dafür eine Beenden-Funktion setzen. Alternativ ist es möglich, mit einer speziellen *catch*-Konstruktion alle Exceptions abzufangen und zu bearbeiten.

Damit sind wir am Ende des Buchs angelangt. Alle beschriebenen Techniken und Möglichkeiten werden auch bei realen Projekten und in den verwendeten Klassenbibliotheken, wie beispielsweise den Microsoft Foundation Classes oder der QT-Bibliothek angewendet. Darüber hinaus kommen von Zeit zu Zeit weitere Optionen hinzu, die aber meist nur in Spezialfällen zum Tragen kommen. Mit den in diesem Buch beschriebenen Grundlagen wurden dem Leser die erforderlichen Kenntnisse vermittelt, um überhaupt Programme schreiben zu können und auf denen dann gegebenenfalls weiter aufgebaut werden kann.

Besonders wenn Programme für die grafischen Oberflächen entworfen werden sollen, benötigt der Entwickle noch spezielle Informationen, die zum einen vom verwendeten Compiler abhängig sind und zum anderen von der eingesetzten Klassenbibliothek. Aber auch dafür ist die Grundlage ein solides Fundament an Kenntnissen der Sprache C++, um beispielsweise Objekte erzeugen und ableiten zu können, mit deren Hilfe die Programmieraufgabe gelöst wird.

16.13 Aufgaben

1. Geben Sie den Befehl an, mit dem in einem Programm alle Exceptions aufgefangen werden können.

2. Die Berechnungen in einer Funktion mit dem Namen *Berechnung()* werden unter Verwendung dreier Integer-Variablen ausgeführt. Schreiben Sie eine Exception-Klasse, mit deren Hilfe die Werte dieser Variablen an die Behandlungsroutine übergeben werden. Testen Sie abschließend die Funktionalität.

A Lösungen

A.1 Lösungen zu Kapitel 3

1a.

```
cout << 'w';
```

1b.

```
cout << "Deepthought"
```

1c.

```
cout << 42
```

2.

```
// Umrechnung Stunden -> Minuten
#include <iostream.h>

void main() {
  int  iStunden;                    // Anzahl der Stunden
  int  iMinuten;                    // Anzahl der Minuten

  // Eingabe der Stunden:
  cout << "Bitte geben Sie die Stunden ein: ";
  cin >> iStunden;

  iMinuten = iStunden * 60;         // Berechnung

  // Ausgabe:
  cout << "Die Anzahl der Minuten betraegt : ";
  cout << iMinuten;
}
```

In diesem Programm definieren Sie zwei Variablen, die die Stunden und Minuten aufnehmen. Anschließend erfolgt die Eingabe der Stunden. Mit diesem Wert werden die Minuten berechnet. Zum Abschluß wird das Ergebnis ausgegeben.

3.

```
// Ausgabe von Zahlen
#include <iostream.h>

void main() {
  int  iVariable;

  iVariable = 53;                          // Init

  cout << iVariable << endl;
  iVariable += 20;
  cout << iVariable << endl;
  iVariable++;
  cout << iVariable;
}
```

Hier wird eine Variable definiert, die mit dem Wert der ersten Zahl initialisiert wird. Anschließend wird ihr Inhalt ausgegeben. Da eine arithmetische Zuweisung verwendet werden soll, um zur nächsten Zahl zu kommen, muß eine Addition vorgenommen werden. Auch dieses Ergebnis wird ausgegeben. Die letzte Berechnung erfolgt mit Hilfe des Inkrementoperators, was Sie an der Ausgabe überprüfen können.

A.2 Lösungen zu Kapitel 4

1.

Die Überprüfung des Wertes der Variable erfolgt unter Verwendung einer *if*-Anweisung.

```
  int  iVariable;

  if (iVariable > 42)
    cout << "Wahr";
```

2.

```
// Reaktion auf Zahlen
#include <iostream.h>

void main() {
  int  iVariable;
  // Eingabe der Zahl:
  cout << "Bitte geben Sie eine Zahl ein: ";
  cin >> iVariable;
```

```
  // Reaktion:
  switch (iVariable) {
    case 10:
      // Aktion ...
    break;
    case 23:
      // Aktion ...
    break;
    case 35:
      // Aktion ...
    break;
    case 47:
      // Aktion ...
    break;
  }
}
```

Nach der Definition einer Variable für den einzugebenden Wert wird die *switch*-Anweisung zur Auswertung der Zahl eingesetzt. Dabei müssen alle in der Aufgabe genannten Zahlen aufgeführt werden.

3.

```
// Umrechnung Zoll <-> cm
#include <iostream.h>

void main() {
  int   iVerfahren;                     // Art der Umrechnung
  float  fVariable;                     // umzurechnender Wert

  // Verfahren bestimmen:
  cout << "1 Umrechnung Zoll in cm";
  cout << "2 Umrechnung cm in Zoll";
  cin >> iVerfahren;

  // Entscheidung:
  if (iVerfahren == 1) {
    // Zoll -> cm
    cout << "Geben Sie den Wert in Zoll ein";
    cin >> fVariable;

    // Ausgabe:
    cout << "Das entspricht in cm: " << fVariable * 2.54;
  } else {
    // cm in Zoll
    cout << "Geben Sie den Wert in cm ein";
    cin >> fVariable;
```

```
    // Ausgabe:
    cout << "Das entspricht in Zoll: " << fVariable / 2.54;
  }
}
```

In diesem Programm werden zu Anfang zwei Variablen definiert. Die erste gibt an, in welcher Richtung die Umrechnung erfolgen soll, die zweite dient zur Aufnahme des umzurechnenden Werts. Anschließend erfolgt die Abfrage der Umrechnungsrichtung. Entsprechend der gewählten Umrechnungsart müssen Sie danach einen Wert in Zoll oder cm angeben. Der umgerechnete Wert wird abschließend angezeigt.

A.3 Lösungen zu Kapitel 5

1.

Mit der Sequenz

```
  for (;;) { }
```

Verlassen werden kann sie mit der Anweisung *break*.

2.

```
// Ausgabe von Zahlen
#include <iostream.h>

void main() {
  int  i;                 // Schleifenvariable

  // Schleife 1:
  for (i = 1; i < 6; i++)
    cout << i << endl;

  // Schleife 2:
  while (i < 11) {
    cout << i << endl;
    i++;                       // Wert erhoehen, sonst endlose Ausgabe!
  }
}
```

Die Ausgabe der Zahlen in der *for*-Schleife beginnt mit dem Wert 1. Ein Abbruch der Schleife erfolgt, wenn der Schleifenzählen den Wert 6 erreicht hat. In der *while*-Schleife muß der Wert kleiner als 11 sein, damit sie nicht abgebrochen wird. Da hier keine automatische Erhöhung der Schleifenvariable stattfindet, muß das gesondert programmiert werden.

3.

```
// Einfacher Rechner
#include <iostream.h>

void main() {
  char  cEnde;                    // Schleife fortsetzen
  char  cRechenart;               // Art der Berechnung
  int   iWert1;                   // erster Operand
  int   iWert2;                   // zweiter Operand
  int   iErgebnis;                // Ergebnis der Operation

  // Schleife:
  do {
    cout << "Bitte geben Sie den ersten Wert ein: ";
    cin >> iWert1;
    cout << "Bitte geben Sie die Rechenart an: ";
    cin >> cRechenart;
    cout << "Bitte geben Sie den zweiten Wert ein: ";
    cin >> iWert2;

    switch (cRechenart) {
      case '+':
        iErgebnis = iWert1 + iWert2;
        break;
      case '-':
        iErgebnis = iWert1 - iWert2;
        break;
      case '*':
        iErgebnis = iWert1 * iWert2;
        break;
      case '/':
        iErgebnis = iWert1 / iWert2;
        break;
      default:
        cout << "Falsche Rechenart";
        continue;
    }
    // Ausgabe:
    cout << "Das Ergebnis ist " << iErgebnis << endl;

    // Fortsetzen:
    cout << "Schleife fortsetzen j/n ";
    cin >> cEnde;

  } while (cEnde != 'n');
}
```

In einer Schleife können Sie den ersten Wert, die Rechenart und den zweiten Operanden angeben. Die Entscheidung, welche Rechenart mit den beiden Werten durchzuführen ist, wird mit Hilfe einer *switch*-Konstruktion getroffen. In den einzelnen Verzweigungen findet jeweils die Berechnung eines Ergebniswerts statt, der danach ausgegeben wird. Zum Abschluß wird nachgefragt, ob die Schleife fortgesetzt werden soll oder nicht.

A.4 Lösungen zu Kapitel 6

1.

```
struct Zeit {
  int  iStunden;
  int  iMinuten;
  int  iSekunden;
};
```

2.

```
enum Tage = { Montag, Dienstag, Mittwoch, Donnerstag,
              Freitag, Samstag, Sonntag };

  // Definition der Variablen
  Tage  Variable1;
  Tage  Variable2;

  // Zuweisung:
  Variable1 = Mittwoch;
  Variable2 = Sonntag;
```

3.

```
// Telefonnummern
#include <iostream.h>

struct telnum {
  int    iInternational;          // Internationale Vorwahl
  int    iVorwahl;                // Deutsche Vorwahl (ohne 0)
  int    iTeilnehmer;             // Nummer des Teilnehmers
};

void main() {
  telnum  EigeneNummer;           // Eigene Nummer
  telnum  Nummer;                 // Einzugebende Nummer
```

```
  // Init:
  EigeneNummer.iInternational = 49;
  EigeneNummer.iVorwahl       = 89;
  EigeneNummer.iTeilnehmer    = 1234567;

  // Nummer eingeben:
  cout << "Bitte geben Sie die internationale Vorwahl ein: ";
  cin >> Nummer.iInternational;
  cout << "Bitte geben Sie die Vorwahl ein: ";
  cin >> Nummer.iVorwahl;
  cout << "Bitte geben Sie die Nummer des Teinehmers ein: ";
  cin >> Nummer.iTeilnehmer;

  // Ausgabe:
  cout << "Die eigene Nummer lautet : +" << EigeneNummer.iInternational;
  cout << " " << EigeneNummer.iVorwahl << " "
       << EigeneNummer.iTeilnehmer << endl;
  cout << "Die eingegebene Nummer lautet : +" << Nummer.iInternational;
  cout << " " << Nummer.iVorwahl << " " << Nummer.iTeilnehmer << endl;
}
```

Um eine Struktur nutzen zu können, muß sie zuerst definiert werden. Im Hauptprogramm *main()* werden anschließend zwei Variablen mit dem Typ der Struktur definiert. Anschließend wird die erste mit Werten initialisiert, bei der zweiten können Sie Werte eingeben. Den Abschluß des Programms bilden die Ausgaben.

A.5 Lösungen zu Kapitel 7

1.

```
float Berechnen(int iWert, float fWert) {
  return(iWert * fWert);
}
```

Die Berechnung des Ergebnisses erfolgt direkt bei der *return*-Anweisung.

2.

```
// Kleineren Wert bestimmen
#include <iostream.h>

void Kleiner(int& iWert1, int& iWert2) {
  // Kleineren Wert bestimmen:
  if (iWert1 < iWert2)
    iWert1 = 0;
  else
```

```
    iWert2 = 0;
}

void main() {
  int  iEingabe1;                         // Einzugebende Werte
  int  iEingabe2;

  // Eingabe der Werte:
  cout << "Bitte geben Sie den ersten Wert ein: ";
  cin >> iEingabe1;
  cout << "Bitte geben Sie den zweiten Wert ein: ";
  cin >> iEingabe2;

  // Funktion aufrufen:
  Kleiner(iEingabe1, iEingabe2);

  // Ausgabe:
  cout << "Wert1 = " << iEingabe1 << endl;
  cout << "Wert2 = " << iEingabe2 << endl;
}
```

Am Anfang befindet sich die Definition der Funktion. Da die Werte zweier Variablen verändert werden können, muß die Übergabe an die Funktion so erfolgen, daß dies möglich ist. In *main()* werden zuerst die beiden zu überprüfenden Werte eingelesen. Anschließend erfolgt der Aufruf der Funktion. Das Ergebnis dieses Aufrufs wird danach ausgegeben.

3.

```
// Basis - Exponent
#include <iostream.h>

double Expo(float fBasis, int iExponent = 2) {
  double  dErgebnis;                    // Ergebnis
  int     i;                            // Schleife

  dErgebnis = 1.0;                      // Init

  for (i = 0; i < iExponent; i++)       // Berechnen
    dErgebnis *= fBasis;

  return(dErgebnis);
}

void main() {
  int       iExponent;                  // Einzugebende Werte
  float     fBasis;
```

```
  double   dErgebnis;                  // Ergebnis

  // Eingabe:
  cout << "Bitte geben Sie die Basiszahl ein: ";
  cin >> fBasis;
  cout << "Bitte geben Sie den Exponenten ein: ";
  cin >> iExponent;

  dErgebnis = Expo(fBasis, iExponent);                 // Berechnung
  cout << "Das Ergebnis lautet: " << dErgebnis << endl; // Ausgabe

  // Eingabe:
  cout << "Bitte geben Sie die Basiszahl ein: ";
  cin >> fBasis;

  dErgebnis = Expo(fBasis);                            // Berechnung

  cout << "Das Ergebnis lautet: " << dErgebnis << endl; // Ausgabe
}
```

Zur Bestimmung des Ergebnisses wird eine Funktion geschrieben, die zwei Argumente übergeben bekommt, von denen das eine nicht angegeben werden muß. Sie gibt das Resultat zurück. Die eigentliche Berechnung erfolgt in einer *for*-Schleife, wobei die Tatsache ausgenutzt wird, daß eine Zahl, die mit dem Wert 1 multipliziert wird, wieder die Zahl ergibt.

In *main()* erfolgen zwei Aufrufe der Funktion, wobei Sie im ersten Fall sowohl die Basis als auch den Exponent angeben können. Nach dem Aufruf der Berechnungsfunktion wird das Ergebnis angezeigt. Für den zweiten Aufruf wird nur nach der Basiszahl gefragt, so daß das Standardargument zum Einsatz kommt. Auch dieses Ergebnis wird angezeigt.

A.6 Lösungen zu Kapitel 8

1.

```
class Anzahl {
  private:
    int  iWert;
  public:
    Anzahl() {                         // Konstruktor
      iWert = 0;
    }
    int Rueckgabe() {                  // Rueckgabe
      return(iWert);
    }
};
```

Der Name der Variablen wird hier zu *iWert* angenommen.

2.

```
// Maut
#include <iostream.h>

class Maut {
  private:
    long    lAnzahl;                    // Anzahl der Fahrzeuge
    double  dSumme;                     // Gesamtsumme
  public:
    Maut() {                            // Konstruktor
      // Init:
      lAnzahl = 0;
      dSumme = 0.0;
    }

    void ZaehlSumme() {                 // Zaehlen und Summe erhoehen
      lAnzahl ++;
      dSumme += 3.5;
    }

    void Zaehlen() {                    // Nur Zaehlen
      lAnzahl ++;
    }
    void Anzeigen() {                   // Daten anzeigen
      cout << lAnzahl << " Fahrzeuge sind gezaehlt worden" << endl;
      cout << "Die Gesamtgebuehren betragen " << dSumme << " Euro"
           << endl;
    }
};

void main() {
  Maut  Maut1;                      // Maut-Objekt
  char  cZeichen;                   // Einzugebendes Zeichen

  // Schleife:
  for (;;) {
    // Eingabe
    cout << "z Auto nur zaehlen" << endl;
    cout << "s Auto zaehlen und Gesamtsumme erhoehen" << endl;
    cout << "e beenden" << endl;
    cout << "e/s/z ";
    cin >> cZeichen;
```

```
    // Abbrechen:
    if (cZeichen == 'e')
      break;

    // Zaehlen:
    if (cZeichen == 's')
      Maut1.ZaehlSumme();
    else if (cZeichen == 'z')
      Maut1.Zaehlen();
  }
  Maut1.Anzeigen();                    // Ausgabe
}
```

Zu Beginn des Programms erfolgt die Definition der Klasse. Alle Komponentenfunktionen sind öffentlich, da sie auch außerhalb der Klasse verwendet werden können. Die Funktion *ZaehlSumme()* repräsentiert den Fall, daß ein Fahrzeug gezählt wird und die Gebühr entrichten muß. *Zaehlen()* dient dazu, nur die Fahrzeuge zu zählen, die keine Gebühr bezahlen müssen.

In *main()* wird ein Objekt dieser Klasse erzeugt. In einer Schleife werden Sie gefragt, welche Art von Fahrzeug zu zählen ist. Die eigentliche Zählung können Sie durch eine entsprechende Eingabe vornehmen. Zusätzlich haben Sie die Möglichkeit, die Schleife abzubrechen. In diesem Fall werden vor dem Beenden des Programms die Anzahl der gezählten Fahrzeuge und die Gesamtgebühren angezeigt.

3.

```
// Preis
#include <iostream.h>

class Preis {
  private:
    int  iEuro;
    int  iCent;
  public:
    Preis() {                           // Konstruktor
      iEuro = 0;
      iCent = 0;
    }

    Preis(int iWert1, int iWert2) {     // Konstruktor, 2 Argumente
      iEuro = iWert1;
      iCent = iWert2;
    }
```

```
    void Setzen(int iWert1, int iWert2) { // Daten setzen
      iEuro = iWert1;
      iCent = iWert2;
    }

    void Anzeigen() {                      // Anzeigen
      cout << "Der Preis betraegt " << iEuro << "." << iCent << endl;
    }

    void Addieren(Preis Objekt1, Preis Objekt2) {
      iCent = Objekt1.iCent + Objekt2.iCent;
      iEuro = Objekt1.iEuro + Objekt2.iEuro;
      // Uebertrag:
      if (iCent >= 100) {
        iCent -= 100;
        iEuro ++;
      }
    }
};

void main() {
  Preis  Preis1(3, 95);                 // 3 Preise
  Preis  Preis2;
  Preis  Preis3;
  int  iEuro;                           // Einzugebender Werte
  int  iCent;

  // Daten eingeben:
  cout << "Geben Sie den Euro-Wert ein: ";
  cin >> iEuro;
  cout << "Geben Sie den Cent-Wert ein: ";
  cin >> iCent;
  Preis2.Setzen(iEuro, iCent);

  // Addieren:
  Preis3.Addieren(Preis1, Preis2);

  // Ausgabe:
  Preis1.Anzeigen();
  Preis2.Anzeigen();
  Preis3.Anzeigen();
}
```

In der Klasse *Preis* soll neben der Ausgabefunktion auch eine Funktion zum Addieren zweier Objekte angegeben werden. Diese Objekte werden der Funktion übergeben. Dabei können Sie auch auf die privaten Variablen dieser Objekte zugreifen, so daß eine Berechnung möglich ist. Das Ergebnis wird im aktuellen Objekt abgelegt. Dabei müssen Sie beachten, daß im Cent-Bereich ein Übertrag in den Eurobereich stattfinden kann.

In *main()* werden drei Objekte dieses Typs erzeugt, wobei das erste gleich noch initialisiert wird. Dafür muß in der Klasse ein entsprechender Konstruktor zur Verfügung stehen. Die Daten des zweiten Objektes werden eingelesen. Da ein Zugriff auf die privaten Daten nicht möglich ist, muß es ebenfalls eine entsprechende Komponentenfunktion geben.

Abschließend werden die beiden Objekte addiert, wozu die entsprechende Komponentenfunktion des dritten Objekts zum Einsatz kommt. In diesem wird das Ergebnis gespeichert und kann ausgegeben werden.

A.7 Lösungen zu Kapitel 9

1.

```
// Bedenken Sie das abschliessende Leerzeichen:
char acVektor[35] = "Objektorientierte Programmierung";
```

2.

```
// Stringzeichen vertauschen
#include <iostream.h>
#include <string.h>

void Revers(char acString[]) {
  int  iLaenge;                        // Laenge des Strings
  int  i;
  char  cTemp;                         // temporaeres Zeichen

  // Init:
  iLaenge = strlen(acString);

  // Schleife:
  for (i = 0; i < iLaenge / 2; i++) {
    // Zeichen am Anfang merken:
    cTemp = acString[i];

    // Zeichen vom Ende an den Anfang schreiben:
    acString[i] = acString[iLaenge - 1 - i];

    // temp. Zeichen an das Ende schreiben:
    acString[iLaenge - 1 - i] = cTemp;
  }
}
```

```
const int  MAXIMAL = 80;                   // maximal moegliche Zeichen

void main() {
  char  acEingabeString[MAXIMAL];          // Strings
  char  acTemp[MAXIMAL];

  // String eingeben:
  cout << "Geben Sie den String ein: ";
  cin.get(acEingabeString, MAXIMAL);

  strcpy(acTemp, acEingabeString);         // String merken
  Revers(acEingabeString);                 // Vertauschen

  // Ausgeben:
  cout << "Das Original lautet: " << acTemp << endl;
  cout << "Der reverse String ist: " << acEingabeString << endl;
}
```

Der Funktion *Revers()* wird ein String unbekannter Länge übergeben. Aus diesem Grund wird zuerst dessen Länge bestimmt. Beim Vertauschen in der Schleife werden jeweils zwei Elemente gelesen, so daß sie beim Erreichen des mittleren Zeichens abgebrochen wird. Der Zugriff auf die Elemente des Strings erfolgt in der Array-Schreibweise, so daß Sie beachten müssen, daß das erste Element den Index 0 besitzt.

Damit Sie in *main()* sowohl den vertauschten wie auch den Original-String ausgeben können, müssen Sie sich das Original in einem weiteren Array merken. Dazu wird in diesem Fall eine Bibliotheksfunktion eingesetzt.

Außerdem ist es bei der Eingabe erforderlich, eine spezielle Funktion zu verwenden, da das Objekt *cin* normalerweise Leerzeichen als Eingabeende interpretiert.

3.

```
// Durchschnitt:
#include <iostream.h>

const int  MAXIMAL = 80;

class Entfernung {
  private:
    double  dEntfernung;
  public:
    Entfernung() {                         // Konstruktor
      dEntfernung = 0.0;
    }
```

```
    void Ausgeben() {                       // Wert ausgeben
      cout << dEntfernung;
    }

    void Einlesen() {                       // Wert einlesen
      cout << "Geben Sie eine Entfernung ein: ";
      cin >> dEntfernung;
    }

    void Durchschnitt(int iAnzahl) {        // Durchschnitt berechnen
      dEntfernung /= iAnzahl;
    }

    void Addieren(Entfernung Objekt) {      // Wert addieren
      dEntfernung += Objekt.dEntfernung;
    }
};

void main() {
  char        cZeichen;                    // Einzugebendes Zeichen
  Entfernung  Objekt[MAXIMAL];             // Array aus Objekten
  Entfernung  Gesamt;                      // Gesamtsumme
  Entfernung  Durchschnitt;                // Durchschnitt
  int         iZaehler = 0;                // Anzahl der Elemente

  do {
    Objekt[iZaehler].Einlesen();           // Werte einlesen
    Gesamt.Addieren(Objekt[iZaehler]);     // Gesamtsumme bestimmen
    iZaehler ++;     // Zaehler erhoehen
    if (iZaehler >= MAXIMAL) break;        // Maximale Anzahl erreicht

    // Schleife fortsetzen:
    cout << "Schleife fortsetzen j/n ";
    cin >> cZeichen;
  } while (cZeichen != 'n');

  // Durchschnitt berechen:
  Durchschnitt = Gesamt;
  Durchschnitt.Durchschnitt(iZaehler);

  // Ausgabe:
  cout << "Die gesamte Entfernung betraegt ";
  Gesamt.Ausgeben();
  cout << endl;
  cout << "Der Durchschnitt bei " << iZaehler << " Elementen ist ";
  Durchschnitt.Ausgeben();
  cout << endl;
```

```
}
```

In der Klasse *Entfernung* werden eine Komponentenfunktion benötigt, mit deren Hilfe der Durchschnitt berechnet werden kann, und eine, die den Wert eines Objektes zum eigenen hinzuaddiert.

In *main()* werden neben dem geforderten Array zwei weitere Objekte des Typs Entfernung definiert, die zu internen Berechnungen verwendet werden. Außerdem wird eine Zählervariable festgelegt, die mit 0 initialisiert wird.

Das eigentliche Einlesen erfolgt in einer Schleife, wobei ein Objekt des Typs Entfernung dazu verwendet wird, die Gesamtsumme aufzunehmen. Der Zähler in der Schleife muß bei jedem Durchlauf erhöht werden. Er gibt die Anzahl der Elemente des Arrays an. Danach erfolgt noch eine Abfrage, ob die Schleife beendet werden soll.

Das dritte Objekts des Typs *Entfernung* wird zur Berechnung des Durchschnitts eingesetzt. Dazu muß es aber erst einmal mit der Gesamtsumme initialisiert werden. Abschließend werden sowohl die Gesamtsumme wie auch der Durchschnitt ausgegeben.

A.8 Lösungen zu Kapitel 10

1.

```
void operator ++ () {
  fEuro += 1.0;
  fDm   = 1.95583 * fEuro;
}
```

2.

```
// Buchstaben in Grossbuchtaben umwandeln
#include <iostream.h>

const int  MAXIMAL = 80;

class String1 {
  private:
    char  acString[MAXIMAL];
  public:
    String1() {                       // Konstruktor
      acString[0] = 0;
    }
```

```
    void Eingeben() {                    // String eingeben
      cout << "Bitte geben Sie einen String an: ";
      cin >> acString;
    }

    void Ausgeben() {                    // String ausgeben
      cout << "Der String lautet: " << acString << endl;
    }

    void operator ++ () {                // Operator ++
      int  iZaehler = 0;

      while (acString[iZaehler] != 0) { // Schleife
        if (acString[iZaehler] >= 97)
          acString[iZaehler] -= 32;
        iZaehler++;
      }
    }
};

void main() {
  String1  StringObjekt;

  StringObjekt.Eingeben();   // String einlesen
  StringObjekt++;            // Zeichen umwandeln
  StringObjekt.Ausgeben();   // Ausgeben
}
```

Bei der Komponentenfunktion zur Umwandlung wird eine Schleife eingesetzt, bei der getestet wird, ob das aktuelle Zeichen das Nullbyte am Ende eines Strings ist. Für die Umwandlung wird die Tatsache verwendet, daß im ASCII-Zeichensatz große Zeichen beim Wert 65 beginnen, kleine Zeichen hingegen bei 97. Da ein einzelnes Zeichen durch eine char-Wert repräsentiert wird, kann sehr einfach eine Konstante subtrahiert werden (große Zeichen haben kleinere ASCII-Werte). In dieser Schleife muß der Zähler gesondert erhöht werden.

Im Hauptprogramm erzeugen Sie ein entsprechendes Objekt und rufen dann die Komponentenfunktion zum Einlesen der Daten auf. Danach testen Sie den Operator und geben das Ergebnis aus.

3.

```
// Operator +
#include <iostream.h>

class Preis {
private:
  int  iEuro;
  int  iCent;
public:
  Preis() {                              // Konstruktor
    iEuro = 0;
    iCent = 0;
  }

  Preis(int iWert1, int iWert2) {        // Konstruktor, 2 Argumente
    iEuro = iWert1;
    iCent = iWert2;
  }

  void Setzen(int iWert1, int iWert2) {  // Daten setzen
    iEuro = iWert1;
    iCent = iWert2;
  }

  void Anzeigen() {                      // Anzeigen
    cout << "Der Preis betraegt " << iEuro << "."
         << iCent << endl;
  }

  Preis operator + (Preis Wert) {        // Addieren
    Preis  Temp;

    // Addieren:
    Temp.iCent = iCent + Wert.iCent;
    Temp.iEuro = iEuro + Wert.iEuro;
    // Uebertrag:
    if (Temp.iCent >= 100) {
      Temp.iCent -= 100;
      Temp.iEuro ++;
    }
    return(Temp);
  }
};
```

```
void main() {
  Preis  Preis1(3, 95);
  Preis  Preis2;
  Preis  Preis3;
  int    iEuro;
  int    iCent;

  // Daten eingeben:
  cout << "Geben Sie den Euro-Wert ein: ";
  cin >> iEuro;
  cout << "Geben Sie den Cent-Wert ein: ";
  cin >> iCent;
  Preis2.Setzen(iEuro, iCent);

  Preis3 = Preis1 + Preis2;            // Addieren

  // Ausgabe:
  Preis1.Anzeigen();
  Preis2.Anzeigen();
  Preis3.Anzeigen();
}
```

Der überlagerte +-Operator muß ein Objekt desselben Typs zurückgeben, damit er in Zeilen mit einem Gleichheitszeichen eingesetzt werden kann. Dies wird in der zugehörigen Komponentenfunktion durch ein temporäres Objekt realisiert.

A.9 Lösungen zu Kapitel 11

1.

```
class Abgeleitet : private Basis {
  private:
    // Konstruktor:
    Abgeleitet(int iArgument1, int iArgument2) : Basis(iArgument1) { }
}
```

Beim Aufruf des Konstruktors der Basisklasse darf nicht mehr der Typ des Parameters angegeben werden, der Name reicht aus.

2.

```
// Publikation
#include <iostream.h>

class Publikation {
  private:
    char   acTitel[MAXIMAL];
    float  fPreis;
  public:
    Publikation() {                    // Konstruktor
      acTitel[0] = 0;
      fPreis = 0.0;
    }

    void Einlesen() {                  // Daten einlesen
      cout << "Geben Sie den Titel ein: ";
      cin >> acTitel;
      cout << "Geben Sie den Preis ein: ";
      cin  >> fPreis;
    }

    void Ausgeben() {                  // Daten ausgeben
      cout << "Der Titel lautet: "   << acTitel << endl;
      cout << "Der Preis betraegt: " << fPreis  << endl;
    }
};

class Buch : private Publikation {
  private:
    int  iSeitenzahl;
  public:
    Buch() : Publikation() {           // Konstruktor
      iSeitenzahl = 0;
    }

    void Einlesen() {                  // Daten einlesen
      Publikation::Einlesen();
      cout << "Geben Sie die Seitenzahl ein: ";
      cin >> iSeitenzahl;
    }

    void Ausgeben() {                  // Daten ausgeben
      Publikation::Ausgeben();
      cout << "Die Seitenzahl ist " << iSeitenzahl << endl;
    }
};
```

```
class Band : private Publikation {
  private:
    float  fDauer;
  public:
    Band() : Publikation() {              // Konstruktor
      fDauer = 0.0;
    }

    void Einlesen() {                     // Daten einlesen
      Publikation::Einlesen();
      cout << "Geben Sie die Dauer ein: ";
      cin >> fDauer;
    }

    void Ausgeben() {                     // Daten ausgeben
      Publikation::Ausgeben();
      cout << "Die Dauer betraegt " << fDauer << endl;
    }
};

void main() {
  Buch  Buch1;                            // Ein Buch
  Band  Band1;                            // Eine Kassette

  // Daten eingeben:
  Buch1.Einlesen();
  Band1.Einlesen();

  // Daten ausgeben:
  Buch1.Ausgeben();
  Band1.Ausgeben();
}
```

Die Klassen *Buch* und *Band* werden von der Basisklasse *Publikation* abgeleitet. Damit Sie alle Daten einlesen und ausgeben können, müssen Sie die entsprechenden Funktionen der Basisklasse *Publikation* in den abgeleiteten Klassen *Buch* und *Band* aufrufen.

Zum Testen der Klassen werden in *main()* jeweils ein Objekt von *Buch* und *Band* erzeugt. Die Daten werden jeweils eingelesen und wieder ausgegeben.

3.

```
// Verkaufszahl
#include <iostream.h>

class Publikation {
  private:
    char   acTitel[MAXIMAL];
    float  fPreis;
  public:
    Publikation() {                       // Konstruktor
      acTitel[0] = 0;
      fPreis     = 0.0;
    }

    void Einlesen() {                      // Daten einlesen
      cout << "Geben Sie den Titel ein: ";
      cin >> acTitel;
      cout << "Geben Sie den Preis ein: ";
      cin  >> fPreis;
    }

    void Ausgeben() {                      // Daten ausgeben
      cout << "Der Titel lautet: "   << acTitel << endl;
      cout << "Der Preis betraegt: " << fPreis  << endl;
    }
};

class Verkaufszahl {
  private:
    int iVerkaufszahl;
  public:
    Verkaufszahl() {                       // Konstruktor
      iVerkaufszahl = 0;
    }

    void Einlesen() {                      // Daten einlesen
      cout << "Geben Sie die Verkaufszahl ein: ";
      cin >> iVerkaufszahl;
    }

    void Ausgeben() {                      // Daten ausgeben
      cout << "Die Verkaufszahl ist: " << iVerkaufszahl << endl;
    }
};
```

```
class Buch : private Publikation, private Verkaufszahl {
  private:
    int  iSeitenzahl;
  public:
    Buch() : Publikation(), Verkaufszahl() {      // Konstruktor
      iSeitenzahl = 0;
    }

    void Einlesen() {                             // Daten einlesen
      Publikation::Einlesen();
      cout << "Geben Sie die Seitenzahl ein: ";
      cin >> iSeitenzahl;
      Verkaufszahl::Einlesen();
    }

    void Ausgeben() {                             // Daten ausgeben
      Publikation::Ausgeben();
      cout << "Die Seitenzahl ist " << iSeitenzahl << endl;
      Verkaufszahl::Ausgeben();
    }
};

class Band : private Publikation, private Verkaufszahl {
  private:
    float  fDauer;
  public:
    Band() : Publikation(), Verkaufszahl() {      // Konstruktor
      fDauer = 0.0;
    }

    void Einlesen() {                   // Daten einlesen
      Publikation::Einlesen();
      cout << "Geben Sie die Dauer ein: ";
      cin >> fDauer;
      Verkaufszahl::Einlesen();
    }

    void Ausgeben() {                   // Daten ausgeben
      Publikation::Ausgeben();
      cout << "Die Dauer betraegt " << fDauer << endl;
      Verkaufszahl::Ausgeben();
    }
};
```

```
void main() {
  Buch  Buch1;                        // Ein Buch
  Band  Band1;                        // Eine Kassette

  // Daten eingeben:
  Buch1.Einlesen();
  Band1.Einlesen();

  // Daten ausgeben:
  Buch1.Ausgeben();
  Band1.Ausgeben();
}
```

Nun werden die Klassen Buch und Band jeweils von den Klassen Publikation und *Verkaufszahl* abgeleitet. Daher müssen die Ein- und Ausgabefunktionen um den Aufruf der entsprechenden Funktionen aus der Basisklasse *Verkaufszahl* ergänzt werden. Das Hauptprogramm ändert sich nicht.

A.10 Lösungen zu Kapitel 12

1.

```
int Funktion(char *pcWert);
```

2.

```
// Durchschnitt
#include <iostream.h>

void main() {
  int   iVektor[MAXIMAL];             // Vektor fuer Zahlen
  char  cZeichen;                     // Schleife fortsetzen
  int   iZaehler = 0;                 // Anzahl der Werte
  long  lGesamt  = 0;                 // Gesamtsumme
  int   iEingabe;                     // Eingabewert

  do {                                // Zahl eingeben
    cout << "Geben Sie eine Zahl ein: ";
    cin >> iEingabe;
    *(iVektor+iZaehler) = iEingabe;

    iZaehler++;                       // Zaehler erhoehen
    lGesamt += iEingabe;              // Gesamtsummer erhoehen
```

```
    // Weitere Eingaben?
    cout  << "Weitere Zahl eingeben (j/n) ";
    cin >> cZeichen;
  } while (cZeichen != 'n');

  // Durchschnitt ausgeben:
  cout << "Der Durchschnitt betraegt " << lGesamt / iZaehler << endl;
}
```

Da für den Zugriff auf den Vektor die Zeigerschreibweise verwendet werden soll, muß für den Zugriff jedesmal zur Anfangsadresse des Vektor ein Wert hinzuaddiert werden. Außerdem muß eine Schleife angelegt werden, in der der Wert jedesmal nach einer Eingabe erhöht wird. Zur Steigerung der Effizienz wird automatisch die Gesamtsumme aufaddiert. Der in der Schleife erhöhte Wert gibt die Anzahl der Elemente an, so daß die Berechnung des Durchschnitts sehr einfach möglich ist.

3.

```
// Speicher
#include <iostream.h>

const int  MAXIMAL = 80;

void main() {
  char  *pcSpeicher;                  // Zeiger auf Speicherbereich
  int    iLaenge;                     // Laenge des Strings
  int    i;
  char   cTemp;                       // Temporaeres Zeichen

  pcSpeicher = new char[MAXIMAL];     // Speicher anfordern

  // String eingeben:
  cout << "Geben Sie einen String ein: ";
  cin >> pcSpeicher;

  iLaenge = strlen(pcSpeicher);       // Laenge bestimmen

  for (i = 0; i < iLaenge / 2; i++) { // Vertauschen
    cTemp = *(pcSpeicher+i);          // Zeichen am Anfang merken

    // Zeichen vom Ende an den Anfang schreiben:
    *(pcSpeicher+i) = *(pcSpeicher + iLaenge - 1 - i);

    // Temp. Zeichen an das Ende schreiben:
    *(pcSpeicher + iLaenge - 1 - i) = cTemp;
  }
```

```
  // In Kleinbuchstaben:
  for (i = 0; i < iLaenge; i++) {
    if (*(pcSpeicher+i) < 97)
      *(pcSpeicher+i) += 32;
  }

  // String ausgeben:
  cout << "Der String lautet: " << pcSpeicher << endl;

  delete(pcSpeicher);                 // Speicher freigeben
}
```

Um auf den zu reservierten Speicher zugreifen zu können, wird ein Zeiger definiert. Außerdem erfolgt die Begrenzung des durch den Operator *new* angeforderten Speicherbereichs auf *MAXIMAL*-Zeichen (80). Danach wird der String eingelesen. Seine Zeichen werden anschließend vertauscht. Für die Vertauschung werden in einer Schleife wieder zwei Werte gelesen, so daß sie in der Mitte des Strings abgebrochen werden muß. Außerdem beginnt sie beim Wert 0, um das erste Zeichen lesen zu können. Damit die Zeigerschreibweise korrekt funktioniert, wird jedesmal zur Basisadresse des Speicherbereichs ein Wert hinzuaddiert.

Für die Umwandlung in Kleinbuchstaben wird wieder ausgenutzt, daß Kleinbuchstaben beim ASCII-Wert 97 beginnen, große hingegen bei 65. Um Großbuchstaben in Kleinbuchstaben umzuwandeln, muß folglich ein Wert von 32 addiert werden. Davor muß aber überprüft werden, ob das aktuelle Zeichen tatsächlich ein Großbuchstabe ist.

A.11 Lösungen zu Kapitel 13

1.

```
Arthur(Arthur&);
```

2.

Funktioniert unter Verwendung des *this*-Zeigers.

```
return *this;
```

3.

```
// virtuelle Funktion
#include <iostream.h>

const int  MAXIMAL = 80;

class Publikation2 {
  private:
    char  acTitel[MAXIMAL];
    float  fPreis;
  public:
    Publikation2() {                    // Konstruktor
      acTitel[0] = 0;
      fPreis = 0.0;
    }

    // Daten einlesen:
    void Einlesen() {
      cout << "Geben Sie den Titel ein: ";
      cin >> acTitel;
      cout << "Geben Sie den Preis ein: ";
      cin  >> fPreis;
    }

    // Daten ausgeben:
    virtual void Ausgeben() {
      cout << "Der Titel lautet: "   << acTitel << endl;
      cout << "Der Preis betraegt: " << fPreis  << endl;
    }
};

class Buch2 : public Publikation2 {
  private:
    int  iSeitenzahl;
  public:
    Buch2() : Publikation2() {          // Konstruktor
      iSeitenzahl = 0;
    }

    void Einlesen() {                   // Daten einlesen
      Publikation2::Einlesen();
      cout << "Geben Sie die Seitenzahl ein: ";
      cin >> iSeitenzahl;
    }
```

```
    void Ausgeben() {                       // Daten ausgeben
      Publikation2::Ausgeben();
      cout << "Die Seitenzahl ist " << iSeitenzahl << endl;
    }
};

class Band2 : public Publikation2 {
  private:
    float  fDauer;
  public:
    Band2() : Publikation2() {              // Konstruktor
      fDauer = 0.0;
    }

    void Einlesen() {                       // Daten einlesen
      Publikation2::Einlesen();
      cout << "Geben Sie die Dauer ein: ";
      cin >> fDauer;
    }

    void Ausgeben() {                       // Daten ausgeben
      Publikation2::Ausgeben();
      cout << "Die Dauer betraegt " << fDauer << endl;
    }
};

void main() {
  Publikation2  *Vektor[MAXIMAL];           // Vektor aus Zeigern
  Buch2         *pBuch;                     // Zeiger auf Buch
  Band2         *pBand;                     // Zeiger auf Band
  int           iAnzahl = 0;                // Elementanzahl
  char          cZeichen;
  int           i;

  do {                                      // Schleife
    cout << "u Buch" << endl << "a Band" << endl;
    cin >> cZeichen;
    if (cZeichen == 'u') {                  // Entscheidung
      // Buch:
      pBuch = new Buch2;
      pBuch->Einlesen();
      Vektor[iAnzahl] = pBuch;
    } else { // Band:
      pBand = new Band2;
      pBand->Einlesen();
      Vektor[iAnzahl] = pBand;
    }
```

```
    iAnzahl++;                                      // Anzahl erhoehen

    cout << "Weiteres Element eingeben (j/n) ";     // Weiteres eingeben
    cin >> cZeichen;
  } while (cZeichen == 'j');

  for (i = 0; i < iAnzahl; i++) {                   // Ausgabe
    Vektor[i]->Ausgeben();
  }
}
```

Die Definition der Klassen bleibt gegenüber der Aufgabe 2 in Kapitel 11 weitestgehend identisch, mit der Ausnahme, daß die Ausgabefunktion *Ausgeben()* in der Basisklasse Publikation als *virtual* angegeben werden muß.

Anders sieht es in *main()* aus. Hier werden ein Vektor aus Elementen der Basisklasse und Zeiger auf Objekte des Typs Buch und Band definiert.

Das Einlesen der Daten erfolgt in einer Schleife, wobei zuerst gefragt wird, welche Art von Element eingegeben werden soll. Im Prinzip sind beide Zweige identisch, nur werden andere Objekttypen eingesetzt.

Als erstes wird jeweils ein Speicherbereich für das neue Objekt erzeugt. In diesen werden die Daten eingelesen, durch Aufruf der entsprechenden Komponentenfunktion. Danach wird der Zeiger in den Vektor geschrieben.

Um ein weiteres Element eingeben zu können, muß jetzt nur noch der Schleifenzähler erhöht werden. Außerdem ist die Beantwortung der abschließenden Frage mit »j« notwendig.

Die Ausgabe der eingegeben Daten sieht dann so aus, wie gefordert. Sie erfolgt in einer Schleife.

A.12 Lösungen zu Kapitel 14

1.

```
istream& operator >> (istream&, Beispiel&)
```

2.

```
// Daten schreiben
#include <fstream.h>
#include <process.h>
#include <iostream.h>
```

```
int main() {
  ofstream  AusgabeDatei;            // Ausgabedatei
  int       iAnzahl = 0;             // Anzahl der Elemente
  int       aiArray[MAXIMAL];        // Vektor mit Werten
  char      cZeichen;

  // Daten einlesen:
  do {
    cout << "Bitte geben Sie einen neuen Wert ein: ";
    cin >> aiArray[iAnzahl];

    iAnzahl++;                       // Anzahl erhoehen

    // Weiteres eingeben:
    cout << "Weiteres Element eingeben (j/n) ";
    cin >> cZeichen;
  } while (cZeichen == 'j');

  // Datei oeffnen:
  AusgabeDatei.open("string.txt", ios::noreplace);
  if (!AusgabeDatei) {
    cout << "Kann Datei nicht oeffnen" << endl;
    exit(-1);
  }

  // Daten schreiben:
  AusgabeDatei.write((char *)&aiArray, sizeof(aiArray));

  AusgabeDatei.close();              // Datei schliessen
  return 0;                          // Rueckgabewert
}
```

Die Daten zum Schreiben der Datei auf die Platte werden in ein Array innerhalb einer Schleife eingelesen. Nach jedem Wert werden Sie gefragt, ob Sie eine erneut Eingabe vornehmen wollen. Ist das nicht der Fall, wird die Datei unter Verwendung der Komponentenfunktion *open()* geöffnet. Anschließend werden die Daten mit *write()* geschrieben, sofern die Datei erfolgreich geöffnet werden konnte. Da die Funktion nur Byte-Werte schreiben kann, muß eine Typumwandlung vorgenommen werden. Außerdem erwartet sie einen Zeiger, so daß der Adreßoperator beim Array eingesetzt werden muß.

Nachdem die Daten geschrieben worden sind, wird die Datei mit *close()* wieder geschlossen.

3.

```
// Daten lesen
#include <fstream.h>
#include <process.h>
#include <iostream.h>

int main() {
  ifstream  EingabeDatei;               // Eingabedatei
  int       iAnzahl;                    // Anzahl der Elemente
  char      cZeichen;
  int       aiArray[MAXIMAL];           // Vektor mit Werten
  int       i;

  EingabeDatei.open("string.txt");      // Datei oeffnen
  if (!EingabeDatei) {
    cout << "Kann Datei nicht oeffnen" << endl;
    exit(-1);
  }

  // Anzahl eingeben:
  cout << "Geben Sie die Anzahl der einzulesenden Werte ein: ";
  cin >> iAnzahl;

  // Daten einlesen:
  EingabeDatei.read((char *)&aiArray, sizeof(aiArray));

  EingabeDatei.close();                 // Datei schliessen

  cout << "Ausgabe der Werte" << endl; // Daten ausgeben
  for (i = 0; i < iAnzahl; i++) {
    cout << aiArray[i] << endl;
  }

  return 0;                             // Rueckgabewert
}
```

In diesem Programm wird zuerst die Datei zum Lesen geöffnet. War diese Aktion erfolgreich, muß man die Anzahl der Elemente eingeben, die angezeigt werden sollen. Danach wird der Inhalt der Datei gelesen, wobei derselbe Vektor wie beim Schreiben zum Einsatz kommt.

Ist das erfolgt, wird die Datei geschlossen. Abschließend erfolgt die Ausgabe der gelesenen Werte.

A.13 Lösungen zu Kapitel 15

1.

```
// Datei kopieren
#include <fstream.h>
#include <process.h>
#include <iostream.h>

int main(int argc, char* argv[]) {
  char     cZeichen;                       // Zu kopierendes Zeichen
  ifstream EingabeDatei;                   // Eingabedatei
  ofstream AusgabeDatei;                   // Ausgabedatei

  if (argc != 3) {                         // Nicht genuegend Argumente
    // Fehler:
    cout << "Format: NAME Quelldatei Zieldatei" << endl;
    exit(-1);
  }

  EingabeDatei.open(argv[1]);              // Eingabedatei oeffnen
  if (!EingabeDatei) {
    cout << "Kann Datei " << argv[1] << " nicht oeffnen" << endl;
    exit(-1);
  }

  AusgabeDatei.open(argv[2], ios::noreplace);     // Ausgabedatei oeffnen
  if (!AusgabeDatei) {
    cout << "Kann Datei " << argv[2] << " nicht oeffnen" << endl;
    exit(-1);
  }

  while (EingabeDatei) {                   // Zeichen kopieren
    EingabeDatei.get(cZeichen);
    if (EingabeDatei)                      // kein Ende gelesen
      AusgabeDatei.put(cZeichen);
  }

  EingabeDatei.close();                    // Dateien schliessen
  AusgabeDatei.close();

  return 0;                                // Rückgabe
}
```

Im Programm wird zuerst überprüft ob die Anzahl der Kommandozeilenparameter korrekt ist. Stimmt sie nicht, wird das Programm gleich wieder beendet. Diese Parameter werden danach verwendet, um die Ein- und

Ausgabedatei zu öffnen. Treten dabei Fehler auf, wird das Programm ebenfalls beendet.

Anschließend werden die Zeichen aus der einen Datei Byte für Byte in die andere kopiert. Das Kopieren erfolgt solange, bis das Ende der ersten Datei erreicht ist. Allerdings darf beim Erreichen des Endes der Quelldatei kein Zeichen mehr geschrieben werden, was die *if*-Abfrage innerhalb der Schleife verhindert.

Vor dem Beenden des Programms werden die Dateien noch geschlossen.

2.

```
// Groesse einer Datei
#include <fstream.h>
#include <process.h>
#include <iostream.h>

int main(int argc, char* argv[]) {
  ifstream  EingabeDatei;               // Eingabedatei

  if (argc != 2) {                      // Nicht genuegend Argumente
    cout << "Format: NAME Quelldatei" << endl;  // Fehler
    exit(-1);
  }

  // Eingabedatei oeffnen:
  EingabeDatei.open(argv[1]);
  if (!EingabeDatei) {
    cout << "Kann Datei " << argv[1] << " nicht oeffnen" << endl;
    exit(-1);
  }

  EingabeDatei.seekg(0, ios::end);      // Zeiger an das Ende setzen

  // Groesse ausgeben:
  cout << "Die Groesse der Datei " << argv[1] << " betraegt "
       << EingabeDatei.tellg() << endl;

  EingabeDatei.close();                 // Datei schliessen
  return 0;                             // Rueckgabe
}
```

Wie im vorigen Beispiel wird zuerst überprüft, ob die Anzahl der Kommandozeilenargumente korrekt ist. In diesem Fall öffnet das Programm die Datei und setzt den Dateizeiger an dessen Ende.

Die aktuelle Position wird anschließend gelesen, denn durch sie wird die Größe angegeben. Abschließend wird die Datei wieder geschlossen.

A.14 Lösungen zu Kapitel 16

1.

```
catch (...) { }
```

2.

```
// Uebergabe von Informationen
#include <iostream.h>

// Exception-Klasse
class ExceptionBerechnung {
private:
  int  iVar1;
  int  iVar2;
  int  iVar3;
public:
  ExceptionBerechnung() {                // Konstruktor
    iVar1 = 0;
    iVar2 = 0;
    iVar3 = 0;
  }

  // Konstruktor, 3 Argumente
  ExceptionBerechnung(int iWert1, int iWert2, int iWert3) {
    iVar1 = iWert1;
    iVar2 = iWert2;
    iVar3 = iWert3;
  }

  void Ausgeben() {                      // Funktion zur Ausgabe
    cout << "Variable 1 = " << iVar1 << endl;
    cout << "Variable 2 = " << iVar2 << endl;
    cout << "Variable 3 = " << iVar3 << endl;
  }
};

void Berechnung() {                      // Funktion zur Berechnung
  int  iVariable1 = 9;                   // 3 Variablen
  int  iVariable2 = 73;                  // inklusive
  int  iVariable3 = 42;                  // Initialisierung

  // Exception ausloesen
  throw ExceptionBerechnung (iVariable1, iVariable2, iVariable3);
}
```

```
int main(int argc, char* argv[]) {
  // Aufruf ueberwachen
  try {
    // Berechnungsfunktion ausführen
    Berechnung ();
  }

  // Exception abfangen
  catch (ExceptionBerechnung& Objekt) {
    // Ausgabe
    cout << "Die Exception wird behandelt" << endl;
    Objekt.Ausgeben();
  }

  cout << "Weiterer Programmablauf in main() ..." << endl;
  return 0;
}
```

Bei der Definition der Klasse werden drei Variablen festgelegt. Sie nehmen später die Werte von der Funktion an die Behandlungsroutine mit. Damit sie von außen initialisiert werden können, ist ein Konstruktor mit drei Argumenten vorgesehen. Außerdem befindet sich in der Klasse eine Funktion zur Ausgabe des Inhalts der Variablen.

In der Berechnungsfunktion werden drei Variablen definiert und gleich initialisiert. Anschließend wird die Exception aufgerufen, wobei die Variablen dem Exception-Objekt übergeben werden und es damit initialisieren. Dabei wird intern der zugehörige Konstruktor aufgerufen.

In *main()* erfolgt der Aufruf der Funktion *Berechnung()* innerhalb eines *try*-Blocks. Dadurch werden Exceptions abgefangen. Diese Arbeit wird mit der folgenden *catch*-Anweisung erledigt, in der die Daten der Variablen ausgegeben werden.

Stichwortverzeichnis